大
方
sight

右派国家

美国为什么独一无二

The right nation
Conservative Power
in America

［英］
约翰·米克尔思韦特
阿德里安·伍尔德里奇
著

王传兴
译

中信出版集团 | 北京

图书在版编目（CIP）数据

右派国家：美国为什么独一无二 /（英）米克尔思
韦特,（英）伍尔德里奇著；王传兴译 . -- 北京：中信
出版社 , 2014.4（2020.10 重印）
　ISBN 978-7-5086-4464-6

　Ⅰ.①右…　Ⅱ.①米…②伍…③王…　Ⅲ.①政治制
度-研究-美国　Ⅳ.① D771.221

　中国版本图书馆 CIP 数据核字（2014）第 050099 号

右派国家：美国为什么独一无二

著　　者：〔英〕约翰·米克尔思韦特　〔英〕阿德里安·伍尔德里奇
译　　者：王传兴
策划推广：中信出版社（China CITIC Press）
出版发行：中信出版集团股份有限公司
　　　　　（北京市朝阳区惠新东街甲 4 号富盛大厦 2 座　邮编 100029）
　　　　　（CITIC Publishing Group）
承　印　者：浙江新华数码印务有限公司

开　　本：787mm×1092mm　1/16　　　版　　次：2014 年 4 月第 1 版
字　　数：433 千字　　　　　　　　　　印　　次：2020 年 10 月第 7 次印刷
印　　张：25.75
京权图字：01-2013-7140
书　　号：ISBN 978-7-5086-4464-6/D·276
定　　价：79.00 元

版权所有·侵权必究
凡购本社图书，如有缺页、倒页、脱页，由销售部门负责退换。
服务热线：400-600-8099
投稿邮箱：author@citicpub.com

献给

特莎·米克尔思韦特、乔舒亚·米克尔思韦特和

多拉·伍尔德里奇

目录

序言

　　撰写这篇序言时，数千名美国保守派人士正在参加2014年保守派政治行动会议。包括新泽西州州长克里斯·克里斯蒂（Chris Christie）、得克萨斯州州长里克·佩里（Rick Perry）等州长，以及佛罗里达州参议员马克罗·鲁比奥（Marco Rubio）、得克萨斯州参议员泰德·科鲁兹（Ted Cruz）等参议员，还有唐纳德·特朗普（Donald Trump）这样的门外汉，所有能够参加2016年总统竞选的共和党潜在总统候选人都抵达会场，向参会人士大献殷勤。他们参会的目的都是表达自己的忠心。堕胎、增税、非法移民、阿拉伯恐怖主义活动，当然还有奥巴马医改，这些都被斥为撒旦的工作，或者至少是撒旦在白宫安插的助手犯下的事。参议员兰德·保罗（Rand Paul）甚至在嘲讽总统时引用了平克·弗洛伊德（Pink Floyd）乐队的话（"他们让你拿你的英雄去交换鬼魂吗？"），而即将在2014年中期选举中打一场硬仗的参议院共和党领袖明奇·麦康奈尔（Mitch McConnell）则紧握着步枪走上台，就像邦·乔维（Bon Jovi）在《活在祈祷中》（*Livin' On A Prayer*）里唱的那样，向俄克拉荷马州参议员汤姆·科伯恩（Tom Coburn）展示这件作为全国步枪协会终身成就奖的武器。

　　这样的场景在其他西方国家的政治集会上是难以想象的，可在美国，这几乎算不上新闻。这就是我们在这部书中描述的右派国家，而且如今它依然充满活力。大约有三分之一的美国人认为自己是保守主义者，这些人主宰着这个世界最强国家的两大政党之一。前文所提的众多谄媚者中还很可能会出现一个美国总统。保守美国十分重要，不仅对美国如此，对世界亦然。

　　《右派国家》的核心是人类学研究，它研究的是一个部落，或至少是一系列相互关联的部落。本书尝试站在尽可能客观的立场上描述何处是保守美国的起源，什么是保守美国的信仰，保守美国又在乎些什么。许多记者都不曾探究"右派国家"那一幅由枪支俱乐部、福音派教会、家庭教育者、反堕胎人士和自由派小团体组成的肖像画。而值得注意的是，这方面的人类学几乎没有改变。

但早在2004年，我们也曾有过两种观点：第一种观点认为共和党是美国政府中的天然一党，美国政治的风向正在向右转；第二种观点认为美国本身就是一个右派国家，美国国内的保守主义势力强于其他任何西方国家。在十年后的今天看来，后者的说服力似乎比前者要强得多。

保守派政治行动会议上虽然发生过种种夸张的举动，但我们无法就此断言保守主义运动像过去那样影响了政治气候。在2004年这本书写作的过程中，乔治·W.布什正谋求连任，右派也占据着优势地位。但自此以后，美国政治的风向基本向左转。奥巴马连续两次当选总统，2008年领先六个百分点，2012年领先三个百分点。共和党则饱尝自己种下的苦果，2008年的约翰·麦凯恩（John McCain）和2012年的米特·罗姆尼（Mitt Romney）在总统竞选中都表现不佳。但即使考虑糟糕的选战策略，美国政坛也确实已经开始左转：奥巴马减少了在海外的扩张，开始专注于扩大国内的补贴范围。现在，一个"社区组织者"起家的人领导着美国。

如今回想，我们低估了民主党在人口和组织这两方面的能力。民主党拥有一支可以依靠的强大选民军团，尤其是其中的少数族裔（他们在人口中的比重不断上升）、单亲妈妈（她们认为堕胎问题绝无谈判的余地）和公共部门员工（国家扩张的既得利益者）。而之所以民主党总是比共和党更加了解数字世界，也仰仗于第四大选民群体青年科技工作者的支持。共和党则成了一个反对同性恋的老牌白人党。

公平地说，"右派国家"有一条"退出"条款。我们曾警告，如果共和党人将他们最差劲的本能发挥出来，与南部各州走得太近，过于盎格鲁化，或是表现太过极端，那么我们所预测的保守主义占主导地位的未来图景就不会出现。共和党人沉溺于此难以自拔，大有赶超20世纪60年代走过同样道路的美国左派之势。

小布什担任总统使共和党付出了巨大代价。伊拉克战争至少在一定时间内摧毁了共和党最可靠的力量。通常，希望美国在乱世之中保障自身安全的人会把票投给共和党（如我们解释的那样，这是支持防务的"爹地党"，与支持教育和医疗的"妈咪党"相对）。"9·11"事件成了一个极有利的条件。共和党在2004年用"反恐战争"把民主党打得一败涂地。但伊拉克战争带来的一堆丑闻（"使命完成"）和失败行动则葬送了这个极有利的条件。2006年，民意调查显示仅有25%的民众支持小布什对伊拉克局势的处理；有54%的民众认为政府蓄意误导他们对萨达姆的大规模杀伤性武器的看法；有63%的受访者不信任小布什政府报告的有关其他国家的可能威胁。

同时，小布什还使民众不再相信共和党支持小政府的理念。他推出了自他的得克萨斯同乡林登·约翰逊（Lyndon Johnson）卸任之后规模最大的政府支出扩张计划，引起右派人士的强烈反对。他的处方带来的效果是美国政府补贴四十年来规模最大的一项扩张。他大约增加了60%的联邦教育经费，还添了大约七千页联邦法规。"增长俱乐部"领袖派特·图米说得没错，保守主义势力的基本力量对"厌恶完全抛弃了有限政府理念的小布什政府"。

然而，也不能因为一件事就完全否定小布什。美国国内力量增长最快的是拉丁裔选区，它们在共和党主导的阳光地带中也至关重要，小布什始终认为，如果共和党想执政，就不能忽视这些人。小布什在当选得州州长时赢得了大部分拉丁裔选民的选票。但是，最近共和党在移民政策改革上用冒失的敌视举动和排外的言辞排挤拉丁裔选民。这不仅减少了共和党重夺总统宝座的机会，在拉丁裔选民众多的科罗拉多、新墨西哥、亚利桑那甚至是得克萨斯等州，共和党在未来的长期影响力也被削弱。林登·约翰逊曾说，民主党对民权运动的支持使他们失去了南方的一整代人；现在，共和党反对移民政策改革也可能使他们失去一整代拉丁裔的选票。

共和党人还在社会问题上表现极端。美国人目前依然在堕胎和同性婚姻等问题上存在深刻的分歧。但共和党人似乎表现得更为顽固。在本书写作期间，要做一个支持堕胎的共和党人变得越来越困难。共和党人同样在同性恋、持枪权甚至是科学等社会问题上表现得十分强硬。在2012年大选时，民主党似乎首次比他们的对手表现得更愿意讨论"上帝、同性恋和枪支"。

奥巴马执政的这些年，政界一直试图掩盖的保守主义美国的分裂趋势正在显现：社会保守主义者和自由主义者之间产生分裂；鹰派和鸽派之间产生分裂；体面的"乡村俱乐部"和民粹主义者之间产生分裂；知识分子和脱口秀主持人之间产生分裂。约翰·麦凯恩将萨拉·佩林（Sarah Palin）作为副总统搭档参加总统竞选的决定还在共和党党内引起了公开战争（也使他自己的团队起了纷争）。有些人对佩林纯粹的民粹主义感到兴奋。另一些人则认为她是一个不牢靠的乡巴佬，不能待在政治决策的核心层。在2008年的总统大选中，包括威廉·巴克利（William Buckley）的儿子，右派共和党的内部刊物《国民评论》（*National Review*）杂志的创始人克里斯托弗·巴克利

（Christopher Buckley）在内的许多老共和党人都宁可把票投给奥巴马—拜登的组合，而非麦凯恩—佩林。

所以，我们所做的关于共和党正使得美国政坛变得越来越封闭的争论是错误的，但这并不意味着形势在预测范围之外。即使奥巴马两次入主白宫，依然有越来越多的美国人形容自己是"保守主义者"，而非"自由主义者"，这就是明证。右派国家也许输掉了两次大选，但它并未躺在地上任人摆弄。小布什刚走下舞台，茶党就从保守主义美国的腹中诞生——全国各地自发涌起一场民粹主义政治运动，将奥巴马妖魔化为一个准社会主义者，甚至是一个非美国人（也就是所谓的出生地怀疑运动，参与运动的人认为奥巴马并非出生在美国）。被茶党浸透的共和党人控制了众议院，并用他们手中的权力多次阻挠奥巴马倾注心血的议案通过。他们尽可能地拖延奥巴马的医改法案，多次驳回民主党的人事提案，还迫使奥巴马比之前所有的总统都更加频繁地使用行政命令。在写这篇前言时，共和党人看起来会在2014年中期选举中表现良好，而且也很有赢得2016年总统大选的可能。

我们认为本书所提的第二种说法依旧成立：美国比欧洲更加保守，美国本身就是一个右派国家。美国人在追求个人权利，尤其是持枪权、家庭观念（特别是基督徒价值观）以及超级爱国主义时，都体现了美国保守主义运动。哈佛的教授与牛津和巴黎的教授十分相似：他们都同样单调乏味。但枪支俱乐部的成员、在家教育的圈子或福音派教会的成员，这些只有美国才有。

茶党共和党人将奥巴马妖魔化为一个欧洲式的社会主义者。但美国人的许多典型特征在欧洲却属于右派特征。奥巴马在两次总统竞选中都拒绝接受财政经费，并自筹到了大量资金，他很快就放弃了对说客的禁令：他最亲密的支持者循着前任小布什政府的脚步进入了获利颇丰的私营部门；他的"社会主义"医疗保险改革迫使美国人像购买车险那样购买医疗险；他还鼓励公众从公共或私人机构购买医疗险。这与欧洲国家的医疗服务体系有着天壤之别，而且美国政府可能也无法因此而控制那早已失控的医疗开支，因为这项措施把决定权交给了私人医生、医院和保险公司。比尔·克林顿曾宣布他基本上是一个"艾森豪威尔式的共和党人"，他的意思是他在政治光谱中的位置与德怀特·艾森豪威尔（Dwight Eisenhower）相同。这句话同样也可以用在贝拉克·奥巴马身上。

自2004年《右派国家》面世以来，美国政治已经发生了天翻地覆的变化：一个充满魅力的年轻黑人拯救了民主党；一个民粹主义的茶党从外围突入，改变了共和党；围绕着医改和其他补贴展开的争论已经使得这个国家开始四分五裂。但我们依然认为美国是一个右派国家：美国比其他类似的欧洲国家更为保守，充满活力的保守主义运动特色也鲜明，这些运动可能根本无法在其他国家开展。想了解美国，必须首先了解右派国家。

约翰·米克尔思韦特、阿德里安·伍尔德里奇

2014 年 3 月

中文版前言

保守主义前进的脚步停下来了吗
——对右派美国的思考

30年前，资深的马克思主义历史学家埃里克·霍布斯鲍姆（Eric Hobsbawm），选择"劳工前进的脚步停止了吗"作为马克思纪念演讲的主题。就他的角度来说，由于美国式保守主义的崛起，随后发生的事情比他预想的更糟。我这篇写在艾奥瓦州党团会议和2008年1月新罕布什尔州初选前夕的文章，见证了埃里克·霍布斯鲍姆的复仇吗？美国保守主义前进的脚步停下来了吗？

我们将在本书中解释，右派至少从20世纪80年代以来，就主导着美国的政治了。共和党在选举上的成功引人注目：1980年以来，赢得了7次总统选举中的5次，并且在1994年戏剧性地夺得了众议院的控制权——这是民主党控制该机构近50年后的第一次。更让人印象深刻的是右派在形成美国政治气候方面的成功。共和党只是美国右派那最引人注目的组成部分，右派所隐藏的力量在于其保守主义基础。美国拥有一场充满生机且独一无二的保守主义运动。每个州都在夸耀本州那些为赞成持枪权、反对税收和堕胎而战斗的组织机构。基督教右派可以号召它的大教堂和福音派基督教大学，他们也创立了强大的反权势集团智库和压力集团。

而许多美国人虽不是这场保守主义的运动成员，但也很开心地拥抱"保守主义"这个标签。他们喜欢视自己为畏惧上帝的爱国者，不喜欢大政府，并且在犯罪问题和国家安全问题上态度严厉。例如，2004年，差不多有1/3的选民自认为是保守派，只有20%的人自认为是（美国左派所称的）"自由派"。在过去的50年里，美国政治中的最大变化，或许就是文化上保守的南方白人大量出走，由民主党改投共和党。

　　然而，今天这一强有力的运动正深陷麻烦之中。老牌的保守主义活动家情绪低落。[理查德·维格里（Richard Vigueriè），这位强有力的保守派说："我还从未见过保守派像今天这样彻底厌倦过。"] 共和党的政客忧心忡忡，担心在选票上他们名字边上的字母R（Republican）变为红字，而另外一方正得意扬扬。民主党民意测验专家斯坦利·格林伯格（Stanley Greenberg）断言，脱离保守主义的变化简直是"惊人的"。

心已变乎

　　2008年，民主党在白宫的较量中重新夺回有利的地位。由于个性和天赋的重要性，总统政治总是难以预测。但是，民主党人比共和党人要有信心得多，有40%的共和党人相信民主党将赢得选举，而与之相比，只有12%的民主党人认为共和党将会获胜。民主党人募集到的款项要多得多。而在选民这一领域，民主党人也要比共和党人高兴得多，61%的民主党初选选民对他们选择的总统候选人感到高兴，而只有36%的共和党初选选民这样认为。一般民意调查显示，倾向于选择民主党人做总统的选民，比倾向于选择共和党人做总统的选民高出21个百分点，这是自水门事件以来从未有过的差距。

　　民主党有两位最有希望的候选人：希拉里·克林顿（Hillary Clinton）是一位身后有着强大政治机器支持、步履稳健的政治家；贝拉克·奥巴马（Barack Obama）是个富有魅力的新人，他以他那党派色彩较少的政治制度的见解来激励民主党人。这两位候选人，无论是哪一位都可能获胜。

　　共和党则显得远为混乱。约翰·麦凯恩虽然是位有经验的政治家，但不受基层的保守派欢迎；迈克·哈克比（Mike Huckabee）虽然受到福音派基督教徒的欢迎，但缺乏经验；米特·罗姆尼是位能干的行政管理人员，但被认为是棵墙头草；前纽约市长鲁迪·朱利亚尼（Rudy Guiliani）虽然在"9·11"事件中有着英雄般的表现，但也是个结婚三次的社会自由派——他试图赢得一个在社会问题上立场保守的政党的支持。

　　民主党人也有可能继续控制国会。2006年，民主党在国会众议院、国会参议院、州长席位和州立法机关分别多斩获了31、6、6和321席，这股势头依然未见减弱。2008年，共和党需要守住的参议院脆弱席位比民主党多，其中有4席尤其危险，而且他们在竞选资金上落后于民主党人。赞成民主党控制国会的公众比赞成共和党的要多出10～15个百分点。私底下，共和党人用"灾难""世界末日之战"这样的词来形容2008年。

政治地理在朝民主党一边倾斜。共和党还没有过在俄亥俄州败选而赢得总统席位的先例。但是在2006年，民主党在俄亥俄州增加了一个参议员席位、一个众议员席位，并获得了州长席位。同年，民主党人也证明自己能够远远推进到红土地区的各州：他们在印第安纳州增加了两个众议员席位，在蒙大拿州增加了一个参议员席位，在艾奥瓦州增加了两个众议员席位，在科罗拉多州获得州长席位，在亚利桑那州增加了两个众议员席位，在弗吉尼亚州增加了一个参议员席位。共和党甚至在得克萨斯州也有麻烦了。

总的来说，人们关心的问题也在往有利于民主党的方向倾斜。2007年3月，皮尤研究中心的民意调查发现，对收入不平等的担忧，与对社会安全网的支持同步增加；认为"政府应该关心那些无力关心好自己的人"的比例，由1994年共和党革命高潮之际的57%上升到今天的69%。民意调查也显示，那些推动20世纪90年代中期共和党反叛的事务，如传统的道德价值，也呈退潮之势。

在博客云集和新闻24小时滚动播出的时代，政治情绪可以发生急剧的变化。但是，未来投票模式的多数主要指标，也都有利于民主党人。2002年，民主党人和倾向于民主党的选民（43%），与共和党人和倾向于共和党的选民（43%）平分秋色。而今天，50%的人认同民主党，相比之下，只有35%的人认同共和党。共和党在独立选民中的表现尤其糟糕，而独立选民是增长最快的选民群体。独立选民支持民主党和共和党的比例是17：11。根据皮尤研究中心的调查，在18～25岁年龄阶段的人当中，认同共和党的人已经从1991年的55%下降到今天的35%。共和党民意调查专家托尼·法布里齐奥（Tony Fabrizio）警告说，年龄在55岁以上的人支持共和党的人数比例，已经从1997年的28%上升到今天的41%；而与此同时，年龄介于18～34岁之间支持共和党的人数比例，则从25%下降为17%。无怪乎见证了2004年小布什先生胜利的共和党主席肯·梅尔曼（Ken Mehlman），现在正建议用对冲基金来应对倾向民主党的美国。

由于共和党本能地反对移民改革，它已经疏远了美国选民中增加最快的群体——西班牙裔。在众议院的竞选中，投票支持民主党的西班牙裔从2004年的55%增加到2006年的将近70%。共和党最近对《麦凯恩-肯尼迪移民法案》（*McCain-*

Kennedy Immigration Bill）的阻止——一次浸透了歇斯底里和仇外情绪的反抗——稳
固了那69%的西班牙裔选民的立场。疏远西班牙裔，不仅使共和党在有大量西班牙
裔的州——科罗拉多、新墨西哥、亚利桑那乃至得克萨斯——的多数地位岌岌可危，
而且也给未来的民主党政府拱手送上一份礼物，使之有机会以未来的移民改革来加强
对西班牙裔的掌握。林登·约翰逊曾指出，民主党支持民权的代价，使其在一代人中
间失去了南方的支持；共和党反对移民改革，其代价可能是在一代人中间失去西班牙
裔的支持。

　　在社会问题上共和党同样激起了中间选民的反对。宗教右派反对堕胎总是会对选
举产生影响：只有30%的选民赞成推翻"罗伊诉韦德案"（Roe v. Wade）[*]。但是，2004
年之后，社会保守派进一步在联邦婚姻修正案和"特丽·夏沃事件"^{**}上测试人民的耐
心。足足有72%的共和党选民反对共和党人企图动用联邦政府的力量来维持一个脑死
亡妇女的生命。选民在2006年的中期选举中进行了报复，用"拯救行动"（Operation
Rescue）主席特洛伊·纽曼（Troy Newman）的话来说，这是"血腥星期二"。宗教
右派最著名的拥护者里克·桑托勒姆（Rick Santorum），在宾夕法尼亚州的参议员选
举中只得到了41%的选票；社会保守主义最著名的黑人拥护者肯·布莱克韦尔（Ken
Blackwell），在俄亥俄州的州长席位竞选中令其蒙羞地走向失败。从堕胎到同性恋，
社会保守派在所有事情上都失去了投票主动权。

小布什的遗产

　　为什么会发生这种事情呢？右派内部分裂的明显原因，是小布什总统职务的内部

---

* 1973年1月22日，最高法院宣布了罗伊诉韦德案的判决，在本案中，原告挑战的是得克萨斯州的一项法律，它
规定，实施堕胎则为犯罪，除非关系孕妇的生命。这个案件涉及一个化名简·罗伊的未婚女子，她想要安全而合
法地终止怀孕。最高法院站在罗伊的一边，否决了得克萨斯的法律。在判决中，最高法院第一次认可宪法上的隐
私权"范围宽泛，足以包括妇女决定是否终止怀孕的权利"。罗伊案从此闻名，使全国范围内的堕胎选择合法化
了。在此判决之前，将近2/3的州规定堕胎为非法，除非目的是保存妇女生命。罗伊案的判决使得这些法律都不
再合乎宪法，并使全国范围内的堕胎服务更加安全而容易获得。这个判决也成为最高法院后来的近20个涉及堕
胎限制的判决的先例。——译者注

** 特丽·辛德勒·夏沃（Terri Schindler Schiavo）受脑伤后，其他人都认为她还有反应，但她的丈夫迈克尔·夏沃认
为特丽的最大愿望是将进食管拔掉，法院支持这一主张而拔掉了她的进食管。2005年3月31日，41岁的特丽去
世。——译者注

分裂。小布什是自理查德·尼克松以来民众支持度最低的一位总统——只有30%。只有1/5的美国人认为,在小布什的领导下,美国正朝正确的方向前进。根据"美国研究集团"(American Research Group)的调查,支持弹劾布什先生的美国人达到了令人吃惊的45%,其中包括13%的共和党人。对布什先生的厌恶现正腐蚀共和党的基础,《华尔街日报》(*Wall Street Journal*)记者佩姬·努南(Peggy Noonan)指出:"过去常常微笑着提起他名字的人,现在都双唇紧闭了。"

小布什总统职务内部分裂的最明显原因,是发生在伊拉克的灾难。长期以来,共和党对民主党的优势一直在外交和国防政策方面。如果你关注学校和医院的问题,那就把票投给民主党;如果你更关注如何使美国在这个危险的世界上更安全,那就投共和党的票。"9·11"事件使共和党的这一优势得到加强。共和党利用反恐战争,在2002年,随后又在2004年战胜了民主党。

但是,伊拉克战争已经因声名狼藉的宣传炒作("使命完成"),以及令人难以置信的无能,而将这一至关重要的优势给葬送了。哥伦比亚广播公司新闻频道和《纽约时报》(*New York Times*)的联合民意调查发现,只有25%的人赞成布什先生对伊拉克局势的处理。美国有线新闻广播网的民意调查发现,54%的人认为,在萨达姆的大规模杀伤性武器问题上,政府蓄意误导美国人民。美国广播公司和《华盛顿邮报》(*Washington Post*)的联合民意调查发现,63%的受访者不相信布什政府会如实地向美国人民汇报其他国家可能造成的威胁。受到伤害的不仅是布什政府,2007年7月25日至26日的拉斯姆森民意调查发现,在国家安全问题上,偏向克林顿夫人的选民人数比偏向朱利亚尼先生的人数高出20～28个百分点。

小布什也主导了自他的得克萨斯同乡林登·约翰逊以来规模最大的政府开支增长,这引发了右派的愤怒反对。他给予处方药品的好处,是政府开支40年来规模最大的一次增加。他将联邦政府的教育支出增加了约60%,并且增加了大约7 000页的联邦新规则法令。"增长俱乐部"的主席帕特·图米(Pat Toomey)说:"我对于小布什似乎完全放弃了有限政府的做法感到恶心。"

许多保守派活动分子宁愿将导致这一大灾难的过错一股脑儿只扣到小布什一个人头上——要么是因为他追求(旧保守派式的)愚蠢政策,要么是因为他蹩脚地追求(新保守派式的)明智政策。保守主义运动的教皇威廉·巴克利(William Buckley)说:"如果小布什是议会制中的领导人,那他就得退休或者请辞了。"前里根政府的经济学家布鲁斯·巴特利特（Bruce Bartlett）指责小布什"欺骗"了保守主义运动。其他保守派则宁愿将过错扣到共和党头上。2006年选举过后，众议院前议长纽特·金里奇（Newt Gingrich）认为，"我们得承认这是共和党的失败，而非保守派的失败"。但是两种观念都是不诚实的，我们针对的是一场运动，而非仅仅是一个政党或一位总统。

保守派不能将所有过错都扣到小布什头上，原因有二。第一，共和党的问题远比总统一人的问题严重得多。这些问题是嵌在他的政党之内的。对于最近发生的大多数大灾难，国会中的共和党人要和小布什先生承担相同的责任。国会中的共和党多数，按部就班地拨出了比总统所要求的更多的开支款项。这届国会还以子虚乌有的桥梁和博物馆的名义，在开支法案上尽量多地揩油。1994年共和党接手国会的时候，有国会议员选区"标记"的国会工程项目数量是1 300个，而到2005年，这一数字上升到了1.4万个。

国会共和党多数也为小布什先生所有通往巴格达以及巴格达之外的道路而欢呼——查克·哈格尔（Chuck Hagel）是共和党中数年来难得听到的批评小布什对外政策的声音。此外，像共和党的英雄人物汤姆·迪莱（Tom DeLay）和兰迪·"公爵"·坎宁安（Randy "Duke" Cunningham）的腐败，共和党与K街的说客形成的半腐败的制度性关系，使人明白小布什先生只是那个大问题的一部分而已。

保守派也不能说小布什是像他父亲一样的乡村俱乐部共和党人。他是作为一位高度保守的总统在统治的，他竭力给予"那个运动"所需要的东西：为了新保守派的要求而入侵伊拉克——早在"9·11"事件之前新保守派就支持入侵，为了工商界和主张小政府的保守派而减税，为了社会保守派的要求而禁止联邦政府资助干细胞研究，为了满足蓝领共和党人而给予处方药品好处。

这种迎合保守主义运动的企图应为政府事实上的无能而负部分的责任。在从保守主义反权势核心中招募人才方面，小布什比之前的共和党总统有过之而无不及。但这也意味着，选人常常看的是意识形态，而不是能力和智慧。小布什政府有大约150名官员毕业于帕特·罗伯逊（Pat Robertson）创办的瑞金大学（Regent University），其中包括莫妮卡·古德林（Monica Goodling）。在参议院针对解雇9名美国法官的调查面前，她的表现是如此可怜。在拉吉夫·钱德拉塞卡兰（Rajiv Chandrasekaran）的《翡翠城里的帝国生活》（*Imperial Life in the Emerald City*）一书中，对伊拉克局势一无所知却占据高位的理论家比比皆是。迪克·切尼（Dick Cheney）受到保守派基层的欢迎，这是他盘踞高位的原因之一。这些新保守派理论家制定了如此粗糙的美国对外政策，如果有一位更实用主义的总统，肯定会打发他们走人。

陷入绝境

共和党的问题使得右派内部发生了一场有关如何使自己走出困境的内战。这场内战擦出了一些引人注意的思想火花，证明右派在思想上依然有生命力。但是，党内战争总是使选民反感。而从扩大共和党联盟的观点来看，这场内战还有一个问题——错误的一方赢得了太多的战斗，不只是在移民问题上。

其中一场战斗是有关政府规模和职责范围的问题。主张小政府的保守派指责小布什背叛了保守主义的核心原则——政府是问题之源而非解决问题的机构。主张大政府的保守派则反驳道，主张小政府的选民只有一小部分而已。一般公众强烈反对削减救济金——即使是给穷人的救济金。甚至有10%的共和党选民变成了"拥护政府的保守派"。小布什的前演讲撰稿人迈克尔·格尔森（Michael Gerson）考虑的不仅仅是政治算计问题，他认为"反制政府的保守主义，被证明是一种奇怪的理想主义，是一种让人怜悯窒息的理想主义"。

第二场战斗发生在社会保守主义问题上。自由意志论者认为，共和党过于受到像"关注家庭"的詹姆斯·多布森（James Dobson）这样老迈的社会保守派的控制，这些社会保守派代表不了普通的福音派基督徒，更不用说持中间立场的美国人。但是社会保守派反驳道，他们是递送选票的人，如果共和党只倚赖工商界保守派和自由意志论者的话，那它就玩完了。

第三场战斗发生在小布什先生的对外政策问题上，尤其是他对伊拉克战争死硬的辩护。有些保守派预测，"反恐战"将取代"反共战"，既使保守主义黏合在一起，又可以保证共和党享有对麦戈文化的民主党的长期优势。有一阵子的确如此。但是伊拉克持续的动荡局面加深了右派的分裂，分裂发生在现实主义者（他们认为强调遏制是有价值的）与新保守派（他们指责五角大楼没有派足够的部队参战）之间，以及——更重要的——在小布什（他2009年就要下台了）与那些还想多延宕一些时日的政客之间。参议院的共和党人几乎是在全面反叛白宫，约翰·沃纳（John Warner）、理查德·卢格（Richard Lugar）和皮特·多梅尼西（Pete Domenici）等资深人物，示意他们已忍无可忍了，乔治·沃伊诺维奇（George Voinovich）则抱怨道："乔治·布什挑起了这场战争"。

不要过度解读

人们总是倾向于对这样那样的危机解读过度。许多人已经宣布要为轰然倒地的右派军团举行最后的仪式了，但他们看到的只是为拉撒路（Lazarus）*举行的仪式。戴维·弗鲁姆（David Frum）曾用"死亡的右派"来预测同路人的命运，但恰是在那时，纽特·金里奇控制了国会。埃米特·蒂雷尔（Emmett Tyrell）曾描述了一幅保守派崩溃的画面，但恰是在那时，保守主义运动接踵而至。

对于保守主义运动正在崩溃的看法，当然有一些非常需要注意的大问题。

第一，民主党的好运更多的是因为共和党崩溃，而非民主党复兴。2006年皮尤研究中心的民意调查显示，对民主党表达正面看法的人，自2001年1月以来实际上下降了6个百分点。而对共和党表达正面看法的人则下降了15个百分点。民主党控制的国会比小布什的白宫还不受欢迎，其受肯定的程度是35年来最低的。人们对民主党在国家安全问题上是否够格还将信将疑。

第二，美国人对民主党最钟爱的改善世界的工具——政府行动——仍然持怀疑态度。"民主军团"（Democracy Corps）的一项民意调查发现，认为政府使人们在生活中更难取得进步的人数比例是57%，持相反观点的人数比例为29%。同一民意调查发现，83%的人相信，如果政府手里有更多的钱，它就可能将之挥霍一空，这是10年之中反制政府情绪的最高点。美国并未进入一个自由派行动主义的新时代。

第三，民主党已经把许多战场让给了保守派。在自由派团体反对死刑或者自由派的持枪权问题上，民主党已退居次席。有些著名的民主党人，如蒙大拿州的布莱恩·施威泽（Brian Schweitzer），还被曝光持枪拍照。民主党的三大候选人争相证明自己有多么深的宗教情怀：克林顿夫人声称她是一个"祷告者"，曾经还考虑过做卫

---

* 《圣经》中记载拉撒路是位麻风病人。耶稣曾对濒死的拉撒路说："复活在我，生命也在我，信我的人虽然死了，也必复活。"说了这话，拉撒路就站了起来，病也全好了。——译者注

理公会的牧师。在科罗拉多州和宾夕法尼亚州，民主党都提名反堕胎人士为候选人。

　　领先的民主党候选人一直小心翼翼地使自己在对外政策上看起来"足够强硬"。希拉里·克林顿赞成谴责伊朗革命卫队为"恐怖主义组织"。贝拉克·奥巴马批评小布什的错误不在反恐战争，错在战线。他认为美国应更关注巴基斯坦和阿富汗——他还认为自己会抓获或杀死巴基斯坦的基地组织领导人，即使他没有得到巴基斯坦政府的允许。

　　第四，保守主义运动最知名之时，正是它失去权力和进行反叛之时。这一运动是在1964年戈德华特竞选时作为对自由派权势集团的反叛而诞生的。它的光辉时日是在与希拉里的保险计划战斗，以及企图弹劾比尔·克林顿的时候。它最近一次最大的成功是摧毁了移民改革——一个不怎么有名的游说机构"数量美国"（Numbers USA），发起200万人发传真给国会反对"大赦"。一位民主党总统无疑将促使这场运动重新团结起来，并使之精力充沛。由于植根于枪支俱乐部、反税团体、生存权团体和福音派基督徒的土壤之中，美国保守派决不会沦落到同他们的英国保守派兄弟那样虚弱无力的地步。

　　因此，在美国国内政治中，右派美国依然还有生命力。与此同时，我们的另一个观点——美国本身在国际舞台上就是有几分右派的国家——正逐渐成为一种被接受的富有智慧的看法。多数人相信，美国民主党人在多数大的政治议题上，如国家规模、犯罪惩罚、外交政策，都比右派的欧洲人更保守，美国政治重心比任何其他发达国家都靠右。

　　这使得我们对美国保守主义运动的力量能够做一个最后的思考。看待过去四年的方法之一，是将其看作是对政治权力的压力测试几乎超过了极限。共和党人竭尽全力地摧毁保守主义运动。他们没能通过对任何政治运动来说都很重要的测试——成功地使用权力。他们搞砸了一场战争，挥霍钱财，疏远了很大一部分人。所有这一切，使得2008年的选举成了要输给民主党的选举。然而，右派美国依然存在——虽然受到损伤，愤怒不已，但仍在令人吃惊地争斗。别将右派美国一笔勾销，一段混乱期过后，它肯定会再次崛起，重新获得美国政治聚光灯下的位置。

约翰·米克尔思韦特、阿德里安·伍尔德里奇

2008年1月于华盛顿哥伦比亚特区

导论

　　达斯廷和毛拉手端咖啡坐在沙发上，看起来像是正在上写作课的两个20来岁的年轻人。他们身着松垮的汗衫和牛仔裤，脚蹬运动鞋。达斯廷头戴棒球帽，毛拉脑后的金发则用一根印第安式的头绳扎着。他俩刚从美国东海岸大学文科专业毕业，到过欧洲大部分地方。毛拉曾经在马拉维的仁人家园组织（Habitat for Humanity）和欧洲议会工作过一段时间，现打算在一家药品公司开始她的工作生涯。达斯廷在白宫实习过，现正考虑从事政治事务。

　　是哪些政治事务呢？ 2002年，他俩在科罗拉多斯普林斯市为共和党效力过，他俩"在任何情况下"都是立场鲜明的。他俩钦佩司法部部长约翰·阿什克罗夫特（John Ashcroft），并即刻成了他的志愿者，虽然他说起话来脾气火暴。他俩都支持死刑、反对枪支控制（"在大学里，人们总是喜欢问'为什么人们要拥有枪支？'，而我总是喜欢问'你去过大农场吗？'"）。他俩每星期都上教堂。他俩都强烈地支持学券制*。他俩都认为政府规模应该更小，而刑罚则应该更严厉。他俩都把联合国看作笑柄，并且支持美国退出《京都议定书》（*The Kyoto Protocol*）。他俩在有些事情上不同意右派的观点，例如他俩并不喜欢对同性恋者没有丝毫宽容的做法，并且起初也对以单边主义的方式对付萨达姆·侯赛因（Sadam Hussein）的做法感到不安，尽管他俩最终还是支持乔治·W.布什（George W.Bush）入侵伊拉克的决定（毛拉的未婚夫杰克就是入侵部队中的一员）。对于达斯廷和毛拉来说，保守主义是一种进步的信条。这一信条并

---

*　学券制是经济学家米尔顿·弗里德曼（Milton Friedman）提倡的一种资助制度，目的是在维持政府对教育津贴的同时引入市场竞争机制。学券的运作方式为：（1）政府向家长发学券，金额等于政府每年补贴个别学生的金额；（2）家长自由选择符合要求的学校，不论公立或私立；（3）家长用学券缴付学费，学校有权收取学券以外的费用，有关费用由市场机制决定；（4）学校收到学券后，凭券向政府索回现金。根据以上运作方式，好的学校由于受到欢迎，收取较多的学券以及学券以外的现金而生存下来。不好的学校因缺乏消费者，最终被淘汰。——译者注

不是老年人试图抓住什么，而是年轻人努力改变事物。他俩也坚持那就是有关美国的一切。

在科罗拉多斯普林斯市几乎没有人会反对那个论断。科罗拉多州的派克峰(Pike's Peak) 激发人们想起"美国之美"，位于峰下山坳中的科罗拉多斯普林斯市现在是美国最成功的城市之一——它既是"硅山"(Silicon Mountain) 的故乡，又是许多美国奥林匹克机构的所在地，但它也是美国最保守的城市之一。当地几乎所有的政治家都是共和党人；2002年，参加该州州议会角逐的民主党人数还没有自由意志论者*多。

科罗拉多斯普林斯市与美国军队之间存在悠久的历史关系，并且至今依然是退伍老兵最喜爱的地方。在过去20年里，这里又新出现了两股非常具有福音派色彩的保守主义思潮。第一，它催生了一场减税运动，并在1992年推动一项《纳税人权利议案》(*Taxpayers Bill of Rights*)。该议案规定，未经选民同意，科罗拉多的政治家不得增加任何税赋。第二，1991年，科罗拉多斯普林斯市的领导人以500万美元做诱饵，把吉姆·多布森（Jim Dobson）创办的基督教服务机构"关注家庭"(Focus on the Family) 从加利福尼亚州吸引到科罗拉多斯普林斯市来。那时候，该市还在与衰退做斗争，并因此留下了"美国回收货物之都"之名。该市现有约100个基督教组织。作为一个慈善团体，现雇用1 700名本地员工的"关注家庭"尽管被禁止直接参与政党活动，但在共和党圈内影响巨大。多布森以前是一个儿童精神病学教授，他还写过一系列基督教徒养育子女的畅销书。现在每周有800万美国人收听他的广播。出于礼节，共和党总统候选人现在需要去"关注家庭"的所在地"朝圣"。

更具自由思想的美国人轻蔑地认为，达斯廷和毛拉这样的人和科罗拉多斯普林斯这样的地方只属极端。欧洲人也像那些自由派美国人一样，他们习惯于去曼哈顿、波士顿和旧金山那样的地方参观。然而，事实上至少有1/3的美国人支持达斯廷和毛拉所坚信的原则。在诸如死刑、税收和严厉刑罚等问题上，达斯廷和毛拉完全站在多数美国人一边。把自己描述为"保守派"的美国人的人数（41%）是"自由派"的美国人的（19%）两倍。到美国各处走走，尤其是到美国的南方和西部走走，你就会发现很多类似科罗拉多斯普林斯市这样的城镇。共和党人总是念念不忘地指出，在美国版

---

*　自由意志论者提倡自由市场、低税收、小政府，在社会问题上他们也支持最大限度的个人自由。保守派在社会、经济问题上都持保守的立场，而自由派则与此相反。民粹主义者与自由意志论者的立场相反，他们在经济问题上持自由派的立场，而在社会问题上则持保守派的立场。——译者注

图上，投乔治·W.布什票的县，要远远多于投约翰·克里（John Kerry）票的县。

　　在这些地方发生的事情，有助于人们去了解现代美国。它们解释了乔治·W.布什之所以能入主白宫*，共和党之所以能够赢得过去10次总统选举中的7次，且现在能够控制国会两院的原因；也解释了2004年每名严肃的民主党总统候选人为什么会支持强制判刑和福利改革的原因；还解释了为什么美国文化之都好莱坞和曼哈顿依然是例外，以及那些介于两者之间、极不受重视的"桥梁"地区成为决定胜败关键的原因。

　　这并不是说整个美国就要成为科罗拉多斯普林斯市的一个巨型翻版。政治就像一场拔河赛，数以百万计的美国人正把美国向完全相反的方向拉。2004年，人们看到左派无比愤怒地反对布什。毛拉现居住在科罗拉多州最具自由派色彩的城市博尔德（Boulder），她不得不花很多时间来与朋友们争论伊拉克的问题。美国社会今天的分化程度，比过去几十年都要厉害。但其中哪一股力量最有影响力，却是显而易见的。右派赢得了拔河赛，并迫使其对手民主党人做出妥协。所有痛恨乔治·W.布什的人——不仅是美国的自由主义者，还有老欧洲那些痛恨布什的人——或许曾经这样想过，2004年11月布什如果失败了，他们的噩梦就结束了。但即使约翰·克里赢了，他必须对付的也不仅仅是国会中的共和党人，他还要对付科罗拉多斯普林斯这样的城市、"关注家庭"这样的组织以及达斯廷和毛拉这样的人，即我们所称的那个庞大的右派国家。

　　事实上，科罗拉多斯普林斯这样的城市说明了美国与其他富裕国家的不同之处。在使全球舆论分裂的多数论争中，我们发现，美国往往属于保守的一方。美国不像其他先进国家那样，能够容忍政府庞大的开销，却远比那些国家更能容忍不平等的存在——至少在财富上如此。2002年，有1/6的美国家庭收入比中等家庭的收入少35%，而在欧洲国家中，即使在平等程度相对低的英国，上述低收入家庭所占的比例也只是1/20。[1] 美国是发达国家中唯一没有完全由政府支持的医疗保健系统的国家，也是西方民主国家中唯一不向所有家庭提供儿童抚养资助的国家。美国还是经济合作与发展组织（OECD）国家中仅有的妇女产假期间不带薪的两个国家之一，而另一个国家——澳大利亚正积极考虑妇女产假期间薪资照付。

　　美国人赞成持枪权、死刑和严厉的判决法，它关押的犯人数是欧洲刑罚最严厉国

---

*　本书成书时在任总统是小布什。——编者注

家英国的5倍。[2] 美国在人类事务中使用武力的企图，要比其盟国强烈得多，有时甚至是单边的，而对条约的戒心也大得多。美国公民远比欧洲公民相信宗教，道德价值上也远为传统。在美国，堕胎成为一个激烈的政治话题，在富裕国家中，这样的国家是屈指可数的；美国也是唯一一个有半数家庭进行饭前祷告的国家。它在干细胞研究上的立场，几乎比其他国家都严厉。上述有些是"共和党人的"立场，但大部分都获得了美国民众的广泛支持。即使把那些乔治·W.布什讨厌的自由派考虑在内，美国与欧洲相比，其重心也是偏右的。

谁主沉浮

亚历克西斯·德·托克维尔（Alexis de Tocqueville）在判断法国大革命时曾说过："（那）是如此不可避免，也是如此完全难以预见。"对过去半个世纪改变了美国的保守主义革命，我们几乎也可以做出相同的判断。50年前，美国并没有真正意义的保守主义意识形态，更不能说美国是一个有凝聚力的右派国家。"保守派"这个术语，除了在大萧条时期被民主党人当作一种侮辱的言语引入到美国政治中以外，它在美国的政治词典中几乎不见踪影。而像坚称自己是"真正自由派"的赫伯特·胡佛（Herbert Hoover）这样的共和党人，则对此避之唯恐不及。许多早期的保守派要角，如艾伯特·杰伊·诺克（Albert Jay Nock），更喜欢"激进派""个人主义者"，甚至"无政府主义者"这样的称呼。1952年，德怀特·艾森豪威尔上台时，美国的右派正逐渐衰落。右派的两个主要思想观点——国内的放任主义和国外的孤立主义——因大萧条和第二次世界大战的爆发而受到猛烈抨击。共和党那时候掌握在东北部贵族权势集团的手里。这些人包括亨利·卡伯特·洛奇（Henry Cabot Lodge）、纳尔逊·洛克菲勒（Nelson Rockefeller）和自称为"温和进步的"参议员普雷斯科特·布什（Prescott Bush），后者在之后建立了一个政治王朝。艾森豪威尔以自己超越了意识形态而自豪（当时有人注意到，"他的微笑就是他的哲学"）。他任命臭名昭著的自由派共和党人厄尔·沃伦（Earl Warren）为最高法院的大法官。1960年，理查德·尼克松（Richard Nixon）和约翰·肯尼迪（John Kennedy）几乎是在相同的平台上角逐总统职务的。

20世纪60年代，许多美国自由主义者认为，他们有机会使自己的国家成为一个"很像欧洲的"国家。60年代中期，对死刑的支持率跌落到43%。在"新共和党"混合经济的影响下，包括那位布什王朝建立者在内的共和党国会议员，抱住中间选民不放。肯尼迪政府的衣袖上套上了文明的欧洲价值（精确地说，是指当时第一夫人身上的高级时装）。肯尼迪总统喜欢向人炫耀他曾在伦敦政治经济学院待过一年，是杰出的马克思主义者哈罗德·拉斯基（Harold Laski）的学生。[3] 肯尼迪还喜欢对人说，他最喜欢的电影是阿兰·雷奈（Alain Resnais）的《去年在马伦巴》（*Last Year at Marienbad*）*。

"毫无疑问，这是自由派的年代，"约翰·肯尼思·加尔布雷思（John Kenneth Galbraith）在1964年不无得意地这样写道，"几乎每个人现在都标榜自己为自由派。"[4] 20世纪60年代，美国的自由派提倡建立一个欧洲式的福利国家，尤其是要通过林登·约翰逊（Lyndon Johnson）的"伟大社会计划"（Great Society Program）来达到这一目标。"伟大社会计划"这一名称，碰巧取自英国社会主义者格雷厄姆·沃拉斯（Graham Wallas）的一本书名。他们对枪械进行了更多限制，努力使死刑成为非法，使堕胎合法化，并引入了不仅包括种族平等，也包括有利于少数族裔的"积极歧视"[positive discrimination，或者说平权法案（affirmative action）] 等内容。这一切都在20世纪70年代结出了果实。波士顿和纽约的自由派精英感到，他们有天赐良机来教化那些被他们称为"野蛮人"（the Yahoos）的家伙。

但"野蛮人"拒绝被驯化。右派美国的第一声怒吼来自1964年巴里·戈德华特（Barry Goldwater）参选总统，尽管从一般的标准来看那次参选是一场灾难。戈德华特以从未有过的巨大差距输给了约翰逊，但就长期而言，戈德华特对共和党产生了非同一般的影响。这个来自亚利桑那州的参议员使共和党的均势开始向西部倾斜。而西部阳光明媚、幅员辽阔，是使美国梦常新的地方。他竭尽全力地把共和主义重新定义为一种反制政府的哲学。他说："比起莫斯科，我更害怕华盛顿和集权政府。"但他是一个对莫斯科冷酷无情的斗士，因为他曾经建议把核弹扔到克里姆林宫那些家伙的房间里去。[5] 戈德华特的崛起，与右派知识分子中不断增强的躁动情绪联结在一起。这种躁动不安正在将该党中"无知的"一翼，转化成无所不知的一翼。那些自学成才者一股脑儿地在研读弗里德里希·冯·哈耶克（Friedrich von Hayek）和米尔顿·弗里德曼的作品，以及威廉·F.巴克利在杂志《国民评论》上的文章。

---

* 法国新浪潮派打破传统的一部实验电影，由阿兰·雷奈于1961年导演，获该年度威尼斯电影节大奖。——译者注

　　这种活力解释了为什么身着仿制牛仔衣裤、年轻聪明的姑娘希拉里·罗德姆（Hillary Rodham），在1964年时会彻底支持戈德华特。但是，当她离开芝加哥郊区的家前往威斯利女子学院（Wellesley College）读书时，现代保守美国的另一个催生因素——民主党的激进化——却成了她所拥抱的事业。约翰逊曾预言，他签署1964年的《民权法案》（*Civil Rights Act*）等于是"将南方放弃50年"，这种说法虽然很准确，但这种现象不仅仅是针对南方的种族主义而言的。南方的白人当然是与共和党站在一起，可南方其他的蓝领工人也因为民主党的突然向左转而大为恼怒。"伟大社会计划"并没能兑现诺言。就像罗纳德·里根（Ronald Reagan）指出的那样，"自由派与贫困做斗争，而获胜者却是贫困"。

　　1964年的小小一伙"戈德华特式民主党人"扩大为1972年有一定规模的"尼克松式民主党人"，到1980年更是成为一支"里根式民主党人"大军。一度以东北部的温文尔雅为特点的共和党，由此开始拥有更锐利的意识形态武器和南方式的火烈风味这两个特点。阳光地带的共和党人赢得了过去10次总统选举中的7次，其中有两个加利福尼亚人（尼克松和里根）和两个得克萨斯人（布什父子）。美国保守派联盟（the American Conservative Union）曾就国会众议员对保守派事业的忠诚度而对他们的投票记录进行追踪，结果发现，1972年众议院共和党议员的忠诚度平均是63%，而2002年则高达91%（参见附录）。

　　确实，同时期的民主党人向左靠了，国会民主党众议员对保守派事业的忠诚度，由1972年的32%下降到2002年的13%。但那是由不公正的选区划分和南方民主党人的损失这两个因素造成的，前一个因素使民主党的安全席次得以增加。众议院同期的保守派议员比例，由1972年的45%增加到2002年的53%。如果在总统选举中民主党要赢得胜利，那它就至少要借用一些右派的评判价值。比尔·克林顿自己就成了一个阳光地带式的保守派。他不仅赞成死刑，而且在1992年的总统竞选期间，还回到阿肯色州主持对患有心理疾病的黑人里基·雷·雷克托（Ricky Ray Rector）执行死刑。这位自富兰克林·德拉诺·罗斯福（Franklin Delano Roosevelt）以来最成功的民主党政治家，竟然宣称"我们熟悉的福利结束了""大政府结束了"。今天，即使是在阿拉斯加，如果一个民主党的州长候选人强调竞选时一定要在手提包里放把枪也没有人会觉得奇怪。当眺望大西洋彼岸以寻找灵感时，如今，右派美国的领袖们把"老欧洲"看成一个需要躲避的污水坑。

不一样的保守主义

这本书既是一幅肖像画，又是一场争论。这是一幅有关保守的右派美国的肖像画，这是一场有关这种保守主义如何解释美国的与众不同的争论。美国不仅产生了一场比其他富裕国家都更强大的保守主义运动，而且作为一个整体，美国也是一个更保守的国家。美国人可能想象，他们的政治像所有其他人的政治一样，具有多样性。就某种角度而言，情形确实如此。如我们所见，众议院议长、共和党人丹尼斯·哈斯泰特（Dennis Hastert）与众议院少数党民主党领袖南希·佩洛西（Nancy Pelosi）之间存在巨大的反差，他们代表的选区分别是伊利诺伊州和旧金山的郊区。但是美国舆论的重心要右倾得多——整个世界都需要弄清楚这意味着什么。

许多美国人还没有意识到，他们那种保守主义的标志有多么特别。美国的左派，如工会、学术界、公共部门员工等，在海外都能找到其同路人，但达斯廷、毛拉、"关注家庭"组织、愤怒的纳税人以及支持使用武力的枪支拥有者，则是美国所独有的。例如，在欧洲几乎不存在保守性的脱口秀电台，基督教电台也只有那么几个。当被问及国外的类似信条时，许多美国的保守主义者提到了玛格丽特·撒切尔（Margaret Thatcher）。科罗拉多州颇具雄心的年轻州长比尔·欧文斯（Bill Owens）认为，"她现在是一个西方的保守主义者"。事实上，相对于美国的保守主义，撒切尔主义远不是一种持久的现象，也没有很多道德内容。当撒切尔试图在1988年苏格兰教会的一般性布道会上请求上帝帮助时，她甚至受到了自己支持者的嘲笑。那种情况不会在美国发生。美国有200个基督教电视频道、1 500个基督教电台以及一个高度组织化的基督教右派组织（the Christian Right）。有时候，南方的宗教狂热者会提到欧洲的基督教民主党，殊不知"基督教"这个形容词是以前传下来的。我们有个同事最近拜访某个欧洲国家的基督教民主党主席时，问了这样一个问题："你们党的基督教特性如何？"他回答："完全是后基督性（post-Christian）的。"

右派的归属由价值观而非阶级决定，这一现象非美国莫属。决定美国白人选民投共和党票的风向标，是他们上教堂的次数而非其收入的多少。2000年，一星期上教堂超过一次的白人选民中，有79%的人把票投给了布什；而在从不上教堂的白人选民中，投票给他的只有33%。与此相对照，他在年收入超过10万美元的美国人中，只赢得了54%的选票。[6] 然而，尽管价值观如此重要，但美国却根本没有产生像欧洲那样仇外的"极右派"。美国能够与欧洲强硬的右派分子比肩的是帕特·布坎南（Pat Buchanan），但是他的政治资本已经不涨反跌。[2000年，旧保守派（布坎南）所起的唯一作用，是其在佛罗里达的选票同阿尔·戈尔（Al Gore）的选票看起来十分相像，这种令人困惑的相像选票使得棕榈滩县许多上了年纪的人错把票投给了他，但他并未参加2004年的大选。]在科罗拉多斯普林斯市，大多数保守派并不认为外来移民有损美国的民族精神，而是把他们看作这个国家潜在的保守派新兵。

在一定程度上，美国右派的例外论是个有关信仰的问题。《简明牛津词典》中，"保守的"一词的前两个定义——"反对迅猛变化"和"适度的、避免极端"——似乎没有一个能够很好地描述此刻美国发生的事情。就像人们带着情绪对它的指责那样，"保守主义"这个词现在的不准确程度丝毫也不亚于与之对立的"自由主义"和"共产主义社会论"。只要打开报纸，你就会发现人们用保守主义这个词来描述雅克·希拉克（Jacques Chirac）、特伦特·洛特（Trent Lott）、毛拉·奥马尔（Mullah Omar）、弗拉基米尔·普京（Vladimir Putin）。很久以来，保守派一直坚持认为，他们所坚信的实用主义信条不能以意识形态来归类。

但是，至少在哲学层面上，古典保守主义确实有某些特定的含义。古典保守主义最雄辩的支持者埃德蒙·伯克（Edmund Burker）的信条可以简单地归结为以下六个要素：对国家权力的深刻怀疑，爱自由甚于爱平等，爱国主义，对已有制度和等级制度的坚信不疑，对进步观念的怀疑主义态度以及精英主义。温斯顿·丘吉尔（Winston Churchill）非常乐意地接受了这些信条，他献身于自己的民族和帝国、不愿意相信下层社会的任何东西、敌视福利国家、忧心自由的减少，他曾经充满忧伤地说过，"今时虽不如往昔，却胜过明朝"[7]。

简单地说，美国保守主义的例外论，在于它夸大了伯克六个信条中的前三个，而突出了其与后三个原理之间的矛盾。与其他现代保守党相比，美国右派对国家抱有的敌意要深得多。有几个欧洲的保守主义者会打出"爱自己的国家但恨自己的政府"这样的标语？又有多少欧洲的保守主义者会认为，应该使政府规模小到足以使之淹死在浴缸里呢？[8] 美国右派也比其他保守政党更迷恋个人自由，也更能容忍无限不平等的存在。伯克之所以能够给予美国革命者以温暖，原因之一是，美国革命者在反叛中集中关注的是自由而非平等，这一点并不像他们那些法国革命中危险的同道者。就爱国主义而言，谁也不会否认世界各地的保守派都有强烈的民族主义倾向。英国最善于思考的保守主义政治家本杰明·迪斯雷利（Benjamin Disraeli）*坚持认为，"民族都有特性，而民族特性正是新派政治家在他们的谋划和思考中所否认或者忽视的特质"[9]。然而，许多欧洲的保守派已普遍认为应该在欧盟之类的"谋划和思考"中淡化他们的民族性，他们也逐渐接受了在多边基础上处理国家安全问题的做法。美国的保守派显然不会这样做。

如果美国右派仅仅是一种更具活力的保守主义，那么对它的预测会容易得多。事实上，美国右派对伯克信条中的后三个原理——等级制、悲观主义、精英主义——持绝对的自由派立场。现代美国保守主义的那些主人公并不是父权主义的守护者，而是一些不知自己置身何处的、粗鲁的个人主义者：他们是白手起家建立起自己强大企业的企业家，他们是走出故土来到西部的定居者，当然他们还是牛仔。美国右派有一种边疆精神，这一点也不令人吃惊，因为美国的心脏地区随处可见各种各样的新城镇。

保守主义的地理环境，也能够解释为什么它所持的是乐观主义而非悲观主义的态度。在要发电机还是要圣母玛利亚的论争（the war between Dynamo and the Virgin）**中，大多数美国的保守派选择了发电机。亨利·亚当斯赋予这一论争以进步与传统之争的特点。美国的保守派认为，世界赐予了人们各种各样的好机会，而唯一阻止人们获得这些机会的，就是过去那只僵死的自由之手。相反，欧洲的保守派们一直恭维伯克是"过去的先知"。只要同一群共和党人待上一阵，他们对未来的那种热情劲就绝对会让你受不了。

至于精英主义，共和党人从20世纪60年代以来，走的就是民粹主义路线，而并没有像柯勒律治（Coleridge）和T.S.艾略特（T. S. Eliot）那样，梦想要形成一个聪明的、有知识教养的统治阶层。理查德·尼克松把自己看成"沉默的大多数"的捍卫者。

---

* 本杰明·迪斯雷利，英国维多利亚女王统治时期的首相。——译者注

** 美国作家、历史学家亨利·亚当斯（Henry Adams, 1838—1918）利用物理学知识发现，在历史的力量中间存在一个整体性的原理。他特别选择了两个时期，即1050—1250年和他自己生活的年代，进行仔细研究，基本观点分别在《圣米歇尔山和沙德教堂》（1913年）和《亨利·亚当斯的教育》（1918年）中陈述。前一部书叙述的是灿烂的、理想化的中世纪，具体来说是圣母玛利亚支配性的力量所产生的13世纪的整体性；后一部书中作者讲述了在发电机的力量占支配的时代里，自己并不能求得知识分子的平和。——译者注

1988年，有贵族气的乔治·H.W.布什（George H. W. Bush）把自己描绘成全体美国人的价值捍卫者，以反对哈佛园的迈克尔·杜卡基斯（Michael Dukakis）的自由主义。尽管既是总统的儿子，又曾在安多弗尔（Andover）贵族寄宿中学、耶鲁大学和哈佛大学受过教育，乔治·W.布什在2000年和2004年却把自己打扮成一个承受华盛顿压力的、彻头彻尾的得克萨斯人。结果，现代美国的保守主义不仅活跃在乡村俱乐部和会议室里，而且也活跃在草根阶层，他们积极参与电台谈话和选区会议，并积极反对高税收、枪支管制以及不切实际的自由主义社会改革者的其他令人反感的尝试，这些改革者企图让诚实的美国人钻入既定的窠臼之中。

我们得赶快说明一下，这种例外主义中存在的许许多多的例外现象。有些宗教上的保守派总是很乐意让政府绕着《圣经》转，而去拜访南方拥有土地的贵族时，听到的是那些熟悉的军功故事、御马故事以及先祖在决斗中丧命的故事。威廉·巴克利1955年创办《国民评论》，其所散发出的并不是乐观主义的情绪，而是试图"逆历史而动，大叫一声'站住！'""斯特劳斯式的保守派"所持的精英主义和对进步的怀疑观，很难有能出其右者，这是一群从列奥·斯特劳斯（Leo Strauss）——出生于德国、终生都在为现代性的堕落而痛苦的哲学家——身上吸取灵感的新保守派。

为了避免此后在书中出现混淆，我们将以美国人所指的右派和左派的方式，来使用"保守的"和"自由的"这两个术语。同样，美国右派是一个覆盖面十分宽广的派别，它既包括具有浓重异端色彩的自由派，又包括传统的保守派。这使得它既脆弱又强大。就积极的一面而言，这一事实说明了为什么这是一个如此充满活力的大运动。由于美国的保守主义中有许多至关重要的不同元素，因此它无法阻止自身矛盾的存在，而只能包容它们。保守派有数千名活动家、数百个智库、一小批高级知识精英。传统基金会（Heritage Foundation）是右派运动的最大智库，它出版了一本很有帮助的保守派专家名录，那本书厚得就像电话黄页一样。然而，派别覆盖面太广也意味着人们经常各拜各的庙、各烧各的香。

人们发现，科罗拉多斯普林斯市就存在至少三股相互竞争的保守主义力量：支持减税和持有枪支的自由放任的个人主义者；"关注家庭"等组织的基督教道德主义者；以及军国主义式的爱国主义者，他们以相邻的美国空军学院和那些打出嘲笑萨达姆·侯赛因招贴广告的人为代表。但是，在响亮的军号声和强有力的外交政策中，人们怎么可能拥有一个小政府呢？在个人服从上帝统治时，人们如何能够颂扬个人主义？今天的右派美国充满了这样的矛盾。

这是一场运动，而非一个政党

在这一点上，我们有必要强调一下保守派的美国与美国之间的差异。尽管美国的保守主义者欢呼民粹主义，却并不像自己一厢情愿认为的那样受到欢迎。右派可能处于统治地位，这也解释了美国的与众不同，但右派并不等于美国。2000年，乔治·W.布什赢得了总统位置，但比对手少得50万张选民票。在莫妮卡·莱温斯基（Monica Lewinsky）事件 [10] 期间，曾经创办"道德多数"组织（Moral Majority）的保罗·韦里奇（Paul Weyrich）承认："我并不认为多数美国人与我们的价值观相同。""关注家庭"组织的吉姆·多布森或许能够使800万美国人想起同性恋的罪恶，但每周有2 000万美国人观看情景剧《威尔和格雷斯》（*Will & Grace*）*，而这部片中有几个角色是身份公开的同性恋者。

因此这场运动——以及"道德多数"和"关注家庭"这些组织——的重要性在于：无论它们究竟能够在多大程度上代表自己所宣称的真正的美国，它们都取得了部分成功，因为在这个只有一半选民愿意投票的国家里，它们比其他美国人组织得更好。当希拉里·克林顿（Hillary Clinton）谈论右派的大阴谋时，保守派的活动分子对希拉里讲话口气的控诉，要比对她讲话内容的控诉严厉得多。不仅在地方层面，在全国范围，保守主义运动的团结也要比大多数美国人意识到的紧密得多。

这种组织能力每周三在华盛顿展示一次。这一天的展示始于格罗弗·诺奎斯特（Grover Norquist）**位于L街的"为了税改的美国人"组织（Americans For Tax Reform）的例行早餐会。这通常是一件相当古怪的事：那些参加会议的不讲卫生的自由行动者因其"胡言乱语"而为人们所知。如今参加聚会的人数过百，其中1/3是女性。这些活动分子包括美国全国步枪协会（the National Rifle Association）的说客、基督教联盟

---

* 全国广播公司1998年的情景剧，四个主角里两个男性角色都是同性恋者。——译者注

** 格罗弗·诺奎斯特是"为了税改的美国人"组织的主席。该组织不仅反对联邦、州和地方所有层级征收更高税收，而且组织了"保护纳税人宣誓"（Taxpayer Protection Pledge），至今加入这一宣誓的有乔治·W.布什总统、222名联邦众议员、46名联邦参议员、6名州长、1247名州议会成员。诺奎斯特还担任美国步枪协会主席、美国保守联盟主席、"美国的竞争性社会"总裁。著有分析1994年选举的《撼动众议院》（*Rock the House*）一书。他还担任过电子商务委员会委员、"大学生共和党"执行主任等职。——译者注

(Christian Coalition) 的工作人员、主张家庭学校教育的人、极端的自由市场论者、敌对的黑人、卡托研究所 (Cato Institute) 的学者、国会议员、参议员、偶尔来访的州长 (包括科罗拉多州州长比尔·欧文斯),当然还有白宫来的人。乔治·W.布什的首席政治顾问卡尔·罗夫 (Karl Rove) 对此十分重视,每年都要参加几次这样的会议。

聚会有十足的平等主义色彩。卡尔·罗夫、纽特·金里奇 (Newt Gingrich)、比尔·欧文斯这些共和党要员同刚刚从灰狗巴士上下来的学生活动分子比邻而坐,桌上满是高胆固醇、高淀粉的食品和咖啡因。任何还能放东西的地方都满满地堆着保守派的文献,有活动预告的小传单、问题研究论文报告、《华尔街日报》和《华盛顿时报》的专栏、关于政府浪费的小册子、美国企业研究所 (the American Enterprise Institute) 的新作等。聚会期间,人们在屋内四处走动,散发更多的材料。一份试图在俄勒冈州加税的材料这样写道:有人能阻止这件事吗?你听说了吗,竟有人卑鄙地想阻止火星对私人企业开放?现在掐灭这种想法还不迟。[11]

诺奎斯特的聚会在上午11点半结束。许多活动分子立即跳上出租车朝国会山和美国联盟 (Coalitions for America) 午餐会奔去。在这里聚会的人数要少一些,只有70到90人,但更庄重些。1983年,保罗·韦里奇创建了这一组织。参加聚会的人年纪更大,通常身着整齐的套装,关注文化战争问题胜于低税收问题。放有餐具架的桌子上覆盖着一面绉纱美国国旗。大多数与会者的翻领上都别着美国国旗徽章。会议开始前,大家都朝房间角落的国旗重复自己的效忠誓言。誓言结束时,有人还大声加了一句:"向已在世的和尚未来到人世的人宣誓"。

比起诺奎斯特处的会议,这里的氛围更有质询味道。韦里奇的午餐会并不是活动分子和职员分享计划的论坛,而是给那些最重要的政治人物和来自行政当局的成员提供了一个场合,让他们有机会在有备而来的保守主义运动重量级人物面前为自己辩护。韦里奇在一张轮椅上主持会议。他还创办了传统基金会,现管理着自由国会基金会 (Free Congress Foundation)。有个国会众议员因考虑参选参议员使共和党在众议院的一个关键委员会中失去一席而受到呵斥。由于受到哥伦比亚特区即将进行的学券制投票的威胁,有个参议员答应提供那些可能还"有点点动摇"的同事的名单。商业巨子们对处方用药的提案显然感到不快,有人把它说成是一个"怪胎"。但有个众议员对此进行了辩护,认为这是政治上必须做的一件事,尤其是它还得到了乔治·W.布什的支持。

比起诺奎斯特的团体，参加午餐会的这个团体关注的面要窄得多，它集中关注宗教和社会问题。当有人谴责拔掉佛罗里达一家医院里无行为能力的病人特丽·辛德勒·夏沃的进食管，并进行"罗伊诉韦德案"式的安乐死处理时，房间里不约而同地爆发出掌声。有个与会者吼道，这事发生时，美国正让那些关塔那摩湾的敌方战俘吃饱喝足，使他们的体重平均增加了15磅！尽管如此，这两个会议还是显得十分相似，这从会议上的高胆固醇食品到各自发布的新闻稿中可以看得出来。两个会议的与会者都认为他们属于一个内在一致的运动。他们蔑视温和的共和党人，认为他们是"守旧派"；他们讨论在即将进行的国会竞选中，谁应该成为"我们的候选人"；他们已经认命，自己终其一生都将没完没了地与各种各样的自由主义邪恶做斗争了。韦里奇会议上的每一页纸都是号召武装起来的檄文。有2/3的晚期堕胎（partial birth abortion）是在新泽西州进行的！*有一半的婚姻最终解体！超市里竟然销售《放荡少女》（*Girls Gone Wild*）的录像带！

到目前为止，还没有人想到要举行午茶会，但许多参加过上述两个会议的人，傍晚又会聚集到诺奎斯特家里喝酒。他们中有些人将再次参加"中世纪周末聚会"（Dark Ages weekends）——回应克林顿式的"文艺复兴周末聚会"（the Clintonian Renaissance weekends）的保守派运动，或者一起度过周末假日。最近的一次是保守派海上漫游，纪念格林纳达解放，由伊朗叛军丑闻（the Iran Contra Affair）**的中心人物奥里弗·诺思（Oliver North）中校、美国步枪协会主席韦恩·拉皮埃尔（Wayen LaPierre）和两名国会议员主持。

这伙人吃在一起、喝在一起、度假在一起，因而不可避免地会睡在一起。初看

---

* 2003年11月5日下午，布什总统签署了《禁止晚期堕胎法案》，这一法案从此成为美国的法律。保守派认为该法律的通过是反堕胎运动的一个小小的胜利，最终的目的是要推翻1973年罗伊诉韦德案的判决结果。自由派已经提起诉讼。目前，几个左倾自由派占据多数的法院——第2、8、9巡回法庭均已裁决这一法案违宪。2006年2月21日，高等法院下达诉讼文件移送命令，并定于2006年秋季审理此案。这个法案禁止对第二和第三个三月期（trimester）的胎儿施行流产，没有谈及当胎儿危及母亲的生命时医生是否可以合法施行流产。布什签署这个法案之前的讲话赢得了听众的无数掌声。但在会场之外，反对这个法案的人也在不断努力，通过游行、演讲等方式抨击这个即将诞生的法律。在此之前，已有法律人士向加利福尼亚州和纽约州等地的联邦法庭申请诉讼，希望阻止这个法案在法律层面生效。——译者注

** 1985年里根执政时的白宫顾问背着国会与伊朗进行秘密武器交易，以"赎回"在黎巴嫩被绑架的美国人质。此外，他还把卖武器所得的部分款项秘密转交给反对尼加拉瓜政府的叛乱分子（contras），所以也称Iran Contra scandal。后来有两个高官被判刑，而里根却将此事推得一干二净，所以他被认为是"与过失沾不上边的总统"。——译者注

起来，并无什么特别之处——多数政党都有自己的俱乐部、会议和罗曼史。但他们喜欢的东西不会像这些人那样无所不包，对一项议事日程不会有那样的忠诚度和斗争意识。也有其他类似的团体，但它们只是寻醉者的团体、实习生的团体。有一阵子，类似这样的组织也曾充满生气，比尔·克林顿总统任期时的民主党领袖委员会（the Democratic Leadership Council）就是个好例子。但它们没有坚持下去，也没有团结的运动思想信念。历史上，近期与美国新右派真正相似的，是欧洲的老左派。老左派也有自己的议事日程、无所不包的兴趣、热情和它的后方腹地。老左派聚在一起，总是处于自我嘲弄的危险之中，美国右派也是如此。可曾记得，女权主义者为了避免使用"man"（男人）这个词，因而要别人称她们为"wimmin"（女人）？如果去参观一下共和党两次全国大会之间的主要盛会——年度"保守主义政治行动会议"（Conservative Political Action Conference），你就会看见，面带稚气的年轻人购买乔治·W.布什的人像玩具，他们在"传统价值联盟"组织（the Traditional Values Coalition）那里列队等候，将小布袋砸向那些叫作"希拉里·克林顿""自由主义媒体""同性恋议事日程"的奇形怪状的巨魔娃娃。

保守主义 = 美国主义？

对于右派来说，保守主义的崛起，并不是有关政治战略问题和竞选机会主义的问题，而是做个美国人意味着什么的核心问题——这是其他国家不具备的东西。如毛拉所说，"人们到美国来是为了追求一样基本的东西——自由，而保守主义在其发展中，已将自由融入了自己的灵魂"。

与那些具有深刻思想的保守主义者交谈时，他们常常会提及，有四样东西使得他们的国家如此特别。第一样东西是宪法。据说这份宪法文件经久不衰的力量，乃是源于它对人性的现实（保守的）评判。美国的立国者认为，人本质上是有缺陷的，而要防止人们滥用权力，唯一的办法就是分散权力。他们也认为，由于人的个人主义和占有欲本能，需要建立一种制度，使得个人能在其中追求自我充实的自然愿望。当然，美国政治中最古老的伎俩就是宣称自己一方代表了宪法精神。但值得注意的是，有许多新保守派都认为，社会主义在美国进展甚微的原因之一就是美国宪法。

第二样东西是美国的地理位置。在过度拥挤的欧洲，人们被迫共享空间，并受劝放弃了美国人认为理应拥有的自由。美国能够让每个家庭拥有一大片土地，而美国大陆上（这还不包括阿拉斯加）^[12]仍然只有1/20的地方有人居住。这使得普通的美国人渴望拥有一栋大房子、大片土地、把遗产传给后代；而很久以来，这在欧洲只是富人特有的奢侈。美国的边疆开拓有助于解释为什么美国人习惯于使用暴力，虽然在比较历史中这还是一个难解之谜，但在加拿大，类似情况并没有产生相同的结果。美国的拓疆者以枪炮来驯服蛮荒。他们还诉诸最高的惩罚形式——死刑——来维持不稳定的秩序。

第三样东西是彻底改造、重新再来。新世界总是能够使自己保持常新，在此过程中，美国例外论不断得到强化。工作岗位和人口不断朝南部和西部迁移，以寻求更廉价的土地和更宽松的法规环境。100年前，缅因州和罗得岛的国会议员，分别多于得克萨斯州和佛罗里达州。时至今日，这两个东北部州只有8名国会议员，而那两个阳光地带州则有61名国会议员。根据美国人口普查局的数据，美国的人口中心正以每小时3英尺、每年5英里的速度，朝西南方向移动。^[13]保守主义似乎同共和主义一道，先是在郊区、随后在远郊地区成长兴旺。在像达拉斯这样欣欣向荣的阳光地带城市里，大教堂紧邻办公区和商业街而建。

第四样东西是道德主义。右派的美国一直以来同样是正义的美国。G.K.切斯特顿（G. K. Chesterton）曾说过这样的名言，美国是一个"宗教精神浸透了灵魂"的民族。^[14]布朗大学的政治学家詹姆斯·莫伦（James Morone）在最近出版的《地狱之火的民族》（*Hellfire Nation*）一书中指出，美国历史就是一系列道德运动的历史——它反对女巫、醉汉、堕落的女人、异乡人、共产主义等。这些威力巨大的运动甚至战胜了美国人对大政府的偏见，最引人注目的就是禁酒法这个例子。道德主义并不是右派垄断的专有物，19世纪反对奴隶制的战争和20世纪对民权的热爱，都是以准宗教的名义进行的。美国传统上倾向于从个人的德行而非宏大的社会力量来看待世界，而欧洲人却迷恋后者。19世纪的公理会牧师亨利·沃德·比彻（Henry Ward Beecher）说道："如果不是自己的过错，如果不是自己的罪恶，没有人会在这片土地上挨饿受穷。"^[15]这种传统使美国人外出到处寻找屠龙的机会。直到柏林墙倒塌，右派美国一直认为，上帝赋予美国的任务是要把世界从共产主义中解救出来，美国在完成这一任务的过程中不能有丝毫的懈怠。现在，它正在组织反对恐怖主义的斗争。

对于右派来说，反对互联网上保守派博客所称的"伊斯兰-法西斯主义"的战斗，是一场善反对恶的战斗。别的国家越是反对美国的战争计划，这个救世主式的国家就越是确信自己的正当性。布什主义要求美国在随后的数年，或许数十年里都要打击恐怖主义，其潜在的要点与确定性有关。对右派来说，恐怖主义是非黑即白的事情；而对世界其他地方来说，恐怖主义的辩论很复杂。共和党全国委员会（the Republican National Committee）的一名重要战略家这样说道："我们的人民和总统一样，无条件地应对恐怖主义；他们，即我们的欧洲盟友和民主党人，则是相对主义者"。

这种办法有其选举上的简单考虑：用"邪恶轴心"来填补"邪恶帝国"留下的空隙，乔治·W.布什将保守主义运动重新团结起来。然而，几乎也是出于完全相同的原因，反恐战争强化了美国与世界其他地区的分歧。在美国吹响民族主义的号角并大把大把地将钱投入军事用途的时候，欧洲国家正在将民族认同升华至对欧盟认同，并削减自己的军队。对于美国人缺乏对复杂性的考虑，无力看清恐怖主义产生的社会原因，以及在采取行动前不事先向他们问询一声，欧洲人都是大摇其头。在两年的时间里，乔治·W.布什耗尽了"9·11"事件以后人们给予美国的良好意愿，这主要是因为他大力发展那些在科罗拉多斯普林斯市受用，而巴黎或东京不买账的立场。

这种分歧在2003年初联合国安理会有关是否入侵伊拉克的争论中，表现得最为突出。乔治·W.布什做出的以"政权更迭"解决问题的决定，震惊了大部分欧洲人，他们把这视作牛仔式的正义。而这样的决定却被保守派的美国广为接受。这种分歧也反映在以色列问题上，以色列的事业受到保守的美国福音派的狂热支持。[巴勒斯坦的温和派人士哈南·阿什拉维（Hanan Ashrawi）碰巧是个基督徒，她在伦敦和巴黎都受到盛情款待，但当她来到科罗拉多斯普林斯市发表演讲时，面对的却是"宗教右派"组织（the Religious Right）的抗议人群。] 而这些关于具体政策的个人行为，立即同更深层次的文化和价值斗争融合到了一起。例如，欧洲担心美国更具惩罚性的法律体系会在没有合理判决的情况下处决恐怖嫌犯或将他们送入大牢，那么它们还应该把这些嫌犯交给美国吗？

越来越右倾的美国

右派的情况将会怎样呢？承认下面这一点是有意义的，即保守派两个主要的运动——反对大政府和道德堕落——所取得的成功，至今更多地是体现在重整旗鼓的呼喊上，而非在政策层面上。几乎所有美国政客现在都在攻击华盛顿，但这并没能阻止政府的日益膨胀，乔治·W.布什领导下的政府尤其如此。与此同时，文化战的消息也混杂不清。年轻人可能比他们那些在婴儿潮时期出生的老师更加爱国，更加不支持堕胎，但《放荡少女》所描绘的古怪姿态至少说明领地仍有待收复。直到21世纪，被民主党斥为策划了2000年布什政变的最高法院，因其在同性恋者权利、"赞助性行动"和医用大麻方面的判决，而令保守派感到失望。在华盛顿哥伦比亚特区，之所以有那样多的斯特劳斯式的保守分子，原因之一是他们发现自己很难在自由派的大学里谋得职位。

因此，尽管右派并不一定在所有战线上获胜，它却像20世纪60年代的左派那样，正在营造政治气候。我们在本书中认为，美国政治的重新结盟，可能正在为使共和党成为天然的执政党搭建舞台，民主党一度也是如此。这种说法可能显得没有根据。2004年，布什再次赢得了总统选举，但比起其他重新当选的总统，他的重新当选优势最不明显。他的第二任期既面临令人生畏的国外问题，又有国内经济的不平衡问题。2008年的共和党候选人可能将面对同样激烈的竞争。而老大党（共和党）本身也要应对那些更深层次的问题。在本书中，我们一再担心共和党为了选票而变成太具南方色彩、太具道德主义色彩的政党。

尽管如此，2004年的总统选举对民主党的影响还是明显要大得多。总统职位代表着民主党人有个机会抓住有实际意义的权力。共和党人轻而易举地保住了对国会两院、大多数州长席位（其中包括美国前四大州的州长席位）以及多数州的州立法机构的控制权。虽然某些人口统计趋势有利于民主党，但未来似乎更多地是握在共和党的手里：共和党是代表企业家的政党，而非代表政府雇员的政党；共和党是代表不断增长的郊区的政党，而非代表正在衰落的市中心区的政党；共和党是代表影响力不断扩展的西南部的政党，而非代表停滞不前的东北部的政党。

再者，要使美国受制于右派，布什也不一定必须在2004年的大选中获胜。我们在本书中认为，假定民主党在2004年的大选中赢得胜利，也几乎改变不了美国的保守主义基本立场。在可见的将来，以欧洲的标准来看，民主党将是一个相对保守的政党。民主党人在金钱上对大公司和富豪的依赖，几乎像共和党人一样严重。如果不能重新赢得保守派的心，民主党人就无法赢得选举。因此，民主党目前才会企图吸引那些赞成持枪、反对堕胎的南方"纳斯卡*的民主党人"。民主党领导的政府可能试图减少死刑执行，但不可能推动各州废除死刑；民主党领导的政府可能限制枪支的使用，却不可能禁枪。在国外，民主党领导的政府对阿里尔·沙龙（Ariel Sharon）的强有力支持，可能不亚于共和党领导的政府，并且不可能说服国会批准《京都议定书》。美国仍将与众不同。

自相矛盾的美国

本书试图对过去30年间将美国拖向右派的保守主义运动这一历史画卷中的人们和机构进行一番描述。书中不仅会介绍比尔·欧文斯、格罗弗·诺奎斯特和拉尔夫·里德（Ralph Reed）这样的领袖人物，也会介绍达斯廷和毛拉这样的基层战士，以及那些在"保守主义政治行动会议"大会处排队购买萨达姆·侯赛因手纸和刻有"为他祈祷"文字的乔治·W.布什像章的人们。本书既会一窥华盛顿哥伦比亚特区里的智库和基金会，也会对远离华盛顿环形大道的各路大军进行描述——华盛顿州自由公园里支持持枪权的活动分子、威斯康星州密尔沃基学券制的黑人积极支持者、弗吉尼亚州的家庭学校教育支持者以及亚利桑那州菲尼克斯市的计划公社等。

这些人非常有趣但很少有人关注，他们构成了我们考察美国何以与众不同的一面多棱镜。我们将把右派放置在全球的背景中，进而详细叙述美国与其他先进国家相比要保守得多的行事方式，并关注保守主义对世界其他地区产生的影响。

在这个描述过程中，我们可能会有很多不足，但有一个强项，即我们不属于支配美国时政评论分析两派中的任何一派。在整部书中，我们试图避免使用以上两派在辩论中惯用的讽刺性语句——毕竟已经有太多人在这样做了。在描述欧洲的反美主义和美国的反欧主义时，我们也试图避免这样做。如果您来读这本书是希望看到书中把乔治·W.布什写成被石油所困的低能牛仔，或者把法国写成"吃着奶酪举手投降的猴子"，那我们还是希望您趁早打住。[16]

美国的自相矛盾之处在于，它既是世界上最受景仰的国家，又是世界上最受诉

---

* 纳斯卡（NASCAR），美国全国汽车赛车联合会（National Association Stock Car Auto Racing）的简称。NASCAR被美国人称作美国的F1，由车手、机械师兼汽油商人比尔·弗朗斯于1948年2月15日正式注册成立。——译者注

病的国家之一。在国外,"美国"一词既成了技术精湛、知识界精英和机会的代名词,也成了原始正义、帝国主义和不平等的代名词。为什么美国这个权力过度的国家最受其他国家效仿并乐于与之为友,但它自己却如此孤独?对此不存在什么客观一致的解释。这是一个人人都力求得到答案的谜语。我们是否已经找到答案了呢?还是由您来做出判断吧。

注释

[1] "Income in the United States 2002," U. S. Census Bureau, September 2003; UK National Statistics, Social Trends 33(London: HMSO), p.106.

[2] "Too Many Convicts," *Economist*, August 10, 2002.

[3] Nigel Hamilton, *JFK: Reckless Youth*(New York: Random House, 1995), pp.141–143.

[4] 转引自 Steven Hayward, *The Age of Reagan: The Fall of the Old Liberal Order, 1964—1980*(New York: Forum, 2001), p.11。

[5] Jacob Weisberg, *In Defense of Government: The Fall and Rise of Public Trust*(New York: Scribner, 1996), p.42.

[6] Voter News Service poll, 2000; CNN exit poll, 2000 presidential election, November 2000, http://edition. cnn. com/ ELECTION/2000/epolls/us/2000. html.

[7] 转引自 Robert Nisbet, *Conservatism, Dreamand Reality*(New Brunswick, NJ: Transaction Publishers, 2002), p.116。

[8] 这是格罗弗·诺奎斯特最喜欢的战斗口号。

[9] 转引自 Nisbet, *Conservatism, Dream and Reality*, p.41. Mrs. Thatcher believed this profoundly. 参见 John Campbell, *Margaret Thatcher: The Iron Lady*(London: Jonathan Cape, 2003), p.639ff。

[10] Douglas Davis, "What Might Be Called One-Year-Out-Madness Is Sweeping Through Our Nation," *Newsday*, August 19, 1999.

[11] 关于火星的例子,来自"为了税改的美国人"2003 年 8 月 27 日的会议。

[12] 转引自 Andres Duany, "Live with TAE," *The American Enterprise*, October/November 2002, p.18。

[13] 根据人口普查局1980年、1990年和2000年的数据,www.census.gov/Press-Release/www/releases/archives/census2000/ 000717.html。

[14] James A. Morone, *Hellfire Nation: The Politics of Sin in American History*(New Haven: Yale University Press, 2003), p.4.

[15] Ibid.

[16] "吃着奶酪"这一说法最早出现在动画片《辛普森一家》(*The Simpsons*)中。

第一部分

历史

第一章
从肯纳邦克波特到克劳福德农场

乔治三世*时期，伟大的英国政治史家刘易斯·纳米尔（Lewis Namier）爵士曾评论道：“是家族而非个人创造了英国的历史——尤其是英国的议会史。”[1] 美国的政治史也可以说是这样创造的，在乔治一世（George Ⅰ）和乔治二世（George Ⅱ）**时期更是如此。要介绍在过去一代人的时间里共和主义发生的激进转变——从贵族主义变成民粹主义、从东北部转向西南部、从实用性到意识形态化——由共和主义当今首屈一指的布什家族入手，是再合适不过了。

普雷斯科特爷爷

布什家族是以最优秀的共和党权势集团成员身份开始其政治生命的。他们是白人盎格鲁-撒克逊新教徒（White Anglo Saxon Protestant, WASPs），在缅因州的肯纳邦克波特（Kennebunkport）避暑，送孩子到寄宿学校和常春藤盟校接受教育，并声称自己与英国王室有血缘关系——英国女王伊丽莎白二世是老布什总统的第13代远房表姐妹。小布什总统的曾祖父塞缪尔·P.布什（Samuel. P. Bush）是钢铁业和铁路的高级主管，也是美国全国制造商协会的首位主席和美国商会的创始人之一。[2] 小布什总统的外曾祖父乔治·赫伯特·沃克（George Herbert Walker）更是了不起。沃克是华尔街历史上最古老的私人投资银行W.A.哈里曼银行（W. A. Harriman）的合伙人。在曼

---

* 乔治三世（1738年6月4日—1820年1月29日）是英国及爱尔兰的国王，汉诺威皇朝的第三任君主。——译者注

** 此处所说的乔治一世和乔治二世分别指美国第41任和43任总统的布什父子，由于他们都名叫乔治（George Herbert Walker Bush 和 George Walker Bush），因此作者在此戏称他们为乔治一世和乔治二世。在下文中，译者分别将他们称为老布什和小布什。——译者注

哈顿的两处住所说明他身价不菲：一处是他在华尔街1号的办公室，另一处是他在萨顿广场1号的家。[3] 金钱的背后当然是肮脏的勾当。在那些华尔街的诡计和与政府奉承拍马而得到的交易中，沃克和布什都有份儿。但是在洛克菲勒、范德比尔特和摩根时代，这样的事情并不出人意料。[4]

布什家族里第一个获得高级政治职位的人是小布什的祖父普雷斯科特·布什。普雷斯科特有着标准的贵族形象：个子高挑，是一个运动天才，举止细心得体。他就是人们期望在参议院的大理石门廊里看到的那种棒小伙。在耶鲁读书期间，他擅长高尔夫球、网球和棒球，进过耶鲁大学的"威芬普夫空前四重唱"（All-Time Whiffenpoof Quartet）合唱团，并加入了该校最排外的秘密组织"骷髅会"（the Skull and Bones）。1921年，普雷斯科特迎娶沃克之女多萝西，5年后他加盟W.A.哈里曼银行——该银行后来被并入布朗兄弟哈里曼银行（Brown Brothers Harriman）。

普雷斯科特坚定不移地站在老大党的进步一翼。他在国内政策上持自由主义的立场，在外交事务中则主张国际主义。他没有把儿子乔治送到自己就读过的圣乔治寄宿学校念书，而是让儿子去自己认为更加现代的安多夫寄宿学校就读。自由主义立场的代价是1950年他首次竞选参议员失败。竞选期间，有个电台播音员说他是"计划生育联盟的主席"[5]。由于康涅狄格州是当时禁止销售避孕套的两个州之一，因此这种责难特别具有煽动性，但也并非毫无依据。普雷斯科特是"计划生育组织"（Planned Parenthood）的成员，也是埃斯特尔·格里斯沃尔德（Estelle Griswold）的朋友。这个名叫格里斯沃尔德的妇女从法律上对康涅狄格州的避孕禁令提出了挑战，并且后来说服最高法院将性生活的隐私权写进了"格里斯沃尔德诉康涅狄格州案"（Griswold v. Conneticut, 1965）*，从而为"罗伊诉韦德案"打下了基础。由于天主教堂里到处是反布什的传单，普雷斯科特以微弱的劣势在参议院竞选中败北。

两年后的1952年，该州在任参议员逝世，普雷斯科特得以在特别选举中当选参议员。在担任两任参议员期间，他充分表明了他的温和共和主义立场。他是美国和平队（Peace Corps）**议案的共同发起人。他非常支持民权、提高最低工资以及增加移

---

* 格里斯沃尔德等人违反康涅狄格州的法律，向该州一对夫妇提供避孕的相关信息、仪器和药物。他们向美国最高法院提起诉讼，认为该州的法律违反了宪法第14修正案，最高法院支持这一观点。通过引用宪法第1、3、4、5、9修正案的内容，最高法院发现隐私权是其中没有明示的权利，因此康涅狄格州的该法律应被废除。——译者注

** 美国和平队是在美国总统肯尼迪推动下于1961年3月1日正式成立的，它的目的是招募训练有素的美国人为国外提供援助，满足当地对技术人才的需求。——译者注

民配额。在他任职参议院的时期，有份报纸的标题生动地写道："布什说，税负可能得加重了。"普雷斯科特恳请他的参议院同僚，"要有勇气批准必要的最高税额，从而提高政府所需的财政收入"，以支付国家的防务、科学和教育费用。[6] 1962年，普雷斯科特因健康原因被迫退休，随即获得了母校耶鲁大学颁发的荣誉法学博士学位，那时，坐在他身旁的是年轻的肯尼迪总统。总统在讲话中这样说道："您已经为国尽心尽力了，并且为两党树立了典范。"[7]对普雷斯科特来说，党派之争是一个肮脏的字眼。

普雷斯科特是国会山最棒的高尔夫球手，经常同艾森豪威尔一起打球。他坚信"礼貌造就一个人"，曾把约瑟夫·麦卡锡（Joseph McCarthy）叫到一边，就他的粗野行为谴责了一个多小时。[8]无论在感性还是知性上，普雷斯科特都对激进右派满怀敌意。有一次，麦卡锡要到康涅狄格州的一个共和党会议上发表讲话，见到吵闹的人群时，普雷斯科特厌烦得止步不前："我参加过的会议里，没遇到过像这样的，与会者是一群挤在一起的野猴子。"[9]在家里，他恪守细节，注意合乎标准，因此朋友们称他为"十诫持诫者"[10]。

在肯纳邦克波特的家里，即使是夏天，普雷斯科特也坚持要求四个儿子和孙子们在正餐时穿西装打领带，并且星期天要全部待在家里。娱乐消遣都是振奋精神的活动——或是狩猎，或是充满激情的体育活动。这是为了体现人持之以恒的品性，但后来，许多东西都变了。

老布什南下得克萨斯州

普雷斯科特的儿子乔治·赫伯特·沃克·布什，可以很容易地循着父亲的足迹进入东海岸的特权阶层。老布什就读于安多夫寄宿学校和耶鲁大学。大学期间他卓尔不群，极有运动天赋和领导才干，甚至胜过了自己的父亲。大学毕业时，他迎娶了芭芭拉·皮尔斯（Barbara Pierce），华尔街的公司也纷纷向他招手。只要愿意，他就可以在铺着深栗色地毯、装饰着深色木镶板的布朗兄弟哈里曼银行的合伙人办公室里得到一份终身工作。

但是年轻的老布什性格坚毅。离开学校后，他直接参加了海军。1944年，他驾驶的飞机被日本人击落，老布什跳伞坠海，后被一艘美国潜艇救起，从而使他成为可能是美国最年轻的战争英雄。他想在美国的新边疆开拓事业。1948年从耶鲁大学毕业后，他一头钻进了自己的红色斯蒂贝克汽车，朝得克萨斯州西部的敖德萨开去，他要在那里的德雷色工业公司（Dresser Industries）工作，效力于急速发展的美国石油业。[11]

老布什没有完全脱离他那有权有势的家族。普雷斯科特是德雷色工业公司董事会的成员，他热心地为儿子引荐工作，甚至把自己的新车给了儿子。敖德萨是个荒凉的小城，得克萨斯州中西部的这片荒野里四处散布着石油起重机和锡铁皮屋顶的仓库。在优雅的纽黑文，老布什一家与耶鲁大学的校长比邻而居；而在敖德萨，他和芭芭拉住在一间盒式房子里，隔壁住的一对母女居然都是妓女。[12] 尽管城市显得一团糟，却在快速发展。敖德萨和它的姐妹城市米德兰下面埋着美国本土已发现的最大油田。投机者和鲁莽汉纷纷前来，打算在这里忍受各种艰难困苦——他们忍受着飓风、沙尘暴，远离文明，过着没完没了的沉闷生活，住着帐篷鸡舍，只是为了发财致富。

不久，布什一家从敖德萨搬到了米德兰，这是一个白领阶层居住的城市，离高速公路有20英里远。布什一家并不是唯一到米德兰寻找发财机会的贵族家庭。不久，米德兰就有了它引以为荣的常春藤盟校俱乐部和优雅的鸡尾酒会。异常活跃的布什一家显然成了当地权势集团的核心。尽管如此，米德兰依然是个企业家的边疆城市。20世纪50年代，米德兰的人口增加了两倍。在那里，耶鲁大学毕业生与投机分子并肩工作，在不毛之地杀出生活之路。留在老布什记忆中的，是未铺柏油路的街道上的田园诗般的生活。1959年移居休斯敦时，老布什已经挣到了第一桶金，并做好了从政的准备。

那时的得克萨斯州，接受共和主义信条的人还是少数。毕竟这里是林登·约翰逊和萨姆·雷伯恩（Sam Rayburn）的家乡。内战以来，这里一直是民主党的大本营，共和党被视为北方佬和强盗。未来的众议院议长雷伯恩有一次这样说："这个党把趁火打劫者和流氓无赖送到已经投降的南方，手挥刀剑将白人的文明踩到脚下，我绝不会把票投给他们的候选人。"[13] 世纪之交时，还在得克萨斯州当新闻记者的欧·亨利写道："我们只有两三条法则，不能谋杀目击证人、不能偷马、不能投共和党的票。"直到20世纪50年代，得克萨斯州真正的政治活动都还只是围着民主党的初选转。

然而，得克萨斯州虽是民主党的天下，但也是一个十分保守的州。该州各处都有同盟事业的纪念碑，如得克萨斯大学奥斯汀校园里的杰斐逊·戴维斯（Jefferson Davis）塑像、州议会外面一栋大楼上对内战毫无愧疚的溢美之词——赞美"在宪法的名义下为争取州权而牺牲的人"。在得克萨斯州出生的作家迈克尔·林德（Michael Lind）把得克萨斯州的民主称为种族统治的民主。正如他指出的那样，在那里，"多数族裔控制了政府，并以此来压迫少数族裔、少数种族和少数宗教派别"[14]。在内战后短暂的重建时期，州议会里面确实有黑人议员，众议院议长也是个共和党人。但1876年联邦军队撤走以后，民主党白人就"收复了"该州。他们制定了一部最低纲领的宪法（州议会两年开一次会），并且对黑人进行压迫。20世纪初，得克萨斯州韦科市成为三K党的滋生地。

还有一些事情提醒老布什，他已不再身处康涅狄格州。得克萨斯人不相信北方佬的银行和工厂。正如历史学家T.R.费伦巴赫（T. R. Fehrenbach）所说，"多数得克萨斯人仰慕一个家族，是因为它有1 000英亩土地，而不是它培养出两个了不起的外科医生、一个出色的音乐家，或者发现了新的相对论"[15]。到1950年，土地所有者通过收取石油开采税，年入5亿美元。大多数得克萨斯州的统治阶级都有庄园主情结：那里有资源可以获取，包括采油权；有移民劳工可以使用；有权力需要维持；有钱并不可耻；自由主义必被摧毁。

从这个角度看，老布什选择的时机很好。虽然1964年他在政治上的首次出击——激烈竞选联邦参议员席位——就败给了拉尔夫·亚伯勒（Ralph Yarborough），但他在1966年的联邦众议院选举中当选众议院议员。更广泛地说，他选择的时机正好是得克萨斯州发生政治巨变的时候——这场革命开始时，肯尼迪还是美国总统，而2003年革命结束时，共和党终于控制了该州的州议会。裂痕始于1961年，林登·约翰逊空出的参议院席位导致自由派民主党人和保守派民主党人之间发生争吵，并使约翰·托尔（John Tower）为共和党赢得了重建以来的首个得克萨斯州的联邦参议员席位。1964年，尽管得克萨斯人依然忠于约翰逊并投票支持他，但巴里·戈德华特的预言明白无误地打动了当地保守派的心。

得克萨斯人由支持民主党转而支持共和党，此过程持续了数十年。1964年，民主党控制了州参议院所有的31个席位，并占有强大的州众议员150个席位中的149席。1968年，共和党在州参议院和众议院的席位分别仅有2席和8席。在这8个共和党众议员中，25岁的汤姆·克拉迪克（Tom Craddick）来自米德兰。两党都曾向他招手，但他却大胆地对一家米德兰报纸说，共和党代表着未来。[16] 事实上，他耗费了 10 年的时间才在众议院中赢得权力——最终他当上了一个小组委员会的主席。许多得克萨斯州白人则选择继续支持保守派民主党人，没有转投他党。

但克拉迪克渐渐赢得了胜利。许多情况下，种族因素是催化剂。自从约翰逊的民权法出台以来，再也没有一个民主党总统候选人在得克萨斯州赢得过多数白人选民的支持。正在萌发的反文化运动和反战抗议活动，也使保守派白人疏远了民主党。得克萨斯州历来有军国主义的倾向，来自该州的士兵在当时的东南亚战场占了极大的比例。人口统计也有利于老大党。民主党的权力基础在于老得克萨斯州的农业和那些乐善好施的绅士，但佃农逐渐被大地产挤走。1930 年至 1957 年间，得克萨斯州的农场规模平均扩大了一倍，佃农的数量却减了一半。与此同时，在那些新的郊区地带和公司办公处的停车场，共和党所宣扬的更少政府干预、更低税收和更稳固家庭的主张，在新到该州的人们中间得到了普遍的回响。在 20 世纪 50 年代石油繁荣高峰期，每周有超过 1 000 人搬到休斯敦来。

如果说老大党使得克萨斯州的政治发生了变化，那么得克萨斯州也使老大党发生了变化，而布什家族也随之发生了变化。得克萨斯州的共和主义与普雷斯科特的乡村俱乐部信条大异其趣：这里的人们具有更强的反制政府色彩、更多的民粹主义色彩以及更深的宗教情结。普雷斯科特曾经认为麦卡锡是一个粗鲁汉，得克萨斯州的一伙保守分子却把一辆凯迪拉克汽车送给他作为结婚礼物。老布什在多大程度上接受了这一更新却更轻率的信条？时至今日，共和党人依然对此争论不休。

老布什有着"过于靠中间站"的名声。[17] 我们有个同事说过，许多得克萨斯人把他那东海岸式的彬彬有礼错当成了唯唯诺诺，将他蔑视为那种"指甲修得干干净净的共和党人"，或者更差劲，是个"冲淋浴时要撒尿也得走出来找厕所"的另类。1966 年，亚伯勒嘲笑他是一个北方佬显贵，并问东得克萨斯州的石油商人，是不是打算投票支持"帮科威特酋长到得克萨斯州来开采石油的康涅狄格州的投机分子"[18]。终于当选联邦众议员后，老布什以文化议题上立场温和而为人所知。由于他对计划生育充满热情，众议院筹款委员会主席威尔伯·米尔斯（Wilbur Mills）甚至给他取了一个绰号叫"避孕套"。[19]

老布什通过政府机构的职务而在共和党内顺着梯子往上爬——驻联合国大使、共和党主席、驻中国联络处主任、中央情报局局长——都是些能让父亲高兴的职务。

1980年竞选总统时,他指责罗纳德·里根的"供给学派"*经济思想是"巫术经济"。而他之所以当上了副总统,部分原因是共和党需要安慰其东海岸一翼。尽管老布什忠心耿耿地为里根这个饰演过吉普（Gipper）**的人干了8年,但直到里根发话后,许多保守派才开始支持他1988年竞选总统。就任总统后,老布什因为增税而激怒了保守派。在1992年的总统竞选中,保守派不再支持他,转而在共和党初选中站在帕特·布坎南一边,并鼓励罗斯·佩罗（Ross Perot）参选。相对于总统老布什,佩罗才更算得上是一个真正的得克萨斯人。

　　然而,老布什显然要比他父亲更保守。1964年竞选联邦参议员时,他坚定支持戈德华特式保守派,这可不招普雷斯科特的喜欢。他谴责林登·B.约翰逊的民权法、《部分禁止核试验条约》、增加对外援助,并且"在反贫穷项目上胡乱花钱"。他甚至指责小马丁·路德·金（Martin Luther King Jr.）是个"好战分子",因为金的民权组织得到了工会的资金支持。[20] 他的竞选风格也大大不同于康涅狄格州式的风格。普雷斯科特竞选时,有耶鲁威芬普夫协会（Yale Whiffenpoof Society）的成员为他加油鼓劲,[21] 而老布什竞选时,则是由乡村音乐和《布什矢车菊曲子》（*Bush Bluebonnet Belles*）来开道。歌中唱道:"太阳有一天将照耀联邦参议院／乔治·布什将赶走那些自由分子。"[22]

　　老布什在政府机构中的加官晋爵,并不像看起来那样纯粹是显贵的升迁。尼克松青睐他是因为他与众不同——不像"那些常见的常春藤盟校出来的下流坯"[23]。作为总统候选人,老布什尽力讨好右派。他雇用惯于操弄民粹主义肮脏伎俩的李·阿特沃特（Lee Atwater）为其竞选主管。他也同宗教右派调情,邀请吉姆和塔米·费耶·贝克（Tammy Faye Baker）到副总统官邸做客,现身杰里·福尔韦尔的利伯缇基督大学（Jerry Falwell's Liberty University）,制作有关皈依基督教从而改变自己生活的录像带。任总统时,他终于支持了堕胎的立场,按照某些标准,这些立场比他儿子所持的立场

---

* 该经济学派认为,减税尤其是对企业和富人减税、鼓励储蓄以及投资,将使社会上的所有人获益。——译者注

** 克努特·罗克（Knute Rockne）是美国橄榄球圣母队的教练,1928年球队在比赛中失利,罗克向队员们讲了一个故事:他执教过的最伟大的球员名叫乔治·吉普（George Gipp）,在1920年赛季的最后一场比赛中染上了脓毒性咽炎,去世时还不满25岁。吉普在病中给罗克的遗言是,如果将来他带的队遇到极大的困难,情形已近乎绝望,就告诉队员拼尽全力,"为吉普赢一个球"。所有的队员都哭了,静默片刻之后他们冲出更衣室,喊着"这个球是给吉普的"横扫全场。1940年拍摄了关于罗克生平的影片,罗纳德·里根饰演吉普,这句话也风行美国。——译者注

更保守。巴里·戈德华特的《保守派的良心》（*The Conscience of a Conservative*）一书，同样也是老布什推荐给他的长子读的。

出生于东部、成长于得克萨斯州的小布什

小布什的职业生涯无疑保留了其家族的贵族遗产。他的早年生活似乎就是父亲已然远去的经历的翻版：在安托夫寄宿学校念书，在那里，他更像一个啦啦队长而不是体育明星，随后进入耶鲁大学，在那里他的爷爷普雷斯科特轻而易举地成为耶鲁校董会理事。他入选DKE兄弟会（Delta Kappa Epsilon）和骷髅会。但他显然不像父亲那样，觉得这经历令人舒适。小布什发现，安托夫寄宿学校的日子"既冷又远且难"。在耶鲁，他与警察发生过两次争吵：一次是因为在当地的一家店偷了圣诞花环；还有一次是在橄榄球赛后，他和一帮朋友把普林斯顿大学的门柱给拆了。（在他回母校所做演讲的讲话原稿中，有这样一段回忆文字："回到纽黑文真棒，一长串慢慢闪着旋转灯光的警车，从机场一路紧随我的车，让人觉得好像真的回到了大学时代。"令人悲哀的是，昨日已经远去了。）[24]

美国第43任总统，自然而然地放下了他的贵族式教育背景，向人们显示他渴望回到得克萨斯人民中间——远离那些势利小人，回到正派的爱国者中间。然而，即使有所粉饰，在20世纪60年代末，小布什的得克萨斯价值观与他在耶鲁的见闻之间所产生的裂痕也明显在拉大。这并非仅仅因为小布什是个煽动家而他父亲生来完美，而是因为耶鲁也已发生了变化：越南使校园激进化了。就在他父亲被亚伯勒击败后不久，小布什碰到了学校的牧师威廉·斯隆·科芬（William Sloane Coffin），由此进入了他大学生涯的关键时刻。小布什曾请求科芬介绍自己加入骷髅会，因此年轻的小布什坚持要进行一番自我介绍。牧师回答："我认识你父亲，坦率地说，他败在一个更优秀的人手下。"[25]

更优秀的人！在小布什的词典里，对一个人最高的溢美之词也只是他"是个好人"。在儿子的心目中，老布什正是好人的典型：他曾为国冒生命之险，发过财，现在又不惜牺牲个人尊严竞选公职。而父亲母校的牧师却在这里暗示，他还比不上一个南方的种族主义者。有很多股力量正将小布什拖向阳光地带的保守主义一边，但也有力量在把他往回拉。

一开始，小布什在得克萨斯州所遭遇的是人们对他的怀疑。1978年，朋友们为他突然间对政治感兴趣而吃惊，他告诉朋友，他害怕在吉米·卡特（Jimmy Carter）的统治下，"美国正朝向欧洲式的社会主义发展"[26]，因而决定竞选得克萨斯州西部的国会议员。初选中，他的共和党对手吉姆·里斯（Jim Reese）获得了罗纳德·里根的支持。里斯对布什王朝有点怀恨在心，寄出了一封表示不满的信，说小布什"有像卡尔·罗夫这样的洛克菲勒式共和党人在帮他竞选"[27]。小布什设法战胜了里斯，但在大选中，他遭遇到更强劲的民主党对手肯特·汉斯（Kent Hance）。汉斯无情地把年轻的小布什定性为一个在当地毫无根基，在东海岸受过奇特教育的北方佬、投机分子。有个当地人这样说道："他生来就富贵。"[28] 难道他不是骷髅会的成员吗？农民谴责三边委员会（the Trilateral Commission）压低农产品的价格，而他父亲却是这个委员会的成员！

小布什的捐款人名单——其中包括前国防部部长唐纳德·拉姆斯菲尔德（Donald Rumsfeld）——看起来就好像共和党权势集团的名人录，这使得汉斯胜券在握。小布什的一个愚蠢的决定——制作一个自己在慢跑的电视广告片——也帮助汉斯更轻易地赢得了选举。有评论者说："如果是在高地公园（Hignland Park）或休斯敦，那倒是不错的广告片，但如果哪个家伙在迪米特（Dimmitt）这样慢跑，后面肯定有人在追他。"这种讽刺性的描述非常令人信服。在一次两名候选人精心准备的辩论会上，辩论主持人当面问小布什，他是不是影子政府的工具。汉斯轻而易举地赢得了胜利。

竞选失利期间，小布什常说，他唯一的遗憾就是没有生在得克萨斯州。但是，得克萨斯人对小布什的了解越多，就越是愿意原谅他的"生不逢地"。"孤星州"*毕竟是一个移民州，因此，并非只有生于斯才可以成为得克萨斯人。得克萨斯人不久就发现，比起他的父亲，小布什显然是一个更地道的得克萨斯人。老布什是由司机驾车去格林威治国家日间学校（Greenwich Country Day School）的，身穿羊绒衫和灯芯绒裤；而小布什则是步行或骑车去学校的。在那里，老师先在四年级教授得克萨斯州史，然后再在五年级教授美国史。[29] 小布什与该州反制政府的民粹主义之间没有什么抵牾。他放弃了家族信仰的圣公会，转而接受了开诚布公的循道公会。大儿子渐渐成了老布什与保守主义运动联系的使者。

---

* 孤星州（Lone Star State），即得克萨斯州。——译者注

讽刺的是，帮助小布什拿下得克萨斯州的卡尔·罗夫也是一个外乡人，来自犹他州。他们俩是一个奇特的组合。小布什虽然在政治世家长大，却并不喜欢政治，罗夫则是政治狂。有个名叫马克·麦金农（Mark McKinnon）的得克萨斯政客在谈到威利·梅斯（Willie Mays）这位伟大的棒球运动员时讽刺道："总统在成长的过程中，就是想成为这样的棒球运动员；卡尔在成长的过程中，则是要做总统的高级顾问。"[30] 小布什是大学生联谊会的典型成员，总是中心人物；罗夫则是典型的书呆子，总是戴着眼镜，并随身带着口袋套和公文包。为理查德·尼克松竞选效力时，他还是个愣头青。随后，当美国的大学爆发反越战抗议时，他加入了"大学共和党人"组织（College Republicans）。李·阿特沃特把他视为同道，邀请他到华盛顿的共和党全国委员会工作。1977 年，老布什诱使他到得克萨斯州为其政治行动委员会效力。罗夫很快成为该州共和党最受尊敬的政治顾问。

即使在克拉迪克赢得胜利 10 年之后，得克萨斯州也并未明显开始青睐一个野心勃勃的年轻共和党人。1977 年，该州立法机关的 181 个席位中，共和党只占有 21 席，而年轻的小布什 1978 年的首次竞选，可谓出师不利。但罗夫感觉到了政治的风向标。他网罗了一批无与伦比的共和党捐赠人，并且为该州所有的一流共和党精英效过力。他们中有前民主党人菲尔·格拉姆（Phil Gramm），1984 年代表共和党赢得了该州的一个联邦参议员席位；凯·贝利·哈奇森（Kay Bailey Hutchison），1993 年为共和党赢得该州另一个联邦参议员席位；里克·佩里（Rick Perry），2000 年当选得克萨斯州州长；当然，还有小布什。在政治上，这一切的意义堪比购买微软刚面世的股票。

1994 年的州长选举，既是对小布什在得克萨斯州是否得民心的最大考验，也是对罗夫竞选活动能力的最大考验。在任州长安·理查兹（Ann Richards）是一个地道的得克萨斯人：她是一个反应敏捷的女子，其得克萨斯州主义的主张被收集成书，她将威利·纳尔逊（Willie Nelson）视为密友。纳尔逊既是芭芭拉·乔丹（Barbara Jordan）——首位当选美国国会议员的南方黑人——的门徒，但也有共和党式的发型——堆在头上的白头发绷得像钢一样。她辱骂责难过老布什。在 1988 年的民主党大会上，她对全神贯注的听众说："可怜的乔治，他生于豪门，他干不了总统那活"。对他的儿子，她又想故技重演，把小布什称作"小灌木树""次等品""乔治王子"以及"最后的游戏玩偶"。

但是，普雷斯科特的孙子显得比这个得克萨斯州的女儿更得克萨斯。他在宣布竞选州长时对孤星州赞美有加："我把得克萨斯州看作一种生活方式、一种心态、一种思维方式……我不希望得克萨斯州成为另一个加利福尼亚州。"他反复使人想起加利福尼亚州的形象，目的是要人们把理查兹看作一个脱离得克萨斯州基本价值的、垂死的自由派分子（或者更糟糕的一个人）。而令人吃惊的是，他得到了理查兹竞选阵营的大力帮助。对手理查兹那些最重要的捐款人——包括斯蒂芬·斯皮尔伯格（Steven Spielberg）、安妮·莱博维茨（Annie Leibovitz）、罗伯特·雷德福（Robert Redford）、沙朗·斯通（Sharon Stone）、法拉·福西特（Farrah Fawcett）、罗森·阿诺德（Roseanne Arnold）和芭芭拉·史翠珊（Barbra Streisand）——加深了她的这一形象。小布什的捐款人，则包括达拉斯牛仔队的橄榄球传奇核心前卫罗杰·斯托巴赫（Roger Staubach）以及橄榄球教练迈克尔·迪克塔（Mike Ditka）。竞选快结束时，理查兹在达拉斯与演员路丝·奥唐奈（Rosie O'Donnell）同台庆贺堕胎权，此时脚穿鳗鲡色靴子、身着得克萨斯州农业局夹克衫的小布什，却在前达拉斯牛仔队前侧边锋比利·乔·杜普里（Billy Joe Dupree）和伟大的功夫演员查克·诺里斯（Chuck Norris）的陪同下，走访乡村小镇。

小布什甚至把那几年的"游牧岁月"变成了竞选优势。他对好奇的记者说："我过去有时会像一个不负责任的孩子那样行事吗？当然会，真的。"他父亲是生活中永远的强者，优秀得不真实。而嚼着烟草走进20世纪80年代的小布什表现得比父亲更为坚定。在整个竞选过程中，他都在反击安·理查兹散布的关于他疯狂青春期的谣言，包括他因醉酒驾车和尝试吸毒而被捕，与多个姑娘发生性关系，在他父亲的就职仪式上傲慢自大等。除醉酒驾车外，其他谣言都未经证实，但在某种程度上，这些谣言却为小布什建立起一个更地道的得克萨斯人的形象。有一次罗夫对记者讲："他了解布巴（Bubba）*，因为在他身上就有布巴的因子。显然，他是疯狂之子。"[31]

竞选期间，小布什推出了他的"富于同情心的保守主义"主题。他支持增加教育资助，并认为宗教组织可以改善福利供给。"政府对同情没有垄断权"是他的口头禅。对强硬右派，他也有许多令其满意的老式保守的东西：对少年犯进行监禁，并对14岁的少年犯进行成人式审问；支持反鸡奸法；要求十几岁的女孩堕胎前必须得到父母的许可；使随身携带手枪合法；拒绝给那些已经有两个孩子的福利享受者好处。

---

* 对美国南方白人略带打趣的称呼。——译者注

结果是大获全胜。小布什以20年来州长选举中最大的优势 ——53%比46%——赢得了选举。小布什继续他在得克萨斯州深得民心的活动,当然,这一次不是通过打败对手,而是通过诱使一名得克萨斯州的政治偶像对自己臣服来实现。在得克萨斯州,由于制度性的原因,真正的权力属于副州长。1994年,该州的副州长恰好是民主党人鲍勃·布洛克(Bob Bullock)——一个极端典型的得克萨斯人。他非常喜好杯中之物,结过5次婚(其中两次是与同一名女子结婚)。他还曾成为引起轰动的传奇式人物:一天晚上喝酒以后,布洛克爬进一辆停靠在路边的汽车后部想打个盹,醒来时发现车在行驶。他立即把手伸向驾驶员做自我介绍,大声说:"嗨!我是州务卿!"[32]布洛克有实力使小布什在州长任期内无所作为。这个灰熊似的人物何必要与一个出身豪门的共和党人为伍?但小布什很快把他争取了过去。据说,在一次只有两个人的交流中,布洛克对小布什抱怨道:"要想与人上床,你得先吻对方。"小布什立即把嘴唇贴到了这个灰白头发的老政客的脸颊上。

至此,统治了得克萨斯州达一个世纪之久的民主党逐渐崩塌。1965年至1995年间,该州经历了美国历史上众议院选举中共和党选票的最大增幅。[33]小布什和罗夫开始着手清除那曾经宏大无比的政治体系的残存势力。甚至连肯特·汉斯这样曾在小布什第一次竞选公职时对其万般阻挠的民主党人,这时都转而投向共和党,臣服于小布什的脚下。1998年,小布什以68%的选票再次当选州长,比对手多了140万张选票,该州的州参议院也终于落入共和党手中。2002年,共和党在州选举中横扫全州,并最终掌握了州众议院。克拉迪克这个来自米德兰的孤独的共和党人,成为重建结束后联邦军队撤出以来得克萨斯州众议院首位共和党议长。2004年,经过对选区蛮横的重新划分,共和党人从民主党手中夺过5个联邦众议院席位,从而首度成为联邦众议院州代表团中的多数。

20世纪90年代末,我们其中一人会见小布什州长时,发现他明显不属于父祖那一类型的人物。[34]小布什虽然坐在父亲传下来的一张大桃木桌子后面办公,但他的谈话却不同于父祖,说话中有更多的俚语村言,一句话开始时会说成"老百姓觉着不中……"和"你们大伙儿可莫那么想……"

小布什把家庭照片陈列在州长办公桌后面的一张小桌子上面。其中有一张普雷斯科特·布什的照片,上面是他在1952年的获胜集会上向听众挥手。普雷斯科特的照片现在要勇敢地面对一个全然不同于他所知道的世界 ——这是一个布什家有人穿牛仔靴的世界；这是一个把巴里·戈德华特当作严肃的思想家来尊敬的世界；这是一个墨西哥问题隐然大于欧洲问题的世界；这是一个视保守主义为激进变化运动的世界。毫无疑问，他一定会为自己的孙子感到自豪，但他可能会好奇地问道：共和党究竟是怎样发生了如此天翻地覆的变化？

注释

[1]　Lewis Namier, *England in the Age of the American Revolution*(London: Macmillan, 1963)，p.19.

[2]　Bill Minutaglio, *First Son: George W. Bush and the Bush Family Dynasty*(New York: Times Books, 1999)，p.19.

[3]　Ibid.

[4]　以下这本书曾详细描述沃克和布什的生意：Kevin Phillips, *American Dynasty: Aristocracy, Fortune and the Politics of Deceit in the House of Bush*(New York: Viking, 2003)。

[5]　Mickey Herskowitz, *Duty, Honor, Country: The Life and Legacy of Prescott Bush*(Nashville, Tenn.: Rutledge Hill Press, 2003)，p.81.

[6]　Ibid.

[7]　Elizabeth Mitchell, *W: Revenge of the Bush Dynasty*(New York: Hyperion, 2000)，p.82.

[8]　Minutaglio, *First Son*，p.41.

[9]　Herskowitz, *Duty, Honor, Country*，p.127.

[10]　Stephen Mansfield, *The Faith of George W. Bush*(New York: Jeremy P. Tarcher/Penguin, 2003)，p.9.

[11]　Pamela Colloff, "The Son Rises," *Texas Monthly*, June 1999.

[12]　Ibid.

[13]　Earl Black and Merle Black, *The Rise of Southern Republicans*(Cambridge, Mass.: Belknap Press, 2002)，p.41.

[14]　Michael Lind, *Made in Texas: George Bush and the Southern Takeover of American Politics*(New York: Basic Books, 2003), pp.34 ~ 35.

[15]　T. R. Fehrenbach, *Lone Star: A History of Texas and the Texans*(New York: Da Capo, 2000)，p.672.

[16]　2003年1月24日，作者访谈。

[17]　Theodore H. White, *America in Search of Itself: The Making of the President 1956—1980*(New York: Harper and Row, 1982)，p.238.

[18]　Minutaglio, *First Son*，p.82.

[19]　Ibid., p.132.

[20]　Ibid., p.77.

[21]　Herskowitz, *Duty, Honor, Country*，p.ix.

[22]　Mitchell, *W: Revenge of the Bush Dynasty*，p.81.

[23]　Ibid., p.124.

[24]　David Frum, *The Right Man: The Surprise Presidency of George W. Bush*(New York: Random House, 2003)，p.47.

[25]　Minutaglio, *First Son*，p.85.

[26]　Lou Dubose, Jan Reid and Carl Cannon, *Boy Genius: Karl Rove, the Brains Behind the Remarkable Political Triumph*

of George W. Bush(New York: Public Affairs, 2003), p.15.

[27] Minutaglio, *First Son*, p.187.

[28] Ibid., p.191.

[29] Mitchell, *W: Revenge of the Bush Dynasty*, p.16.

[30] Dubose, Reid and Cannon, *Boy Genius*, p.5.

[31] Minutaglio, *First Son*, p.279.

[32] Dubose, Reid and Cannon, *Boy Genius*, p.25.

[33] Dan Balz and Ronald Brownstein, *Storming the Gates: Protest Politics and the Republican Revival*(New York: Little, Brown, 1996), p.228.

[34] 1998年1月，作者访谈。

第二章
保守主义的溃败：1952—1964年

我们在接下来的三章中将试图解答这样一个问题：共和党究竟是怎样发生如此天翻地覆的变化？哪怕是最乐观的保守主义者也承认，过去50年中右派的崛起和发展，很难说是一帆风顺的。其间有过很大的起伏——仅以水门事件和比尔·克林顿的当政为例——也有过旷日持久的曲折。然而，在此过程中，有三个贯穿始终的不变因素在起作用，即人口统计学、基层战士和知识分子。

布什家族是到南方和西部寻找发财机会的美国大军中的一员。人口统计学上的革命性变化，既使美国这个国家得以重塑，也改变了共和党。阳光地带不仅以一种更质朴、更锐利的保守主义信条来挑战东北部的权势集团，而且也为右派带来了许多基层战士。可以粗略地把他们分成两大类：社会保守派活动分子和反制政府的保守派活动分子。前者中的许多人来自南方，他们所需要的是政治家们为上帝效力；后者中的许多人来自西部，他们只是希望摆脱华盛顿的干扰。如果说使南方保守派聚集到一起的旗帜是堕胎问题的话，那么西部反制政府大军的出发点则是税收问题和枪支问题。在使共和党发生改变这一点上，知识分子同基层战士一样居功甚伟。1952年，保守主义还是美国人生活中的边缘思想。到20世纪末，保守主义却成了一部真正的思想百科全书，内容从司法功能主义到流氓国家，可谓无所不包。

艾克 * 时代

1952年，普雷斯科特·布什到华盛顿任参议员的时候，德怀特·艾森豪威尔成为

1928年赫伯特·胡佛（Herbert Hoover）以来第一位共和党总统。艾克以55%对45%的明显优势击败了阿德莱·史蒂文森（Adlai Stevenson），并且带领共和党赢得国会两院的多数党地位——尽管共和党在参议院的多数党地位有赖于副总统那打破僵局的一票。艾克有很高的个人声望，他率领盟军赢得了第二次世界大战的胜利。

然而，这个共和党的恺撒并不是保守派的党棍。艾克把所有的精力都耗在处理联邦政府的事务上，因此没有时间来形成激进的意识形态。将军有时候自称"进步的共和党人"，我们不妨称他为"保守派民主党人"更恰当。[1] 事实上，1952年，民主党曾在他接受共和党的提名之前，恳请他代表民主党参选总统。1956年，艾森豪威尔再次轻松地战胜了史蒂文森，当时有个记者甚至宣扬这样一种主张，即由两党共同提名他为总统候选人。艾森豪威尔只是因为个人关系而选择了共和党。新任民主党参议院少数党领袖林登·约翰逊称赞艾森豪威尔的就职演说为"这20年来对民主党纲领的一个很好的声明"。[2]

对外，艾克支持对红色威胁进行遏制，而不是将它击退；对内，他既不打算废除"新政"（the New Deal），也不打算减少税负。他宣称："联邦政府的逐步扩大"是"以牺牲国家的快速增长为代价的"。[3] 他写信给比自己更保守的兄弟埃德加时说："如果有哪个党胆敢废除社会安全保障、劳动法和农业计划，那就别指望在政治史上再次听到它的声音。"他争辩道，支持这种政策的共和党人少之又少，并且这些政策"愚不可及"。[4] 他向国会提交的首份施政报告是要求建立一个卫生、教育和福利部。[5] 当卫生、教育和福利部的第一任部长奥维塔·卡尔普·霍比（Oveta Culp Hobby）公开她削减学校支出的计划时，艾森豪威尔的话却使她左右为难。他说："我对削减教育经费的想法感到吃惊。所有自由派人士都不会同意这种做法，包括我自己。"[6]

如果艾森豪威尔有自己的哲学，那就是他的管理主义哲学。他因在欧洲协调了盟军的关系而声名鹊起。他喜欢和商界打交道。他任命通用汽车公司主席查尔斯·威尔逊（Charles Wilson）为国防部部长，从而引发人们讽刺他以汽车商（car dealers）代替了"新政"拥护者（New Dealers）。[7] 人们看不出这些来自公司的官员有什么理由要捣乱。1928年赫伯特·胡佛当选总统以来，联邦政府雇员由63万人膨胀到250万人，而年度联邦预算则由39亿美元上升到662亿美元，[8] 但汽车商似乎并不担心联邦政府人员和预算的增加。

艾森豪威尔也欢迎那些在民主党里供职过的自由派权势人物加入内阁。亨利·卡伯特·洛奇是"波士顿贵族社"（Boston Brahmin）的典型成员，他担任艾克的总统竞选主管，随后出任美国驻联合国大使一职。国务卿约翰·福斯特·杜勒斯（John Foster Dulles）对北约、外援和国际主义坚信不疑。

艾森豪威尔有资本怠慢右派，因为他并不担心右派的回击。在共和党内部，环绕艾克的"杜威式共和党人"，在很大程度上已经策略性地战胜了参议员罗伯特·塔夫脱（Robert Taft）领导的"塔夫脱式共和党人"。众所周知，塔夫脱喜欢别人叫他"共和党先生"，他一直毫不妥协地批评"新政"和北约。1949年，塔夫脱抱怨道："我们已经悄然滑向了干涉他国事务的道路，并且不知不觉地倾向于认为我们是半个上帝和圣诞老人，可以解决世界上的种种问题。"[9] 而得名于纽约的贵族州长托马斯·杜威（Thomas Dewey）是温和派共和党人，对内接受了"新政"，对外则赞成国际主义。尽管塔夫脱在国会有其影响力，但在1940年至1960年间，杜威式共和党人还是赢得了本党所有的总统候选人提名，成为美国最大州（包括宾夕法尼亚州和加利福尼亚州）的州长，控制了共和党主要的舆论机构，如《时代》周刊、《生活》周刊和《纽约先驱论坛报》。"共和党先生"在艾森豪威尔总统任期的第一年过世，温和派共和党人似乎赢得了彻底的胜利。

保守主义运动在国会没有产生太大影响，在知识界呼声更弱。自由主义者有8份杂志周刊供他们发表自己的观点。与此相对，保守主义者只有一份创办于1944年的《人类事件》（Human Events），这份8页纸的时事通讯，读者只有127人。[10] 美国的学术界整齐划一地成为自由主义的天下，以至于当时的一个保守派基金会——威廉·沃尔克基金会（William Volker Fund）——甚至要雇人去找学者，以劝说他们接受基金会的资助。[11] 拉塞尔·柯克（Russell Kirk）有关英美保守主义创业史的作品《保守主义的心灵》（The Conservative Mind, 1953）一书，最初的临时书名竟是《保守主义的溃败》（The Conservative Rout）。

相反，自由主义者认为世界是属于他们的。莱昂内尔·特里林（Lionel Trilling）在《自由主义的想象力》（The Liberal Imagination, 1950）一书中评述道："自由主义在美国，不仅是主导的知识传统，而且是唯一的知识传统。"特里林承认美国存在保守主义的冲动，但表达出来的并不是完整的思想，而是"狂躁不安的呓语"。[12] 路易斯·哈茨（Louis Hartz）在《美国的自由主义传统》（The Liberal Tradition in America, 1955）一书中的观点更加极端。他认为，封建贵族和具有阶级意识的工人阶级的缺乏，意味着美国是世界上最纯正的自由社会典范。美国自由主义面临的最大难题，就是缺乏一个坚强勇敢的保守主义对手。[13] 丹尼尔·贝尔（Daniel Bell）那时候还是自由主义阵营的坚定支持者，在《意识形态的终结》（*The End of Ideology*, 1960）一书中，他认为左派与右派之间的激烈冲突已经让位于有关管理技术的冷静辩论。

由于缺乏内在连贯的保守主义运动，那些不幸饱受莱昂内尔·特里林讥讽的"保守主义的冲动"的美国人是相当软弱的群体。他们尤其容易成为偏执狂、怪癖性和怀旧症这三种心智失常的牺牲品。

右派偏执狂的例子不胜枚举。比利·詹姆斯·哈吉斯（Billy James Hargis）牧师一边乘着专用的灰狗巴士漫游全国，一边公然抨击共产主义和通敌叛国。美国保守主义协会（Conservative Society of America）的创始人肯特·考特尼（Kent Courtney）指责巴里·戈德华特"受到社会主义的毒害"。臭名昭著的重婚者、亿万富翁哈罗德·拉斐特·亨特（Harold Lafayette Hunt）是个石油商人，为右派的事业资助了大量资金。他认为人们的投票权应取决于他们的财富——因此他理应拥有大量选票。在其私人出版的《看不见的政府》（*The Invisible Government*）一书中，他警告说，有一个阴谋要"把美国变成一个社会主义国家，然后使之成为单一的世界社会主义制度的一部分"。

杜鲁门担任总统时的一个戏剧性事件——阿尔杰·希斯（Alger Hiss）事件——使得这种妄想症有了极大的进展。这件事证明，保守派可以妄想很多东西。从20世纪40年代开始，一群人数不断增加的、理想幻灭的马克思主义知识分子使得保守派的这一事业得到加强。尽管像作家詹姆斯·伯纳姆（James Burnham）这样的改良派托洛茨基分子与哈吉斯、亨特之流大异其趣，但他们也十分关注美国在国内外的需要，以便更强硬地反击苏联的威胁。1948年，《时代》周刊高级编辑惠特克·钱伯斯（Whittaker Chambers）——一个愤怒的前共产党人——告诉众议院的非美活动委员会（the House Un-American Activities Committee），他在20世纪30年代接触过一名国务院的年轻官员，名叫阿尔杰·希斯。尽管这时候希斯刚从国务院卸任，但他是使华盛顿权势集团增光添彩的要角。他参加过雅尔塔会议，现担任卡内基国际和平捐赠基金（the Carnegie Endowment for International Peace）的主席，是乔治敦大学餐会上的常客。希斯立即向法院起诉钱伯斯诽谤。美国的自由主义者齐心协力保护温文尔雅的希斯，以使他免受居心不良的钱伯斯的伤害。杜鲁门总统谴责这一事件是在"转移视听"。埃利诺·罗斯福（Eleanor Roosevelt）坚持认为，希斯一定是加利福尼亚州那个令人厌恶的年轻国会议员理查德·尼克松发起的政治迫害的牺牲品。但随后，钱伯斯令整个国家吃惊不已，他提供文件证明希斯和他曾在20世纪30年代为苏联做过间谍。希斯因做伪证接受审判，于1950年1月被判5年监禁。

希斯事件加深了保守派对自由派权势集团的敌意。华盛顿的上流社会为什么要反对钱伯斯？为什么在希斯被宣判有罪以后，国务卿迪安·艾奇逊（Dean Acheson）还要说他不会对阿尔杰·希斯的事不闻不问？钱伯斯在他那本杀伤力巨大的《见证》（*Witness*, 1952）一书中提出下面的观点，这一观点之后由几代保守派的"沉默的多数"支持者不断发展：

> 希斯案最显著的特点就是产生了这个国家有历史记录以来最令人不安的裂痕，虽然这裂痕未被彻底揭露。这是那些朴素的男男女女，与那些假装为了他们的利益而行而思而言的人之间的裂痕……这是那些有学识、有权势、大声嚷嚷支持那个思想开明者的人，与那些因受闭于支持希斯的精神异常状态中而撕裂自己心灵的普通人之间的裂痕……[14]

希斯事件为20世纪50年代右派偏执狂的象征——参议员约瑟夫·麦卡锡——提供了舞台。麦卡锡绰号"死亡枪手乔"，从1950年2月他旅行到西弗吉尼亚州威林市（Wheeling）宣称掌握了国务院205个共产党间谍的名单，到1954年12月参议院以2：1的多数票谴责他的行为，麦卡锡一直是美国政治舞台的中心人物。1946年，就在他40岁生日前夕，麦卡锡当选威斯康星州的联邦参议员。他赢得了大批追随者，全国各地自发成立了众多麦卡锡俱乐部。1952年和1954年的民主党总统候选人阿德莱·史蒂文森正是傲慢自大的自由主义的化身。他说共和党一半是艾森豪威尔的支持者，一半是麦卡锡的支持者。这话并不为过。

麦卡锡是爱尔兰天主教徒，在中西部的一个小农场长大，在密尔沃基（Milwaukee）一所名叫马凯特（Marquette）的天主教大学读书，喜欢拳击。他是憎恶自由派精英的民粹主义的化身。他的言谈像一个码头装卸工，穿着邋遢且贪杯。他替数百万像他一样的人表达了憎恶之情，谴责"享有特权、满是娘娘腔的国务院"，粗暴攻击迪安·艾奇逊是个手拿花边手绢、装腔作势地用英国腔说话、刻板而"徒有虚名的外交官"，指责乔治·马歇尔（George Marshall）"参与了一个惊天大阴谋、是历史上最声名狼藉的人"。他对一群记者说："伙计，如果你反对麦卡锡，那你要么是共产党人，要么是浑蛋。"[15] 难怪普雷斯科特·布什觉得有必要给他上上礼仪课。

麦卡锡的担心并非全无道理。国务院确实存在一些共产党人。但是他的不修边幅、恐吓举止和日益严重的酗酒行为，对他的事业无所裨益。甚至他的得力助手罗伊·科恩（Roy Cohn）也承认，由于他的"火暴脾气、单调而威胁人的话语、不苟言笑的神态以及下巴上永远刮不完的短须"，人们对他避之唯恐不及。到了1955年，麦卡锡已经使右派手中的王牌之一——反共——失去价值，自己也成了自由派长期打击的靶子。

偏执狂是右派最显著的失败，怪癖性则是右派更常见的病症。艾伯特·杰伊·诺克是战后右派为数不多的重要长者之一，但他却自称为贵族。他憎恶"我们的敌人——国家"（他的一篇文章就以此为标题），瞧不起普通老百姓，视自己的保守派知识分子同人为脱离美国主流的"残渣"。而为了凸显自己脱离美国主流，他身披花里胡哨的斗篷，手拿拐杖，并把自传取名为《多余人的记忆》（*Memoirs of a Superfluous Man*, 1943）。他指责自己的祖国奉行劫匪的道德准则，并认为全世界的理想社会存在于比利时。

另一位身披斗篷的十字军战士是安·兰德（Ayn Rand）。她是一个俄国流亡贵族，写过好几部赞美经济个人主义的小说，现在是一个受到右派尊敬的人物。她的两部小说《欲潮》（*Fountainhead*, 1943）和《阿特拉斯耸耸肩》（*Atlas Shrugged*, 1957）卖出了好几百万册。美国联邦储备委员会主席艾伦·格林斯潘（Alan Greenspan）一度是她的狂热爱好者，这也抬高了她的地位。但对许多当代人来说，围绕在她周围的一批信徒却显得有点古怪。她预言将出现一个纲领要求极低的国家——没有税收、没有任何传统，尤其是基督教传统。她身披飘逸的黑斗篷，由美元符号的金别针扣住，用浓重的俄国口音鼓吹她的"客观主义"哲学，力劝人们尽可能多地享受性高潮。她向《时代》周刊解释："十字架是苦难的象征，我更喜欢美元符号，因为它是自由贸易的象征，因而也是自由心灵的象征。"[16] 小说《阿特拉斯耸耸肩》的结尾，一个劫后余生的主人公得到天启后在空中追逐一个美元符号，以祝福荒无人烟的大地。兰德坚信，人们有吸烟的责任，因为吸烟代表了人类对火的驯服。出版商在《阿特拉斯耸耸肩》的封面上画了一支香烟，上面饰以浮雕式的小金叶美元符号。1982年，在她的悼念仪式上，人们把一个6英尺高的美元符号放在她棺盖打开的棺木旁，房间里萦绕着《通往提伯雷里的漫漫长路》（*It's a Long Way to Tipperary*）那悠扬的乐声。[17]

兰德至少还是着眼于未来，而第二次世界大战后保守主义的第三个特点则是怀旧症。理查德·韦弗（Richard Weaver）是个南方人，绰号"圣保罗的土地改革者"。他的大部分学术生涯是在芝加哥大学教授英国文学。他迷上了旧南方以及它的封建种植园世界、宗教忠诚和绅士派头的道德规范。在《港湾的南方传统》（*The Southern Tradition at Bay*）一书中（该书作为学术论文成于20世纪40年代，出版于他过世后的1968年），韦弗宣称，南方是"最后一片没有西方世界物质文明痕迹的净土"，是一个"没有认识到其正义性基础的正义社会"。他谴责内战使野蛮的自由市场契约准则流毒整个美国。他最有名的著作《思想产生结果》（*Ideas Have Consequences*, 1948）开篇即大胆陈述："这是关于西方分裂的又一部著作。"他认为，自从14世纪末人们放弃对先验价值的信仰，转而喜欢上圣方济各会修士奥卡姆的威廉（William of Occam）的唯名论*，西方就走上了一条大错特错的道路。

美国最老牌的怀旧症人物要属拉塞尔·柯克，他企图为艾森豪威尔时代的美国重新阐释埃德蒙·伯克的思想。在《保守主义的心灵》（*The Conservative Mind*, 1953）一书中，柯克认为，美国革命是一项以怀疑人性和崇敬传统为基础的保守主义事业。柯克的确得到了《纽约时报》和《时代》周刊的热情评论，但有征兆表明，由于受到内心某种邪恶力量的驱使，他使自己从主流社会边缘化。他生活在密歇根州仅有200人的梅科斯塔村（Mecosta），称自己为"残缺不全的乡村里最后一个戴着软帽的地主"，并把汽车这一美国生活的标记描述成"机械雅各宾"。[18] 对于柯克来说，资本主义就好像共产主义的幽灵，"洛克菲勒和马克思仅仅是同一股社会力量的两个不同代理而已"。人们只能在神意许可的固定社会等级里才能得救。无怪乎有批评家指责柯克，说他说话就像是"一个晚出生了150年并且生错了国家的人"。[19]

是什么把这些古怪的乌合之众转变成保守主义革命的拥护者呢？在艾森豪威尔时代的美国，有三股力量在表层下涌动：一是出现了一批知识型企业家；二是南方越来越对民主党失去耐心；三是美国的重心向西转移。巴里·戈德华特则把这三股力

---

*　中世纪经院哲学围绕个别与共相的关系之争形成了两个对立派别——唯名论与唯实论。共相是中世纪经院哲学术语，指普遍、一般。唯名论否认共相具有客观实在性，认为共相后于事物，只有个别的感性事物才是真实的存在。——译者注

量拧到了一起。

思想开始的地方

一群信奉自由市场的经济学家崭露头角，证明右派的知识生活并不只是一场疯狂的闹剧。不过这些经济学家的灵感却来自于奥地利这个最不可能的地方。按照奥地利学派创始人之一路德维希·冯·米塞斯（Ludwig von Mises）的说法，该学派认为，"主要的问题是，人们是否应该放弃自由、私人的主动性和个人责任，是否应该屈从于人为设计的巨型装置——社会主义国家——的强制性和威胁性监护"[20]。弗里德里希·冯·哈耶克是米塞斯的学生，是他使美国人相信，反对社会主义国家也是他们的战斗任务。从20世纪30年代开始，哈耶克对凯恩斯主义正统理论在经济学学术领域的主导地位发起了全面攻击，这种攻击有时也会令凯恩斯（Keynes）本人感到恼火。《读者文摘》（Reader's Digest）出版了《通往奴役之路》（Road to Serfdom, 1944）这本引发争论的书的缩写本，使之成为美国的畅销书，哈耶克在全美国进行演讲。他在书中认为，中央计划是极权主义的前哨征兆。哈耶克的一个早期皈依者是人到中年的好莱坞明星罗纳德·里根。1967年，保守主义运动主要的历史记录者李·爱德华兹（Lee Edwards）去拜访加利福尼亚州的新州长里根，发现罗纳德·里根书架上那些哈耶克和米塞斯的著作里有密密麻麻的注解和评论。[21]

哈耶克还帮助右派建立了两个不朽的机构：自由市场热情支持者的朝圣山学会（the Mount Pelerin Society）和芝加哥学派（the Chicago School）。发人深省的是，朝圣山学会于1947年成立于瑞士而非美国。1950年，哈耶克移居芝加哥大学。尽管他在社会思想委员会（the Committee on Social Thought）而非经济系任教，但他还是使得芝加哥大学成为他反叛思想的指挥中心。芝加哥学派向"我们现在都是凯恩斯主义者"（引自《时代》周刊1965年的一期封面用语）以及"苏联经济证明……社会主义指令经济不仅能够运行而且能够繁荣兴旺"[引自保罗·萨缪尔森（Paul A. Samuelson）那时候的标准教科书]这样的观点提出了挑战。米尔顿·弗里德曼等芝加哥学派经济学家则坚持认为，政府开支应仅限于数量有限的"公共事业"——尤其是国防——其他一切则由市场决定。

芝加哥学派年轻的经济学家们对大政府干预主义发出了轻蔑的声音。他们说，以房租控制为例，要想减少可租房产的总量，除了限制房东收益量，还有人能设计出更好的方法吗？像哈耶克一样，弗里德曼不仅向学界同仁提出这样的问题，而且也向街头的普通人提问。他在《新闻周刊》上开辟了一个专栏，同约翰·肯尼思·加尔布雷思论战，由此产生了他1962年的畅销书《资本主义与自由》（*Capitalism and Freedom*）。

那时，右派已经开始聚集起一些思想阵地。20世纪50年代初，保守主义知识分子的困境不仅仅在于他们的怪癖性。这些自由市场倡导者，迫切需要像伯纳姆这样的改良派共产党人，以及像柯克这样的传统派保守主义者，他们同样迫切需要机构的重要影响——他们需要在可怕的"自由主义"大学墙外，有地方供他们聚会讨论自己的观点，有平台来提升他们的影响力。20世纪50年代中期，两个复兴的智库和一份杂志的出现使之成为可能。

华盛顿历史最悠久的保守主义智库，是于1943年由一群商人成立的，诞生时被命名为美国企业协会（the American Enterprise Association），这个机构完全不起眼，最多只是一家游说放宽战时价格调控以及偶尔雇用学者撰写报告的行业协会。美国企业协会根本无法与布鲁金斯学会（the Brookings Institution）这个立场中立得多的智库相匹敌。后者预算充盈，办公场所布置得雅致得体，并能使学术氛围与政治机构紧密结合起来。美国企业协会主席招募美国商会年轻的经济学家威廉·巴鲁迪（William Baroody）来管理这个机构，希望使这个组织摆脱困境。

巴鲁迪这个黎巴嫩贫困移民之子，证明了自己是很有才干的知识型企业家。他的目标是把美国企业研究所——这是他为美国企业协会重新起的名字——改造为保守主义的"智囊团"。他知道，没有保守主义理论，就不会有保守主义运动。他和哈佛大学培养的经济学家格伦·坎贝尔（Glenn Campbell）不知疲倦地工作，聚集了一批受过良好教育的学者，并任命弗里德曼和来自伊利诺伊大学提倡自由市场的经济学家保罗·麦克拉肯（Paul McCracken）为学术顾问。他们的逻辑很清楚：既然在大学校园里要听到右派的声音这么难，那么右派就应该创立自己的保守主义机构。右派教授的是政治家，而不是学生。

与此同时，类似的事情也在美国另一端的胡佛研究所发生。1910年，赫伯特·胡佛在斯坦福大学成立了自己的智库，以存放他在欧洲担任赈灾官员时清理出的大量文件。1932年卸任总统后，他使得这个智库更趋保守。他要创立一个"免受左派分子玷污"的机构，并且担负着揭示"卡尔·马克思邪恶教条"的伟大使命。1960年，胡佛研究所任命巴鲁迪的合作伙伴格伦·坎贝尔为研究所所长，坎贝尔由此开始把胡佛研究所打造成自由主义学术海洋中的保守主义灯塔。

保守派最重要的思想阵地是《国民评论》。1955年，当威廉·F.巴克利决定创办《国民评论》杂志时，他赋予这个小小的保守派世界三个十分重要的特点。第一个特点是他的极度自信。据传，巴克利在6岁时仓促地写了一封信给英国国王乔治五世，苛刻地建议国王偿还过期的美国战争债务。[22]耶鲁大学毕业时，他出版了一本颇有才气的书《上帝与耶鲁人》（*God and Man at Yale*, 1951），抨击母校敌视基督教和资本主义的行为。第二个特点是他秘密地从父亲的石油业那里获得可观的收入。第三个特点是他极富幽默感，这使得他的信条显得更加通情达理。

巴克利在发行《国民评论》第一期时便明确表达了自己的意图：这份杂志是要"逆历史潮流而动，在无人想做也无人有耐心容忍他人去做的时代，大叫一声停止"。他在《上帝与耶鲁人》一书中诊断，无神论和集体主义越来越流行，他要阻止其蔓延。他还要使保守主义从一种闹哄哄的地区性教义——南方保守主义、中西部保守主义等——转变成真正意义上的全国性教义，这就是为什么该杂志取了《国民评论》这样一个名字。对可能的资助人，巴克利给出的理由很简单："新政"曾经得到过《国家》（*Nation*）和《新共和》（*New Republic*）两家杂志的帮助，为什么不资助一下承诺为保守主义摇旗呐喊的这本杂志呢？[23]由于美国这份最赞成自由市场的出版物一开始就发育不良，他不得不经常老调重弹。杂志启动资金只有巴克利的父亲给的10万美元，依靠捐赠人的慷慨赞助而运转。然而，杂志最终确立了自己在美国人生活中存在的理由，发行量从1960年的3.4万份猛增到1964年的9万份。[24]

《国民评论》成了右派辩论的阵地。巴克利成功避免让杂志成为反对派常见的虚张声势。他发表了一些公认的重量级人物的文章：詹姆斯·伯纳姆辟有一个尖刻的专栏，名为"第三次世界大战"。巴克利也挑选像琼·迪迪昂（Joan Didion）和加里·威尔斯（Gary Wills）这样年轻作家的作品发表，他们俩其时正在经历保守主义阶段。这使得这一先前过于孤立和平庸的运动获得了一种世界主义的锐利锋芒。《国民评论》的矛头不仅仅指向左派，也抨击"不负责任的右派"，杰拉尔德·史密斯（Gerald Smith）和他的全国基督教十字军东征组织（National Christian Crusade）显然是被攻击的目标。但该杂志上早期发表的最出色的文章之一，是惠特克·钱伯斯把安·兰德的作品贬斥为异教徒矫揉造作的一堆胡言乱语。他说："充斥《阿特拉斯耸耸肩》全书的，是一个实在令人痛苦的指令，'去——到毒气室去'。"[25] 兰德回击并谴责《国民评论》为美国最糟糕、最危险的杂志。[26]

巴克利试图对 20 世纪 50 年代保守主义的三个独立内容——传统主义、自由意志论和反共——进行综合表达。他问道：共产主义难道不是西方犹太-基督教传统的最大威胁吗？在促进传统道德标准方面，自由市场难道不是比政府更管用吗？巴克利还为襁褓中的保守主义增添了几分魅力。《国民评论》执行编辑威廉·拉舍（William Rusher）曾注意到，"20 世纪 50 年代保守主义不为自由主义知识分子所特别关注，并不只是因为它不值得关注"[27]。那时候，大多数保守主义者过于呆板乏味，根本不想费心去吸引知识分子，而巴克利则一点也不呆板乏味。忽然间，出现了这样一个保守主义者，他写书很快，能同自由主义者在电视上一较高下，随后又消失在夜店之中。1960 年，他协助成立了"美国青年争取自由"组织（Young Americans for Freedom），这个青年运动像野火一样燃遍全国。仅 1964 年一年就吸收了 5 400 名新成员，而此时它更有名的竞争对手"争取民主社会学生"组织（the Students for a Democratic Society）总共才 1 500 人。

南方的喧嚣

这些知识分子最终为右派提供了启示和灵感，但是基层战士的情形又如何呢？右派影响力不强，原因之一是它的支持者被分裂在两个政党之中。东北部和中西部的保守主义者自然把自己的家乡归为共和党的天下，而南方的保守主义者则属于民主党。

1950 年，老大党中没有一个来自南方的参议员，而在 105 人组成的南方众议员代表团中，老大党只有两个席位。[28] 以往 50 年里进行的 2 565 场国会议员选举中，老大党总共赢得了 80 次胜利，其中 50 次胜利仅限于东田纳西州的两个选区。内战期间，共和党人疏远了南方，并且因大萧条而广受责难。1933 年，萨姆·雷伯恩会见了一些华尔街的共和党人之后得出结论："我一生中从未见到过这样糟糕的事情。"[29] 对他们来说，民主党既为种族隔离辩护，又通过"新政"向南方投入大量资源，劝诱北方的纳税人为那些巨型水坝和公路买单。特伦特·洛特于 20 世纪四五十年代在密西西比州长大，他说他"那时从没遇到过一个有活力的共和党人"[30]。

然而在南方，老大党未来的参议员生长的地方，变化正在发生。战后美国出现了巨大的国内移民潮，黑人从南部乡村移居北方内陆城市，白人南下找工作、过退休生活。南方各州州长开始以慷慨的"经济开发"一揽子优惠政策，吸引公司到他们的州投资。空调则使得外地人更能够忍受南方的潮湿天气，郊区的发展开始侵蚀南方的一些封建关系。

如果没有民权运动，上面几个因素的作用都将无关宏旨。只要民主党这个全国性的政党继续对南方的种族隔离现实睁一只眼闭一只眼，南方白人就会继续忠于民主党。但越来越多的北方民主党人觉得那桩交易难以接受。1948年的民主党大会上，北方代表强行获得了"根除所有的种族歧视、宗教歧视和经济歧视"的保证，时任南卡罗来纳州州长的斯特罗姆·瑟蒙德（Strom Thurmond）离席而去。两周后，在亚拉巴马州伯明翰的一次聚会上，他协助成立了州权党——狄克西民主党。瑟蒙德和他的副总统候选人搭档、密西西比州州长菲尔丁·赖特（Fielding Wright）宣称："我们支持种族隔离和每个种族的种族一致性。"也就是说，支持学校隔离、午餐餐桌隔离、澡堂隔离，支持吉姆·克罗（Jim Crow）*的一整套种族隔离机器。瑟蒙德宣称："华盛顿的所有法律和军队的刺刀，都不能强行使那些黑人闯入我们的家园、学校和教堂。"挥舞邦联旗帜的听众群情激愤。由于这个州长已经同一名黑人女仆有了一个私生子，因此上述言论显得有些虚伪。但是，在1948年的美国总统选举中，瑟蒙德赢得了亚拉巴马、密西西比、路易斯安那和南卡罗来纳四个州的胜利，支持民主党的白人选票急剧减少。1944年，3/4的南方白人把票投给了富兰克林·D.罗斯福，4年后的1948年，只有大约一半的南方白人把票投给了杜鲁门。[31]

瑟蒙德随后立即重新加入了民主党，但怀疑民主党背信弃义的种子已经在许多南方人的心中扎下了根。南方人面临的一大问题是共和党的本质。毕竟，南方共和党人显然支持由黑人和白人按比例选举代表组成的代表团——黑人忠实地成群来参加共和党大会，而每次老大党赢得总统选举的胜利，黑人都会得到照顾。[32] 用现代术语来说，共和党的种族态度很难说是进步的。总体上持温和立场的艾森豪威尔反对1948年杜鲁门废除军队中的种族隔离命令。他告诉厄尔·沃伦，他能够理解南方人

---

* 19世纪七八十年代，黑人和白人共用公共设施并不奇怪，但最高法院决定夺去重建的利益，催生了《吉姆·克罗法》。19世纪90年代，南方各州开始执行《吉姆·克罗法》，黑人和白人分开使用公共设施。1896年，最高法院裁决，只要黑人和白人拥有对等的公共设施，种族隔离可以合法地进行。——译者注

为什么不希望他们"甜美的小姑娘"在上学时身边坐着"一个大块头的黑人"。[33] 然而，整个20世纪50年代，在有关反私刑和其他公民因种族而遭起诉的法案投票中，共和党一直比民主党更具自由主义色彩。迟至1962年，当被问及哪个党会"就工作中的公平待遇帮助黑人"时，回答"是"的民主党和共和党的美国人分别为22.7%和21.3%，其他人则不置可否。[34]

两年后这一比例发生了巨大的变化。1964年底，66%的选民认为民主党会帮助黑人找到工作，而认为共和党会这样做的选民只有7%。[35] 这一变化产生的原因有两个：1964年的《民权法案》和巴里·戈德华特。《民权法案》是一项里程碑式的社会立法，它使得南方确立的整个种族隔离体制——从学校到午餐餐桌——成为非法。这项法案实际上是约翰·F.肯尼迪于1963年6月提交的。肯尼迪遇刺后，尽管遭到同党的南方民主党人的激烈反对，约翰逊还是勇敢地推动了该法案在国会的通过。来自弗吉尼亚州的联邦参议员威利斯·罗伯逊（Willis Robertson）[巧的是，他是电视福音传道者帕特·罗伯逊的父亲]在演说时，手中挥舞着一面小小的邦联旗帜。瑟蒙德已经受够了。与民主党权力核心的长期斗争失败后，他投入了早已张开双臂的共和党的怀抱。

某种程度上，这是一个奇怪的选择。来自东北部洛克菲勒共和党人的坚定支持，意味着老大党比民主党会更加支持《民权法案》和1965年的《投票权法案》（Voting Rights Act）。[36] 但是瑟蒙德并没有加入纳尔逊·洛克菲勒的党，而是加入了巴里·戈德华特的党。

戈德华特的功绩

仅有8名共和党参议员投票反对《民权法案》，1964年的共和党总统候选人戈德华特就是其中之一。州权是戈德华特1964年总统竞选的中心议题。在南方，州权即意味着种族隔离。戈德华特的这次竞选结果在其他地方是灾难性的，在南方却囊括了55%的白人选票，并在南方腹地的5个州获胜，在密西西比州，他更是令人吃惊地赢得了高达87.1%的选票。事实上，如果不是由于狄克西民主党，那次选举中戈德华特有可能只能在自己的出生地亚利桑那州获胜——他在该州勉强以4 782票的微弱多数获胜。

奇怪的是，戈德华特的民权立场是其对右派做出贡献的缩影。短期而言，他反对黑人拥有平等权利，让人愈加觉得他是一个老顽固。南方以外的地区，绝大多数白人选民支持民权法；但长期而言，他为共和党的南方战略准备好了条件，部分原因是他在州权问题上"恪守原则"的立场，更多则是因为民主党陷入滑坡状态。

这时候，在右派的圈子里，人们提到巴里·戈德华特时，就好像完全是在说苏格兰的邦尼·普林斯·查利（Bonnie Prince Charlie），后者是一个天生为王却被夺走王冠的好小伙。帕特·布坎南认为，戈德华特的总统竞选对许多保守派来说，感觉就像"初恋"一样，而戈德华特也确实有着敢想敢干的性格。他长相英俊，是"雷鸟"战斗机的驾驶员，一有时间就会驾机飞行。在旧金山牛宫（Cow Palace）提名他为总统候选人的大会期间，戈德华特驾机在城市上空交叉飞行。他的支持者（其中包括琼·迪迪昂和布坎南）认为，戈德华特有勇气挑战自己所处时代的自由主义正统，就像他喜欢说的一句话一样，给选民"一个选择机会，而不是对他们随声附和"。

然而，从任何传统的标准来看，戈德华特的总统竞选都是一场灾难。1963年，在一次谁可能成为竞选对手的讨论中，约翰·肯尼迪讥笑道："如果是巴里的话，我甚至都用不着走出白宫的椭圆形办公室了。"[37] 那时候，戈德华特在第二年赢得共和党总统候选人提名的希望显得微乎其微。普遍的看法是纳尔逊·洛克菲勒有机会承担这一使命。1964年，《纽约时报》甚至斗胆说，洛克菲勒陷入落选的危机就如同破产一样，是不可能的。有两件事情帮助戈德华特以微弱优势获胜。第一是洛克菲勒的私生活。1963年，他遗弃了相伴30年的结发妻子，随后立即同一个刚离婚的"快乐"女子结婚。这使得包括普雷斯科特·布什在内的许多刻板的共和党人心生反感，并且为戈德华特派提供了一个极好的口号："大家是要白宫情人还是白宫领袖？"[38] 第二是组织因素。在前康奈尔大学政治学讲师F.克利夫顿·怀特（F. Clifton White）的一手导演下，戈德华特一伙静悄悄地接管了共和党在南方奄奄待毙的核心组织，并且在西部首创共和党的核心组织，从而使该派的代表潮水般地涌向旧金山的共和党全国大会。亨利·卡伯特·洛奇快速翻阅代表名单，大声叫道："天知道共和党发生什么事情了，怎么这些人我一个都不认识。"[39]

吓得目瞪口呆的洛克菲勒抱怨道："共和党面临少数派颠覆的危险，这个少数派激进、财力充足、纪律严明。"戈德华特派"完全背离了适应共和党主流原则的中间大道"[40]。80多个艾森豪威尔时期的高级官员（其中7人是内阁成员）给本党的候选人写了一封措辞尖锐的信函。[41] 加利福尼亚州的民主党州长埃德蒙·G. "帕特"·布朗（Edmund G. "Pat" Brown）闻到了空气中"法西斯主义的恶臭"[42]。在国外，戈德华特只得到南非赞成种族隔离者、西班牙王权主义者以及德国新纳粹分子的支持。支持他的报纸只有3份：《洛杉矶时报》（当时这份报纸与今天大不相同）、《芝加哥论坛报》和《辛辛那提问讯者报》。[43] 有声誉的共和党《星期六晚邮报》就此发表社论："戈德华特这个假冒的保守派是一出可笑的保守派滑稽戏。他是个野蛮人、浪子，是像乔·麦卡锡一样不讲原则的粗鲁的柔道手。"《时代》周刊讽刺道："戈德华特做总统会怎样？结果不用说。"[44]

戈德华特感觉自己是政治核心集团迫害的牺牲品，这并不令人吃惊。但正如伟大的美国政治编年史作家西奥多·H.怀特（Theodore H. White）所说，控制戈德华特就像"在桶中捞鱼那样容易"[45]。对那个时代的大噩梦——核屠杀——戈德华特的解决之道是改善可用于实战的"小型干净核武器"，从而使这样的核战争变得更加可能。[46] 他特别青睐那种名为"大卫·克罗克特"（Davy Crockett）的手提式核装置。[47] 在加利福尼亚州初选中，当被问及如何封锁进入南越边界的共产党供应线时，他建议"使用低能核武器来使森林脱叶"。无怪乎民主党制作的广告短片《戴西》有着巨大的杀伤力。（短片中，一个小女孩在数着雏菊的花瓣，与此同时，一个男人的声音在倒数核武器的发射。）

这不仅仅是一个极端主义的问题。戈德华特开开心心地打破了所有的基本政治规则。有时候，他列出所有并不指望会投票支持他的人，以此开始演讲。列在名单最前面的是那些"懒惰的、躺在失业救济金上吞食别人劳动果实的人"。他对得克萨斯州的一个听众说，某个太空项目合同应该给西雅图的波音公司，而不是一家本地公司。他谴责约翰逊在非常贫困的西弗吉尼亚州实施的扶贫项目。[48] 他还触碰了极具争议的"第三轨道"政治问题的禁忌，把社会保障蔑称为"免费退休"。有个粉丝给他拿出一瓶软饮料，名为"金水（Gold Water）——适合保守派口味的真正饮料"。出于明显的政治敏感性，这名候选人立即把喝进嘴里的饮料吐了出来，边吐边说："这味道像尿一样，我才不会和着酒来喝它呢。"[49]

戈德华特的选举结果是美国政治史上最大的失败。他获得了2 700万张选票，而约翰逊获得的选票达4 300万张；约翰逊以61%的选票和44个州的获胜赢得了选举，这一结果甚至超过了富兰克林·D.罗斯福1936年创造的纪录。约翰逊之潮冲垮了共和党在全国所有历史悠久的中心堡垒——从中西部的工业州到新英格兰地区,从平原地区的各州到落基山脉地区。在众议院,民主党获得了1936年以来对共和党的最大优势;在参议院,民主共和两党的议席分布为2∶1,而在州立法机关里,共和党只拥有50个州中的17个州长席位。[50] 1940年,自我认同为共和党和民主党的选民分别为38%和42%,1964年是戈德华特的灾难年,自我认同为共和党和民主党的选民分别变成了25%和53%。[51]

戈德华特的失败使人们对保守派避之唯恐不及。西奥多·H.怀特曾经讲过卡尔·海斯(Karl Hess)的一个著名的故事。海斯是戈德华特演讲稿的首席撰稿人。通常情况下,竞选失败后,首席撰稿人可以在党的核心机构里谋得一个安全的栖身之所,但海斯则没有这么幸运。[52] 一开始,他想谋得一个为保守派参议员和众议员效力的职位,这些政客几个月前还在为他加油鼓劲。由于不被接受,他大大降低了自己的期许。是不是可以在参议院或众议院开开电梯呢?他还是没有这个福气。这个自由市场的倡导者沦为失业人员。他到夜校去读了一门焊接课,最后在一个机械厂找到了一份夜班活。

如果戈德华特只是把南方白人带进了共和党阵营,那么他还不能说是一个划时代的人物。但是,他把保守主义同另外一个截然不同的地区——欣欣向荣的西部——连接到了一起。直到20世纪50年代,共和党右派的主导力量还是像塔夫脱这样的中西部人。然而,戈德华特来自新兴的西部,这里正是老布什的谋生之地。[53] 戈德华特的祖父是个贫穷的犹太移民,菲尼克斯最大的百货商店就是他开的。戈德华特目睹了这个沙漠城市由他孩提时期的3万人先后增加到1963年的81.6万人和20世纪80年代的200万人。戈德华特曾经说过:"在西部和中西部,我们并不常为担心可能发生的事情所困扰,这里确实有风险,但我们总是在冒险。"[54] 他对新技术简直着了迷。在亚利桑那州他家的屋后面,高高竖起一根由光电机械控制的25英尺的旗杆。沙漠上的黎明来临时,旗杆的发动机在光的作用下使星条旗升起,黄昏时分,国旗又自动降下来。[55]

这名参议员发现,一些最支持他的人来自欣欣向荣的西部地区。他们有的来自亚利桑那州的沙漠城市,有的来自洛杉矶杂乱发展的大市郊地区,有的则是奥伦治县的伙夫厨娘。这些西部美国人,天性上就是个人主义者。他们住的是平房,而不是街区公寓;他们依靠的是私人小汽车,而不是公共交通——尽管"依靠"一词并不足以传达出那种近似于顶礼膜拜的生活态度。用戈德华特的话来说，他们每天见证着"个人的主动性怎样使沙漠变得繁荣"。他们评价一个人的标准不是出身，而是成就。[56]

西部美国人的这种发自内心的个人主义与强烈反对"权势集团"的情绪融合到了一起。他们中的许多人搬到西部，是为了躲开操控东海岸商界的那些密不透风的小型俱乐部，主宰蓝领工人生活的工会核心机构以及控制市区政治的种族大佬。他们憎恨东海岸精英们继续享有过多的权力——在亚利桑那州掌握了超过40%的权力，在阿拉斯加州掌握了90%的权力。经济活力正迅速从以前的核心集团所在地外移：与1945年相比，1964年纽约拥有的金融资源，从占全国的25%下降到12.5%，减了一半。[57]同年，加利福尼亚州美国银行的规模变得与洛克菲勒的大通银行一样大。然而，东海岸精英依然对全国大部分地区视而不见。1964年竞选期间，爱达荷州的共和党州长罗伯特·E.斯迈利（Robert E. Smylie）说道："国家的重心发生变化了，但东部人并没有认识到这一点。人们有一种'一站飞过'的情结，以为从纽约艾德瓦德国际机场——现在的约翰·F.肯尼迪国际机场——起飞后的下一站就是洛杉矶。"[58]因此，当戈德华特痛斥大政府，或者宣称"如果告别东海岸，让它在海里随波逐流，美国将变得更加富足"时，人们对此当然是赞赏有加。

西部是各种各样右派团体的孕育之地。保守派开办"自由论坛"书店，这些书店里销售书名响亮的书籍，如《赤裸裸的共产主义者》（*The Naked Communist*）、《欺骗大师》（*Masters of Deceit*）、《你可以相信共产党人》（*You Can Trust Communists*）[又名《即将成为共产主义者》（*To Be Communists*）]等，这些书与《圣经》、美国国旗摆放在一起销售。他们竞选校董会，为共和党服务，参加各种私下播放《地图上的共产主义》（*Communism on the Map*）和《消除行动》（*Operation Abolition*）等影片的反共协会。他们纷纷去听右派演说家的演讲，如来自南加利福尼亚州的牧师罗伯特·舒勒（Robert Schuller）和来自澳大利亚的世俗传道者弗雷德·施瓦茨（Fred Schwarz）。舒勒是一个煽动家，他警告说，联合国教科文组织意味着"彻底摧毁美国的生活方式和真正的民主自由"。施瓦茨则在中途放弃了所从事的医学工作，全身心投入"基督教反共十字军"组织（Christian Anti-Communism Crusade）的管理工作中。施瓦茨还开办了一所"反共学校"，该校1961年春季一期吸引了多达7 000名学生，其中许多学生是经当地校董会允许，放弃自己正常的课业而来到这里的。[59]

西部保守派人人必读的一本书是《保守派的良心》。到1964年总统竞选时，这部戈德华特的个人宣言已经卖出了350万本。他写道："我对使政府合理化或者提高政府效率不感兴趣，因为我的目的是要减小它的规模；我不想提高福利，因为我的建议是要扩展自由；我的目标不是通过法律，而是废除法律。"戈德华特对现代共和主义核心地区的政府机构膨胀怀抱的敌意比任何人都深。他很高兴地呼吁取消普通中产阶级的权利，并认为联邦政府用于国内项目的费用应该每年减少10%并实行统一税。这对于总统候选人来说是一件非常令人兴奋的事情，尤其是在20世纪60年代中期。

这一切都在朝里根主义的方向发展。这个饰演过"吉普"的里根定期到施瓦茨的反共学校发表演讲。他在全国政治舞台的首次冒险，是在1964年的共和党旧金山大会上提名戈德华特为总统候选人。里根将这些思想发扬光大。正如乔治·威尔（George Will）曾讽刺的，戈德华特终于赢得了总统选举——那是在1980年。

右派是在戈德华特的旗帜下开始联合的——尽管肯定是少数派，却纪律严明、意志坚定。1960年，尼克松的竞选吸引到的个人捐助者不足5万，1964年，戈德华特的竞选吸引到的个人捐助者达6.5万人。戈德华特的选举注定失败，但他的共和党志愿者却有390万，是约翰逊民主党志愿者人数的两倍。[60] 在汽车保险杆上张贴支持戈德华特广告的人是支持约翰逊人数的10倍。支持戈德华特的人有时候会对高层进行审核，就像在1964年的共和党大会上把纳尔逊·洛克菲勒轰下台一样，但他们是毫不留情地使共和党向右转的核心活动的成员。戈德华特加强了保守派基层战士与保守派知识分子之间的关系。戈德华特的《保守派的良心》是由威廉·巴克利的妹夫布伦特·博泽尔（Brent Bozell）捉笔代劳的。1964年，戈德华特在共和党大会上的演讲中声称"捍卫自由的极端主义噤声了"，而这次的演讲稿是由哈里·贾菲（Harry Jaffe）——列奥·斯特劳斯的首批信徒之一——撰写的，后者后来成了新保守派宠爱的哲学家。无论是《国民评论》，还是像拉塞尔·柯克和安·兰德这样大相径庭的保守派，都热情支持戈德华特成为候选人。威廉·巴鲁迪把美国企业研究所变成了戈德华特的智囊团，并说服保守派知识分子投入戈德华特阵营，这些人之中有米尔顿·弗里德曼、罗伯特·博克（Robert Bork）、威廉·伦奎斯特（William Rehnquist），以及名字预兆不祥的沃伦·纳特（Warren Nutter）*。

---

* 英文中 Nutter 一词有"疯子"之意。——译者注

注定要失败的选举

这一切都不能阻止 1964 年 11 月选举灾难的发生。尽管戈德华特是一个沉闷的候选人，但问题并不仅仅在于他本人的性格，问题出在右派的整个反叛核心。许多今天被尊为智慧巨人的人，那时普遍被视为小怪物。常春藤盟校的权势集团瞧不起那些"芝加哥小伙计"。当时受尊敬的罗伯特·莱卡赫曼（Robert Lekachman）唐突地认定，芝加哥学派不过是个"有点机灵的流派"。[61] 一些凯恩斯学派的经济学家通过游说，成功地将弗里德曼的《资本主义与自由》（*Capitalism and Freedom*）一书从大学图书馆中清除出去。[62] 那时候刚刚开始合伙从事新闻业的罗兰·埃文斯（Rowland Evans）和罗伯特·诺瓦克（Robert Novak）概括出了受人尊敬的观点。他们写道，戈德华特的竞选是由这些人来进行的，他们是由"一小群毫无名气的学者和政治评论家，与一个华盛顿默默无闻的免税教育基金会组成的松散联盟，基金会的名字是美国公共政策企业研究所（the American Enterprise Institute for Public Policy Research）"。而即便是戈德华特最坦率的支持者，也对他治理国家的能力心怀疑虑。《时代》周刊当时问威廉·巴克利："如果他当选美国总统会发生什么事情？"巴克利回答："那可能是一个严重的问题。"[63]

显而易见，保守主义运动中还有太多的怪异之人。如果说施瓦茨的反共学校是过分警觉，那么同样兴于加利福尼亚州奥伦治县的约翰·伯奇社团（John Birch Society），则比麦卡锡分子更为偏执。该组织由马萨诸塞州的退休糖果制造商罗伯特·韦尔奇（Robert Welch）于 1958 年创立，组织的名称起自一名军国主义新教传教士。在印第安纳波利斯一次 3 天的讲课中，韦尔奇成立了这个组织，他用独裁者的铁腕政策统治组织。该组织确实有一个管理委员会，但它的唯一目的就是在"创始人"被共产党暗杀后，选择一个新的领导人。20 世纪 60 年代初，该组织成员已经达到 2.5 万人，包括弗雷德·科克（Fred Koch）和哈里·布拉德利（Harry Bradley），这两名实业家是保守派运动的最大捐助者，还包括无数的城市官员以及约翰·鲁斯洛（John Rousselot）——共和党国会新议员干部会议主席。

阴谋论是约翰·伯奇社团赖以生存的根源。韦尔奇断定，艾森豪威尔是"为共产主义阴谋自觉献身的间谍"，并宣称这一论断是基于"累积起来的详细证据，这些罪证广泛而确凿，不容有任何理由对此怀疑"。其他的"阴谋分子"包括艾伦·杜勒斯（Allen Dulles）、乔治·马歇尔，似乎常常还包括半数的美国人。为什么不是这样呢？否则怎么来解释美国失去了中国和朝鲜呢？或者说，阿尔杰·希斯为什么能升到这样的高位？又或者说，为什么要允许卡斯特罗领导古巴？又或者说，为什么政府在不断膨胀？民意调查显示，5%的美国人大体同意该组织的观点。这是一个相当可观的数字，但是还不足以成为民众反叛的基础。[64]

然而，保守主义运动的主要障碍，与其说是其极端主义者的胡言乱语，不如说是现状的成功。如果让戈德华特和弗里德曼或者巴克利同处一个讲台，少数人会同意他们的所有观点，但大部分听众只会摇头耸肩。美国的问题有这么严重吗？美国经济繁荣，政府在解决社会问题，共产主义被挡在海外。数年之后当国家失控时，这种信念发生动摇了。另一个为现代保守主义助一臂之力的人，恰恰是在民意调查中把戈德华特打得一败涂地的人——林登·约翰逊。

注释

[1] Stephen Ambrose, *Eisenhower: The President*, vol. 2, 1952 — 1969(London: George Allen and Unwin, 1984), p.220.

[2] Ibid., p.43.

[3] Rick Perlstein, *Before the Storm: Barry Goldwater and the Unmaking of the American Consensus*(New York: Hill and Wang, 2001), p.13.

[4] H. W. Brands, *The Strange Death of American Liberalism*(New Haven: Yale University Press, 2001), pp.74–75.

[5] Perlstein, *Before the Storm*, p.5.

[6] Brands, *The Strange Death of American Liberalism*, p.78.

[7] Ambrose, *Eisenhower: The President*, p.23.

[8] 美国行政管理和预算局(Office of Management and Budget)2004财政年度预算，历史表格，p. 21。

[9] Brands, *The Strange Death of American Liberalism*, p.59.

[10] George H. Nash, *The Conservative Intellectual Movement in America Since 1945*(Wilmington, Del.: Intercollegiate Studies Institute, 1998), p.317.

[11] Ibid., p.128.

[12] Lionel Trilling, *The Liberal Imagination*(New York: Viking, 1950), p.ix.

[13] Louis Hartz, *The Liberal Tradition in America*(New York: Harvest, 1955), p.57.

[14] Whittaker Chambers, *Witness*(New York: Random House, 1952), p.793.

[15] 转引自James A. Morone, *Hellfire Nation: The Politics of Sin in American History*(New Haven: Yale University Press, 2003), p.393。

[16] Justin Martin, *Greenspan: The Man Behind Money*(Cambridge, Mass.: Perseus Publishing, 2000), p.49.

［17］ Ibid., p.149.

［18］ Nash, *The Conservative Intellectual Movement in America*, p.66.

［19］ Ibid., p.183.

［20］ 转引自 ibid., p.8。

［21］ Steven Hayward, *The Age of Reagan: The Fall of the Old Liberal Order, 1964—1980*(New York: Forum, 2001), p.xxii.

［22］ William Rusher, *The Rise of the Right*(New York: William Morrow, 1984), p.38.

［23］ Perlstein, *Before the Storm*, p.73.

［24］ John Judis, William F. Buckley, *Patron Saint of the Conservatives*(New York: Simon & Schuster, 1988).

［25］ Whittaker Chambers, "Big Sister Is Watching You," *National Review*4(December 28, 1957), pp.594–596.转引自 Nash, *The Conservative Intellectual Movement in America*, p.144。

［26］ 转引自 Nash, *The Conservative Intellectual Movement in America*, p.145。

［27］ Rusher, *The Rise of the Right*, p.81.

［28］ Earl Black and Merle Black, *The Rise of Southern Republicans*(Cambridge, Mass.: Belknap Press, 2002), p.3.

［29］ Ibid., p.40.

［30］ Ibid., p.42.

［31］ Ibid., p.207.

［32］ Perlstein, *Before the Storm*, p.46.

［33］ 转引自 James T. Patterson, *Grand Expectations: The United States, 1945—1974*(New York: Oxford University Press, 1996), pp.392–393。

［34］ Thomas Byrne Edsall and Mary D. Edsall, *Chain Reaction: The Impact of Race, Rights and Taxes on American Politics*(New York: W. W. Norton, 1991), p.36.

［35］ Ibid.

［36］ Ibid., p.61.

［37］ Richard Reeves, *President Kennedy: Profile of Power*(New York: Simon & Schuster, 1993), pp.655–656.

［38］ Lewis L. Gould, *Grand Old Party: A History of the Republicans*(New York: Random House, 2003), p.360.

［39］ Perlstein, *Before the Storm*, p.374.

［40］ Ibid., p.224.

［41］ Ibid., p.459.

［42］ Ibid., p.392.

［43］ Theodore H. White, *The Making of the President, 1964*(New York: Atheneum, 1965), p.352.

［44］ Perlstein, *Before the Storm*, p.444.

［45］ White, *The Making of the President, 1964*, p.110.

［46］ Perlstein, *Before the Storm*, p.337.

［47］ Ibid., pp.337–338.

［48］ White, *The Making of the President, 1964*, p.352.

［49］ Perlstein, *Before the Storm*, p.333.

［50］ Theodore H. White, *The Making of the President, 1968: A Narrative History of American Politics in Action*(New York: Atheneum, 1969), p.31.

［51］ White, *The Making of the President, 1964*, p.406.

［52］ White, *The Making of the President, 1968*, p.32.

[53] Michael Barone, *Our Country: The Shaping of America from Roosevelt to Reagan*(New York: Free Press, 1990), p.315.

[54] 转引自 Lisa McGirr, *Suburban Warriors: The Origins of the New American Right*(Princeton: Princeton University Press, 2001), p.132.

[55] White, *The Making of the President, 1964*, p.220.

[56] James Q. Wilson, "A Guide to Reagan Country: The Political Culture of Southern California," *Commentary*43(May 1967), p.39.

[57] White, *The Making of the President, 1964*, p.68.

[58] Ibid., p.230.

[59] McGirr, *Suburban Warriors*, p.54.

[60] Lee Edwards, *The Conservative Revolution: The Movement That Remade America*(New York: Free Press, 1999), p.132.

[61] Robert Lekachman, "The Postponed Argument," *New Leader*, November 23, 1964, p.314.转引自 Hayward, *The Age of Reagan*, p.52。

[62] Perlstein, *Before the Storm*, p.421.

[63] Ibid., p.472.

[64] Jerome Himmelstein, *To the Right: The Transformation of American Conservatism*(Berkeley: University of California Press, 1990), p.67.

第三章
自由主义的煎熬：1964—1988年

有时候，一个简单的姿势能够传达出整个哲学的本质意蕴。1964年竞选期间，林登·约翰逊造访罗得岛州首府普罗维登斯时，手握扩音喇叭，激情澎湃地登上小汽车车顶。这位在任的民主党总统对欢呼的人群大声说道："我要告诉大家，我们赞成的事很多，反对的事极少。"[1]

20世纪60年代中期，主张大政府的自由主义者沉浸在胜利之中。凯恩斯学派的经济学家认为，他们已经发现了经济增长的秘密：人们只要调整几个经济指标，世界就会迅速变得更加富有。更让人吃惊的是，决策者认为他们有能力根治社会病——无论是贫穷还是歧视——大多数美国人依然对此深信不疑。有一群科学家甚至开始了一个旨在控制天气的研究项目，其研究经费由国家科学基金提供。[2]

获胜的约翰逊决心使国家更紧密地团结起来。他寄希望于30年来成功的进步政策、国内的扶贫政策以及国外对共产主义的遏制，来促进全国团结。但结果却是背道而驰——他不仅使国家分裂了，而且使罗斯福的大联盟瓦解了。1969年，约翰逊离开白宫时，共和党人接过了白宫的钥匙。西部保守派——其中有些人承认自己比其他人更保守、更具西部特性——在此后的24年里，把持白宫达20年之久。

这一时期无论对右派还是其他派别来说，都是一个混乱喧嚣的时期。1976年，水门事件尘埃落定之时，许多保守主义者断定，一代人的共和主义梦想已经破灭了。然而，在1964年至1980年的大部分年份中，右派大体上有了自己的根基。在这一时期，南方和西部的右派基层战士逐渐成为一支统一大军，右派知识分子开始制定政策，人口统计学继续使美国朝着有利于西南的方向发展。这三股力量在1980年通过罗纳德·里根汇聚到了一起，而里根的哲学恰恰与约翰逊的完全相反——政府是问题丛生之源，而非解决问题之道。

唾弃左派

1965年，约翰逊继续他1964年的事业。在《民权法案》上又增加了《投票权法案》。他宣布对"合众国里的一切贫穷和失业全面开战"。通过"贫困儿童学前教育计划"（the Head Start program of preschool education）、"国家艺术及人文学科捐赠基金"（the National Endowment for the Arts and the National Endowment for Humanities）和庞大的"医疗保险和医疗补助计划"（the Medicare and Medicaid programs），他将联邦政府的功能延伸到了教育、高级文化和医疗保健领域。众议院议长约翰·麦科马克（John McCormack）吹嘘道："这是国会梦寐以求的成就，这是国会梦想成真的事业。"[3] 毫无疑问，"伟大社会计划"中的许多计划是值得称道的，但即使是最好的政策，也会产生意料之外的后果。这些计划自身的惯性激发了政府机构的统治权，激怒了白人。他们无情地拉开民主党与中间选民的距离，从而使曾经投票支持戈德华特的"极度厌倦联盟"（coalition of the fed up）不断膨胀。

民主党的民权议程迅速从保证黑人公民的基本权利——如平等的机会权和投票权——扩大到以优惠待遇来补偿过去的不公正。例如，约翰逊的"社区行动计划"，本来是要帮助穷人自救，但由于在贫穷社区里把权力给了那些专事抗议的人，以至于贫穷问题非但没有解决，反而加剧了。1970年，汤姆·沃尔夫（Tom Wolfe）在《暴力恐吓强词夺理的人》（*Mau Mauing the Flak Catchers*）*一书中讥讽过这类抗议者。[4] 犹太人社区不断强化的激进主义使得民主党联盟内部更趋紧张，在北方城市暴乱不断的20世纪60年代末，情形更是如此。市区激进分子、知识分子和黑人构成了民主党支持者的半数，他们似乎觉得这种抗议是合法的，而解决之道就是给予更多的金钱和更多的优惠。由贫穷白人和市郊居民构成的民主党的另一半支持者厌恶秩序混乱，并且不明白为什么要给予黑人特殊照顾。

与此同时，传统的民主党人还发现，司法制度中存在另外一个令人忧心的根源。沃伦最高法院（the Warren Supreme Court）逐渐修改法律，将权利赋予此前被排除在外的各种群体——不仅包括黑人，还有妇女、同性恋者、残疾人、囚犯、心理疾病

---

* 强词夺理的人（a flak catcher），意指能把任何批评都变得对雇主有利的代言人。——译者注

患者，甚至色情作家。[5] 沃伦最高法院认为，宪法赋予被告犯人一系列内容广泛的权利：法定诉讼程序、保持沉默的权利、快速审判的权利、自证其罪的证言不能作为合法证据等，而这一切都发生在美国的犯罪率飙升之时。1962 年，沃伦最高法院禁止在公立学校里进行祈祷；1962 年和 1964 年，沃伦最高法院两度增加猥亵起诉的难度；1965 年，拜普雷斯科特·布什之友埃斯特尔·格里斯沃尔德所赐，沃伦最高法院使避孕器械（包括避孕药）的销售合法化。鉴于在死刑实施时存在"任意随性"的模式，在首席大法官沃伦·伯格（Warren Burger）的领导下，最高法院于 1972 年禁止死刑。尽管 1973 年"罗伊诉韦德案"对堕胎的判决具有里程碑的意义，但这只是随后一长串令戈德华特的"极度厌倦联盟"感到愤怒的案例中的一个而已。

对于大城市中的美国工人阶级来说，法庭判决最让他们感到愤怒的是规定学校用车接送学生。大多数普通人认为学校用车接送学生既不公平，又显得伪善。说它不公平，是因为孩子们得走上好长的路程以求得"种族平衡"；说它伪善，是因为支持这一政策的"自由派精英"总是把自己的孩子送往私立学校或郊区学校就读。1974 年，当参议员泰德·肯尼迪（Ted Kennedy）在波士顿试图对一个反对校车的示威活动发表演讲时，一群愤怒的爱尔兰裔美国人叫喊声盖过了他的声音，并且追着这个自由主义之王掷鸡蛋和西红柿。正如克里斯托弗·拉希（Christopher Lasch）所说，他们"已经受够了肯尼迪王朝"[6]。

另一股分裂的力量是反战运动。对许多反战活动者来说，越南战争是当时最大的罪恶，而反文化与抗议活动天然相伴。然而，对许多基层的民主党人来说，反战运动令人厌恶至极。普通工人同那些把时间耗在吸毒和大肆挥霍家里钱财的嬉皮士以及亵渎美国国旗的学生之间能有什么共同语言呢？那些反战抗议者得到的处罚不是被送往战场，而不过是延期学习，这些人甚至比战争本身还不受欢迎。[7] 他们当中大多数的人并不是对美国的具体政策充满敌意，而是对美国总体上充满敌意。1970 年，4 个学生在俄亥俄州肯特州立大学被射杀，激发了美国摇滚歌星尼尔·杨（Neil Young）为之歌唱哀悼，但一星期后，一群头戴安全帽的工会建筑工人痛打一群反战示威者，美国蓝领阶级却为之欢呼雀跃。

民主党内部最明显的反抗象征，是亚拉巴马州州长乔治·华莱士（George Wallace）。1964 年，华莱士试图取得民主党的总统候选人提名，但约翰逊轻而易举地打败了他。4 年后，华莱士以独立候选人身份参选，表达了全国各地对民主党怀有不满情绪的白人的心声——这些人既有来自北方城市的，也有来自南方乡村的。他在回答一名记者有关主导1968年竞选议题的问题时，很好地表达了当时困扰美国白人的问题：

> 学校，那将是一个议题。到1968年秋，无论是在克利夫兰，还是芝加哥、加里、圣路易斯，人们都将对于联邦政府干预地方学校厌倦至极，他们将大批大批地投票支持我。人们不喜欢这种浪费孩子时间的做法；人们不喜欢别人来告诉他们为孩子选择什么样的老师和学校；人们不喜欢学校用车穿过半个城市接送学生，只是为了求得"足够的种族协调"……我将在1968年的选举中给人们另一个大议题：法律和秩序。街头犯罪。人们厌倦了林登·约翰逊及其周围那批低能知识分子和理论家胆小无为的态度。人们厌倦了最高法院……那是一个令人遗憾、差劲、没用的机构……人们将不会再容忍它……[8]

在1968年的选举中，有大约13.5%"这样的人"投票支持他，从休伯特·汉弗莱（Hubert Humphrey）那里吸引走足够多的民主党选票，从而使理查德·尼克松赢得了选举的胜利。然而，民主党还在继续往左发展。激进自由派之所以能够在争夺民主党核心灵魂的斗争中取得胜利，主要原因在于党章微妙的变化使得少数派得到了额外的代表席位。几十年来控制该党的爱尔兰政府机构的政客、工会大佬、南方保守派，败在了与自己志不同道不合的一伙人手下——他们是反战抗议者、女权主义者和环保人士。1972年，民主党政治纲领的基本关注点是穷人、印第安人、身体残疾者、智力迟钝者、老人、妇女、儿童和退伍军人的权利。这份政治纲领更多关注的是恢复宪法赋予获释犯的权利，而不是如何努力应对街头暴力。[9] 1972年，民主党大会提名乔治·麦戈文（George McGovern）角逐总统，此时，时势已与1964年约翰逊对决戈德华特时大不相同。改革主义已经变异为带有一些反美癖好的激进主义。1972年的民主党大会上，有4/5的代表此前从未参加过民主党大会。会场上到处是愣头青（有两个来自亚利桑那州的代表当选时还未满18岁）。整个会议一片混乱：被提名人直到午后才想起发表演讲，从而使民主党丧失了电视观众。许多最重要的会议依然是在烟雾缭绕的房间里进行，但此时的烟味已完全变了。

此时，整个美国都乱套了。凯恩斯学派的经济学家宣称自己掌握了调整经济的技巧，以保持低通货膨胀和低失业，但"滞胀"搅乱了这一切。严重犯罪在整个 20 世纪 50 年代维持在一个稳定的水平，但 60 年代中期却以每年 20% 的比例上升，其中黑人严重犯罪——尤其是暴力犯罪——的比例过高。与此同时，黑人妇女未婚先育的数字也在攀升，从 1960 年的 21.6% 上升到 1970 年的 34.9%。[10] 几年前还信心十足的自由派精英，突然间似乎束手无策了。他们无力解决家庭破裂问题，只会更加慷慨地增加福利支出；他们无力解决犯罪率上升的问题，只会花更多的钱来进行罪犯改造和社会科学研究。权势集团不断失去大众的支持。1965 年，36% 的人认为法庭对待犯人"较严厉"或"太严厉"，1977 年，这一比例下降到 11%。[11]

更糟糕的是，从许多保守派的观点来看，文化精英们乐于沉迷于这样的无序之中。1967 年 8 月，《纽约书评》（*New York Review of Books*）的封面还印出了教人制造莫洛托夫汽油弹的步骤。音乐家伦纳德·伯恩斯坦（Leonard Bernstein）甚至邀请美国黑豹党（Black Panthers）*的首领共进晚餐。好莱坞也在向左转：1965 年的奥斯卡最佳影片是《音乐之声》（*The Sound of Music*），而 1969 年的奥斯卡最佳影片则是《午夜牛郎》（*Midnight Cowboy*）。[12] 在 1968 年竞选之夜开始拍摄的《洗发水》（*Shampoo*）于 1975 年出品，沃伦·比蒂（Warren Beatty）出演男主角。片中比蒂既与女友做爱，也与女友最好的朋友、女友最好的朋友的情人的妻子，以及女友最好的朋友的情人的妻子的女儿做爱。正如迈克尔·埃利奥特（Michael Elliott）所指出的那样，"他的所作所为可谈不上值得称道"[13]。

忽然间，保守主义认为政府是问题之源而非解决问题之途的信条开始得到共鸣。回到 1964 年，高达 62% 的美国人认为，华盛顿的政府在大部分时间里做对了事情。这一数字现在无情地下滑，最终跌落到 1994 年的 19%。[14]

虚假的曙光：理查德·尼克松

对许多右派来说，这个将民众早期的怨恨转化成投共和党支持票的人永远是英

---

* 黑豹党成立于 1966 年，是一个美国黑人自卫党，他们反对美国政府，并试着从大众组织和社区节目规划来造就革命性的社会主义。黑豹党是美国率先为少数民族和工人阶级解放战斗的组织之一。——译者注

雄。理查德·尼克松的反共历史悠久，但他的反共行为有的光彩彪炳，有的则声名扫地。前者如他在揭露阿尔杰·希斯谎言中所起的主导作用；后者如1950年他在加利福尼亚州进行的参议院扣帽运动——指控女演员出身的国会议员海伦·加黑根·道格拉斯（Helen Gahagan Douglas），说她"连内衣都是粉红色的"。同戈德华特一样，尼克松来自阳光地带，毫不掩饰自己对东部权势集团的厌恶。在他的整个生涯中，尼克松频频引发右派阵营的争议。他宣称自己是拉塞尔·柯克的崇拜者[15]，并且不讳言自己像约翰·伯奇社团分子和麦卡锡分子一样，心中充满了更加阴暗的幻想。在艾森豪威尔的选举使迪安·艾奇逊离开国务院不久后，尼克松说道："终于可以有我们自己的国务卿了，太好了。"[16]

尼克松以保守派——一个有才干驾驭民粹主义，使之为自己的事业所用的保守派——的身份来进行竞选。在尼克松之前，被遗忘的大多数在反抗冷酷的精英时，其民粹式的反抗方式多是针对富人进行经济制裁。尼克松的才干在于他熟知民主党内部乔治·华莱士的反叛和反文化精英的直接民粹主义——反抗尼克松眼里那些腐朽衰老的势利者，他们手中掌控着像哈佛大学和《华盛顿邮报》这样的机构。为了回应华莱士，尼克松赋予"自由主义者"这个词一层新的贬抑含义。在尼克松的词典里，"自由主义者"是被惯坏了的精英分子，他们一点都不关心正直而辛勤工作的美国白人。

尼克松无情地在民主党中的工人阶级和他们那个自由主义色彩日渐变浓的政党之间打下了一个楔子。对于尼克松来说，自由主义的诱惑并不是什么芝麻小事，这个为嫉妒所左右的加利福尼亚人一心要激怒那些自由主义者。他招募年轻的帕特·布坎南，让他煽起民粹主义的偏见，并鼓动副总统斯皮罗·阿格纽（Spiro Agnew）在"左倾自由主义者"和"喋喋不休的富豪消极论者"之间制造裂痕。尼克松是首位获得多数工人阶级、天主教徒和工会成员等选民支持的共和党总统。

1968年，这位新当选的总统的确给了保守派一点希望。他任命一些保守派领袖人物在他的政府中担任职务：阿瑟·伯恩斯（Arthur Burns）任美国联邦储备委员会主席、沃伦·纳特任负责国际安全事务的助理国防部部长、马丁·安德森（Martin Anderson）[他是《联邦推土机》（The Federal Bulldozer）一书的作者，后来成为罗纳德·里根的得力助手]任职白宫，甚至连威廉·巴克利都得到一项任命，虽然只是在美国新闻署的咨询委员会中任职。

尼克松是一个多面人，如果说这个加利福尼亚人是以保守派的身份来参加竞选的话，那么他的统治则是自由主义式的。他把政府中两个最显要的职位给了亨利·基辛格（Henry Kissinger）和丹尼尔·帕特里克·莫伊尼汉（Daniel Patrick Moynihan），这两个哈佛大学教授同洛克菲勒式的共和党人和肯尼迪式的民主党人关系紧密。因此，尼克松夸耀道，他的内阁还没有艾森豪威尔的内阁保守。[17] 同艾克一样，尼克松也是主张欧洲优先的国际主义者，并且相信共和党的职责就是要比民主党更好地推行"新政"，但在社会问题上他的立场更自由。与艾森豪威尔相比，尼克松更关心黑人的权利，前者似乎认定黑人应该对自己二等公民的地位心满意足。尼克松是第一位积极采用平权法案的美国总统，并把该计划的施用范围扩展到了妇女和黑人。尼克松当政时，联邦支出和联邦规章的增加都快于约翰逊任总统时。社会支出首次超过国防开支。尼克松时期，美国政府公报《联邦纪事》（Federal Register）（联邦规则、规章的记录）页数增加了121%，而约翰逊时期是19%。1970年的《清洁空气法》（Clean Air Act）是至今最为雄心勃勃的环境保护措施。一年后，这位总统要求国会批准一项全国综合医疗保险计划。有一阵子，他为能够保障所有美国人获得最低年收入兴奋不已。有个民主党人得意地说道："保守主义者得到的是名，我们得到的是实。"[18]

这一切完全得到美国公众的赞成，但对右派知识分子不啻是一个灾难。强硬派抱怨道，亨利·基辛格的现实政治行为使得外交政策中不再有任何道德内容。美国从越南脱身并与中国做交易，世界上大多数人都将其理解为外交上的平稳运行，但保守派却认为这是绥靖行为。在国内，尼克松设立了许多新的政府机构，如美国环境保护署（the Environmental Protection Agency）和职业安全与健康管理局（the Occupational Safety and Health Administration），这都是保守派此后20年中极力铲除的机构。尤其使保守派感到愤怒的是，尼克松在1971年至1973年间，设立了生活费委员会（the Cost of Living Council），企图控制价格和工资。这是第二次世界大战以来引入国家控制经济的最有力尝试。尼克松委任当时刚刚步入中年的唐纳德·拉姆斯菲尔德来负责这一不切实际的冒险计划。1971年6月26日，包括威廉·巴克利和詹姆斯·伯纳姆在内的几位保守派名流，"暂停支持本届政府"[19]。

坚持忠于总统的那些保守主义者旋即陷入水门事件之中。他们花费大量的政治资本为一个没有辩护余地的人辩护。同20年前的乔·麦卡锡相似，尼克松在保守主义运动中产生了最负面的东西：偏执狂和自怨自艾，迷恋阴谋权术，毫无理由地憎恨权势集团。他使右派在随后多年背负浅薄无知和弄虚作假的恶名。右派为什么要背负这一切呢？尼克松不仅犯了罪，并且就政策而言，他远远是一个自由主义者，而非保守主义者。

1974年，尼克松辞职，保守主义运动归于毁灭。他的继任者是杰拉尔德·福特（Gerald Ford）——一个"没有佩戴勋章的艾森豪威尔"，走中间道路的共和党人。福特任命戈德华特的宿敌纳尔逊·洛克菲勒为他的副总统，惹怒了右派。号称保守派竞选资金筹集"直邮之王"的理查德·维格里（Richard Viguerie）写道："他选泰德·肯尼迪做副总统都比这好。我立即打电话邀请14个保守派朋友共进晚餐，讨论如何阻止洛克菲勒担任这一职务。"[20]福特的夫人贝蒂公开支持堕胎，更进一步激怒了保守派。1976年，右派支持罗纳德·里根企图从福特手中夺得共和党总统候选人提名的冒失举动，结果福特以微弱差距输给了吉米·卡特，右派立刻受到指责。

即使福特对"保守主义运动"持更多同情的立场，他也不可能促进它的发展。他的职责是治愈水门事件后国家遭受的精神创伤。1974年，选民中认为自己是共和党人的比例下降到21%。[21]大多数美国人认为，共和党靠不住、无能，与大公司打得火热。[22]在被问及共和党做过的善事时，2/3的选民的回答是根本没有。[23]共和党全国委员会推出的广告相当绝望地问道："做一名共和党人什么时候容易过？"[24]有一些右派成员考虑过放弃老大党而另觅他途——建立新党，甚至投奔民主党。维格里预言道："不出10年，全国自称共和党的人将不超过一打。"[25]

新保守派

右派究竟通过什么戏法，使里根摆脱灾难而成为总统？答案部分可以从右派的对手吉米·卡特那些不起眼的小缺陷中找到。就在尼克松辞职前夕，卡特的支持率最终下跌到比尼克松还低3个百分点。但相比之下，里根之所以能够当选，更多地是由于反对自由主义的人数在不断上升。历史上未曾有过的这一最大的保守派团队，决心将这种反自由主义的声浪变成一场连贯的运动。基层战士与知识分子开始携手并进。

对于形形色色的保守主义知识分子来说，20世纪六七十年代左派的过激行为，为他们提供了难得的黄金机会。巴克利的《国民评论》展现了他的先见之明，而非反常古怪；米尔顿·弗里德曼一度显得激进危险的思想，吸引了一群人数不断增加的崇拜者；从20世纪70年代开始，芝加哥学派培养的经济学家中，获得诺贝尔奖的人数超过任何机构，尽管打算实施其思想的国家似乎只有智利——一个国际弃儿。然而，右派知识界发生的最重大变化，是一群自由主义知识分子的出走——20世纪60年代是他们的转折点。

新保守派恰恰起源于美国民主党的核心地区。他们中的大部分人在纽约和波士顿以学术为生。但他们并不是传统的哈佛学者——面容清癯、具有贵族血统。他们大多是犹太人，几乎都是移民的后代。有一些成长在意第绪语*和英语并用的家庭里。新保守派的核心成员欧文·克里斯托尔（Irving Kristol）、丹尼尔·贝尔、西摩·马丁·利普塞特（Seymour Martin Lipset）和内森·格莱泽（Nathan Glazer）在20世纪30年代都就读于纽约城市大学。当时，纽约城市大学为那些不能到常春藤盟校上学的纽约穷人和犹太人提供了接受一流教育的机会。新保守派是极端的现代主义者。他们不会四处表达自己对往昔荣光——中世纪基督教世界、19世纪的资本主义或者旧时的南方——的怀旧之情。[26] 青年时代，他们中的大部分人属于这样或那样的马克思主义派别。但随着年岁的增长，他们接受了老式的自由主义——这种自由主义注重精英领导价值、崇尚高品位文化、主张充满活力的混合经济制。就像他们所认为的那样，正是由于左派背叛了这种自由主义，使得他们变成了新保守派。

新保守派痛恨发生在美国大学里的事情，这些大学使他们走出了犹太区。当学生们捣毁学校财产时，美国理性殿堂的权威怎能悠然自得地袖手旁观呢？那些本应关心智力水平的人怎么会同意在学校引进配额制呢？批评越南战争并没有错，但那些养尊处优、乳臭未干的人怎可以焚烧美国国旗？他们怎么能够说美国总是错的，而批评者却总是对的呢？一些人的家人正是因为移民美国才躲过大屠杀劫难，他们对不分青红皂白的反美主义尤其反感。

这些思想家为右派提供了巨大的推动力。首先，他们非常国际化。诺曼·波德霍雷茨（Norman Podhoretz）是莱昂内尔·特里林的门生，并于1950年至1952年间在剑桥大学求学于F.R.利维斯（F.R.Leavis）。1953年至1958年间，克里斯托尔以伦敦为据点，与他人合编杂志《遭遇》（*Encounter*），并把儿子比尔送到法国国立高等学校里学习。[27] 至关重要的是，新保守派讲的是社会科学的语言。保守派长期以来坚持认为，政府计划会弱化社会的自然契约。新保守派表示，社会问题比其自身显现的要难

---

* 意第绪语，欧洲或美国的犹太人的语言。——译者注

理解得多，而"伟大社会计划"之类的社会工程，受尽了自身乖张后果的折磨。福利支持会强化依赖性。优惠待遇使人免于竞争，因此可能会使本该获益的人受损。过分热心的平等主义会侵蚀像纽约城市大学这样的教育机构，从而减少社会流动性。新保守派爱揭发右派的丑事，就像当年怀疑强盗式资本家的那些人所做过的一样。

新保守派也详述了非正规组织机构的重要性，而这是其他社会科学家所忽视的。1965年，美国劳工部年轻的官员丹尼尔·帕特里克·莫伊尼汉因一份文件而引起轰动，文件的原件上并没有出现他的名字，但该文件随后立即有了一个别名——莫伊尼汉报告。该报告认为，城市黑人的贫穷大部分源于家庭的瓦解。[28] 其他的新保守派则表示，一个社会的"小团组"——自愿组织机构——对社会健康起到的作用要比雄心勃勃的政府计划重要得多。他们同时发出警告，社会的失序状态对社会安宁造成的威胁，远远超过了宽容的自由主义者的想象。换言之，他们以社会科学的语言来装点自己传统的保守主义洞察力。

新保守派用不着赢得每场争论，他们只要发出不同的声音，就能够打破自由派权势集团宣称自己对专门权威见解的垄断。[29] 自由主义者此前一直享有或许只有决策者才能拥有的宝贵资源——人们认为他们代表着客观科学的智慧。他们会说，这不仅是他们自己的意见，这是科学的正统。新保守派终结了这种信手拈来的虚构说辞。

新保守派还为右派批评自由主义外交政策增添了一柄锐利的武器。激起新保守派对自由主义外交政策进行批评的诱因之一，是联合国对以色列不断增加的敌意（1967年中东战争以后，以色列占领了巴勒斯坦的领土，联合国对以色列的敌意也由此增加）。新保守派也日渐相信，美国正在冷战中失败，军控变成了绥靖，苏联正以越南的胜利为基础建设共产主义。"越南综合征"使美国的核心集团陷于瘫痪。如果说右派的《国民评论》打破了孤立主义的控制，那么新保守派则远为坚定地将这一宏伟的运动推向国际主义的营垒。

外交政策的道德路径，有一个理智的教父。除利用社会科学外，新保守派也依靠列奥·斯特劳斯的思想洞察力。斯特劳斯是战后时期最晦涩难懂的政治思想家之一。在某些方面，列奥·斯特劳斯之于新保守派是一个奇怪的选择。他是一个精英主义的政治哲学家，对社会政策的细枝末节毫无兴趣。他的职业生涯是在芝加哥度过的，而不是在新保守派的世界波士顿、纽约和华盛顿。然而，斯特劳斯的影响不容低估。他与莱昂内尔·特里林一样，是在理论上影响克里斯托尔的主要人物。克里斯托尔把自己被引入"非乌托邦的政治学"领域——这种政治学的基础，是帮助人们应对真实的世界，而非构建一个理想的理论——归功于斯特劳斯。[30]

斯特劳斯挑战了美国最为珍视的有关进步、民主和普通人智慧的一些设想。他认为启蒙运动没有改善人的状况；相反，他坚持认为，伟大的思想繁荣乃是古希腊人的成就。他鼓励学生专心研读古人的伟大作品，尤其是柏拉图和亚里士多德。如果刻苦学习的话，这将使他们有机会从望远镜的另一端来注视这个世界——不是现代人俯视古代人，而是古代人注视现代人。

斯特劳斯坚持认为，从民主的自我毁灭之途中拯救民主的最佳途径，就是能够引领大众的受教育精英。按照米尔顿·希梅尔法布（Milton Himmelfarb）的说法，斯特劳斯主义就像克里斯托尔的近亲，"邀请人们加入少数特权阶层的队伍。这些少数特权阶层才刚刚从洞中爬出，一边裸眼凝视太阳，一边还在留心黑洞中的其他人"[31]。斯特劳斯远离自由主义的道德相对主义潮流，他使用世俗话语中长期被禁用的词语，如"善"与"恶"、"美德"与"恶行"。他认为，衡量一个社会是否健康的标准，不是人们享有的自由度（这是哈耶克一类的自由意志论者所特别钟爱的），而是该社会公民的善良程度。斯特劳斯不断地使新保守派坚信，美国的问题根本不在于人们缺乏自由，而在于个人美德的沦丧。

乍听起来，这有点像威廉·巴克利的信仰。但是，斯特劳斯学派的传统来自于雅典而非罗马。巴克利的保守主义是建立在他的天主教信仰基础之上的，而斯特劳斯学派的保守主义则是建立在古代（希腊）哲学基础之上的。当涉及宗教信仰时，斯特劳斯学派大部分是不可知论者，但是，他们却认为宗教有助于社会团结和美德。他们的作品中随处可见"高尚神话"。他们似乎想说，宗教虽不真实，却可以在维持社会秩序方面，实现有益的社会目标。

他们乐意接受"高尚神话"，只要这是由他们促成的，只要这有助于将新保守派打造成"马基雅维利式的幕后操纵者"。他们真的组织良好吗？如果暗示说，团结一致根本不曾在这一运动的发起者之间存在过，这种说法当然是很危险的。20世纪60年代，他们中的大部分人依然是民主党人：莫伊尼汉最终将成为来自纽约州的民主党参议员。而新保守派的一大特点就是能够建立起一个组织网络，以使保守主义思想在自由主义主导的知识界常新。他们着手利用基金会，大力发展组织，创办杂志。1965年4月，季刊《公共利益》（*Public Interest*）面世，试图为"伟大社会计划"开一剂"治疗现实"的猛药。在诺曼·波德霍雷茨编辑的美国犹太人委员会（the American Jewish Committee）的月刊《评论》（*Commentary*）里，充塞着诸如《社会政策的局限》（*The Limits of Social Policy*）、《自由主义与自由教育》（*Liberalism Versus Liberal Education*）和《增长及其敌人》（*Growth and Its Enemy*）之类标题的文章。

在使新保守主义从一种冲动变为一场运动的过程中，欧文·克里斯托尔是最竭尽全力的一个人。青年时代在纽约城市大学就读时，克里斯托尔是一个托派分子。1942年他在军中服役，开始不断朝右派方向发展，从此再也没有回头过。他的职业生涯包括：长期合作编辑《遭遇》杂志，在基础图书公司（Basic Books）任过一小阵的高级编辑，是《公共利益》杂志以及再过一代人后出现的《国家利益》（*National Interest*）的主要创办者之一。《国家利益》主要关注外交事务。克里斯托尔思维敏锐、具有沟通交流和组建机构的才干，且富于幽默感（他曾经这样定义自由主义者：他们认为，只要能够拿到最低工资，18岁的姑娘演色情电影也没关系）。他与富有的捐款人建立了紧密的关系，如尼克松的财政部部长威廉·西蒙（William Simon）。他非常善于鼓动别人提供助学金和研究生奖学金资助，以至于他的保守派同事戏称他为教父。供给学派经济学家祖德·万尼斯基（Jude Wanniski）给克里斯托尔起名为保守主义运动的"无形的手"。

智库及其捐助者

新保守派和其他保守主义思想家聚会的地方是威廉·巴鲁迪领导的美国企业研究所。然而，巴鲁迪要实现梦想，把美国企业研究所转变成为保守派的智囊团，却遇到不少障碍。由于他对戈德华特的支持引起了国会中民主党人的注意，美国国内收入局对该研究所的免税待遇进行了为期两年的调查。一朝被蛇咬，十年怕井绳，巴鲁迪手下的成员尽力对国会议案进行不偏不倚的分析，他还特地尽可能多地聘用自由派人士。从美国企业研究所的观点来看，聘任前民主党人欧文·克里斯托尔或者年轻聪明的外交事务专家珍妮·柯克帕特里克（Jeane Kirkpatrick）所展现出的公平，值得称道。

随着20世纪70年代的消逝，美国企业研究所离巴鲁迪的梦想越来越近。它日益受到人们的尊崇，部分原因是，人们认识到它的思想可能是切合实际的。20世纪60年代，人们把那些疯狂主张撤销管制的经济学家看作不负责任的无政府主义者，但到了20世纪70年代末，就连卡特政府也在撤销对运输业的管制。美国企业研究所的收入，一下子从1960年的90万美元（不及布鲁金斯学会当年收入的1/5）飙升到1980年的970万美元（比布鲁金斯学会当年的收入多出50万美元）。到20世纪70年代末，该所拥有常任全职学者45人、更多的在各大学工作的兼职学者、四份期刊，以及每月一次的电视节目。研究所甚至出钱给杰拉尔德·福特和美联储前主席阿瑟·伯恩斯颁发高级学者研究金。唉，巴鲁迪不可能看到这一切了，保守派政府现正利用他的智囊团呢。巴鲁迪于1980年去世，此前两年他已经把研究所的控制权交给了他的儿子小比尔（Bill Jr.）。这位长者崇拜开放的市场竞争，但他对裙带关系的处理却明显不明智。福特和里根两位总统都在他的追思宴上发表了讲话，标志着巴鲁迪的成就得到了肯定。

那时，美国企业研究所已经不再是保守主义独此一家的智库了。传统基金会创立于1973年，相对于美国企业研究所，它更不事张扬，也不自傲地称自己是"没有学生的大学"。传统基金会是一个简朴的鼓动性组织，是一个决心要改变政策、消息灵通的压力集团。另一个突出的新机构是卡托研究所，1977年成立于旧金山，1982年迁往华盛顿。它介于美国企业研究所和传统基金会之间，不仅出版大部头著作，为学生开设课程，也借鉴传统基金会的想法，撰写短小的政策报告。

这一新的思想家网络的建立要特别归功于5名慷慨的捐助者。他们是生意人，也是信托基金商。他们非常担心美国会向左滑，于是决心建立抗衡权势集团的保守主义机构，以便将美国拉回到右派发展的方向上来。首位为美国保守主义复兴事业提供捐助的是约瑟夫·库尔斯（Joseph Coors）。他是一名啤酒商继承人，为传统基金会解囊25万美元作为种子基金。他还协助创建了传统基金会的姐妹机构——"争取自由国会生存委员会"（the Committee for the Survival of a Free Congress）。1971年，一名南方老派民主党律师的5 000字备忘录激发了库尔斯采取行动。那个人是刘易斯·鲍威尔（Lewis Powell）（后被尼克松任命为最高法院大法官）。他在备忘录中说，资本主义遭到了它自己娇宠的产物——自由主义知识分子——的全面进攻。他指责工商阶级不仅安抚批评者，还资助那些批评者的反资本主义活动；他敦促工商阶级更有力地支持自己的利益。库尔斯也出钱资助其他的保守主义事业，包括科罗拉多州的智库独立研究所（the Independent Institute）、"媒体精确报道"组织（Accuracy in Media，一个为发现自由主义偏见而建立的监察部门），以及许许多多其他的保守主义社会机构。

理查德·梅隆·斯凯夫（Richard Mellon Scaife）对保守主义事业的鼎力相助丝毫

不逊色于库尔斯。斯凯夫是梅隆家族的财产继承人之一。人们从他的早期生涯中看不出他对保守主义思想有什么兴趣。20世纪50年代中期，斯凯夫大学一年级还没有读完，耶鲁大学就把这个爱惹是生非的年轻人给开除了。随后的一次车祸使他险些丧命，也使得5个家庭成员受伤。然而，随着年岁的增长，他变得更明智了——至少，如果以投身保守主义事业为标准来衡量人的明智与否的话，可以说他是更明智了。他是巴里·戈德华特最早的资金捐助者之一。他心目中的英雄戈德华特在竞选中的大败使他感到震惊，但也使他坚信，保守主义需要有能力在知识界抗衡敌手。1965年母亲去世后，由于姐姐要继续母亲的做法，把家族财产花在艺术、计划生育和穷人身上，斯凯夫同她进行了长期的争论。1973年，隐居不出的理查德最终在这场争论中获胜。他捐给传统基金会的第一笔资金是90万美元。1976年，传统基金会成立3年时，他捐助了42万美元，占当时基金会总收入的42%。《华盛顿邮报》算过一笔账，1960年以后的40年里，斯凯夫及其家族的信托基金为保守主义事业总共捐出了至少3.4亿美元——以现价计算大约是6.2亿美元。[32]

第三个捐助者是科克家族。科克家族的族长弗雷德·科克是石油天然气企业家，他发明了一种使汽油生产更高效的方法。他同大石油公司斗争，逐渐建立起一个高度多样化的能源公司。他虽然在斯大林的苏联建了15个炼油厂——生意毕竟是生意——却是约翰·伯奇社团的创办人之一。他的两个儿子戴维（David Koch）和查尔斯（Charles Koch），大量捐款赞助自由意志主义事业。戴维支持毒品自由化和堕胎权，并于1980年成为自由意志论者的副总统参选人。查尔斯和爱德华·克兰（Edward Crane）于1977年共同创办了"卡托研究所"。他俩还建立了一个研究生奖学金、助学金和学生奖学金的网络，以便在美国的大学里培养自由意志论者。

第四个捐助者是林德与哈里·布拉德利基金会（Lynde and Harry Bradley Foundation）。该基金会由兄弟俩创立。他们的发迹靠的是艾伦布拉德利公司——一家以威斯康星州密尔沃基市为基地的电子公司。基金会尤其愿意向学术界和知识分子慷慨解囊。同罗伯特·科克（Robert Koch）一样，哈里·布拉德利也是约翰·伯奇社团的忠实成员。20世纪50年代末，罗伯特·韦尔奇定期到艾伦布拉德利公司的销售会议上演讲。哈里也对那时正努力奋斗的年轻的《国民评论》杂志施以援手，既出钱又提供文章。他试图接管《新闻周刊》，以便使自己的思想传播得更广。哈里于1965年去世，但他的基金会仍在继续捐赠。洛克韦尔国际公司（Rockwell International）于

1985年收购了艾伦布拉德利公司，给了基金会巨大的推动力，其资产上升到超过2.6亿美元。同年，基金会还雇用了一名精力非常旺盛的主席迈克尔·乔伊斯（Michael Joyce），他是欧文·克里斯托尔的门生。

五大捐助者中的最后一位是约翰·M.奥林基金会（John M.Olin Foundation）。该基金会由富商约翰·梅里尔·奥林（John Merill Olin）于1953年创办，此人困扰于不断遭到威胁的自由。到20世纪70年代时，奥林集中精力关注学术思想与公共政策之间的联系。除了支持芝加哥大学有影响力的法学和经济学项目以鼓励其他地方的效仿者之外，基金会还为智库和《公共利益》一类的出版物出资。奥林对少数几名他喜欢的学者特别慷慨，如罗伯特·博克和欧文·克里斯托尔。博克现任美国企业研究所法学研究奥林教授，克里斯托尔直到不久前还担任美国企业研究所的奥林研究员。

除这五大捐助者之外，其他的大捐助者还有史密斯·理查森基金会（Smith Richardson Foundation）和霍华德教会会众自由信托基金（Howard Pew Freedom Trust）。20世纪70年代的美国，更为普遍的情形是，但凡在公司有一席之地，每个人抱怨的事情都是一样的：经济不景气，美国正在失去海外的竞争优势，美国人为管制而"忙得不可开交"，"对方"正在取胜。1972年，美国500强的老总们建立了"企业圆桌"组织（Business Round table），以便在工会权利、反托拉斯、撤销管制规定和税收等问题上通过游说以争取利益。

公司也开始协调它们的竞选捐款。1974年，劳工"政治行动委员会"（political action committees）有201个，超过了公司的89个"政治行动委员会"。两年后，双方的数字颠倒过来了，劳工"政治行动委员会"是244个，而公司"政治行动委员会"则达433个。1984年，公司"政治行动委员会"（1 682个）以4∶1的优势超过劳工"政治行动委员会"（394个）。[33] 捐助的类型也发生了变化。1974年，几乎所有的捐助都是用于为具体公司谋利，但不久后，捐助的钱就被用于支持对企业总体有利的广告宣传和立法。[34] 公司及其基金会出钱制作电视系列片，如米尔顿·弗里德曼的《自由选择》（*Free to Choose*）和本·瓦滕伯格（Ben Wattenberg）的《寻找真正的美国》（*In Search of the Real America*）。他们还出钱帮学校购买教育资料，为私人企业出资提供数十个教授席位，花钱做有利于企业界的广告。尤其重要的是，美国的公司与保守派智库拥抱到了一起。

到1980年，美国企业研究所得到600多家公司的赞助，包括莉莉捐赠基金（the

Lilly Endowment)、福特汽车公司和《读者文摘》公司等。美国企业研究所的理事会由美孚公司的副主席领导,其理事由不同类型的公司所组成。基金筹募委员会的成员包括花旗银行、通用电气、通用汽车和大通银行等公司的前负责人。20世纪60年代初,胡佛研究所濒临破产,但1984年它的年度预算达840万美元,其中的40%来自公司及其基金会。胡佛研究所监督委员会的成员包括惠普公司的戴维·帕卡德(David Packard),他是一个新的金主。同年,传统基金会筹募资金的公司和基金会几乎有上百家,而向欧文·克里斯托尔的教育事务研究所(Institute of Educational Affairs)捐助的公司有145家。

菲利斯女王和第一书记韦里奇

20世纪70年代,还聚集起另外一支保守派大军——"社会保守主义者"。这支当时绰号为"新右派"的大军,略微嘲讽了我们区分知识分子和基层战士的做法。他们中许多人都是思想家——或至少是智囊团成员——但他们并不是克里斯托尔及其朋友那类的知识分子。总的说来,他们是学识平平的中产阶级。他们之所以受到触动,并不是因为受到《评论》杂志和《公共利益》杂志上最新文章的影响,而是因为堕胎、学校用车接送孩子、枪支管制和学校配额等价值问题所致。更确切地说,他们既有激情,又有非凡的组织才能。

菲利斯·施拉夫利(Phyllis Schlafly)是在这一派早期就显露出组织才干的代表人物。这位社会保守主义的女王出生于1924年。她从研究生院毕业后的首份工作是在美国企业研究所找到的。此后她代表过共和党竞选国会议员,但未获成功;担任过伊利诺伊州共和党妇女协会(the Illinois Federation of Republican Women)主席;曾帮助丈夫答复美国公民自由联盟(American Civil Liberties Union)有关右派的观点(该联盟有过一个特别典型的委托人——一个拒绝服从政府配额制的农民);主持过自己的广播节目《唤醒美国》(*Wake Up America*),并设法抚养了6个孩子。1964年,施拉夫利大加赞赏戈德华特主义给选民"一个选择机会,而不是对他们随声附和"的竞选口号,从而在全国崭露头角。20世纪60年代末,她组织草根阶层的运动,反对将女权主义者吹捧的《平等权修正案》(*Equal Rights Amendment*)提入宪法,从而确保了自己在保守主义阵营中的地位。她拿自己组织中每年微不足道的5万美元预算,集中做那些举棋不定的州的立法人员的工作：训练家庭主妇和妈妈们上电台、电视，到立法委员会做证并组织写信竞选。《平等权修正案》从未获得通过，1978 年成为废案。

　　如果说施拉夫利是社会保守主义勇敢的女王，那么威利奇就是社会保守主义的列宁——一个具有非凡组织才能的革命家。在本书的导论中，我们曾经介绍过韦里奇的自由国会基金会午餐会。韦里奇出身于工人阶级家庭，父亲是威斯康星州拉辛市一所天主教医院的锅炉工，他在那里一干就是 50 年。韦里奇的职业生涯始于新闻工作，1967 年到华盛顿工作，成为科罗拉多州共和党参议员戈登·阿洛特（Gordon Allot）的新闻秘书。由此他开始坚信，保守主义运动需要创立自己的核心集团，以抗衡像布鲁金斯学会这样的自由主义核心堡垒。1971 年，阿洛特收到美国企业研究所一份有关政府计划出资建造一种超音速运输飞机的分析报告。分析报告透彻且平衡得当，但两天后却被国会投票反对。韦里奇和阿洛特在国会山的另一名保守派助手埃德温·福伊尔纳（Edwin Feulner）对这样不利的时机感到十分愤怒，因此决定成立自己的智库——一个集中关注改变法律而非思索伟大思想的智库。

　　传统基金会诞生于 1973 年。它的早期作为很像是当年列宁在苏黎世的斗争。它当时只有 9 个成员（如果把一个工作人员带来的 3 条狗算进来的话，那就是 12 个）。传统基金会对蒂普·奥尼尔（Tip O'Neill）为议长的众议院那些重量级议员的影响似乎显得微不足道，而在它最初的 4 年中，基金会主席换了两次。但 1977 年福伊尔纳接手主席一职时，传统基金会正开始粗具规模。这同美国企业研究所一样，部分得益于意识形态风向的转变。但也与韦里奇及其朋友鼓励创办的姐妹组织有很大的关系。

　　韦里奇的逻辑简单明了：既然自由派设法通过在组织上超过保守派来主宰华盛顿，那么保守派现在就必须还以颜色。他曾经好斗地说："如果敌人开着战车要来杀你，那么你最好有自己的武器系统。"[35] 他毫无愧色地以自由主义组织为其机构的蓝本。他于 1974 年成立的"自由国会生存委员会"就是要与"有效国会全国委员会"（the National Committee for an Effective Congress）竞争。他创立的"参议院指导委员会"（Senate Steering Committee），即以参议院自由派共和党人的"星期三俱乐部"（the Wednesday Club）为基础。他的"保守派核心会议"（the Conservative Caucus）的蓝本是"民主党人共同事业"组织（the Democrats Common Cause）。到 20 世纪 60 年代末的时候，情形完全颠倒过来了："全美汽车工人联合会"（United Auto Workers）主席道格拉斯·弗雷泽（Douglas Fraser）抱怨道："保守派不仅在游说、运转、支出和活动等方面超过了我们，不幸得很，他们在思想上也时常超过我们。"[36]

韦里奇虽是社会保守主义的第一书记，但他手下还有其他委员。理查德·维格里是个得克萨斯州的天主教徒，精瘦结实，是竞选资金直邮筹集的天才。年轻时，他心目中的政治英雄是"两个麦克"——道格拉斯·麦克阿瑟（Douglas MacArthur）和约瑟夫·麦卡锡，可他很少对保守的共和党核心感兴趣。相反，正如他的朋友威廉·拉舍所说的那样，他渴望"更疯狂的音乐和更烈的酒精"[37]。到1980年，维格里的电脑中已经存有大约150万个捐款人的名字。特里·多兰（Terry Dolan）创立了全国保守主义政治行动委员会（the National Conservative Political Action Committee），到1980年，它与保守派的"国会全国俱乐部"（National Congressional Club）竞争美国最大的政治行动委员会头衔。[38] 保守派的众议院共和党研究委员会（House Republican Study Committee）宣称自己得到了众议院共和党多数议员的支持。[39] 其他组织机构还有：在州立法机关里帮助组织保守主义计划的美国立法机构交换委员会（the American Legislative Exchange Council）、影响媒体的"全国新闻业中心"（the National Journalism Center）和"媒体精确报道组织"、在法庭为追求自己目标而施压的全国公共利益法律中心（the National Legal Center for Public Interest）等。简而言之，一个与自由派相抗衡的核心集团已然诞生。

社会保守主义的行为不时会离谱得很。阅读维格里当时的传记《新右派：我们准备领导》（The New Right: We're Ready to Lead），人们不会怪罪局外人把他们看成是一个有点愚昧的派别。这些人建立的团体名称有"真相小分队"（Truth Squad）和"总统解职委员会"（Committee for the Removal of the President），或者叫"爬行II"（CREEP II）。但这种怪异的创举，也促使他们去大力寻找共和党以外的盟友。1973年，维格里同意偿清乔治·华莱士1972年总统竞选中的欠债，以换取他的捐款人名单。两年后他又提出里根-华莱士搭档竞选总统的主张。而在整个20世纪70年代，社会保守主义者与保守派民主党人携手反对堕胎、自由主义的学校教科书、平权法案、同性恋者权利和学校用车接送孩子等。[40]

道德多数派

社会保守派发现，他们最热情的同盟军是所谓的宗教右派。20世纪70年代中期，基督教福音派同民主党的关系一直比共和党密切。1976年，多数基督教福音派投票支持吉米·卡特。但是，基督教福音派对民主党的左倾感到恼怒。尤其使他们感到愤怒的是，1978年，由于1953年以后开办的私立学校被认定带有歧视性，卡特的国内收入局局长威胁要取消它们享有的减税地位，而南方的多数私立学校都是基督教学校。"道德多数"组织创始人之一蒂姆·拉海耶（Tim LaHaye）牧师与卡特进行了一次毫无结果的会谈，在离开白宫时他低头祈祷道："上帝啊，我们必须把这个人从白宫赶走，让一个积极恢复传统道德价值的人入主白宫。"[41]

卡特激怒的是一个强大的敌人。基督教福音派出动了。20世纪70年代，南方浸礼会（the Southern Baptist Convention）和神召会（Assemblies of God）的会员分别增加了16%和70%，与此同时，长老教会（United Presbyterian Church）和美国圣公会（Episcopal Church）的会员则分别减少了21%和15%。1980年，美国最大的24个教堂几乎都属于基督教福音派。W.A.克里斯韦尔（W. A. Criswell）的达拉斯第一浸信会（First Baptist Church in Dallas）有一个设备齐全的健身中心，里面有桑拿浴室、保龄球馆、壁球馆和溜冰场，21个唱诗班席位，一个传教中心，一所拥有600名学生的小学，一个调频电台，800万美元的年度预算以及2.3万会员。[42]宗教右派不仅是一个有形的团体，而且也是一个电子社团。收看收听基督教福音派电视电台节目的人，从1970年的1 000万人，增加到10年后的6 100万人左右。帕特·罗伯逊的《700观众俱乐部》（700 Club）和杰里·福尔韦尔的《往昔福音时光》（Old Time Gospel Hour）节目，观众数都达到了1 500万人次。基督教广播网（the Christian Broadcasting Network）的用户达3 000万，是美国第五大有线广播网。[43]

基督教福音派一开始抵制住诱惑，没有干预世俗的权威世界。20世纪70年代初，牧师们教导会众寻求个人灵魂得救，而非重视集体行动。杰里·福尔韦尔说："并不是要号召祷告者成为政治家，而是要让他们的灵魂得到救赎。"[44]但是，福尔韦尔及其同道认为，由于对美国不断向下沉沦感到愤怒，他们还是不知不觉地日益深陷政治之中。福尔韦尔后来解释："撒旦已经行动起来要毁灭美国，上帝需要听到呼声，来把美国从内部的道德腐朽中拯救出来。"[45]

许多自由主义者私下传言，道德腐朽的责任应该由帕特·罗伯逊和杰里·福尔韦尔这些在政治上沽名钓誉的人来承担。然而，不仅会员，就连神职人员都要求基督教采取政治行动。对许多人来说，国内收入局取消私立学校减税待遇的决定已经突破了底线。国内收入局收到了20万封反对信，它还从来没有因为一项规定而收到如此多的反对信。白宫和国会都淹没在反对信的海洋之中。保守派议员举办听证会，并最终阻止了国内收入局新的指导方针。

1979年，当福尔韦尔和韦里奇一起成立"道德多数"组织（这一组织的名称是两人首次晤面时韦里奇发明的）时，社会保守派就与基督教右派正式结盟了。基督教福音派愿意面晤韦里奇这样的"天主教徒"，哪怕他是希腊礼天主教徒，而非罗马天主教徒。这标志着基督教右派决心介入美国的政治。在堕胎、学校祷告、妇女权利、同性恋者权利等国内问题上，"道德多数"组织立即发出了强硬的基督教声音。接下来的10年中，该组织的登记选民将达到大约250万。基督教右派立即倒向共和党，就像当年黑人倒向民主党一样：共和党可以指望这些人出席会议、挨家挨户敲门让选民去投票。许许多多这样的基层战士，正是在民主党以往的政治练兵场上招募到的。

南方的反抗

1972年，来自耶鲁大学法学院的一名长着一头浓密头发的年轻民主党活动家，南下来到得克萨斯州奥斯汀市，为乔治·麦戈文竞选总统。在选举前的最后一个月里，竞选活动制作了一个激动人心的广告，敦促得克萨斯人站在萨姆·雷伯恩和林登·约翰逊所领导的那个党一边，并把捐赠寄到在奥斯汀的邮箱。这个活动家每天都去邮箱取宝，但邮箱每天都是空空如也。最后他终于等来了一封信，回到竞选总部打开一看，里面是一张粘着粪便的手纸和一张便条，上面写道："这就是东得克萨斯人对乔治·麦戈文的看法。"理查德·尼克松以67%的选票在得克萨斯州持续获胜。比尔·克林顿不可能会忘记这段经历。[46]

总统大选来临时，民权革命使大部分南方白人转而忠于共和党。在南方各州，理查德·尼克松都以压倒性的多数选票获胜。南方保守派也支持里根取代福特参加1976年的总统选举：支持里根的共和党大会保守派代表有1/3来自南方，多于其他地区。[47]但是在国会层面上，共和党取得的突破要慢得多；在州一级的政治中，共和党取得的突破则更慢。民主党利用在位的权力——特别是擅划选区的权力——来维持自己的地位。民主党也挫败了右派共和党人。1965 年和 1970 年，多数南方民主党人反对《投票权法案》。杰克·弗林特（Jack Flynt）大笑着回忆道，有个共和党挑战者曾试图比他"更保守"，"不管他怎样卖力，他都无法比我更保守。他没有任何获胜的可能。如果他成为我那方的保守派，那他就绝对不会有任何机会"[48]。

　　然而，民主党的抵抗不足以在北卡罗来纳州阻止杰西·赫尔姆斯（Jesse Helms）。[49]赫尔姆斯的政治生活始于民主党，他在该州以毫不留情地谴责"民权谎言"的右派电台和电视台评论员而知名。1972 年，他代表共和党竞选联邦参议员。得益于当地民主党内部政客的明争暗斗和尼克松压倒性地战胜麦戈文，赫尔姆斯以自己毫不妥协的观点和"他是我们中一员"的竞选口号，轻而易举地赢得了不再心存幻想的南方白人的支持。他以 54% 对 46% 的优势赢得了选举，并继续通过他的"国会俱乐部"（Congressional Club）在该州营建了一个庞大的保守主义组织。有了这个庞大的政治行动委员会，他不再需要依靠他所属的党来为他出资竞选。

　　在参议院，赫尔姆斯彬彬有礼，但更尖酸刻薄。这使他很快取代了斯特罗姆·瑟蒙德，成为南方反抗者在华盛顿的榜样——共和党的乔治·华莱士，敢于在种族问题和国际事务上表达最基本的观点。在削减国内项目、增加国防开支、支持基督教价值而非世俗价值、与共产主义和联合国——两者经常被认为是可以相互转换的——进行斗争等方面，这名"参议员不先生"（Senator No）的声音是参议院里最为前后一致的。他支持南非的种族隔离制度，同情拉丁美洲的独裁统治。无论好坏，赫尔姆斯都无意淡化自己的信仰、与批评者妥协或者扩大自己的支持面。在 5 次参议员的竞选中，他总是以很大的优势超过对手，但他的支持度从未超过 55%。瑟蒙德努力把黑人吸引到共和党中来，相反，赫尔姆斯拒绝任何与民权革命妥协的企图。他毫不留情地打种族牌，目的是使选民两极分化，以使多数白人加入他的事业。他在吸引前民主党白人方面大获成功，这些人以"杰西式的民主党人"而为人所知。

　　这干得一点也不漂亮。但赫尔姆斯的南方共和主义风格正是因为他的粗鲁而凸显出来。其他南方共和党政客说起话来躲躲闪闪，赫尔姆斯却敢于大声说出他们的所思所想。1983 年，一项提案提议设立小马丁·路德·金假日，赫尔姆斯用了一个月的时间来阻止这项提案通过，而其他南方共和党政客不会这样做。他们只会静悄悄地投票反对提案，或者像里根那样，在这个地区四处谈论州权。"杰西式的民主党人"同样明白这一信息。

到西部去，嗬

20世纪70年代，对于东海岸的共和党权势集团和老式的民主党人来说，都是一个噩梦。这场噩梦不仅在于水门事件和福特的失败，还反映在重点大学的休息室里、《纽约时报》的编辑部里、外交关系委员会（Council on Foreign Affairs）位于纽约的宏伟大楼里。这些地方以往都是共和党人和民主党人文明辩论的场所。现在，像基辛格和福特这样的实用主义者，突然发现自己被指为精英主义者、种族主义者、帝国主义者，却得不到老式权势集团的保护，这是因为他们中的许多人不是过于软弱，就是经常滑向左派。洛克菲勒式的共和主义失去了活力。

在美国的另一端，一个新的权势集团正在形成，而且他们并不缺乏自信心。西部到处是成功者，他们从来就不会重视约翰·肯尼思·加尔布雷思或者外交关系委员会。他们要对政治进行彻底改造，就像他们曾经彻底改造过美国生活的诸多方面一样。而事实上，他们也有许多彻底改造自身的例子。西部产生了一个特殊的保守主义反权势集团。[50] 里根的参谋团里充斥着各种类型的商人，他们很难被选入尼克伯克俱乐部（Knickerbocker Club），他们把三边委员会的邀请视为对自己的侮辱。他们之中有洛杉矶的汽车商人霍姆斯·塔特尔（Holmes Tuttle）、得克萨斯州的石油商人赛·鲁贝尔（Cy Rubel）、无处不在的约瑟夫·库尔斯、石油地质学家亨利·萨尔瓦托利（Henry Salvatori）、出版商沃尔特·安嫩伯格（Walter Annenberg）、疗养院建筑商查尔斯·威克（Charles Wick）和药品连锁店老板贾斯廷·达特（Justin Dart）。在转而支持里根之前，他们中的许多人支持戈德华特。他们中的大部分人在财富上无法与洛克菲勒比肩，却有足够多的钱供人参加竞选。

以抗税的形式回到全国性的舞台，对这种风格的保守主义是再合适不过的。到20世纪70年代末，加利福尼亚人已对该州的免税代码彻底厌倦了。财产税尤其是个庞然怪物：它与房价一起猛升，而此时州政府却削减了政府给予地方学校和公共服务的支持。加利福尼亚州，尤其是洛杉矶的中产阶级，支付的钱款前所未有的多，但得到的服务却前所未有的少。

这场抗税运动的幕后动力是霍华德·贾维斯（Howard Jarvis）——一个另类的局外人。右派有时候把他当英雄来拥戴，有时候又谴责他是叛徒——1964年他被怀疑侵吞了向商人募集的用于戈德华特竞选的部分钱款。1978 年，贾维斯偶然想到了一个主意——利用州里的投票制度来降低财产税。《13 号提案》(*Proposition 13*)*约定，所有财产将按照其实际价值 1% 的统一税费进行征收，如果没有进一步的投票表决，就不能增加新的税收。整个加利福尼亚州的权势集团——商会也罢，工会组织、民权团体、公共部门雇员也罢——都对此感到愤怒，并一起反对这个提案。[51] 但是，他们的反对与贾维斯和维格里动员起来的市郊大军的愤怒相比，就没有什么价值了。最后，提案以 65% 对 35% 的优势通过。

《13 号提案》开启了波及全国的农民反抗运动，其影响事实上波及全世界。这场运动让美国人想起，他们的国家是由抗税者建立的。政客是公仆，而不是主人。此后 4 年里，至少有 18 个州通过全民公决进行减税限税。共和党的领袖喜欢乘坐绰号为"共和党税收大剪刀"的波音 727 飞机在全国各地巡游。吉米·卡特担心郊区叛乱，因此同意签署一系列的税收终止文件，但由于这些变动总是对富人有利，因此即使在文件就要签署时，卡特还是十分痛苦。在大西洋彼岸，新当选的英国保守党玛格丽特·撒切尔对《13 号提案》的理解是，这证明她强硬风格的保守主义能得到选民支持。自由意志论的思想在大西洋两岸来回跃动，右派似乎第一次把握住了全球性的知识运动。

英国人愤怒于要把收入的 97% 用来缴税，这一点也不让人吃惊。在美国，即使税率从未高到那样的程度，许多人缴纳的税款也比原来更多。通货膨胀带来的"档次爬升"意味着数百万人将上升到更高的税收档次上。1961 年，差不多 90% 的美国人付的是 22% 的统一税费，而到 20 世纪 70 年代末，只有 55% 的人的边际税率**低于 23%。[52] 在《13 号提案》提出的同一年，来自纽约州布法罗市的杰克·肯普（Jack Kemp）和特拉华州的威廉·罗思（William Roth）这两名激进的国会议员，提出了《肯普–罗思议案》(*Kemp-Roth Bill*)，该议案不切实际地建议全面减税约 30%。尽管该议案没有在国会获得通过，但它为反制政府的保守主义增添了更多的活力。与此同时，《华尔街日报》的社论版编辑罗伯特·巴特利（Robert Bartley）把大量版面留给了

---

* 1966 年，在发生确定税款人的丑闻后，加利福尼亚州立法机关制定了一项改革法案，对税款按统一的市价百分比进行评估。结果到 20 世纪 70 年代，随着房地产价值飙升，家庭财产也猛增，人们交纳的财产税也猛增，许多人叫苦不迭。《13 号提案》正是在这样的背景下出台的。这一提案对美国政治产生了深远的影响，甚至有人认为这是美国保守主义运动的开端。——译者注

** 边际税率就是征税对象数额的增量中税额所占的比率。——译者注

"供应学派"的经济学家阿瑟·拉弗（Arthur Laffer）、祖德·万尼斯基和罗伯特·A.蒙代尔（Robert A.Mundell）。他们都认为，经济增长的最佳途径是减税和削减政府开支，并交由美国的企业家来完成这一任务。

找到了——那就是罗纳德·里根

保守主义运动已经有了一支智库队伍、一支热情追随的大军和一项广受欢迎的事业，就缺一个富有魅力的推销员，来把这一切推销给美国人民。罗纳德·里根正是那些人久盼不遇的救星：无论从何种标准看，里根都是一个有着真正信仰的人，一个很有魅力的人。1981年，在华盛顿哥伦比亚特区的名流俱乐部餐会（Gridiron Dinner）上，里根嘲弄道："有时候，我们的右派并不知道我们的极右派在做什么。"[53]（两天后有个疯子想枪杀他。）

正如史蒂文·海沃德（Steven Hayward）在《里根时代》（*The Age of Reagan*, 2001）一书中所言，这个饰演过吉普的人是美国总统中少数几个真正的局外人之一。他既没有在常春藤盟校受过教育，又没有得到过大的政治机构的培养。他只上过一个不起眼的大学——伊利诺伊州的尤里卡学院（Eureka College），他工作的那个行业被正式的政府机关认为是傻到无法忍受。[54] 他也是首位使西部保守主义具体化的美国总统。里根在白宫椭圆形办公室里保留了一个铜鞍，他很喜欢自己在特勤局的代号"生牛皮"（Rawhide）。在任总统期间，他几乎有一年时间是在加利福尼亚州自己的牧场中度过的，里根得知马尔科姆·鲍德里奇（Malcolm Baldrige）爱好用套索在牛群中套牛，急忙任命他为自己的商务部部长，相当了不起。[55] 里根有很多古怪的特点，尤其是他相信有外星人，并且不承认自己染发。但他对"波多马克河的迷宫"表现得像一个一无所知的局外人，这还真不假。

里根起初是个民主党的信徒。他把自己描述为"几乎患有血友病的自由主义者"，他崇拜富兰克林·D.罗斯福，做过多年的好莱坞工会头头。但20世纪50年代，他一直在向右转。1969年，他发表了全国性电视演讲，表示支持戈德华特一波三折的竞选，这使他一夜之间成为保守派的英雄，甚至连戈德华特本人都嫉妒他。两年后，里根以近100万票的优势击败了埃德蒙·G.（"帕特"）·布朗，赢得加利福尼亚州州长一职，使政治核心集团大为震惊。他一方面对学生的骚乱言辞态度强硬，另一方面又对环境和堕胎采取非常自由主义的政策，结果证明他是一名非常成功的州长。要不是他把握住了时机，年龄早就把他的政治野心打垮了。1976年，他挑战杰拉尔德·福特，争取总统候选人提名，从而打破了自己坚守不渝的诫命——"不能诽谤共和党同道"。到1980年，这位年长的银幕演员可以依靠共和党右派的无尽能量了。

里根是个典型的西部保守派，他坚信必须缩小美国政府规模，并彻底击败共产主义——无论它躲藏在哪里。但是，他也是为数不多的几个非南方的杰出政治家之一。这些政治家既反对林登·B.约翰逊的《投票权法案》，又反对他的《民权法案》，并且里根还知道如何套住南方白人的心。（在特伦特·洛特的建议下，里根获得共和党全国代表大会总统候选人提名后，从密西西比州的费城开始了总统竞选。费城这个小镇，由于当地警察对3个民权工作者被谋杀一事几乎无所作为而闻名。）[56] 这位与好莱坞分手的总统候选人通过他将各种政治简化为某些核心原则的能力（而非他在文化战争中的真实立场），使基督教右派坚信，他们是同一战线上的。他喜欢说："简单的答案是有的，只是不轻松。"[57] 这种方法在外交政策中特别有共鸣，里根指责那种"对复杂性的盲目迷恋，那种使本来就难以做出的困难决定变得难上加难的把戏——而这种伎俩，最终使不做任何决定变得合理化。"[58]

如果说里根是一个真实信徒，那么在他身上也没有信徒常见的性格缺陷——带有普世风格的宗派性。奥利弗·温德尔·霍姆斯（Oliver Wendell Holmes）对富兰克林·D.罗斯福有过这样一段著名的描述：罗斯福的智慧不是一流的，但他却有一流的气质性情。这段描述也适合终身崇拜罗斯福的里根。里根是带有悲观色调的共和党内的乐观主义者。他一点也不怀疑美国人的心灵深处有一种东西，能够使美国走出任何暂时的怯懦。他用他的幽默艺术来化解保守主义运动在人们心中的最大疑问——人们普遍担心这一运动是由狂暴的极端主义主宰的。20世纪60年代，大多数保守主义者一提到学生激进分子就会暴跳如雷。里根州长却嘲弄道，这些学生"行事如人猿泰山，外表像珍妮妹妹，气味似猎豹兄弟"[59]。一些听众因得知学生做出种种暴行而感到震惊，他对这些听众说，昨晚他做了一个噩梦，梦见自己在伯克利继承了一家自助洗衣店。他还会开玩笑说，自由主义在犯罪问题上的严厉主张，是给予更长的缓刑。他喜欢说："相信我，电影《君子红颜》（Bedtime for Bonzo）比他们在华盛顿的所作所为更有意义。"

美国人民准备好接受这样一个保守主义者了吗？ 1980年，共和党的洛克菲勒一翼担心，里根如果被提名为总统候选人将是场灾难。民意测验预示，选举结果将很接近，但由于里根把"保守派的心灵"带进了共和党阵营，因而使政治得以重组。1980年，里根获得了44个州的489张选举人团票。老大党也一举增加了33个众议员席位，12个参议员席位——使它25年来第一次成为参议院的多数党。1984年，里根以59%对沃尔特·蒙代尔（Walter Mondale）的40%在总统选举中胜出，并且除失业群体外，赢得了所有地区、所有年龄阶段、所有职业群体的多数支持。[60]蒙代尔赢得的选举人团票是13张，少于斯特罗姆·瑟蒙德1948年的39张和乔治·华莱士1968年的46张。事实上，由主要政党推出的候选人所得选举人团票比蒙代尔少的人，只有阿尔夫·兰登（Alf Landon），他在1936年应战里根心目中的英雄富兰克林·D.罗斯福时，所得选举人团票只有区区8张。

对于右派来说，里根时代是他们第一次有自己的人入主白宫，这种感觉直到乔治·W.布什政府才被重新找回。诺曼·波德霍雷茨夸耀道，里根政府不仅有成批的高级官员阅读《评论》杂志，其中有些人（其中包括珍妮·柯克帕特里克）还为该杂志撰稿。有50多个反对缓和的当前危险委员会（Committee on the Present Danger）成员在里根政府中获得任命。[61]威廉·拉舍以1983年初里根的几天日程为例加以说明：2月21日，里根在华盛顿参加为《国民评论》举行的大型招待会，并宣称这是他"最喜欢的杂志"。两天后，他为詹姆斯·伯纳姆和克莱尔·布思·卢斯（Clare Boothe Luce）颁发自由奖章。又过了3天，里根在特里·多兰的全国保守主义政治行动委员会年会上发表演讲，此前10年中，他已在此发表过8次演讲。[62]

里根的记录并不像怀旧的保守主义者所说的那般完美。里根减税却没有削减公共开支，使美国的国债增加了1.5万亿美元——这使人们至今还在怀疑保守派管理经济的能力。由于里根派和实用主义者之间的不断争斗，里根政府受到了伤害。他的白宫办公厅副主任迈克尔·迪弗（Michael Deaver）是实用主义者的领袖，他甚至不让总统收阅他订了好几年的《人类事件》杂志。结果里根让人把杂志直接送到他在白宫的住处。[63]就任总统3个月后，他从一次暗杀行动中死里逃生，随即给人一种超脱的感觉。有人批评，第一夫人的占星家给里根政府带来的灵感，有时候和哈耶克一样多。尽管他与基督教右派开局良好，但他们漫不经心的分道扬镳，对保守主义的文化事业——如反堕胎运动——没有提供什么帮助。南希·里根（Nancy Reagan）在删除1987年国情咨文中有关堕胎讨论的内容时说道："我对反堕胎不感兴趣。"[64]

　　有些保守派牢骚满腹，但右派谁会真正怀疑里根所取得的巨大成功——赢得冷战、重振美国经济、恢复美国的自豪感——会逊色于这些失败呢？里根就任总统之初就彻底打败了劳工组织，解雇了空中交通管制员工会的1万名罢工人员。尽管如此，该工会还是为数不多支持总统命令的工会之一。1981年至1985年间，军费增加了1/3。他的减税做法损害了进步主义，使最高税率从70%骤降到33%。他利用最高法院首席大法官沃伦·伯格1986年辞职的机会，提拔最高法院最保守的法官威廉·伦奎斯特为首席大法官，并提名另一名保守派安东尼·斯卡利亚（Antonin Scalia）补缺，从而彻底改造了最高法院。

　　到里根任期结束的时候，右派的所有成员似乎都各得其所。共和党在加利福尼亚州和西部都很保险。南方现在已是共和党的天下了——在总统选举中无疑是如此，在国会选举中，情形也日益往这个方向发展。受到这些新军的支持，国会共和党更加保守。1972年至1986年间，来自美国保守派联盟的共和党国会众议员所占的比例，平均从63%上升至75%。[65] 宗教右派在行动。北方白人开始否认自己是民主党人——1984年里根再次竞选总统的口号是"你没有离开民主党，是民主党离开了你"。美国人民似乎完全忠于小政府了。右派赢得了冷战的外交政策大辩论。4年之后，谁会预料到，那个来自阿肯色州邋里邋遢的麦戈文分子会入主白宫呢？又有谁会预料到，加利福尼亚州将成为民主党的大本营？

注释

[1]　Theodore H. White, *The Making of the President, 1964* (NewYork: Atheneum, 1965), p.365.

[2]　Rick Perlstein, *Before the Storm: Barry Goldwater and the Unmaking of the American Consensus* (New York: Hill and Wang, 2001), p.303.

[3]　转引自James T. Patterson, *Grand Expectations: The United States 1945—1974* (New York: Oxford University Press, 1996), pp.587–588。

[4]　Daniel P. Moynihan, *Maximum Feasible Misunderstanding: Community Action in the War on Poverty* (New York: Free Press, 1969), pp.128–166；Tom Wolfe, Radical Chic and Mau Mauing the Flak Catchers(New York: Bantam, 1999), originally published in 1970 by Farrar, Straus and Giroux.

[5]　Thomas Byrne Edsall and Mary D. Edsall, *Chain Reaction: The Impact of Race, Rights and Taxes on American Politics* (New York: W. W. Norton, 1991), pp.45–46.

[6]　Christopher Lasch, *The True and Only Heaven: Progress and Its Critics* (New York: W. W. Norton, 1991), p.505.

[7]　Steven Hayward, *The Age of Reagan: The Fall of the Old Liberal Order, 1964—1980* (W. W. Forum, 2001), p.302.

[8] Theodore H. White, *The Making of the President, 1968: A Narrative History of American Politics in Action* (New York: Atheneum, 1969), p.346.

[9] Edsall and Edsall, *Chain Reaction*, p.95.

[10] Ibid., p.52.

[11] Ibid., pp.111–112.

[12] Hayward, *The Age of Reagan*, p.154.

[13] Michael Elliott, *The Day Before Yesterday: Reconsidering America's Past: Rediscovering the Present* (New York: Simon & Schuster, 1996), p.175.

[14] 密歇根大学全国选举研究资料库，http://www. umich/edu/_nes/nesguide/nesguide. htm。

[15] George H. Nash, *The Conservative Intellectual Movement in America Since 1945* (Wilmington, Del.: Intercollegiate Studies Institute, 1998), p.319.

[16] White, *The Making of the President, 1968*, p.143.

[17] Jerome Himmelstein, *To the Right: The Transformation of American Conservatism* (Berkeley: University of California Press, 1990), p.100.

[18] David Reinhard, *The Republican Right Since 1945* (Lexington: University of Kentucky, 1983), p.222.

[19] Nash, *The Conservative Intellectual Movement in America*, p.319.

[20] Richard Viguerie, *The New Right: We're Ready to Lead* (Falls Church, Va.: The Viguerie Company, 1980), pp.51–52.

[21] 密歇根大学全国选举研究资料库。

[22] Lou Cannon, *Governor Reagan: His Rise to Power* (New York: Public Affairs, 2003), p.394.

[23] Hayward, *The Age of Reagan*, p.448.

[24] Lewis L. Gould, *Grand Old Party: A History of the Republicans* (New York: Random House, 2003), p.403.

[25] 转引自 Lee Edwards, *The Conservative Revolution: The Movement That Remade America* (New York: Free Press, 1999), p.188。

[26] Gary Dorrien, *The Neo Conservative Mind: Politics, Culture, and the War of Ideology* (Philadelphia: Temple University Press, 1993), p.2.

[27] Irving Kristol, *Neo Conservatism: The Autobiography of an Idea* (New York: Free Press, 1995), p.25.

[28] "The Negro Family: The Case for National Action," U. S. Department of Labor, Washington, D. C., 1965.

[29] Godfrey Hodgson, *The World Turned Right Side Up* (New York: Houghton Mifflin, 1996), p.30.

[30] Kristol, *Neo Conservatism*, p.6.

[31] 转引自 Nina J. Easton, *Gang of Five: Leaders at the Center of the Conservative Crusade* (New York: Simon & Schuster, 2000), pp.41–42.伊斯顿所提供的，是我们见到过的有关斯特劳斯观点的最出色的摘要。由华盛顿颇具影响力的斯特劳斯学派所进行的较不容易明白的(有关斯特劳斯观点的)叙述，参见 Steven Lenzner and William Kristol, "What was Leo Strauss Up To ?" *The Public Interest*, Fall 2003。

[32] Robert Kaiser and Ira Chinoy, "How Scaife's Money Powered a Movement," *Washington Post*, May 2, 1999.

[33] Himmelstein, *To the Right*, p.141.

[34] Ibid., pp.144–145.

[35] William J. Lanouette, "The New Right ——'Revolutionaries' Out After the Lunchpail Vote," *National Journal*, January 21, 1978, p.88.

[36] 转引自 Lee Edwards, *The Power of Ideas: The Heritage Foundation at 25 years* (Ottawa, Ill.: Jameson Books, 1997), p.38。

[37] William Rusher, *The Rise of the Right* (New York: William Morrow, 1984), pp. 228–229 ; Himmelstein, *To the Right*,

p.86.

[38] Himmelstein, *To the Right*, p.82.

[39] Gillian Peele, *Revival and Reaction: The Right in Contemporary America* (Oxford: Clarendon Press, 1984), p.3.

[40] Himmelstein, *To the Right*, pp.82–83.

[41] James A. Morone, *Hellfire Nation: The Politics of Sin in American History* (New Haven: Yale University Press, 2003), p.453.

[42] Himmelstein, *To the Right*, pp.116–117.

[43] Ibid.

[44] Ibid., p.118.

[45] Morone, *Hellfire Nation*, p.453.

[46] David Maraniss, *First in His Class: A Biography of Bill Clinton* (New York: Simon & Schuster, 1995), p.282.

[47] Earl Black and Merle Black, *The Vital South: How Presidents Are Elected* (Cambridge, Mass.: Harvard University Press, 1992), p.279.

[48] Earl Black And Merle Black, *The Rise of Southern Republicans* (Cambridge, Mass.: Belknap Press, 2002), p.154.

[49] Ibid., pp.102–111.

[50] Hodgson, *The World Turned Right Side Up*, pp.210–211.

[51] Edsall and Edsall, *Chain Reaction*, pp.130–131.

[52] Hodgson, *The World Turned Right Side Up*, p.206.

[53] Lou Cannon, *President Reagan: The Role of a Lifetime* (New York: Simon & Schuster, 1991), p.160.

[54] Hayward, *The Age Of Reagan*, pp.xix–xx.

[55] Cannon, *President Reagan: The Role of a Lifetime*, pp.15–16, 85.

[56] Black and Black, *The Rise of Southern Republicans*, p.224.

[57] Cannon, *President Reagan: The Role of a Lifetime*, p.43.

[58] 转引自 Hayward, *The Age of Reagan*, p.xxix。

[59] Ibid., p.100.

[60] Cannon, *President Reagan: The Role of a Lifetime*, pp.493–494.

[61] Sidney Blumenthal, *The Rise of the Counterestablishment: From Conservative Ideology to Political Power* (New York: Harper And Row, 1986), p.142.

[62] Rusher, *The Rise of the Right*, p.314.

[63] Cannon, *President Reagan: The Role of a Lifetime*, p.363.

[64] Christopher Lasch, *The True And Only Heaven: Progress And Its Critics* (New York: W. W. Norton, 1991), p.515.

[65] 具体数据请参见附录。

第四章
平分秋色：1988—2000年

20世纪90年代，美国保守主义遇到了复仇者，这个出生于婴儿潮一代、富有魅力的人来自阿肯色州。毫不夸张地说，比尔·克林顿曾是一个令人兴奋的人物。1991年10月，我们两个作者其中一人在洛杉矶比尔特摩酒店（Biltmore Hotel）举行的民主党全国委员会（the Democratic National Committee）秋季大会上碰到过他。坦率地说，那次会议只是一项例行工作。那天天气炎热，尽管有可能见到民主党总统候选人，却叫人提不起神来。经济并不景气，但乔治·H.W.布什——这位"沙漠风暴"（Desert Storm）行动的胜利者——不可避免将凯旋。那种"必然性"成为民主党知名人士马里奥·科莫（Mario Cuomo）未能现身洛杉矶的原因之一。两个南方记者吃着低热量的自助餐挥汗如雨，却很好地体现了比尔特摩当时的气氛。那个胖些的记者说："厌烦透了，我们给希拉里打电话吧。"

房间里，各小组配备的书记员尽职地同未来的总统候选人交谈，有一个小组吸引的人数比其他小组多得多——随着交谈继续，人数还在不断增加。只要同克林顿待上一小会儿，你就会发现他是个天才。他那《风起云涌》（*Primary Colors*）[*]式的长时间握手坚定有力，立马给人一种亲密感。此外，他非常了解自己的才干。从奥兰治县幼儿园的日托到明尼苏达州的福利改革、德国的治安管制，这个人对社会政策有一种百科全书式的了解。而随着他的想法不断涌现，人们意识到，他不是那种老式的自由

---

[*] 这是东宝映画株式会社1998年出品的一部喜剧电影，影片描写一个充满理想主义的黑人青年亨利·伯顿是如何辅佐个性平庸懦弱的州长斯坦顿竞选美国总统的。见到了斯坦顿的妻子苏珊后，在这个美丽、和蔼且具有无穷魅力的女人面前，亨利决定加入斯坦顿的总统竞选阵营。亨利随即在州长的家乡马莫斯瀑布镇设立竞选总部，创建新的竞选班子，其中包括诡计多端的军师理查德·杰蒙斯，公开的同性恋者、充当打手角色的莉比·堆尔顿和年轻漂亮的新闻顾问黛茜·格林。从此，斯坦顿夫妇与这批年轻有为的顾问开始了漫长的、充满丑闻的竞选之旅。——译者注

主义者。克林顿不想扩大福利面，他只想改变它。他坚定地支持自由贸易，外交政策强硬，赞成死刑。美国中产阶级终于有了一名可以支持的民主党人——或者更应该说是一名新民主党人。

乔治·H.W.布什这位冷酷无情的斗士，属于他的冷战已经结束了，如果不是因为他看似一位贵族，他连一杯咖啡都叫不到。因此，当一个充满思想的年轻人出现的时候，其耀眼光芒是很难被遮住的。但这并不是克林顿的主要特点。比尔特摩酒店中的这个新民主党人，就像一台能够摧毁保守主义的机器——这是美国自由派所能催生的最厉害的一台机器。南方口音和中立派观点使克林顿成为同龄人中最好的传播员。对保守派来说，他立刻成了魔鬼的化身——不仅因为他有种种罪恶，而且因为他特别善于搞政治。纽特·金里奇有一次看过克林顿发表国情咨文后想道："我们完了。我们没有办法打败这个家伙。"[1] 尽管克林顿在个人问题和政治上都做了一连串荒唐的蠢事，但离职时他还是成为自约翰·F.肯尼迪以来工作最为人好评的总统。

20世纪90年代，克林顿并不是美国右派面临的唯一挑战。事实上，要不是美国保守派如此畏惧上帝，他们一定会停下来想想，为什么在短短的12年间，上帝要使他们的事业遭受如此之多的晴天霹雳。共产主义阵营虽然解体了，但保守主义运动也失去了如影相随的动力。乔治·H.W.布什在自相残杀中结束总统任期。保守派曾在1968年和1980年两度幻想他们永远改变了美国的政治，却发现美国依然是一个"一分为二的国家"。这是一个开着旅行车带着孩子参加体育运动的妈妈们停车投票的年代，人们谈论的都是独立选举人以及像布坎南、佩罗和约翰·麦凯恩（John McCain）这样打破权势核心的人物。

但这个10年对保守主义运动来说，真的是一场灾难吗？ 20世纪90年代是这样结束的：白宫出现了一个更加保守的布什，国会两院都由共和党控制，尽管优势不明显。更为重要的是，20世纪90年代显示了自由主义的局限性。尽管美国左派拥有它的祈祷者希望它拥有的一切——一代人中最有才干的政治家、长时间的和平繁荣、共和党一系列的失策——但美国政治的议程却是由右派来制定的。克林顿在福利改革、平衡预算、股市繁荣、减少35万联邦雇员等方面的成就，定会使罗纳德·里根感到高兴。克林顿一想左转——军队中的同性恋问题和医疗保险问题——就被粗暴抵制。而当克林顿的指定继承人阿尔·戈尔企图重燃自由派的民粹主义时，他输掉了一场十拿九稳的选举。

过于收敛的布什先生

1988年和2000年，乔治·H.W.布什（老布什）和他的儿子乔治·W.布什（小布什）父子两代竞选总统，这12年上演了一出令人惊讶的音乐剧：保守派4年行事过于收敛（老布什总统任期），自由派2年行事过于张扬（比尔·克林顿任期的头两年）；保守派2年过于张扬（"金里奇革命"），然后是自由派4年过于收敛（克林顿的第二个任期）。

可以以两种不同的方式看待老布什总统的任期。一种是把他看作对公共服务忠于职守的典范。他是一个不走极端的实用主义者，带领大西洋联盟克服冷战结束带来的伤痛，动员联合国惩罚萨达姆·侯赛因，缓和里根时代的过度做法，通过制定不受欢迎的决策为克林顿时期的繁荣打下了基础。大多数美国人和欧洲人都接受这一观点，[2] 而且在他离职以后，民众对他的认可率已经稳步上升了，但那绝对不会是保守主义运动的观点。

随着2001年老布什的儿子小布什入主白宫，人们很容易忘记右派曾多么憎恨小布什的父亲。在1988年的初选中，老布什副总统面临宗教右派领袖帕特·罗伯逊和主张减税的理想主义者皮特·杜邦（Pete DuPont）、杰克·肯普等人的强大挑战。1992年，老布什败选以后，许多保守派谈论着"布什-克林顿时代"，似乎他俩是可怕的同类。1995年，来自得克萨斯州的共和党众议员迪克·阿米（Dick Armey）回顾那段历史时曾经写道：

> 1989年1月20日罗纳德·里根离开白宫去加利福尼亚州，他给乔治·布什留下了比历史上任何总统都多的资产——蓬勃的经济、世界对新自由的觉醒……看到自由主义处于死亡的剧痛之中，选民转向了乔治·H.W.布什，并说："让自由主义完蛋！"结果他们得到的却是对里根革命的反动。[3]

对于阿米及其盟友来说，1988年的竞选清楚地表明老布什不是罗纳德·里根。《新闻周刊》在封面上谴责老布什是懦夫，深夜脱口秀节目唾弃老布什是"每个女人的第一丈夫"，这些自由派媒体只不过是说出了许多保守派私下的怨言而已。迈克尔·杜卡基斯一度似乎能够从中受益。

如果说比尔特摩酒店的克林顿是完美的"终结者"，那么杜卡基斯则是早期的半机器人——一个被重新设计的有着致命缺陷的民主党人。1984 年，他竞选总统时是一个并未得到改造的"新政"的支持者，但他肯定与沃尔特·蒙代尔拉开了距离。杜卡基斯利用了加里·哈特（Gary Hart）1984 年所拥护的"新自由主义"技术统治思想，如果不是因为在名为"见不得人的勾当"（Monkey Business）的船上同一名女演员寻欢作乐时被人逮住，1988 年他还会再次尝试推广这一思想。新自由主义的信条主要针对郊区选民，它放弃了经济问题上的左派立场（杜卡基斯建议不要增加新税），但在诸如枪支控制、环境和死刑等文化问题上仍然坚持"文明的"欧洲方法。这个看似高效率的马萨诸塞州州长在春天大大往前跨了一步。当反税收活动家格罗弗·诺奎斯特出现在哈佛大学校友联欢会上的时候，杜卡基斯的自由派同道嘲讽地告诉他，布什落后了 17 个百分点。[4]

老布什的竞选主管李·阿特沃特以一种全然非美国式的欧洲竞选方法瞄准蓝领选民进行竞选，削弱了杜卡基斯的优势。老布什的竞选班子叫嚷道："杜卡基斯是美国公民自由联盟（American Civil Liberties Union）的正式成员。"他让威利·霍顿（Willie Horton）这样的黑人强奸犯提前出狱，制造更多的谋杀案，他在国防方面软弱无力（这一点通过杜卡基斯懒散呆笨地坐在坦克上的一幅照片而得到强化）。里根的旧联盟适时地重整旗鼓，老布什赢得了 87% 的福音派基督徒的支持——这比里根获得的支持率还高——以及各收入阶层白人男性选民的多数支持。[5]

作为候选人的老布什像个南方乡巴佬一样去战斗，作为总统的他，统治方式更像专制家长式的托利党人。（他谈论阿特沃特的古怪动作时说："那是历史。"）玛格丽特·撒切尔曾在一次著名的谈话中对老布什说："乔治，您现在不会对我（的思想观点）三心二意了。"但她立即发现，他是"一个走中间道路的政治家"——一个有名的实用主义者。对于他来说，好政府比意识形态更重要。突然间，政府不再是问题了。在白宫草坪举行的首次讲话中，老布什告诉一群高级官员，他们是他演讲的重要受众，"我们大家之所以在这里，是因为我们有一种信念，认为为公众服务是最高尚的职业"[6]。想到里根的继承人竟然会如此颂赞公职，那些真实信徒真是深恶痛绝。

老布什还有其他的离经叛道之举。"一个更仁慈、温和的美国"，这样的颂词是什么意思？那肯定是支持自由派将20世纪80年代诽谤为贪婪的10年。[7] 许诺做一个关注环境的总统，这又是什么意思？那无异于是中伤里根，说他毁坏了野地。而在国外，至少在新保守派看来，老布什不是在加速共产主义阵营的解体，而是更乐于减缓它的解体——即使敌人几乎无法控制自己的街区，老布什也把它当合法政府来对待。在国内，右派认为老布什把国内政策看作民主党控制范围内的事情，最好放手不管[1991年，老布什的白宫办公厅主任约翰·苏努努（John Sununu）一度建议国会"聚会、休会，然后离开"，因为白宫没有任何法案要送到国会山表决]，或是理性地妥协。[8]《清洁空气法》和《美国残疾人法》（*Americans with Disabilities Act*）激怒了右派，不仅因为他扩大了政府的权力，而且因为这些事件显示了老布什对那种"远见卓识"（vision thing）的蔑视。老布什政府的某位高官对《华盛顿邮报》说："我们没有意识形态，有的只是义务约束。"

这种超越原则的实用主义信条，尤其强烈地体现在用人上。一小批保守派聚集起来，尤其在欧文·克里斯托尔之子比尔负责管理的副总统办公室和杰克·肯普负责的住房和城市发展部。但总的来说，老布什试图用忠于布什王朝的人取代那些因共同信仰而聚在一起的人，因此重要的是你与总统是什么样的关系？有时候挺滑稽。南希·黄（Nancy Huang）是老布什政府的内阁部长之一，她是总统最喜欢的休斯敦一家中餐馆老板的女儿。[9] 20世纪60年代中期，蔡斯·昂特迈耶（Chase Untermeyer）是老布什在国会办公室的实习生，他的职责就是清除里根派的人，以布什派取而代之。求职者填写表格时被要求注明是否有过"布什经历"。[10] 因此，为《华尔街日报》社论版增光添彩的保守派知识分子从一开始就对老布什非常严厉，也就不足为怪了。

基层战士也备受冷落。总统竞选期间，老布什拼命取悦右派，他允诺不增税，在福音派基督教聚会上发表讲话并谈论自己的宗教信念。但赢得总统选举后，他就把这一切抛到了九霄云外。里根时期，白宫设立了一个公共联络办公室，以招揽保守派活动家。苏努努却马上把这个办公室纳入他的白宫办公厅属下，并且把办公室与保守派打交道的官员减少到只有1人。同时，他把该办公室的接触对象范围扩展到所有的利益集团，而不仅仅局限于共和党利益集团。[11] 到1992年春天苏努努去职时，保守派争相诉说被无礼相待的事情。当美国商会会长理查德·莱舍（Richard Lesher）在电视上批评1990年的一揽子预算协议时，苏努努对他尖叫道："我要用链锯把你那两腿间的家伙割掉。"[12]

老布什没有回报保守派，而对民主党控制的国会则过于彬彬有礼。作为前国会议员，他对国会的评价很高，并且经常表现得像位英国首相，而不是美国总统。候任总统时他说："我不会想到'命令'这个词，我想同国会协力决定人民的意志。"从右派的观点来看，国会过于勤快地为老布什的总统任期设定议事日程，而总统对民主党同僚则太过宽容迁就——尽管在保守派的眼中，从泰德·肯尼迪卷入棕榈滩的强奸案，到众议院邮局的洗钱丑闻，老布什都有大量可以攻击的靶子。

右派有其道理。老布什不同民主党人发生冲突，证明了一个老生常谈的故事——短期获益，长期则是灾难。1991年春天从海湾归来的部队在宾夕法尼亚大道经过他时，民众对他的认可率达到了91%，但他第二个总统任期的机会却被两个新的政治巨兽给毁了：一是国会中新出现的党派性极高的共和党人，另一个是在这个国家新出现的中间派民主党人。这两种类型以两个出生于婴儿潮的早熟的年轻人为典型代表——他们俩都绝顶聪明，都来自破碎的家庭，都对性很着迷——20世纪90年代的大部分时间里，他们将支配美国政治。

纽特和比尔

1984年5月，纽特·金里奇遭到长期担任众议院议长的蒂普·奥尼尔的愤然抨击，从而声名大振。在早期的午夜演讲中，这个年轻的佐治亚州国会议员嘲讽过几名民主党人，指责他们"对共产主义视而不见"，并要他们做出回应。而在那时候，C–SPAN电台的摄像机只被允许对准讲话的议员，因此观众并不知道金里奇所指责的那几个人没有一个在场。奥尼尔愤怒地说："这是我在国会32年里见到过的最卑劣的事情。"但奥尼尔的举止打破了国会的礼仪规则，他说的话不得不从国会记录中删除——这是自1798年以来众议院议长从未受到过的侮辱。

对金里奇来说，奥尼尔受辱表示他应该加倍努力。6年前，这个理想主义的前大学教授闯进了国会，他的最低目标是把众议院从民主党手中夺过来，并推翻"自由主义的福利国家"。对金里奇来说，动力就是一切。1985年，他解释："我有巨大的个人抱负，我要移动整个地球，我正在这样做。"[13] 金里奇以惊人的速度抛出各种思想、备忘录和录像带。他甚至喜欢每天早上6点半给里根政府的一名官员打电话，因为他相信，这样能够在一整天里影响白宫的想法。[14]

在金里奇的世界里，民主党不仅犯了错误，且贪腐成性。他打破国会的友善规则，称对手为"笨蛋"和"缺德鬼"。[15]金里奇邀集保守派机会协会（the Conservative Opportunity Society）的一帮同道攻击手，利用有线电视中C–SPAN这一媒体——由于该台当时的收视率不高，故为多数国会议员所忽视——就像那次激怒奥尼尔一样，对民主党人进行了一系列简短而锐利的无情攻击。1987年，奥尼尔放弃众议院议长一职后，金里奇集中精力揭露新议长吉姆·赖特（Jim Wright）的罪行，但说得好听一些，他指控赖特的证据微不足道（赖特最严重的罪行似乎只是在一份著书合同上进行了特殊的交易）。许多共和党人敦促金里奇别再去挖证据，但是1989年众议院道德委员会以5项罪状指控众议院议长，宣称他违反了49条众议院规则。赖特最终被迫辞职。这使温和派共和党人感到尴尬，却使金里奇的激进派欢呼雀跃。

金里奇象征的是一个激烈的党派之争的新时期，强调政党不再是便于区分彼此的标签，而是意识形态的标签。1972年至1986年间，根据美国保守派联盟有关两党平均投票记录率评估，两党在众议院的分裂度从31%上升到55%（参见附录）。在里根时代，民主党人不顾司法任命中所有旧有的礼貌规则，他们猛烈地抨击保守派知识分子罗伯特·博克，里根于1987年提名后者为最高法院法官。泰德·肯尼迪不顾礼貌，咆哮着对博克说，他带来的将是地下堕胎行为。作为总统，老布什试图以绅士作风阻止更多"博克式事件的发生"，但不管用。他提名的第一位国防部部长候选人约翰·托尔参议员，在一阵蜂拥而来的、新闻媒体上惯见的夸大其词的胡乱猜测中，被他先前在国会的同事们指责有一连串的个人不当行为。[16]1991年，老布什提名黑人保守派克拉伦斯·托马斯（Clarence Thomas）为最高法院大法官。同克拉伦斯·托马斯的斗争，使得政治上对个人的毁灭性打击达到一个新的高度——尤其是在年轻的法学教授阿妮塔·希尔（Anita Hill）指控托马斯对她有不当之词后。民主党人透露托马斯法官租用色情录像带的细节，而保守派则在著作书和专栏中公开诽谤希尔。《美国观察者》（The American Spectator）杂志1992年3月份的一篇文章声称希尔这个托马斯法官的原告"有点疯狂、有点鲁莽"，但文章的作者戴维·布罗克（David Brock）后来承认，该文是基于不实信息写成的。[17]

但老布什面临的问题不仅来自金里奇式的共和党人，也来自民主党人。20世纪80年代，美国共和党不断向两个阵营分化，一边是像鲍勃·多尔（Bob Dole）这样的实用主义参议员，打算增税以减少赤字；另一边是死硬的减税派。老布什从一个极端跳到了另一个极端——从谴责1980年里根竞选时的"巫术经济学"，到1988年的竞选诺言"看清楚我的嘴形，不增税"。作为总统，老布什选择了持实用主义立场的学者，如理查德·达曼（Richard Darman）和尼古拉斯·布雷迪（Nicholas Brady）为自己的经济顾问。他们使老布什相信，重振经济的唯一方法就是削减赤字。

　　1990年6月26日清晨，一项看似例行公事的声明钉在白宫的告示牌上。该声明是白宫与国会民主党领袖谈判的产物，它发出了双方同意就赤字项目进行改革的信号，其中包括"增加税收收入"。[18] 当天下午，大约90个共和党国会众议员联名写信给老布什，发誓要否决任何这样的一揽子协议。白宫打赌金里奇及其同道会失败，他们将看到在未来5年中征收1 300亿美元新税收的一揽子计划。但是，105名金里奇派的众议员和要求进行更多收入再分配的左派民主党人，合力将这个一揽子计划给否决了。由于金里奇不肯妥协，可怜的老布什为了使法案获得通过，只好以提高税收——包括将最高收入税率由28%提高到31%——来吸引更多的民主党人支持这一法案。总统对金里奇感到十分愤怒，但许多保守派基层战士则将老布什在税收上的退步看成是一种背叛。由于经济不断恶化，他们纷纷聚集到帕特·布坎南的旗下，这个保守派评论家对乔治王朝开始进行激烈的反抗。

　　布坎南代表的是正在快速分裂的右派联盟中另一股日渐增强的力量——旧保守派。对于内政，这些传统主义者要求税收更低，在文化战上立场更强硬；对于外交，这个激情四溢的前演讲撰稿人提出回归塔夫脱式的孤立主义、保护主义和美国至上主义。他认为，随着冷战的结束，美国需要从帝国式的纠缠中脱身。谈论海湾战争时他说："有许多事情值得我们为之而战，但绝不是为了一加仑汽油那额外的10美分。"[19]在与新保守派战斗的时候，布坎南把战争归罪于"以色列国防部及其在美国的支持者"[20]。这种言论招致了反犹主义的指控，但是布坎南这种愤怒的本土论，为保守派怒对老布什政府提供了便利的栖身之所。1992年1月，布坎南在新罕布什尔州的初选中获得了40%的选票，奠定了老布什11月败选的基础。

　　如果民主党没有把自己塑造成一个值得信任的对象，那么老布什的失败还有可能避免。1985年，年轻聪明的国会助手阿尔·弗罗姆（Al From）创立了民主党领导委员会（Democratic Leadership Council），以使该党脱离代表激进利益集团的"彩虹联盟"（Rainbow Coalition），弗罗姆戏称这些利益集团是"民主党的新大佬"[21]。弗罗姆有意地以保守派团体如传统基金会为榜样，创立他的民主党领导委员会。1989

年，民主党领导委员会发展出了自己的智库——进步政策研究所（Progressive Policy Institute）。民主党领导委员会的动力来自西部和南方那些杰出的年轻的民主党人，由于它过于具有白人的色彩，过于理性，过于亲工商界，因此一开始的时候人们都回避它。杰西·杰克逊（Jesse Jackson）尖锐地称其为"为有闲阶级服务的民主党人"。但由于它的分析绝对清晰透彻，因而影响力不断上升。

在文化问题上，民主党领导委员会所持立场不同于杜卡基斯这样的新自由派。其成员在国防问题上是鹰派，在社会政策问题上也很强硬。对那些要求黑人单身妈妈对孩子承担更多责任的人，民主党还要继续指责他们为"种族主义者"吗？民主党只是一个教师工会党或教育党吗？进步政策研究所的第一篇研究论文就反对更高的最低工资，并赞成更高的劳动收入抵税金额（earned income tax credit）。[22] 在选举期，弗罗姆关注的不是开着旅行车带着孩子参加体育运动的妈妈们，而是里根式的民主党人，特别是那些"铁锈地带"（the Rust Belt）*的白人蓝领工人，就连民主党自己的民意调查也显示，自由派企图取悦少数民族的做法激怒了这些人。

包括阿尔·戈尔在内的各种民主党人，都曾经是民主党领导委员会思想的传声筒，但是克林顿从1990年成为该组织领导的那一刻起，成了最会兜售思想的人。克林顿坚持不懈地对民主党说："在全国性选举中，中产阶级选民并不相信我们会在国外捍卫我们的国家利益，会在国内把他们的价值注入社会政策，并有原则地使用他们缴纳的税款。"[23] 自从1972年尼克松把选举说成是"保守的美国对抗激进的美国"后，民主党就一直陷在"激进的美国"的标签之中。很难说吹奏萨克斯风的克林顿是一个保守的人，但也不能认为他是一个杜卡基斯分子。他攻击老布什对中国太软弱，攻击黑人活动家索佳大姐（Sister Souljah）**是种族主义者。

等到老布什把克林顿作为对手来严肃对待时，已经晚了，这显示他缺少政治嗅觉。他有次指着椭圆形办公室里的座椅，对欢笑不已的助手说："你们能够想象比尔·克林顿坐在那位置上吗？"[24] 有趣的是，有个人完全清楚克林顿的潜力，他恰恰就是李·阿特沃特。1990年，他酝酿出一个计划，让阿肯色州的国会议员汤米·鲁滨

---

* 指从前工业繁盛，今已衰落的一些地区。——编者注

** 索佳本名莉萨·威廉森（Lisa Williamson），是强硬的黑人民权运动女将，也是著名的作家、政治评论家与说唱歌手。克林顿批评她将仇恨直指白人从而挑起种族主义。——译者注

孙（Tommy Robinson）出马，与克林顿争夺该州州长席位。（据传他曾说："我们竭尽全力往他身上泼脏水——毒品、女人——无论什么，只要管用。我们可能会赢，也可能赢不了，但我们将彻底把他搞臭，这样他就有好几年不能再参加竞选了。"[25]）由于鲁滨孙没能获得共和党的提名，因此计划出了岔子。但许多保守派认为，如果阿特沃特没有在1991年3月去世，他就是那个能够阻止克林顿在1992年入主白宫的人。

　　共和党当然也曾试图这样做。在整个大选期间，克林顿被指责为逃避兵役者、奸夫、不诚实的房地产投资商、好斗的女权主义者的丈夫。但这一切都不管用。克林顿坚持以经济为中心，而老布什则对此缺乏主张。克林顿和金里奇对1992年4月的洛杉矶暴乱提出了大量建议，但白宫却不见动静。在海湾战争和休斯敦共和党全国大会期间，公众对老布什的认可率下滑了57个百分点。那次大会完全是一场灾难——选民见到的是偏执的共和党右派狂呼乱叫，布坎南敦促人民自己武装起来应对即将到来的文化战，帕特·罗伯逊痛骂克林顿越轨的生活方式。大选临近时，本书作者之一曾近距离接触过在盐湖城一部动作片中初露头角的一群外表清秀的小伙子。当被问及会投谁的票时，他们迟疑了一下。最后有个参加过海湾战争的老兵回答："布什，可能吧。"如果一位在位的共和党总统连喜欢史蒂文·西格尔（Steven Seagal）*电影的摩门教老兵的激情都激发不起来，那他就有麻烦了。老布什以168张选举人团票对克林顿的370张选举人团票，正式成为选票丢失第四多的在位总统。

　　这一选举结果不仅激起了小石城的欢呼——克林顿正在那里和着摇滚组合弗利特伍德·迈克乐队（Fleetwood Mac）《别停下，想想明天》（*Don't Stop, Thinking about Tomorrow*）的乐曲跳舞——在拥有许多美国保守派的地方也是如此。老布什的总统任期结束时，乔治·威尔和保罗·吉戈特（Paul Gigot）等保守派作家，差不多都欢迎共和党的失败。"哦，是的，真是太棒了。"来自得克萨斯州休格兰（Sugarland）的强硬派国会议员汤姆·迪莱回顾道，他原本担心还得再忍受"痛苦的四年"[26]。在传统基金会，一群被称为"第三代"的年轻保守派举行了一个奇异的部落仪式：厅里满是志同道合的人，他们扛着装有血红色绉纸的大盆，上面放着这位去职总统的塑料头像。[27]

　　老布什真的把一切都给毁了吗？民意调查数字显示，他失败的原因有两个。第

---

* 好莱坞动作明星，主演的电影包括《潜龙轰天》（*Under Siege*）、《暴走潜龙》（*Under Siege 2*）、《绝命出路》（*Exit Wounds*）、《烈火战将》（*Fire Down Below*）和《热血高手》（*Above the Law*）等。——译者注

一个原因是经济。在最近各位总统的任期中，老布什任期内的经济增长最慢。但这很难说是他的过错。用橄榄球的术语来说，里根给了老布什"一个歪传球"（a hospital pass）*老布什接任总统时，正赶上经济低迷期。事实上，老布什处理赤字的许多做法是相当明智的。第二个原因是得克萨斯州商人罗思·佩罗。他对布什家族满怀嫉恨，对赤字耿耿于怀。1992 年，这个得克萨斯州小个子赢得了 1 900 万张选票，是 1912 年以来表现最出色的第三党候选人。

选后民意测验还隐含着另外一个教训。虽然投佩罗票的选民对民意测验专家说，他们喜欢克林顿胜于老布什，但使他们背离共和党的却不是克林顿，而是佩罗。而他们的主要关注点，如财政上的精打细算和对政府的不信任，却都是保守派关注的问题。克林顿得到的选民票只有 43%，与表现平平的杜卡基斯所得选票比例一样。尽管克林顿试图延揽蓝领选民，但他当选是因为他紧紧抓住了自己的基本选民支持者，而佩罗则使得里根联盟分裂了。正如罗纳德·布朗斯坦（Ronald Brownstein）和丹·鲍尔茨（Dan Balz）在 1996 年所著的《猛攻大门》（*Storming the Gates*）一书中所述，1992 年克林顿的获胜有点类似于 1968 年尼克松的获胜，那时候乔治·华莱士使民主党的基础分裂了。要使他的胜利持久，克林顿现在必须以尼克松为榜样，把佩罗的选民支持者罗致到自己的联盟中来。[28]

克林顿：过于张扬的自由主义者

对民主党来说，不幸的是，这位新总统一开始却反其道而行之。由于缺乏经验和疲惫不堪（他拒绝在选举和就职期间进行短暂的休息调理），获胜数日之后，克林顿掉进了三大陷阱。

11 月 11 日，这位总统当选人被问及是否会履行自己的竞选诺言——让同性恋者公开在军中服役。尽管克林顿是美国政治中最善于推诿躲闪的高手之一，但他却令人吃惊地、毫不拐弯抹角地做出了直接肯定的回答。结果上自参谋长联席会议主席科林·鲍威尔（Colin Powell），下至普通士兵，几乎每一名美国在役人员都对此猛烈批评。克林顿最终妥协并接受了"不问，不说"政策。但是伤害已经造成。除了拿着标

---

* 橄榄球中的术语，意指传球不到位而可能使己方球员接球时受到伤害。——译者注

牌到传统制造业地区的保龄球馆和酒吧到处转悠，宣称自己是"喜欢同性恋者的逃兵役者"，克林顿无比清楚地向蓝领选民传达出，他实际上是一个伪装的杜卡基斯分子。

克林顿犯下的第二个错误 —— 越来越荒谬地探求建立一个政治正确的内阁 —— 强化了他秘密自由派的身份。新民主党人明显表示出要招募一些共和党人的姿态。相反，希拉里·克林顿监督着一项左派利益集团之间的政治争夺，她特别重视寻找一名女性司法部部长。头两个候选人当然被怀恨在心的共和党人以"对待博克的方式给否决了"。司法部部长珍妮特·雷诺（Janet Reno）是克林顿夫妇的负担。连克林顿派的人也承认，雷诺有资格担任这一职务主要是因为她的性别。

克林顿的最后一个错误是讨好国会中越来越不受欢迎的民主党人。克林顿没有设法吸引共和党温和派（他们中可能有10个参议员和大约40个众议员等着克林顿去罗致），而是执迷于使民主党团结一致，这就意味着他的立场明显更具自由派色彩。这个非常圆滑的现代化者如今身上背负很多老旧的行李。有个民主党领导委员会的成员拿赛马的比喻哀叹道："我们控制了秘书处，却给他套上了一张重犁。"[29]

更糟糕的是，共和党人群情激愤，准备战斗。在参议院，鲍勃·多尔宣布自己代表那57%未投克林顿票的选民，并且立刻组织起来，成功阻止了克林顿经济刺激计划的通过。在众议院，共和党的领导权名义上还是由温和的守旧派罗伯特·米歇尔（Robert Michel）掌握，但金里奇势头更盛。选举刚刚结束，他就召集团队开了一个研讨会，会上用挂图展示了他的雄心：

> 金里奇—— 主要使命。
> 文明的倡导者。
> 文明的定义者。
> 文明规则的教导者。
> 文明狂热者的唤醒者。
> 赞成文明活动的组织者。
> 文明力量的（可能）领导者。
> 一项普遍而非最理想的使命。[30]

金里奇同共和党新任主席黑利·巴伯（Haley Barbour）一道，将1993年共和党的中心内容集中于使人们厌恶华盛顿。巴伯使共和党的直邮活动增加了3倍，他很快发现，募集钱款的最好办法就是妖魔化克林顿夫妇。

克林顿激起了自麦卡锡时代以来美国右派未曾有过的仇恨感。总统每天收到罗伯特·巴特利一伙在《华尔街日报》社论版的攻击，这和莫林·多德（Maureen Dowd）在《纽约时报》上对老布什的揶揄嘲笑可大不相同。但《华尔街日报》的攻击比起电台脱口秀节目或者《美国观察者》杂志的内容，简直是小巫见大巫。理查德·梅隆·斯凯夫出资在《美国观察者》杂志上刊载了一系列半真半假的文章，涉及克林顿的性生活和欺骗性的商业交易。1993年7月，就在《华尔街日报》刊出一篇暗示其舞弊的社论后不久，文斯·福斯特（Vince Foster）自杀了。福斯特是白宫的法律顾问，也是希拉里的密友，他的死使得情况变得失控。杰里·福尔韦尔兜售了15万册《克林顿编年史》（Clinton Chronicles），该书宣称克林顿已下令谋杀那些可能揭露他走私可卡因的人。[31]

这是保守主义运动最丑陋的时刻。事实上，情形太可怕了，以至于克林顿的辩护者匆匆站出来说，他的总统职位被敌人劫持了，"巨大的右派阴谋"（希拉里·克林顿语）使国家的新闻媒体误入歧途，纷纷追猎"子虚乌有的丑闻"[克林顿总统那个经常有点滑稽的忠实助手悉尼·布卢门撒尔（Sidney Blumenthal），依然坚持把追猎"子虚乌有的丑闻"的做法称为胆大妄为之举]。[32] 那当然不是媒体的光彩，但总体来看，"劫持理论"站不住脚，原因有二。第一，那些较大的新闻事件背后，总有一些涉及法律正当性的肮脏和狡诈行为。出售林肯总统套间过夜权是一个总统该做的事吗？1993年拒绝《华盛顿邮报》查看白水事件（Whitewater）文件的要求明智吗？这宗地产交易涉及克林顿夫妇同阿肯色州暗中操纵的合伙人，以看似优厚的条件（后被证明其实不然）购得土地。克林顿的助手请求他把土地移交出去，但第一夫人不答应，因而大惊小怪的事也在不断发生。[33] 第二，如果总统的治理工作做得不错的话——而他任职的前两年基本上没有做到——那些肮脏的事情也不会有太大的关系。因此，很难把克林顿总统任职上的各种问题归罪于斯凯夫之流。

每当克林顿向中间靠拢，他还是总能取得真正的成功。他的经济政策扎根于减少赤字（这取悦了债券市场），为后来的经济繁荣和预算盈余打下了基础。在《北美自由贸易协定》问题上，克林顿与共和党打成一片。1993年，他邀集4位前总统站在白宫外为该协定辩护。听过克林顿推销有术的话后，老布什有风度地承认："他是由里往外看，而我则是由外朝里看，我现在知道原因了。"[34] 还有一些成绩，从量变产生了质变。例如，克林顿强行通过的劳动收入抵税金额，使得出去工作而不是待在家里的美国穷人大大获益。

然而，克林顿给人留下的总印象是自由主义行事过于张扬——而且是带来混乱的张扬。1994 年，克林顿似乎没有办法使那些法案获得国会通过。竞选财务改革失败了，一项犯罪法案最后获得通过，但白宫的代价是遭受一次蒙羞受辱的失败并落入陷阱。蒙羞受辱的失败来自美国步枪协会，而掉落陷阱则与国会黑人干部会议的争执有关，争执围绕着是否给予死囚区的少数民族罪犯对自己的判决提出异议的权利。不过这些都不如他在医疗保险问题上的张扬更具象征性。

医疗保险改革被认为极好地体现了新自由主义。他们想解决医疗保险费不断上升以及使工人换工作更容易的问题。与此同时，他们还想解决美国社会中一个令人瞠目的不公正问题——4 000 多万美国人没有医疗保险！正如"新政"为罗斯福式的自由主义带来了永久的选民支持区，医疗保险改革也将为克林顿式的政府行动主义带来永久的选民支持区。[35]

但那只是理论而已。现实却是"希拉里保险计划"。即使是最迟钝的华盛顿人也没见过那样的事：到第一夫人和艾拉·马加齐纳（Ira Magaziner）领导的医疗保险计划特遣队提交报告的时候，无论以什么尺度来衡量，特遣队的规模都超过了此前所有的委员会：规模（它不仅有 500 名全职工作人员，还有数不清的攀附权贵者）；复杂程度（拥有 15 个"团组群"和 34 个工作组）；严格程度（工作小组负责人的工作要由"审计员"和"反对派"来重新评估）；以及野心。这份长达 1 367 页的计划的核心内容是建议迫使各类企业为其雇员提供由政府管理的医疗保险。在小企业主和保险业的怂恿下，保守派不久就给"希拉里保险计划"贴上苏联式计划的标签，试图使国家经济的 1/7 受政府控制。讽刺的是，最接近新民主党人富于想象力的解决方案却是由共和党人约翰·查菲（John Chafee）提出来的。他建议给予个人医疗保险抵税金额，类似于抵用券。但民主党人并不让步，"希拉里保险计划"无疾而终。

上帝的立法助手和拉什的应声虫

到 1994 年中期选举时，克林顿几乎没能通过一项自由派的立法。他只是试了试，就足以激怒保守派，并激活保守主义运动。许多共和党的基层战士都属于偏执者——克林顿最终将学会利用这一点——但他们组织得也比以前任何时候都好得多。而在一个大家都愿意投票的国家，其意义自不待言。

有时，这些基层战士是新招募的。例如，"希拉里保险计划"就带来了一个新的保守派机构——美国全国独立企业联合会（the National Federation of Independent Businesses），它是一个代表60万家小企业的行业协会。20世纪90年代，小企业是创造新工作岗位的地方，民主党曾想给共和党贴上代表大企业政党的标签，以此向小企业献殷勤。相反，由于"希拉里保险计划"将迫使所有企业为工人买保险，因而完全把美国全国独立企业联合会推向了保守派阵营一边。它成为了反规制、反税收联盟中的狂热分子。其具体目标是侵权制（tort system），矛头自然指向白宫这对律师夫妇。在1995年的某个时期，美国全国独立企业联合会曾在一星期内向白宫写了26.5万封信，以支持一项试图限制私人诉讼的法案。[36]

克林顿恐惧症也使一些更有地位的右派团组获得了新的力量。人们可能会想，对于美国步枪协会来说，发生"科伦拜恩校园枪击案"（the Columbine school shootings）*和韦科之围事件（the Waco siege）**的20世纪90年代，是多舛的10年，在其内部却没有这种感觉。1991年，该组织的控制权由沃伦·卡西迪（Warren Cassidy）手中转到了韦恩·拉皮埃尔手中。前者尝试与提倡枪支控制者谈判，而后者则是一个头脑冷静的理论家。拉皮埃尔继而向人们证明，取得政治成功的最佳手段就是坚持拥有枪支。拉皮埃尔花钱如流水，鼓动协会成员，并重组了该协会针对国会山的游说机构。1994年的犯罪议案对美国步枪协会的刺激尤为强烈，它使得该组织充满了兰博式的狂热，通过抨击性传真和电台脱口秀节目散布美国步枪协会的观点，使人们认为这一议案已经充满了政治恩惠。该协会很聪明地使对方的标准立场——"枪支不杀人，而是人会杀人"——改变为关注财政廉洁。美国步枪协会确保从代表众议院的乡村民主党处获得了足够多的支持票数，从而在1994年8月击败了这一议案。克林顿依然使

---

* "科伦拜恩校园枪击案"，1999年4月20日发生于美国科罗拉多州李特顿市杰斐逊县的科伦拜恩中学，两个高年级学生迪伦·克莱伯德（Dylan Klebold）和埃里克·哈里斯（Eric Harris）在午间向同学疯狂开枪扫射，导致15人死亡，包括12名学生、1名教师以及2名凶手，23人受伤。——译者注

** "韦科之围事件"，1993年4月发生于美国得克萨斯州韦科，在这次持续51天的围困中，有至少70名"大卫教派"成员死亡。教派头目大卫·柯瑞施（David Koresh）也在这次事件中被击毙，他曾告诉其追随者说自己是耶稣基督。——译者注

一项限制攻击性武器销售的议案获得通过，但那只会让美国步枪协会在当年 11 月的中期选举中，更卖力地为赞成持枪权的候选人而战——当时，美国步枪协会为那些有针对性的竞选花费了 340 万美元。[37]

在那次选举中，枪支持有者 10 人中有 7 人把票投给了共和党。20 世纪 90 年代是美国步枪协会加紧与共和党调情的 10 年。美国步枪协会的国会竞选资助资金流向共和党的比例，由 1990 年的 61% 上升为 2000 年的 92%。这种支持经常使共和党人陷于尴尬的境地。1995 年，老布什辞去了美国步枪协会终身会员资格，以回应拉皮埃尔的主张："有警徽，就等于得到政府的准许，可以骚扰、恐吓甚至谋杀守法公民。"但是，当这个组织进军选区，鼓励人们团结一致支持保守主义事业时，它展示出来的勇气仅略逊色于基督教右派。

20 世纪 90 年代，基督教右派又能够发出声音了。在 1989 年老布什的就职宴会上，帕特·罗伯逊发现同桌的人中间有个年轻人，他长着一张唱诗班少年的脸，却具有李·阿特沃特的政治直觉。[38] 拉尔夫·里德是以"大学共和党人"组织常务理事的身份，于 1983 年来到华盛顿的。他接替了资格相当老的格罗弗·诺奎斯特在"大学共和党人"组织的职务。诺奎斯特称里德是一个一丝不苟的组织者，他甚至教年轻的共和党人如何正确地焚烧苏联的国旗。[39] 里德是一个坚定的基督徒，但在人们眼里他更是一个坚定的政治家。闲聊时他谈的更多的是民意测验而非色情问题的告诫。华盛顿的共和党领袖适时地戏称他为"上帝的立法会议"（立法助手）。但是，里德的真正才干在于组织草根阶层。1989 年，他说服罗伯逊，说他有能力将基督教福音派在总统竞争中的余力，转变为远超过几乎已失去势头的"道德多数"组织的强劲势道。基督教联盟组织诞生了。

里德和妻子乔·安（Jo Ann）以及一些志愿者，通过在教堂组织分会并让志同道合者签名，从基层建立起了这个组织。比起传统谴责诅咒的内容，他也强调议程应更广泛，"赞成家庭运动必须为一般选民关注的事情发声，如税收、犯罪、政府浪费、医疗保险和金融安全"[40]。与此相契合，联盟的出发点往往是学校：它使家长相信，不仅他们的子女上课学的是自由主义的反常东西，左派也正在降低学术水准。该联盟通过抗议"以成果为导向的教育"（outcome-based education），锁定了一些特定的学校分布区展开选举攻势。里德有些愚蠢地沉湎于秘密行动的成功："晚上我把脸涂抹一番出去夜行，而敌手直到自己被塞人装尸袋才知道游戏已经玩完，敌手直到选举夜才回过神来。"[41]

1990年末，基督教联盟已经有125个分会，5.7万会员，这充分显示出里德的组织才能。到1997年，该联盟已经有2 000个分会，190万会员。在1994年的选举中，里德的子弟兵帮共和党人打电话，带人去投票，组织登记注册运动，告诉游离选民有关克林顿夫妇不敬神的习性（唯有在美国，总统每周日上教堂，同副总统进行每周一次的午餐时祷告，会被认为是无宗教信仰的行为）。1994年，该联盟散发了3 300万份选民指导，而在该联盟关注过的120次实力相当的选举中，共和党赢得了大多数。1994年的选后测验显示，88%上教堂的基督教福音派白人把"家庭价值"当作影响投票决定主要因素。[42]

这些基层战士中，相当多的人现在有了一个新的消息渠道——广为人知的拉什电台。直到20世纪90年代，保守派圈内一直认为他们的信念无法被人了解。自由派权势集团完全控制了电视网和多数大城市的报纸，只有可敬的《华尔街日报》是个例外。为应对这一局面，1991年4月，保罗·韦里奇创办了美国全国授权电视台（National Empowerment Television）——一个保守主义类型的《反斗智多星》（Wayne's World）*电视台。节目从他的办公室播出，电视台工作人员由他在自由国会基金会的雇员充当。当电视台的立场不再独立，情况变得更加复杂了，不过这家电视台还是给人相当陈旧的感觉——既有卡托论坛有关自由意志主义的观点，又有家庭研究委员会（the Family Research Council）对家庭的看法，还有美国步枪协会有关枪支的观点。

大的突破不是来自电视节目，而是来自电台脱口秀拉什·林博（Rush Limbaugh）的节目。林博是一个大腹便便的密苏里州共和党人，在得到堪萨斯城市电台一份播报新闻的工作之前，他在生活中成就平平。1984年，萨克拉门托电台刚刚解雇了它的电台名嘴，林博被雇用，这使他有了展示自己的机会。林博尝试出新，他的节目中并没有客串嘉宾，而是由他一个人神侃。不久他就展示出自己具有P.J.奥罗克（P. J. O'Rourke）般的罕见才能：一个逗人发笑的右派成员。但那并不是说林博可以没有限度。把12岁的切尔西·克林顿（Chelsea Clinton）称为"白宫的小狗"[43]，那一点也不会叫人觉得有趣。他独有的滑稽是展现一个普通人被疯狂的制度弄得目瞪口呆。我们为什么要纳税来支持那种把十字架浸在尿里的所谓艺术家？为什么把钱给大学教授

* 1992年发行的美国喜剧影片，由佩内洛普·斯菲里斯（Penelope Spheeris）执导。——译者注

开会，让他们指责所有人都是强奸犯？拉什的追随者强烈认同他的观点，以至于他们自称为"应声虫"。拉什为这些人提供的最强大的政治资源之一是让他们知道自己并不是单兵作战。到20世纪90年代中期，他每周拥有660家电台的2 000万听众。

思匪夷所思

如果说林博为金里奇革命提供了配音，那么乐曲则是在美国企业研究所、卡托研究所和曼哈顿研究所（Manhattan Institute）谱写的。迪克·阿米在其1995年所著的《自由革命》（*The Freedom Revolution*）一书中将金里奇革命简练归纳为一个思想，即"市场是理性的，而政府是愚蠢的"。这会淡化右派思想的复杂性和愤怒色彩。

左倾的监察组织美国国家响应公益慈善委员会（the National Committee for Responsive Philanthropy）计算过，在20世纪90年代，保守派智库花费了10亿美元来推广其思想。打前锋的是美国企业研究所，克里斯·德穆思（Chris DeMuth）使这一组织得到了新的动力。他是一名积极进取的保守派，具有像美国企业研究所第一任所长巴鲁迪那样的组织才干。在纽约，曼哈顿研究所为鲁迪·朱利亚尼（Rudy Giuliani）这个严肃认真的市长提供了许多思想。在得克萨斯州，小布什在竞选州长时利用了马文·奥拉斯基（Marvin Olasky）和迈伦·马格尼特（Myron Magnet）的"充满同情心的保守主义"思想。奥拉斯基是一个以得克萨斯州为基地的"福音派基督徒"（他最初是一个纽约的犹太马克思主义分子）。马格尼特是一名留着鬓角的曼哈顿研究所学者。新一代极端活跃的新保守派登场了，他们中许多人都是第一代新保守派的后代（迈克尔·林德把他们称为"迷你型保守派"）。例如，比尔·克里斯托尔离开老布什的白宫以后效力于布拉德利基金会，对右派进行了短暂的考察。之后，他创立了一个小型智库——"为了共和党的未来"（the Project for the Republican Future），他因顽固地反对"希拉里保险计划"而扬名（这位前第一夫人在她的传记中指出，克里斯托尔就是那个使她的高尚计划变成党派之争的人）。[44] 他还于1995年创办了杂志《旗帜周刊》（*Weekly Standard*），并于1997年创建了另一个倾向于外交政策的小型智库——"新美国世纪计划"（the Project for the New American Century）。

我们暂且打住，在本书的第六章再来重点讨论这些组织。但有一项内容却不能就此停下，那就是福利改革。广义地说，从住房补贴到食品券，福利无所不包。20

世纪90年代中期，美国政府在帮助有需要的人的各类计划上花费了2 300亿美元，其中有差不多一半用作医疗保险的补贴。[45] 但引起政客们喋喋不休的是"对有子女的家庭补助计划"（Aid to Families with Dependent Children）。这一计划中的125亿美元几乎全部以现金的形式发放给了单身妈妈。1994年，该计划涵盖了500万个家庭的1 400万人。在美国，几乎每10个孩子中就有一人依靠福利生活，且黑人和拉丁裔所占比例特别高，分别为40%和20%。

福利问题长期以来一直是右派津津乐道的话题。20世纪80年代，里根曾经反对1935年建立的照顾寡妇的制度被那些"福利王后"所利用。里根和老布什都曾试图使福利接受者去找工作，但力度不是很大。福利改革事业因而留待共和党的各州州长去完成，其中格外引人注目的是威斯康星州州长汤米·汤普森（Tommy Thompson）进行的福利改革。他削减福利开支，进行各种实验，例如惩罚那些靠福利生活的同时再生孩子的妈妈。1992年，克林顿借用了其中的一个思想，提出福利支付时限的主张。名单上领取福利的妈妈，两年后必须去工作——如果必要的话，国家可以为她们提供工作。

但在共和党圈内，流传着远为咄咄逼人的想法。有两部杰作谴责20世纪60年代是罪恶之源：迈伦·马格尼特所著的《梦想与梦魇》（*The Dream and the Nightmare*）和马文·奥拉斯基所著的《美国同情心的悲剧》（*The Tragedy of American Compassion*）。老布什的反毒品大王比尔·贝内特（Bill Bennett）则在1992年写出了《美国贬值：为我们的文化和孩子而战》（*The De-Valuing of America: The Fight for Our Culture and Our Children*）一书，且在1993年推出了畅销书《美德书》（*The Book of Virtues*）——虽然后来他被爆出不光彩地把部分收益贡献给了老虎机。朱利亚尼在纽约实施的"零宽容执法"政策（zero-tolerance policing），集中防范墙上涂鸦和行窃之类的轻罪，因为他相信这些轻罪会鼓励人们犯更多的重罪。朱利亚尼的这项政策极大地利用了最初由乔治·凯林（George Kelling）和詹姆斯·Q.威尔逊（James Q. Wilson）勾勒的"破窗效应"*战略。[46]

然而，对福利改革争论产生最强烈影响的人，是查尔斯·默里（Charles Murray）。

---

* "破窗效应"理论认为，如果有人打坏了一幢建筑物的窗户玻璃，而窗户又得不到及时的维修，别人就可能受到某些暗示性的纵容去打破更多的窗户。久而久之，这些破窗户就造成一种无序的感觉。在这种公众麻木不仁的氛围中，犯罪就会滋生、繁衍。——译者注

他最为人所知的是于1994年创作的畅销书《钟曲线》（*The Bell Curve*）。该书认为，标准化测试中不同种族群体的得分不同，是由遗传因素造成的。但他首次为人所知，则是作为贫穷问题专家。他在1984年所著的《脱离实际：美国1950—1980年的社会政策》（*Losing Ground*）一书中认为，政府正在使问题变得更糟，并建议，作为一种"思想试验"，干脆取消为劳动年龄人口而建立的福利制度。1993年10月，在他发表于《华尔街日报》的一篇著名的文章《即将来临的白人下层社会》（*The Coming White Underclass*）中，默里将他的思想试验演变成政策建议——政府应干脆停止为那些有私生子的妇女付款。[47] 既然单亲家庭在经济上无力养活孩子，那为什么还要鼓励他们呢？尽管默里明智地在文章中将矛头直指白人，但他还是很快激起了一场愤怒的风暴。这种对"伟大社会计划"的攻击，比起当初新保守派的反叛来说，给人的印象要深刻得多。最先使人们关注黑人家庭破裂问题的丹尼尔·帕特里克·莫伊尼汉，仍然认为政府的帮助才是解决之道。默里认为，政府的社会项目不仅是无效的，而且完全是残忍和不道德的。问题在于，美国公众是否真的准备好了面对此类事情。

金里奇：过于张扬的共和党人

1995年，美国第104届国会开会选举一个新的众议院议长。在就职典礼上，当金里奇的名字被宣布时，他大步走进众议院，像帝王般地登上了讲坛。有人大声呼喊："这是一个纽特的世界。"[48]

共和党已经有40年没有控制众议院了。金里奇不知使用什么魔法取得了这一胜利。1994年11月，包括众议院议长汤姆·福利（Tom Foley）在内的52个民主党人失去了众议院的席位；另有10个民主党人失去了参议院的席位，从而将参议院的控制权拱手相让给共和党。这是一次建立在保守主义宣言基础上的保守主义的彻底胜利。国会共和党人制定的《与美国签约》（*Contract With America*）是一个非同凡响的文件，其中列举的10项政策建议，得到了老大党300多个候选人的支持。文件末尾许诺："如果我们违背协议，就把我们赶出去"[49]。这一协议概括了反制政府的保守主义内容，包括平衡预算修正案、任期限制和福利改革。金里奇坚持的"60%议题"轻而易举地获得了多数支持，从而排除了堕胎和学校祈祷等更具争议性的社会问题。基督教右派得到的最大好处是，每个孩子有500美元的抵税金额，以帮助困难家庭。

至此，金里奇把自己看作一名共和党首相——他不仅是该党下议院强有力的领袖，而且是这个国家的统治者。共和党人认为，国会恢复了美国宪法制定者计划赋予它的角色——制定国内政策。这一届国会的头三个月里，共和党当然可以这样认为。那时候，金里奇每天举行新闻吹风会，很快地使议案在众议院获得通过，甚至还在4月迫使克林顿胆怯地认定，总统只是"与此相关"而已。

然而，金里奇太不自量力了。这一次不是有关背叛诺言的问题——与克林顿不同，金里奇当然是遵照自己的诺言进行统治。问题是他误解了自己的权力。1994年11月，多数美国民众投票反对比尔·克林顿并非是因为支持保守派的激进主义，而是反对他每次理发要花费180美元，反对他妻子是个社会主义者。此后两年，金里奇锐气大挫，很多方面就像是克林顿在1992年至1994年间失败的翻版——陷入国会的程序性挑战之中，面临人们对他个人道德的质疑，因他的极端主义而受到嘲讽，还被一个强有力的政治反对派以策略取胜。

当权的金里奇所作所为就像城门打开时的游击队首领——已经在丛林中以坚果和浆果果腹为生多年了。他曾经因为一本书的交易而讽刺过吉姆·赖特，但他却丝毫不认为在他的传记还未出版时就收取鲁珀特·默多克（Rupert Murdoch）的400万美元有什么错——尽管最后因为人们的强烈抗议，什么协议也没有签。金里奇的口头用语不利索——他把他的计划、思想以及管理行话都一股脑地弄成VSTP［见解（vision）、战略（strategy）、战术（tactics）和计划（projects）］——缺少政府中政治家式的辞令。当时有本书名为《叫纽特把嘴闭上》（*Tell Newt to Shut Up*, 1996）。[50] 但这一点适用于他的许多追随者。迪克·阿米在电台里把国会议员、同性恋者巴尼·弗兰克（Barney Frank）叫成了"巴尼基佬"（Barney Fag），并且告诉希拉里·克林顿："有关你魅力的报道太夸张了。"虽然众议院的共和党人设法通过了他们签约内容的90%，只有任期限制没有获得通过，但是这些通过的议案在金里奇的宿敌鲍勃·多尔控制下的参议院被暂缓了。参议院拒绝了平衡预算修正法案，虽然只有一票的优势。参议院还抛出一些计划，把学校午餐之类问题的控制权下放给各州。当众议院共和党人计划降低联邦医疗保险计划的增幅时，民主党人有点不公平地谴责他们要"削减"这一项目，而与总统就有关预算的协商也陷入僵局。

在进攻上，比尔·克林顿作为一位自由派总统失败了，但他却重新发现了自己在政治防御上的才能。转折点是1995年4月19日，那一天有个右派极端分子在俄克拉何马城扔了一枚炸弹，炸死了168个人。头一天克林顿还在以请求的口吻说，总统依然与那些问题"有关"。5月4日克林顿在密歇根州立大学毕业典礼发表讲话，抨击了"民兵组织和那些相信对自由的最大威胁是来自政府的人"。在其中一段有可能是针对众议院共和党的讲话中，克林顿警告道："对于一个仇视自己国家或者假装爱国却蔑视政府的人，是没有丝毫爱国主义可言的。"[51]

克林顿在新顾问迪克·莫里斯（Dick Morris）的帮助下，改走中间路线，遵循一种强调自己既独立于共和党又独立于民主党的"三角化"战略。[52]例如在预算问题上，克林顿说他赞成削减开支和平衡预算——这一点与他那挥霍无度的政党不同，但也坚决表示要为维护联邦医疗保险计划而斗争——这一点又与那些铁石心肠的共和党人不一样。1995年夏，所有人都以为预算问题只是一个细节梳理的问题了，但几个月过去了，人们还在争论不休。10月，政府因为没钱只好关门。12月，故事重演。

金里奇及其团队愚蠢地以为他们将从中渔利（毕竟，克林顿已经否决了一个本可使政府继续运转的预算方案）。然而，在金里奇对政府穷追猛打12个月后，大多数美国人怪罪的却是这位无处不在的众议院议长。克林顿的政治声呐——概括地道出美国人民之所想——又回到了他的身上。在政府关门的那天夜里，克林顿突然责骂阿米："如果你的预算通过的话，数以千计的美国穷人将因为你对联邦医疗补贴计划的削减而受苦受难。我绝对不会签署你的削减案。哪怕在民意调查中我的支持率掉到5%我也不管。"虽然从联邦医疗保险计划转到联邦医疗补贴计划有点使诈，但在场的每个人都被打动了，尤其是阿尔·戈尔。他喃喃低语，该如何表明即使克林顿的支持率降到零，他们也不会对此屈服。克林顿答道："抱歉阿尔，如果掉到4%，我们就要屈服了。"[53]

无论金里奇曾经有过什么样的政治声呐，现在都不管用了。11月，他向新闻界抱怨，自己在参加伊扎克·拉宾（Yitzhak Rabin）葬礼的回程途中被塞在了空军一号的尾部。因此，《纽约每日新闻》（New York Daily News）花了一个版面把他描绘成爱哭的孩子。在第二年圣迭戈举行的共和党大会上，金里奇的重要性降低到仅就玩沙滩排球的乐趣发表了一个简短的演讲。[54]

"三角化"战略的最大考验是福利改革。由于前两个福利法案附属于克林顿不喜欢的对联邦医疗补贴计划的削减，因此他把国会这两个法案给否决了。1996年8月，共和党向总统提交了一个纯粹的福利改革法案，并激他签署这一法案。如果他就此退缩，那就会给鲍勃·多尔低迷的总统竞选增添力量。这是一个比克林顿期待的要强硬得多的法案。[55] 该法案甚至要求政府对贫困单身妈妈的支持帮助设定时限。包括总统夫人在内的白宫自由派援引证据证明，100万儿童将因此挨饿受冻，故而反对他签署这一法案。但包括戈尔在内的民主党领导委员会一伙人则持相反立场。克林顿签署了这一法案，从而确定了他总统任期中的一大保守主义成就。到2000年时，美国靠福利生活的人不足750万。

即使克林顿否决了福利改革，也挽救不了多尔在1996年11月总统竞选中的命运。经济对总统有利，克林顿早就开始募集经费和花销打点（因此在初选中不会有任何棘手的挑战出现）。多尔在初选中举步维艰。罗思·佩罗再次冒出来，分裂了反制政府的选票。而且，就像4年前的老布什一样，多尔显得太老迈了。多尔是在罗伯特·塔夫脱时期进入堪萨斯州的政治生活的。他说话直爽、语速很快，私下里是一个很能逗人乐的人。早10年或晚10年，他的战争履历可能会对他很有帮助。比起老布什，尽管保守主义运动对多尔的忠诚比克林顿多那么一点点，但也仅是忠诚而已，并不是激情。克林顿坚持中间主义信条，佐以一系列诸如为大学学费减税这样的小承诺，并同国会中的民主党人保持适当的距离，轻轻松松地赢得了选举，所得选举人团票达379张，比1992年还多了9张。

对自由主义来说，1996年的选举结果很难说是一次大胜。比尔·克林顿重新当选赢得的选民票是49%，比尼克松和里根二次当选总统所得的选民票少了10个百分点。在参议院，共和党又多斩获了两个席位，从而以55席对民主党的45席成为多数党。克林顿刚刚当政时，民主党在参议院可是拥有58席的，如今这一比例十分令人惊异。在众议院，尽管民主党夺回了几个席位，但共和党的多数党地位不可撼动。正如迈克尔·巴龙（Michael Barone）在《美国政治年鉴》（*Almanac of American Politics*）两年一次的选举评论中归纳的那样，1996年只是再次强化了1992年和1994年的教训——新民主党人可以在总统层面上击败旧共和党人，而新共和党人则可以在众议院层面上击败旧民主党人。

此外，就意识形态而言，比起克林顿来，金里奇这两年行事过于张扬，更具煽动性。1994年至1996年间，可自由支配的美国个人开支自1969年以来首次减少。[56]

当然还有福利改革。就像马尔科姆·格拉德韦尔（Malcolm Gladwell）在《华盛顿邮报》上指出的那样，民主党人只是为"新政"的一个中心内容在做勉强抵抗："针对穷人的旧行动主义的捍卫者们自动投降了，那些不再相信捍卫者们能够代表什么的人们，则耸肩摇头、漠不关心。"[57] 在知识层面上，右派势头依然强劲。

德怀特·克林顿

在1993年中的预算之战中，克林顿大声叫嚷道，他不希望以"艾森豪威尔式的共和党人"而被人记住。[58] 在他的第二个任期里，他恰恰完全成了这样的"共和党人"——总的来说，美国人对此实在是高兴不已。

20世纪90年代是美国政治极端混乱的10年——1992年，老布什因为老大党的内部压力失败，从而使该党拥有的选民票比例落到了80年里的最低点。两年后，克林顿主持民主党，使其成为几乎是半个世纪里表现得最糟糕的在位政党。克林顿因为许诺建立一个更加积极有为的政府，使老布什大败；金里奇则因为许诺建立一个规模受到限制的政府，从而使克林顿溃败。[59] 尽管有这样的混乱，但平分秋色的美国最终重新找回了平衡——一位以新民主党人形式出现的总统，被共和党国会团团围住。与其说这是"托利党人用辉格党的办法在统治"——本杰明·迪斯雷利理想政府的公式——还不如说这是民主党人用共和党的办法在统治。

有两个原因使得克林顿的第二任期显得如此脆弱。第一个原因是，这一任期鲜有令人印象深刻的新法律。克林顿的主要遗产——《北美自由贸易协定》、福利改革、减少赤字——那时已经全部到位，他只要监管一下，和平繁荣就将随之相伴。当然有更多的小事要忙，克林顿开始为自己争得一个新的次要角色——一位外交政策总统。他要给巴尔干半岛、中东和北爱尔兰带来和平。

人们可能会认为，克林顿那些小成就——劳动收入抵税金额、枪支销售限制、环保惯例等——终会积成大事业。乔·克莱因（Joe Klein）就是这样在杂志《自然》（The Natural）上优雅地做到了这一点。但无论这一大事业是什么样子，都不会是真正的自由主义大事业。这有点像艾森豪威尔——微笑就是他的哲学——克林顿本质上成了一个人们希望他成为的人。在"第三条道路"上，克林顿为自己找到了合适的宏大信念空间。1998年身陷莱温斯基风暴中的时候，克林顿用下面的话详细说明他在总统任职上的作为：

> 我们已经走过了那些毫无结果的辩论——有人说政府是大敌，有人说政府是救世主。我的美国同胞们，我们已经找到了第三条道路。我们的政府是35年中规模最小的，却是最进步的。我们的政府规模更小了，国家却更强大了。[60]

对这段话的理解，要视强调的不同方面而定。自由派可能会挑出"进步的"这个词，而保守派则可能会挑出"更强大"和"小"这样的字眼。然而，看看争论的内容，就会发现保守派赢得了多数争论。赤字本可以消失，由国防经费减少而可得的和平时期公共事业经费，本来也最终会被支用。但克林顿并没有把这些盈余用在自由主义新的大计划上，相反，他把这些盈余归入国库。"干预"规章当然有所增加，克林顿的托拉斯惩处者开始处理微软公司，但他们对20世纪90年代末的狂热兼并听之任之。等了一代人才等到的这首位连任总统的民主党人，他的主要行政遗产就是使联邦政府的收支重新正常有序，这一点似乎令人感到快乐。这将会使富兰克林·D.罗斯福和林登·B.约翰逊惊诧不已，更不用说留满胡须的麦戈文（1972年，他从耶鲁大学南下到奥斯汀，为"伟大社会计划"而战斗）会有什么反应。

另一个使克林顿在第二任期显得脆弱的原因，当然是莫妮卡·莱温斯基。用不着我们在这里详述，已经有足够的笔墨浪费在克林顿与他的实习生那档子事上面，还有他拒不认账以及共和党企图弹劾总统而未得逞。事情起因是这样的：克林顿刚刚拒绝《华盛顿邮报》索取文件的要求，就任命了一名独立检察官调查白水事件。第一个检察官是罗伯特·菲斯克（Robert Fiske），他于1994年6月公布了一份初步报告，报告为克林顿开脱了一些无法无天的指控，但他被狂热得多的肯尼思·斯塔尔（Kenneth Starr）取代了。克林顿的忠实支持者正确地指出，斯塔尔与各种保守派团体关系密切，他把调查远远地从出发点本题引开了。对克林顿在阿肯色州一宗地产交易的调查，结果却是讨论在椭圆形办公室里发生的一系列虽然肮脏，但肯定是私人的性接触。整个调查花费大约5 000万美元，却不能证明克林顿有任何违法行为。但保守派反驳道，斯塔尔逮住了总统在我们这个时代撒下的最无耻的谎言（"我没有同那个女人做爱"），而克林顿不说真话，导致斯塔尔被禁止在阿肯色州开律师事务所。

　　长期而言，莱温斯基案的可笑之处恰是双方做得过头的缩影。在比尔·克林顿的这个例子中，他认为自己可以再次侥幸逃脱［他在总统任期内的最后一天对马克·里奇（Marc Rich）*哗众取宠的赦免也犯了同样的错误］。在这件事上，他显然错了。美国人来帮他，主要是因为他们更不信任共和党人。克林顿总的来说是一位成功的总统，但最为人们记住的——至少在深夜的脱口秀节目中是如此——却是关于雪茄的笑料和重新定义何为"真相"（is）的笑料。他也对阿尔·戈尔造成了伤害——2000 年，投票模式将会紧跟人民对克林顿的认可率，而小布什也会大谈把尊严带回白宫，引起众人共鸣。

　　然而，如果说克林顿做得过头了，保守派也毫不逊色。共和党坚持家庭价值一翼的极端主义观点，使民主党人团结一致地支持克林顿的事业，并激怒了许多独立派人士。对克林顿的弹劾企图，真的是基于宪法要求惩处重大罪行和坏事吗？还是仅仅出于自以为是的右派的政治野心？许多美国人发现，共和党人伪善的清教主义比克林顿的所作所为更令人恶心。纽特·金里奇、亨利·海德（Henry Hyde）、鲍勃·利文斯顿（Bob Livingston），这些人在生活中也好不到哪儿去，他们干吗要克林顿走人？

　　共和党人已经变得太过偏执——太具南方色彩和福音派色彩，而弹劾听证会更加深了这一恐惧。独立派人士喜欢他们的保守主义阳光一翼站起来，走里根式的道路。1992 年和 1996 年两次灾难性的共和党总统候选人提名大会上，人们只记住了自以为是的基督教右派和装腔作势的帕特·布坎南。《与美国签约》的部分成功，是由于它避开了宗教因素，但宗教因素很快又重新浮现。1995 年 5 月，基督教联盟主办了一个名为"与美国家庭签约"的会议，共和党的衮衮诸公与会。在会上，拉尔夫·里德吹嘘道："我们终于得到了自己总在追求的东西——参与谈判协商的地位、合法感以及在我们称之为民主的对话中能听到我们的声音。"

　　这类谈话当然激励了一些保守派，尤其是在南方，但也吓跑了独立派人士，尤其是投票支持佩罗的那些反政府的同道。尽管里德尽可能地调和罗伯逊谈话的信息，但还是受到了一个人的控制，这个人在一封资金募集活动的信中说，女权主义者鼓励妇女"离开自己的丈夫，杀死自己的孩子，施行魔法巫术，摧毁资本主义，变成同性恋"[61]。在整个 20 世纪 90 年代，保守派在堕胎问题上变得更加好斗。当 1996 年科

---

* 马克·里奇是美国司法部通缉了 17 年的十大通缉犯之一，却一直在瑞士过着奢侈的生活，心安理得地运作他的商业帝国。他置身于公众视线之外，许多人甚至忘记了他当年为什么要潜逃海外。2001 年 1 月，克林顿卸任前签署的最后一份文件是对 140 人的特赦令，其中就包括马克·里奇。——译者注

林·鲍威尔正被苦苦哀求成为共和党可能的救世主（以参加总统竞选）的时候，他却因为赞成堕胎合法化而被保守派责难。1993年，同样的民意测验显示，投票支持佩罗的选民既不信任华盛顿和大政府，也支持堕胎的选择权。[62]共和党因为偏执而使其声誉付出最昂贵代价的地方，莫过于里根政治生涯开始的那个州。

与阳光地带分道扬镳

在尼克松和里根这两个加州人的领导下，共和党组成了一个十分成功的联盟。在对联邦政府心怀不满——对西部不满是因为经济，对南方不满是因为种族——这一共识的基础上，南方和西部迅猛发展的各州结成了"阳光地带联盟"（Sun Belt Coalition）。这是一个基于对各自的歧见视而不见的同盟。例如，迫不得已时，里根会以南方卫道士式的口吻说话，却过着好莱坞明星式的生活。在里根州长于1968年签署《加利福尼亚州的自由堕胎法》至他当选美国总统的12年间，该州进行了1 444 778次合法堕胎。[63]但是，对这样的事情视而不见是有其政治功用的。20世纪90年代，由于共和党这个全国性政党太偏向南方的道德主义而忽视了西部的个人主义，加利福尼亚州脱离了共和党阳光地带的其他地区。

共和党人发现，在南方坑得得心应手的两张牌——种族牌和宗教牌——放在"金州"*的后果却是灾难性的。奇怪的是，被指责操弄种族牌的却是一名危机四伏的温和派。1991年夏，就在克林顿于洛杉矶比尔特摩酒店向人们施展自己的魅力之前，加利福尼亚州州长皮特·威尔逊（Pete Wilson）去萨克拉门托参加了一个慈善烧烤晚宴。州众议院共和党领袖罗斯·约翰逊（Ross Johnson）为他的一些同事——奥伦治县那些顽固的穴居人**——缺席而道歉。约翰逊向州长解释："他们正在外面用AK-47打斑点猫头鹰，在杉木火上烤鹰肉味道更美。"[64]至此，威尔逊这个典型的共和党实用主义者，不可避免地同他所在党的右翼爆发了全面战争——不仅仅是在环境问题上。由于威尔逊在任联邦参议员时曾支持堕胎选择权，穴居人已经不信任他了。1990年，成为州长的威尔逊发现预算糟糕得令人震惊，决定增税，穴居人激烈

---

* 金州（the Golden State），加利福尼亚州的别名。——译者注

** 此处"穴居人"是一种比喻的说法，指他们所持有的观点简直就是原始"穴居人"的观点。——译者注

地反对他。与此同时，民主党人团结在州财政部部长凯瑟琳·布朗（Kathleen Brown）的身后。她引以为荣的是自己的名字（她是杰里·布朗的妹妹，埃德蒙·G.布朗的女儿）*，政治上的中间主义道路以及自己那类似于情景剧中妈妈式的好外貌。那时候，加利福尼亚州一片混乱——1991年中央河谷地区闹洪灾，1992年洛杉矶发生暴乱。到1993年，布朗在民意测验中大大领先，以至于传言威尔逊用不着参选州长了。

不过，威尔逊进行了毫不退让的坚决抵抗，主要在死刑和移民两个问题上采取行动。威尔逊一直抱怨州政府把太多的钱花在非法移民身上，他尤其支持《187号提案》（*Proposition 187*）——一项寻求取消外侨福利金的提案。结果是短暂的胜利，尽管与法院相抵触，但白人选民还是通过了《187号提案》，而威尔逊在1994年也愉快地再次当选州长。1/4的拉丁裔加利福尼亚州人支持了这一提案。但长期而言，共和党赞同在加利福尼亚州这样一个文化多样性的地方实行《187号提案》的代价是巨大的。两年后，与里根1984年在该州获得45%拉丁裔的支持相比，鲍勃·多尔好不容易才获得了6%的支持。

如此明显地支持《187号提案》是没有必要的。到1994年，加利福尼亚州正处于较好的恢复期，而布朗则被证明是一个令人失望的候选人——她甚至在死刑问题上都下不了决心。本书作者之一还曾经不明智地出钱打赌，说布朗会成为美国首位女总统。在得克萨斯州这个兼具南方和西部色彩的州，共和党在一个名叫布什的年轻州长的领导下，此时正在取悦拉丁裔，而不是中伤他们。

由于不满意糟糕的种族牌，共和党人打出了更臭的道德牌。20世纪90年代，福音派基督徒在该州的共和党内变得更加显要。1994年，内幕杂志《竞选与选举》（*Campaigns & Elections*）把加利福尼亚州共和党列为受基督教右派组织控制的18个州的共和党之一。很难想象在一个州里会有比这更糟糕的情况。威尔逊同时当选为联邦参议员和加利福尼亚州州长的原因之一，在于他支持堕胎选择权；共和党人理查德·赖尔登（Richard Riordan）1993年当选洛杉矶市市长，原因同样如此。拉尔夫·里德通过一次秘密偷袭，帮助保守派的福音派基督徒来负责维斯塔地区的学校学董会，随后，关于小学生正在被灌输创世论的争论迅速爆发。1994年，选民用选票赶走了鬼鬼祟祟的福音派基督徒。

---

* 她的父亲埃德蒙·G.布朗和兄长杰里·布朗，分别在20世纪60年代和70年代担任过加利福尼亚州州长。——译者注

在加利福尼亚这样一个懒散的州里，共和党的"迪克西化"（Dixification）产生了可怕的选举后果。只要看看两颗更耀眼的年轻共和党之星丹·伦格伦（Dan Lungren）和詹姆斯·罗根（James Rogan）的命运即可。伦格伦在加利福尼亚州共和党中有深厚的根基（他父亲是尼克松的私人医生）。他有过昙花一现的国会议员经历，帮助起草了《与美国签约》，并在当时被选为加利福尼亚州州司法部部长。他在任时最拿手的就是监禁别人，并为持枪权辩护，加之他反对堕胎，使他在1998年的州长初选中胜出。但在决选中，民主党候选人格雷·戴维斯（Gray Davis）在三个"南方性的"议题（堕胎、环境和手枪）上，将这个医生的儿子妖魔化。伦格伦以落后20个百分点败北。

詹姆斯·罗根比伦格伦更具魅力。他是酒吧女郎和男招待的私生子，回到母亲身边之前，他在旧金山艰苦的地区由许多亲戚带大（他母亲和她的酒鬼丈夫现有三个孩子）。他辍学后干各种零活，还做过3天的色情影院看门人。他以美国式的风格奋力进取，扭转了自己的生活，成为一名成功的共和党国会议员，代表南加利福尼亚州圣加布里埃尔山脉附近第27选区。人们本以为他有宽容他人不当行为的心智。但是在国会里，他与共和党南方一翼搅到了一起。他是试图弹劾克林顿的众议院委员之一，这使他成为全国共和党人心目中的英雄。2000年他再次竞选国会议员，全国各地潮水般的资金和志愿者涌入他的竞选活动中。但这件事使他在自己的后院成了一个魔鬼。梦工厂、迪士尼和华纳兄弟等公司的总部都在他所在的选区，这些公司的员工认为，支持弹劾证明他是一个心智错乱的人。好莱坞名人戴维·格芬（David Geffen）花巨资反对他当选。据称，在2000年11月7日夜里，克林顿得知罗根失去了国会议员席位后特别高兴。

意料之外的总统

然而，那天夜里并没有更多的事情值得克林顿高兴。戈尔在2000年选举中的败北是美国自由派的可怕遭遇之一。之所以这样说，并不仅仅因为这次美国历史上最接近的选举结果是由佛罗里达州的重新计票决定的——许多自由派依然强烈认为计票受到了操纵；也不是因为戈尔尽管得到了更多的选民票，却因选举人团票不够而遭淘汰；而是因为即使考虑了上述种种情况，戈尔本应轻而易举获胜。

　　克林顿的反复无常当然使得戈尔地位脆弱。但是，正如克林顿在 2000 年民主党大会的告别演说中夸耀的那样，在他的总统任期内，美国增加了 2 200 万个工作岗位，经历了美国历史上最长的经济增长期。[65] 戈尔是保卫克林顿政治遗产的不二人选。作为民主党领导委员会的早期支持者，他曾出力使克林顿改变了在预算赤字和福利问题上的想法，并在一场有关《北美自由贸易协定》的辩论中赢了罗思·佩罗。他的环境事业使他在汽车生产州失分，却赢得了左派的信任。然而，戈尔却在克林顿总统任期的最后两年里把手上最好的牌给扔了。在环境问题上，他滑向右派，从而给拉尔夫·纳德（Ralph Nader）以环保候选人的身份参选总统留下了空间。在其他几乎所有事情上，他却滑向了左派，以反抗强者的人民斗士身份参加竞选。这种民粹主义从来就不适合"艾伯特王子"（Prince Albert）。作为参议员的儿子，戈尔成长时期的大部分时间是在华盛顿一个漂亮的宾馆中度过的，周围是年长的政客和低声下气的侍者。他曾在参议院的池子里玩玩具潜艇，坐在掌控国会的副总统尼克松的膝头。戈尔似乎总是在向公众展示另外一个阿尔·戈尔——在代表工人家庭与大企业斗争的"民粹派戈尔"身边，还有腰间别着黑莓手机的"互联网戈尔"，垂涎吃掉对手的"阿尔法戈尔"，或者许诺"好戏还在后头"的"繁荣的戈尔"。

　　然而，就算在他的民粹主义躯壳里，戈尔也不希望退回到林登·B.约翰逊的大政府自由主义。在选举前的两周，他宣布："我从未希望见到另一个大政府时代。说到两个候选人，我是坚信有限政府的人，并且远在民主党内大谈这一话题之前，我就已经坚信不疑了。我不相信哪个政府能够包治百病。我不相信哪个政府救济项目能够取代父母的责任、家庭的勤勉或产业创新。"

　　如果戈尔一开始就坚持这个信条，他还会是一个克林顿式的艾森豪威尔共和党主义者。但他没有这样做。相反，右派州勉强够数的选民把赌注压在了小布什的身上。小布什不是一个完美的候选人，尽管花钱无数，并且得到保守主义运动的祝福，但他在新罕布什尔州的初选中惨败于亚利桑那州参议员约翰·麦凯恩手下，几乎失去（共和党总统候选人的）提名。然而，他的言辞不清以及他那副惊恐的傻笑样，却有助于掩盖他是一个熟练的政治家的真相。在竞选中，小布什自始至终坚持他关注的 5 个主题——税收问题、教育问题、社会保障问题、导弹防御问题和联邦医疗保险计划问题。戈尔虽然懂得很多事情，但小布什看起来似乎对自己的那一套驾轻就熟。

在悬挂式（hanging chads）*选票和争吵不休的律师中，小布什当然显得像一位"意料之外的总统"——至少《经济学人》杂志这样称呼他。但是他充满活力的保守主义哲学一点不令人意外。这比美国人最近见过的意识形态具有多得多的宽容。这是一名具有里根式随和天性的候选人，他避开堕胎的话题，兜售自己"充满同情心的保守主义"思想，在（共和党）费城大会上，他使基督教右派那些满脸不高兴的白人老年人退居次要地位。相反，共和党人呈现出来的是文化多样性的斑斓色彩。帕特·布坎南把这次大会怒斥为"我们的世界大会"。但是，佩罗派的独立选民又感到可以放心投共和党的票了。

比尔·克林顿得到的最后欢呼，是他向洛杉矶的民主党大会发表的演讲。演讲开始时，会议大厦的圆形剧场里的照相机围绕着他咔咔作响，好像他是一个摇滚明星。演讲结尾部分，克林顿赞美这个国家，赞美它馈赠给这个"年轻寡妇在南方小镇狂风暴雨之夜生下的白人穷孩子"太多太多。在我们身后坐着一个黑人老妇，她低语道："亲爱的主啊，我会想念那个人的。"从各个方面来看，她是对的。美国自由派有过自己的机会。克林顿、冷战的结束、互联网经济，美国自由派把最好的牌都打出来了——但得到的只是一种"浅色的保守主义"。现在，美国将有一位保守派总统了，他会怎样做呢？

注释

[1]　Joe Klein, *The Natural* (New York: Broadway, 2003), p.14.

[2]　乔治·H. W. 布什强有力的辩护，参见 Jonathan Rauch, "Father Superior," *New Republic*, May 22, 2000。

[3]　转引自 Dan Balz and Ronald Brownstein, *Storming the Gates: Protest Politics and the Republican Revival* (Boston: Little,

---

*　正常情况下，投票人在自己要选的候选人名字旁边的孔印处打孔，孔印被击穿，一块微型的方形纸块（孔芯）随即脱离选票，选举即算完成。正常的选票（即孔芯完全脱离的选票）能为机器阅读和计算，但机器计算时将两类选票排除在外：一类是"多选票"（overvotes，即超出了规定选举的候选人数量的选票），另一类是"少选票"（undervotes，即没有明确选择任何候选人的选票）。人工重新计票主要是决定"少选票"的归属。"少选票"有多种不同的形式，如悬挂式（hanging chad，孔芯一角与选票联结，类如飘荡的风筝）、摇摆式（swinging chad，孔芯两角与选票联结，类如门窗）、三角式（tri chad，孔芯三角与选票联结）、孕妇式（pregnant chad，孔芯四角均与选票联结，但中心部分凸起，对准光亮处，可见孔芯边缘透过的光线）和酒窝式（dimpled chad，孔芯四角与选票联结，只是在孔芯上或孔芯附近有一个尖细的凸点或凹点）。这些不同状态的孔芯让人难以断定投票人的真实意图。——译者注

Brown, 1996), p.131。

[4] 2003年8月27日，与格罗弗·诺奎斯特(Grover Norguist)的访谈。

[5] Balz and Brownstein, *Storming the Gates*, p.71.

[6] John Podhoretz, *Hell of a Ride: Backstage at the White House Follies, 1989—1993* (New York: Simon & Schuster, 1993), p.153.

[7] Ibid., p.157.

[8] Linda Feldmann, "Economy Struggles, But War May Still Buoy Bush," *Christian Science Monitor*, April 16, 2003.

[9] Podhoretz, *Hell of a Ride*, p.30.

[10] Ibid., p.89.

[11] Ibid, p.94.

[12] Ibid.

[13] E. J. Dionne, *They Only Look Dead: Why Progressives Will Dominate the Next Political Era* (New York: Simon & Schuster, 1998), p.144.

[14] Balz and Brownstein, *Storming the Gates*, p.144.

[15] Ibid., p.134.

[16] Larry J. Sabato, *Feeding Frenzy: How Attack Journalism Has Transformed American Politics* (New York: Free Press, 1991), p.20.

[17] Sidney Blumenthal, *The Clinton Wars* (New York: Farrar, Straus and Giroux, 2003), p.88.

[18] Balz and Brownstein, *Storming the Gates*, p.136.

[19] Eric Schneider, Ed., *Conservatism in America Since 1930* (New York: New York University Press, 2003), p.396.

[20] Ibid.

[21] Balz and Brownstein, *Storming the Gates*, p.68.

[22] Klein, *The Natural*, p.35.

[23] 1991年5月6日，比尔·克林顿在克利夫兰民主党领袖委员会上的主旨演说。

[24] "Like Father, Like Son," *Economist*, April 19, 2003.

[25] Blumenthal, *The Clinton Wars*, p.36.

[26] Balz and Brownstein, *Storming the Gates*, p.147.

[27] Blumenthal, *The Clinton Wars*, p.44.

[28] Balz and Brownstein, *Storming the Gates*, p.79.

[29] Ibid., p.89.

[30] Adam Clymer, "The 'teacher of the Rules of Civilization' Gets a Scolding," *New York Times*, January 26, 1997.

[31] Blumenthal, *The Clinton Wars*, p.86.

[32] Ibid., p.67ff.

[33] George Stephanopoulos, *All Too Human* (Boston: Little, Brown, 1999), p.228.

[34] Klein, *The Natural*, p.80.

[35] Dionne, *They Only Look Dead*, pp.82–83, 118–150.

[36] Balz and Brownstein, *Storming the Gates*, p.199.

[37] Ibid., p.56.

[38] Ibid., p.318.

[39] David Plotz, "Ralph Reed's Creed," *slate. com*, May 4, 1997.

［40］ 转引自 Balz and Brownstein, *Storming the Gates*, p.320。

［41］ Plotz, "Ralph Reed's Creed".

［42］ Balz and Brownstein, *Storming the Gates*, p.311.

［43］ Blumenthal, *The Clinton Wars*, p.120.

［44］ Hillary Rodham Clinton, *Living History* (New York: Simon & Schuster, 2003), p.230.

［45］ 本段落所有的数据均来自 Balz and Brownstein, *Storming the Gates*, p.257。

［46］ 参见 George Kelling, Catherine Coles, and James Q. Wilson, eds., *Fixing Broken Windows: Restoring Order and Reducing Crime in Our Communities* (New York: Free Press, 1998)。

［47］ Charles Murray, "The Coming White Underclass," *Wall Street Journal*, October 29, 1993.

［48］ Balz and Brownstein, *Storming the Gates*, p.114.

［49］ 更长版本是以书的形式出版的、由艾德·吉莱斯皮 (Ed Gillespie) 和鲍勃·谢拉斯 (Bob Schellhas) 编辑，书名为《与美国签约：众议员纽特·金里奇、众议员迪克·阿米和众议员共和党人改变美国的大胆计划》(*Contract with America: The Bold Plan by Rep. Newt Gingrich, Rep. Dick Armey and the House Republicans to Change the Nation*, Times Books, 1994)。

［50］ David Maraniss and Michael Weisskopf, *Tell Newt to Shut Up* (New York: Touchstone, 1996).

［51］ Klein, The Natural, p.145.

［52］ Dick Morris, *Behind the Oval Office: Winning the Presidency in the Nineties* (New York: Random House, 1997), pp.81–88.

［53］ Klein, *The Natural*, p.149.

［54］ Michael Barone, Ed., *Almanac of American Politics, 1998* (Washington, D. C.: National Journal, 1997), p.25.

［55］ Morris, *Behind the Oval Office*, pp.300–305.

［56］ Barone, Ed, *Almanac of American Politics, 1998*, p.39.

［57］ 转引自 Godfrey Hodgson, *The World Turned Right Side Up* (New York: Houghton Mifflin, 1996), p.283。

［58］ Stephanopoulos, *All Too Human*, p.411.

［59］ Dionne, *They Only Look Dead*, p.32.

［60］ Bill Clinton, *State of the Union Address*, January 27, 1998.

［61］ Balz and Brownstein, *Storming the Gates*, p.321.

［62］ Ibid., p.305.

［63］ Lou Cannon, *Governor Reagan: His Rise to Power* (New York: Public Affairs, 2003), p.213.

［64］ "Not Extinct," *Economist*, July 13, 1991.

［65］ 2000 年 8 月 14 日比尔·克林顿在洛杉矶民主党全国大会上的评论。

第二部分

剖析

第五章
为了得克萨斯州，为了工商界，也为了上帝

几乎没有人料到，小布什的总统任期会被当作研究保守主义的对象。他具有实用主义的家世传统。其父老布什是共和党核心集团的一员，环绕在他左右的是科林·鲍威尔、詹姆斯·贝克（James Baker）和布伦特·斯考克罗夫特（Brent Scowcroft）这些温和的现实主义者。小布什并非来自共和党内暴躁的立法机构一翼，而是来自该党"理性的"州长一翼——那些州长把时间花在平衡预算和修筑桥梁上，而不是异想天开地计划将残疾人送入太空（据称纽特·金里奇就曾有此奇想）。在整个总统竞选期间，小布什强烈暗示自己是温和派，他吹响了"充满同情心的保守主义"的号角（这个口号明显认为，自由派媒体会认同"充满同情心"一词代表一种温和思想，因为按照定义，"热情的"保守主义应是冷酷无情的）。在触及颇具争议的堕胎问题时，小布什对于共和党这一多样化团体含糊其词。他赞成"集中灵活政府"的观点。[1] 他要扩充教育部，尽管2000年共和党全国代表大会上对与会代表的调查显示，79%支持他的人希望彻底取消教育部。[2] 小布什甚至为林登·约翰逊和20世纪60年代寻找溢美之词："我们共和党经常指出'伟大社会计划'的不足和错误，但其中也不乏成功之处，联邦医疗保险计划就是一个例证。"[3]

在这一点上小布什有个人的优势。他经常与共和党右派相抵触，批评纽特·金里奇过于严厉，罗伯特·博克过于悲观。右派对此表示怀疑。丹·奎尔（Dan Quayle）命令他的工作人员绝对不准说"充满同情心的保守主义"这样的词句："这个愚蠢而带有污辱性的术语是自由派共和人创造的货色，它只不过是放弃我们的价值和原则的一个符号而已。"帕特·罗伯逊谴责道，2000年的共和党大会及其展现的中立主义姿态是"轻民主党"（Democrat lite）。

就在2000年2月南卡罗来纳州举行初选之前，小布什还在该州禁止跨种族约会的

鲍勃·琼斯大学（Bob Jones University）发表过演讲，以使社会保守派团结在他的周围，并阻止约翰·麦凯恩在新罕布什尔州再次取胜。当然，他也许诺进行实则难以实行的大幅度减税。但大多数人认为，这只不过是一位有良好政治素养的政客为赢得共和党提名不得已而许下的诺言。（1988年，小布什的父亲也曾在鲍勃·琼斯大学发表过演讲。）一个要保留国家艺术捐赠基金的人，怎么可能是一个保守派？

还有一个原因促使人们预想2000年将是中庸之年。小布什以相当微弱的优势获胜。他在选民票上输了，在佛罗里达州也仅以几百票获胜——而且还是因为共和党控制的最高法院以5：4的投票结果结束了该州的重新计票。毫无疑问，任何经历过如此痛苦考验的人，都会以近乎谦卑的态度来治理国家。温和派——尤其是科林·鲍威尔身边的人——认为是他们赢得了选举的胜利，因此总统将受他们的控制。[4]

然而，以微弱优势获胜的小布什，并不弱势。从一开始，他的白宫班子就被证明不仅训练有素，而且保守程度让人吃惊。在仅仅六个月的时间里，小布什就完成了一项雄心勃勃的议程——实现了自罗纳德·里根以来最大幅度的减税，进行了广泛的教育改革并撤销了对工商业的管制。他巧妙地使权力最大限度地从国会向总统转移，这是一代人的时间里未曾有过的变化，这种变化从他执政一开始就在进行，2001年的"9·11"事件加快了这一进程。从1974年水门事件发生以来，总统职权就受到限制，而这位意料之外的总统却成了自那时以来最有权力的总统。

"乔治二世"是怎样成为华盛顿之王的呢？他的成功部分地证明政治中的两个优势常被低估：组织和经验。小布什不会像他那位头脑敏锐的前任那样，只要足够令人兴奋，就让会议持续几小时。他明确表示，他信奉秩序和纪律，喜欢会议准时（或者提前）开始和结束。总统的一位高级经济顾问有次参加一个会议早到了5分钟，结果发现总统秘书神色焦虑：前一个会议提前结束了，而总统接着开了下一个会议。自那以后，总统的助手们开会时都会早到一刻钟。托尼·布莱尔（Tony Blair）对朋友评论道，与比尔·克林顿交谈时，由于两人在意识形态上如此相投，因此相互都能接上对方没说完的话；但如果是涉及清楚明白的答复和严肃坚定的承诺，他更喜欢同小布什打交道。记者们也注意到了这种差异。"他们不会泄露信息，不会闲聊是非，不会背后中伤。"戴维·布鲁克斯（David Brooks）抱怨新白宫"是个噩梦"[5]。晚上，小布什喜欢与妻子共度，白天则短暂休息几次。任期之初，有次有个精神错乱的人持枪接近白宫，迪克·切尼正在努力工作，而小布什则留在健身房里。他对助手们说，他不明白为什么在白宫工作会与平衡的家庭生活相抵触。

　　小布什还可以利用他的经验财富。2000年，华盛顿普遍松了一口气——成熟稳重的人又回来掌控局面了——莫妮卡·莱温斯基、马克·里奇、肯·斯塔尔以及其他的克林顿的幽灵可以寿终正寝了。尼克松当政时，唐纳德·拉姆斯菲尔德首次来到华盛顿。在迪克·切尼接任之前，他是福特总统的办公厅主任。科林·鲍威尔是老布什政府和克林顿政府的参谋长联席会议主席。

　　然而，新政府之所以活力四射，关键在于其方向感明确。小布什的保守主义固然因"9·11"事件而更具锋芒，但它明显由来已久。废弃《京都议定书》、失去温和派共和党参议员吉姆·杰福兹（Jim Jeffords）、完成大幅减税以及退出《反弹道导弹条约》等，这一切都发生在恐怖袭击之前。

　　是什么导致这种保守主义的出现呢？在接下来的第六章至第八章中，我们将关注保守主义运动的不同部分对小布什的总统任期产生的影响，但还是让我们先从塑造了小布什保守主义特性的三个非常讽刺的影响因素开始吧，它们是得克萨斯州、工商界和宗教。这三个因素揭示了为何小布什在美国是一个引起分歧的人物，而最大的理解鸿沟却存在于小布什和外部世界之间。除他之外，很难再打造出一个这样的政治领袖，其身上所具有的三个核心价值再好不过地代表了右派美国——一个欧洲人难以理解的右派国家。

你可以把他从得克萨斯州带走

　　就职的那天晚上，新总统及其家人参加了一个黑领带牛仔靴舞会，舞会的主角是精力充沛的得克萨斯州长角小公牛以及1万名得克萨斯人和荣誉得克萨斯人，其中包括穿着红黄相间驼色牛仔靴的参议员凯·贝利·哈奇森（Kay Bailey Hutchison）。[6] 小布什对宾客说："我并不在意谁是共和党谁是民主党。做一个华盛顿哥伦比亚特区的得克萨斯人，实在令人开心极了。我期待得克萨斯州的美妙感觉。"

　　无论好坏与否，在小布什的政府里并不缺乏那种得克萨斯州的感觉。他最亲密的顾问通常是各色各样的得克萨斯人。卡尔·罗夫就是在那里开始他的职业生涯的。小布什的另外一位军师是卡伦·休斯（Karen Hughes），她因丈夫和儿子患了思乡病而早早回到了得克萨斯州。小布什政府中其他的得克萨斯人还包括商务部长唐·埃文斯

（Don Evans）——他可能是小布什交往最久的朋友，白宫法律顾问和得克萨斯州前州务卿艾伯托·冈萨雷斯（Alberto Gonzales）。在小布什就职后的数月里，白宫停车场几乎每一辆车上都挂着得克萨斯州的牌照。

然而，得克萨斯州对小布什产生的影响，更多的是与一种心理状态有关，而与某个特定的个人无关。从一开始，小布什就花大量的时间在他得克萨斯州的克劳福德农场待着，并且从不厌倦以得克萨斯州的方式来看待世界。如果有人好奇地问"得克萨斯州是个什么样的地方"，最简洁的回答就是，"它是美国的浓缩版"。得克萨斯州是美国的精华，或者说，至少是保守主义美国的精华。看看那些使美国与众不同的特点吧，可谓是好坏参半——美国的国土面积和多样性、乐观主义和自信、物质主义和大吹大擂、令人难以置信的白手起家的能力、崇尚暴力和狂热信仰——你会发现，它们在得克萨斯州以最纯粹的形式呈现出来。

先说说国土面积。得克萨斯州的面积几乎相当于英法两国的总和。在该州254个县里面，其中有一个县的面积比普雷斯科特·布什生活的康涅狄格州还要大。访问以色列时小布什惊异地发现，以色列的宽度仅仅相当于得克萨斯州一些车道的长度。得克萨斯州的规模，促使人们以一种刀耕火种的态度来对待环境。由于该州很大一部分土地难以进行地理归类——单调乏味的平原间杂着大片沙漠和无名的灌木林，因此进一步强化了这种态度。早期的殖民者斯蒂芬·奥斯汀（Stephen Austin）把得克萨斯州称为"一个荒凉不已、风雨呼啸、永世孤寂的地方"。该州的墨西哥湾海岸潮湿、多蚊、暴雨成灾，西部则是荒漠，靠近边界的乡村一片贫瘠，北部的平原饱受风吹之苦。得克萨斯人并不总是在美化他们的家园。就像过度放牧使大草原的土壤遭到破坏一样，精耕细作的棉花破坏了河床上的土壤。紧随石油投机商而来的，是他们留下的城市废墟和废弃的水塘。这片土地滋养的是尊崇人类驾驭自然的能力，这与兴盛于欧洲那些人口密集的城市和环境优美的乡村的环保主义理想截然不同。

与辽阔的土地相随的是扬扬自得的自负感——在某种程度上，这种自负感已经浸透到美国的灵魂之中了。在有关说服伊丽莎白时代的人们去马萨诸塞州和弗吉尼亚州投资的计划书里，到处是将新世界夸大其词的故事；在那些马车队滚滚前行去西部淘金的故事里，也充斥着这样的夸大其词。但在东海岸，这种自负感早已淡化了，部分是因为那里的人们想获得"文明的"老欧洲的认可。得克萨斯人觉得用不着过于尊敬老欧洲。无论是坐在奥斯汀豪华的得里斯基乐酒店里，还是栖身于韦科那令人厌恶的汽车旅馆中，得克萨斯人肯定会坚持说，他们所有的东西都是最大最好的。这种自吹自擂常常使得其他地方的人不喜欢得克萨斯州，即使美国西部的人也是如此。（回溯到20世纪80年代，我们其中一人的车子在南科罗拉多州抛锚，当时似乎没有人停下来帮上一把，最后总算有个人来帮忙了，他说："您应该弄个牌子，告诉别人自己不是得克萨斯人。"）然而，得克萨斯人具有使夸耀之词变为现实的才干。借助空调、混凝土和电脑芯片，他们驯服了美国最荒凉的一些地区。曾经的农村州现已大部分城市化了，美国最大的10个城市中，有3个就在得克萨斯州。

得克萨斯州的海盗式资本主义，制造了许多由贫变富的超凡故事。看看C.M."老爹"·乔伊纳（C. M. "Dad" Joiner）这位71岁的采油人是怎么发财的吧！他把最后一个子儿都投进了临时钻探设备里，最后在3 600英尺的地下钻探到了石油。还有亨特白银王朝（Hunt silver dynasty）不寻常的故事，它给美国的保守主义添上了一抹狂野的色彩。海盗式资本主义也产生了像安然公司（Enron）这样徒有其表的作假公司，以及对待财富的不成熟态度。迈克尔·林德认为，该州"从油井喷发出的精英们"，实践得更多的是赌徒式的资本主义，而不是马克斯·韦伯（Max Weber）的清教伦理式的资本主义。得克萨斯州闻名于世的是它的巨型大厦、石油大王舞会和内曼马库斯集团（Neiman Marcus）的售货目录——上面有售给某某人的长颈鹿和潜艇。[7] 同时，该州还以投机泡沫闻名。20世纪80年代，破裂的泡沫就不下三个——石油泡沫、房地产泡沫和储蓄信贷业泡沫。今天，得克萨斯州正在为安然公司的破产和高科技泡沫的破裂而苦苦挣扎。

这种繁荣与萧条相伴的心理也适用于政府。小布什冒险的财政战略是在减税的同时增加支出。如果有人对此感到担心，看看他在得克萨斯州任职时的同样作为即可。20世纪90年代，他一方面大幅减税，另一方面又大幅增加开支，尤其在教育方面。到2003年，固执的州立法机关试图在预算中堵住100亿美元的漏洞。小布什把这种爱冒险的嗜好带到了华盛顿，从事更大的政治赌博。也许除了罗纳德·里根以外，很难想到还有哪位美国总统像他一样乐于冒险——从废除已经确定了的军备控制条约到入侵伊拉克。小布什的所有赌博都经过精心谋划，但他的总体想法是建立在颇为鲁莽的"谁有胆，谁获胜"的基础上。

得克萨斯州对于赌胜的人慷慨大方，对运气不佳者却非常严厉。在这片土地上，不仅税收很低，而且工会弱小，公共部门吝啬小气，福利微不足道，这一切使得富足与贫穷在该州同时并存。与休斯敦闪闪发亮的高楼和画廊比邻的，是未铺砌的街道和放满猎枪的棚屋；休斯敦有一个世界级的医疗中心，处于医疗保健系统的顶端，却并未惠及该州最贫困的公民。得克萨斯大学吹嘘自己的教员名流云集，得到的捐助仅次于哈佛大学，还有一个以该大学名字命名的面积达210万英亩的富有油田。然而在得克萨斯州也有一些美国最糟糕的学校。

作为州长，小布什当然试图改善该州学校的质量，但是他对待这个本已干枯的福利国家的其他地方，则是要求它们进一步削减福利。马文·奥拉斯基的观点对他产生了非常大的影响。奥拉斯基认为，宗教组织比福利官僚机构更能解决贫困问题。因为宗教组织不仅给人钱财，而且还努力改变人的心灵。奥拉斯基的批评者担心，他所崇敬的一些以信仰为基础的极端宗教组织无异于战俘集中营，里面不听话的孩子被强迫手拿《圣经》下跪，一跪就是几小时。他们还抨击奥拉斯基的冥想——认为教会与国家分离开来"也许不是个好主意"[8]。但小布什对此置之不理，一意孤行。小布什在取消其前任安·理查兹建立的治疗狱中毒品和酒精中毒这一宏大计划上，尤其显得冷酷无情。他用不着大费周折克服自己的酗酒问题，就像他说的那样，他按照"共和党的方式"——纪律和信仰——戒酒了，而他也要求该州的囚犯向州长看齐。他甚至让查克·科尔森（Chuck Colson）这个坐过牢后改过自新的水门事件不良分子来管理得克萨斯州的部分监狱。科尔森的办法可说是完全的福音派基督教做法，从黎明到黄昏，同室的人一起参加祈祷会、读《圣经》、做礼拜。

得克萨斯州有着深厚的军队传统和福音主义传统。圣安东尼奥周边地带是军工综合体的集中地，包括一个陆军基地、两个空军基地、一个大型陆军医疗中心、几十家与国防相关的公司以及数以千计的老兵。韦科附近的胡德堡（Fort Hood）是美国第二大陆军基地。西得克萨斯州占地1.6万英亩的潘特克斯工厂（Pantex），冷战期间装配了数以千计的核弹头，今天依然被用作保存美国核武器的军火库。

小布什在越南战争期间得到一份在国民警卫队中的闲差——确保孤星州的气候安全，以使路易斯安那人免受劫掠，但小布什总是在军中狂欢作乐。在2003年作为总统（过早地）宣布伊拉克战争的主要战事已经结束的那一刻，小布什是否比当年身穿飞行员服（刚刚驾驶过战机），在"亚伯拉罕林肯号"巡洋舰甲板上大步走着时感觉更好呢？宣布向伊拉克开战时，他并没有因手段和目的问题而痛苦——决定一经做出，他就到白宫外面的草坪上与自己的宠物狗嬉耍。大卫·克罗克特（David

Crockett）和"阿拉莫战役"（Alamo）*本可以以他为骄傲的。

得克萨斯州的男子气，不仅在于军事上的多样性。得克萨斯州代表的是这个国家两个最暴力地区的结合处——南方和边疆。被持枪的牛仔驯服的得克萨斯州，至今依然浸透着枪支文化。即使在自由主义的奥斯汀，戴尔电脑公司里也会有显示牌告诉人们该把自己的枪搁在哪儿。在这个州里，不打猎的男人普遍被认为是同性恋者（这并不是说得克萨斯州的男同性恋者一点也敌不过野生动物）。在这个州里，也曾有人通过强辩说受害者"因正当防卫而必须杀戮"，从而逃脱了谋杀指控，蜚声扬名。该州虽有454人被关在死囚区——占美国全国总数的13%，但在各大州中，得克萨斯州的谋杀率还是要高得多。

小布什以惊人的冷静，仅在担任州长的最后一年里就处死了40个人，这使他贴近了"罪犯需要杀戮"这一主题。至于枪支方面，他所监管的政府对狩猎、射击和垂钓表现出的热情，除了英国的上流社会，无出其右者。小布什自己就热衷垂钓，并且是个不错的射手。他最喜欢的精神顾问之一詹姆斯·鲁滨孙（James Robinson）对涉及杀生的户外运动很有热情，这很像安东尼·特罗洛普（Anthony Trollope）**笔下的教区牧师。空军一号上的杂志包括《钓鱼高手》（*Bass Fishing*）、《空中钓鱼客》（*Flying Fisherman*）和《体育新闻》（*Sporting News*）。有一次，副总统迪克·切尼长时间消失在"一个不为人知的地方"，在此期间，当地居民吃惊地看见情报机关派人陪着他在游猎。2002年12月，特伦特·洛特因赞誉斯特罗姆·瑟蒙德而引起纠纷***，使得卡尔·罗夫和洛特的继任者比尔·弗里斯特（Bill Frist）不得不取消了与伙伴们的游猎，以免授人口舌，说那是一个阴谋。在大多数欧洲国家里，如果有政客胆敢把枪指向毛茸茸的小动物，那么他要冒断送自己政治前程的危险。在得克萨斯州没有这种危险，同样，在小布什的白宫也没有这种危险。

---

* 大卫·克洛科特（1786年3月17日—1836年3月6日），美国政治家和战斗英雄。他曾当选代表田纳西州西部的众议员，因参与得克萨斯独立运动中的阿拉莫战役而战死。"阿拉莫战役"是得克萨斯独立战争中发生在墨西哥军和得克萨斯分离独立派之间的战斗。得克萨斯军虽然战败，但是"勿忘阿拉莫"（Remember the Alamo）后来成为激励得克萨斯士气的口号。——译者注

** 安东尼·特罗洛普，19世纪英国小说家。——译者注

***特伦特·洛特在2002年的一次生日晚会上赞扬老寿星斯特罗姆·瑟蒙德，说如果美国1948年选总统选中了瑟蒙德，美国就没有这么多问题了。而瑟蒙德是支持种族隔离的。洛特此言一出，在博客上掀起了一场波澜，布什也不得不站出来表态，最终洛特只得辞去参议院多数党领袖职位。——译者注

我们再一次回到态度问题上。在得克萨斯州到处可以听到这样一句话，"别惹得克萨斯州"，小布什的外交政策也可归纳为"别惹美国"。小布什政府总是妄自尊大——对自己深信不疑，不关心娘娘腔的东海岸人（更不用说欧洲人）怎么看它。与此同时，小布什政府的得克萨斯牌照，已经使世界大部分其他地区对它心存芥蒂，因而纷纷起来反对它——这种反应与20年前那些科罗拉多州的司机并没有什么不同。"有毒的得克萨斯人"（the Toxic Texan）*，这个名声小布什可不是凭空得来的。

得克萨斯州的另一面：补贴和裙带关系

所有这一切使人认为，得克萨斯州只对小布什政府的保守主义产生了单向的影响，使之对政府部门、外来者和好空想的改良派自由主义者缺乏信任。然而，对该州考察得越多，你就越会发现这个州情况复杂。得克萨斯州既要对小布什政府一些相互矛盾之处承担责任，也是小布什政府牛仔式（black-boots-and-Stetson）态度的原因所在。

最明显的矛盾与政府有关。爱好自由的得克萨斯人采取各种措施驯服了政府这只巨兽。州立法机关每两年才进行一个为期140天的会期，立法人员每年得到的名义薪资是7 200美元，州长甚至无权任命自己的内阁。这种尽可能使政府保持小规模的态度，体现在得克萨斯州骑警的座右铭里——"对付暴乱，一个萝卜一个坑"（One riot, one ranger）。然而，孤星州欠华盛顿哥伦比亚特区的情，却不比美国任何其他地方少一丁点儿。联邦政府的慷慨援助，使得闭塞落后的得克萨斯州农村变成了一个庞大的高技术区。这一转变始于20世纪30年代水电站的建设，20世纪60年代的太空计划加强了转变，而今天巨额的军备增加则使转变还在继续。在月球上说出的第一个词之所以是"休斯敦"，还得归功于得克萨斯州在使用政治权力上的娴熟技巧。

萨姆·雷伯恩是在得克萨斯州贫瘠的乡村中一条未通航的河边长大的，他担任众议院议长达20年之久，比任何人都长，并且精心制定了许多新政立法。林登·约翰逊来自该州落后的希尔县，是美国历史上最有权势的参议员之一。在1964年至2000年

---

* 欧洲环保主义者给小布什起的绰号，因为他支持石油公司，反对应对全球气候变暖的《京都议定书》。——译者注

期间，这个宣称主张反制政府的州却产生了三位总统（约翰逊和两位布什）、两位副总统候选人［老布什和劳埃德·本特森（Lloyd Bentsen）］以及自泰迪·罗斯福（Teddy Roosevelt）以来最成功的第三党总统候选人（罗思·佩罗）。得克萨斯州的共和党政客远不是纯粹的自由市场拥护者，他们显示了自己能够获得成功的天赋。财政上的保守派菲尔·格拉姆（Phil Gramm）接任林登·B.约翰逊在参议院留下的空缺后，一直干到2003年。他总爱说："我肉吃得太多了，我快得旋毛虫病了。"他说他不会投票赞成在月球上生产奶酪，但如果国会赞同这个想法，他会努力确保生产奶酪的牛奶是得克萨斯州母牛产下的，并且"天体导航系统"是由得克萨斯州的大学开发的。

小布什政府同样具有这样的复杂情感。小布什一直在称颂小政府，事实上他却使得政府规模变大了。相对于克林顿政府，小布什政府不仅国防开支增加了，教育及其他社会服务开支的增速也更快。本书第十章将再谈大政府给小布什带来的不祥的缺陷。

一些有关个人主义的同样复杂的感情也突然出现了。对于得克萨斯人来说，个人主义是该州的核心特性。除了具有英雄色彩的个人以外，谁会在70多岁的时候还不停地钻探石油？该州大多数成功的政治家，如鲍勃·布洛克、罗思·佩罗和伟大的林登·B.约翰逊，身上都具有这样引人注目的性格特点——老友式的魅力和狡猾古怪集于一身。但是，得克萨斯人也有一种强烈的集体主义倾向，这种倾向表现在他们对军队组织、足球队和兄弟情谊的极度忠诚，也表现在得克萨斯大学和得克萨斯农工大学这两所该州最好的大学之间的激烈竞争。尽管得克萨斯州工商界具有全部的企业家精神，但寡头统治使该州的工商业界成为美国最排外的群体之一。它总是通过幕后运作，一会儿建个体育中心，一会儿又建个博物馆。得克萨斯州的工商界精英和政治精英，无以复加地相互缠结在一起。政治家习惯于发财致富。林登·B.约翰逊最后设法拥有了该州最合算的媒体合约。佩罗成为美国第一位福利亿万富翁，他的发迹应归功于一项使美国的社会保障体系计算机化的合同。石油和天然气工业，则是裙带资本主义的杰作。

然而，不要把这种排外误认为封闭。得克萨斯州一直是出口型经济，先是棉花，而后是能源，现在是高科技。这使得该州的经济与全球经济连成一体。《北美自由贸易协定》进一步加强了得克萨斯州对外开放的热情。《北美自由贸易协定》是一个由共和民主两党的得克萨斯人组织安排的项目，其中起过特别作用的两个人是劳埃德·本特森和老布什。这一项目使该州与墨西哥长达1 250英里的边界从一个潜在的问题变成了巨大的机遇。美国70%输往墨西哥的货物经由得克萨斯州，3 000多个出口加工区和自由贸易区（maquiladoras）＊沿边界拔地而起。边界两边的姐妹城镇，如埃尔帕索（美）和华雷斯（墨）、拉雷多（美）和新拉雷多（墨），则在共存中相互受益。每天通过世界贸易大桥（World Trade Bridge）来往拉雷多及其墨西哥的姐妹城市（新拉雷多）的卡车达9 000辆。

这种开放不仅日益体现在经济上，而且也体现在文化上。确实，得克萨斯州有着可怕的种族主义传统。但在过去20年的大部分时间，即使是保守派也会把这一特点称为文化多元主义。在拉雷多，新富起来的拉丁裔借鉴古老的南方传统，为女儿举行初次社交舞会；在奥斯汀，"得克萨斯乐"（Tejano）＊＊音乐家，将美国乡村音乐、西部音乐和墨西哥音乐糅合在一起。当然，得克萨斯州的共和党比姐妹州加利福尼亚州更关注移民问题。小布什有一次私下提及非法入境的外国人，他说："见鬼，既然他们已经穿过了'大转弯公园'（Big Bend）＊＊＊，我们就接受他们吧。"[9] 小布什是墨西哥的常客，热衷于说西班牙语——尽管说得不怎么地道。在2004年选举年里，他的第一大倡议就是宣布一项计划，打算逐渐使美国的1 000万非法入境的外国人"取得合法身份"。

美国要做好的事情就是工商界

如果说得克萨斯州是小布什的保守主义指南的话，那么特别探究一下两个总是笼罩着小布什的庞大阴影——工商界和宗教——则不失其价值和意义。上帝和财神既决定了小布什总统任期的内容，也左右了它的风格特点——虽然并不总是按批评者所宣称的方式。

对许多政治家来说，工商界只是退休后的选择。小布什却并非如此。他是第一

＊ 西班牙语，指美墨边境的出口加工区和自由贸易区。——译者注

＊＊ 西班牙语的"得克萨斯"之意。Tejano音乐源于传统的墨西哥音乐，有着爽朗的歌词和易舞的节奏。——译者注

＊＊＊"大转弯公园"是得克萨斯州唯一的国家公园，处在该州和墨西哥交界的地方，有典型的得克萨斯州和墨西哥的自然风光以及寂寞荒凉的沙漠。——译者注

位获得工商管理硕士学位的美国总统——哈佛大学商学院的学位，货真价实。他内阁中的首席执行官比任何其他总统内阁的都多。小布什笃信工商界，对他来说，工商主管是解决世界难题并为世界生产财富的人。小布什虔诚地接受了"目标管理法"（management by objectives）。他在竞选自传中说，自己是一个"喜欢勾勒出全貌和议程"的人，然后把具体的运作交给下属完成。[10] 向公众介绍被任命的官员时，他从不称赞其学历或者理论建树，而是反复念叨他们的管理经验。介绍他的第一任住房与城市发展部部长梅尔·马丁内斯（Mel Martinez）时，他说："他是一个管理人员，他是个好行政官。"他不想寓贬于褒。

作为塞缪尔·布什和乔治·沃克的（外）曾孙，小布什热衷于支持善于赚大钱的人，这并不令人吃惊。[11] 据他的一位大学朋友回忆，20世纪60年代末——一个大学被越南战争撕裂并浮现反文化现象的年代，在耶鲁读书的布什，唯一一次因为政治问题而激动不已，是因为将来对石油矿藏耗减优惠政策的变化会威胁到美国的石油商。[12]

在此我们有必要进行一下细致的区别。小布什热情支持的是工商界，尤其是大工商企业，而不是自由市场。他自己的生涯就是得克萨斯州裙带资本主义的写照。这种裙带资本主义的特点是一连串的接收交易。在交易中，与他父亲有关的外部投资者定期介入，为他挽救了一家又一家失败的石油公司。阿布斯托能源公司（Albusto Energy）因此变成了布什勘探公司（Bush Exploration），它与七色光谱公司（Spectrum 7）合并后，再与哈肯能源公司（Harken Energy）合并。尽管石油市场并不景气，但小布什的股份价值却在魔法般地增长。1990年，他卖掉了手中持有的212 000股哈肯能源公司的股票，获得了848 560美元。他把这笔钱投入了得克萨斯骑警（Texas Rangers）棒球队。[13] 他在阿灵顿市新建了一个一流棒球场，得到了该市增加销售税的补贴。[14]

这种类型的伙伴资本主义，很难成为哈佛大学商学院的研究案例。然而，小布什还是把自己看作商人，而他的根基也总是工商阶级。得克萨斯州的竞选资金法对捐赠几乎没有任何限制，对于小布什这样一个政治家来说，真可谓如鱼得水。他在1994年和1998年的州长竞选中得到的捐赠有超过一半来自公司高级主管，其中包括安然公司创始人肯·莱（Ken Lay）捐赠的重金。最后，他利用与工商界的联系，在美国总统竞选史上推出了最成功的资金募集机器。在2000年的选举期里，小布什募集了1.91亿美元。相较之下，在位的副总统只募集到1.33亿美元。由于214位"先锋"——帮他为选举募集至少10万美元的人——的慷慨大方，竞选一开局就像旋风一样。[15] 令人吃惊的是，最后，他从个人捐赠者（大部分是商人）那里募集到1.01亿美元。众多事实表明，安然公司的政治行动委员会是小布什总统竞选的最大捐赠者。到2000年，小布什和卡尔·罗夫对阳光地带工商界精英的政治影响如此之大，以至于如果不是得克萨斯州那家增长最快的安然公司掏出了大把钞票，他们在捐赠上的表现会大大引起人们的注意。向小布什的总统竞选捐赠最多的三个州是得克萨斯州、加利福尼亚州和佛罗里达州。小布什在几乎所有的州和产业部门的商人中的表现都超过了阿尔·戈尔。即使在工商界最具社会自由主义色彩的高科技产业部门，小布什募集到的钱也是戈尔的两倍。小布什是美国商人的选择。

抚育克林顿政府的是大学，抚育小布什政府的则是公司。自艾森豪威尔以来，历任总统的内阁中，前公司总裁的人数不超过两人，艾森豪威尔的内阁中也只有两位。小布什的内阁中则有四位前总裁：哈利伯顿公司（Halliburton）的迪克·切尼，西尔公司（G. D. Searle）、美国通用仪器公司（General Instruments）的唐纳德·拉姆斯菲尔德、以丹佛为基地的汤姆·布朗油气公司（Tom Brown）的唐·埃文斯，以及美铝公司（Alcoa）的保罗·奥尼尔（Paul O'Neill）。小布什的白宫办公厅主任安德鲁·卡德（Andrew Card）是通用汽车公司的前高级主管，他也是汽车业的主要说客。2000年汽车业捐赠钱款的主要接收人、参议员斯潘塞·亚伯拉罕（Spencer Abraham），当上了小布什政府的能源部长。就连较不引人注目的农业部长安·维尼曼（Ann Veneman），也是卡吉尔公司（Calgene）的董事会成员，该公司是转基因食品的先驱，它的食品后来被孟山都公司（Monsanto）*购买，而密苏里州的这家孟山都公司则与该州的前参议员、司法部长约翰·阿什克罗夫特关系紧密。小布什政府最具象牙塔色彩的成员康多莉扎·赖斯（Condoleezza Rice），也身兼数家大公司的董事——包括雪佛龙公司（Chevron Corporation），该公司有一艘超大油轮就是以赖斯命名的。科林·鲍威尔则是第一位拥有工商管理硕士学位的国务卿。

小布什政府系统地保护那些对工商界有利的政策，如减税、推翻对公司的管制、全面努力使工商界的日子更好过。能源产业成了大赢家。迪克·切尼采纳的能源政策建议几乎都来自能源企业的高级主管，其中许多还是安然公司的主管。小布什政府还

* 孟山都公司，美国生物科技巨头。——译者注

无情地推动在阿拉斯加未开垦的野地进行钻探，这一主张招致环保主义者和民主党人的愤怒。

在美国政治中，迎合商人并不稀奇。但引人注目的是，小布什总统任职上的许多不稳定期，要么是由于迎合商人所致，要么是由于有迎合的迹象所致。他允许饮用水中的砷含量升高，引发了他任职初期的一轮诉讼控告。安然公司倒闭后，他的最初反应尤为失误：试图争辩说那只是几颗老鼠屎的问题而已；他支持通过自己不断妥协而选择的哈维·皮特（Harvey Pitt）担任美国证券交易委员会（Securities Exchange Commission）主席，尽管皮特本人就是一个总得设法从被卷入的客户案件中脱身的公司律师；他对迪克·切尼以前工作过的哈利伯顿公司的会计问题视而不见；他抵制旨在改善公司管理和提高会计透明度的《萨班斯-奥克斯利法案》（Sarbanes-Oxley Act）。

一个坚信上帝的人

在2000年总统选举期间，有人向小布什提问，谁是他最喜欢的哲学家，小布什毫不犹豫地回答："耶稣，因为是耶稣改变了我的灵魂。"事实上，赎罪是小布什生涯的核心问题，而赎罪思想则是其政治的核心。在最近的几位总统里，没有任何人像小布什那样激情地把信仰融入总统职务中去。罗纳德·里根对教会的支持就像是房屋的飞拱，是从外部进行的；而小布什则是一个再生的卫理公会教徒，他对教会的支持就像房屋的中流砥柱，是自内而外的有力支持。小布什总统具有皈依者的激情，皈依之前，他不仅对神大不敬，而且生活也漫无目标。他年轻时饮酒无度，完全笼罩在成就斐然的父亲的阴影里。他生活中的转折点始于1986年比利·葛理翰（Billy Graham）牧师对他家的拜访，正如小布什所说，"是他把我引到那条路上，我才开始往前走"。曾经虚度40载光阴的小布什不再酗酒，成了一台训练有素的政治机器。他曾对一群宗教领袖说："此刻我本来应该还待在得克萨斯州的某个酒吧里，而不是白宫的椭圆形办公室。我现在之所以会在这儿，原因只有一个，那就是我找到了信仰，我找到了上帝以及祈祷的力量。"[16]

小布什的每一天是以跪着做祷告开始的，并且每次内阁会议开始时都要做一次祷告。他每天都要读一段《圣经》。他还阅读在苏格兰出生的奥斯瓦尔德·钱伯斯（Oswald Chambers）之类的神学家的祈祷词。他最早的两份总统政令，一份是要求设立一个全国祈祷日，另一份是号召对贫困进行一场宗教战争。小布什讲话中经常出现宗教术语，这使得他的讲话有时候如此感人，有时候却是灾难性的。他曾说美国要进行一次"十字军东征"以打败敌人——随后他立即收回了这番话。他的首席演讲撰稿人迈克尔·格尔森（Michael Gerson），特别善于把小布什的宗教情绪转变为17世纪激情高昂的散文体风格。

2001年11月，小布什对联合国说："我们有信心认为，历史是按自己的意愿而成为历史、成为永恒的。我们知道恶是存在的，但善终将战胜恶。"[17] 他用同样铿锵有力的话语，证明自己用150亿美元抗击全球艾滋病的计划是正确的："我们目睹瘟疫肆虐、孤儿遍地，我们必须有所行动。当我们看见通往杰里科（Jericho）*路上受伤的旅行者时，我们不会——美国不会——避而不见。"[18] 无疑，他把反恐战争看作是"一场善与恶之间具有里程碑意义的斗争"。2001年9月11日，他告诉美国人民："今天，我们的国家目睹了罪恶。"在2002年1月29日的国情咨文中，他提到存在一个"邪恶轴心"。他总是把恐怖分子称为"邪恶分子。"很难想象其他的西方领导人会以这种方式来表达此事。不过大部分时间，他对宗教的提及是比较隐蔽的。研究《圣经》的学者布鲁斯·林肯（Bruce Lincoln）在小布什宣布对阿富汗采取军事行动的讲话中注意到，虽然在长达970词的讲话中只有3个词明显是宗教词汇，但对于熟读《圣经》的人来说，这一演讲充满了《圣经》中的比喻和《启示录》中的暗喻。[19]

宗教影响也弥漫着整个白宫。演讲撰稿人戴维·弗鲁姆（David Frum）踏进白宫听到的第一句话是，"研读《圣经》的时候想念你"[20]。弗鲁姆是一位世俗犹太知识分子，他所著的有关小布什的《右派分子》（The Right Man）一书不断受到富裕的福音派新教徒出其不意的打击。支持小布什的人造访白宫时，敬畏之心就像是上教堂。在白宫，惯见的打扮是西装领带；在白宫，"该死"是不能说的脏话；在白宫，不可以大声喧嚷；在白宫，你会像忏悔室里的神父那样发誓——永远保持沉默。

小布什的许多亲密顾问都有宗教联系。康多莉扎·赖斯是长老会牧师的女儿。安德鲁·卡德与一位卫理公会牧师结婚。卡伦·休斯是长老会的长者，绰号是"预言者"。唐·埃文斯还在米德兰时就同小布什一道参加《圣经》研读班。有一次，小布什及其

---

* 杰里科，巴勒斯坦地名。——译者注

随行人员发现他们不得不在空军一号上度过棕枝全日（Palm Sunday）*（那时他们正从圣萨尔瓦多返回国内），有些成员提议举行一次即席的宗教礼拜。很快，飞机的会议室里就挤满了40位高官。赖斯是个有天赋的音乐家，她带领大家做礼拜，休斯读经文，整个仪式在充满激情的《奇异恩典》（*Amazing Grace*）咏叹中，在标志基督徒友谊的拥抱和亲吻中结束。[21]

白宫有位官员名叫蒂姆·戈格莱因（Tim Goeglein），他负责"基督教服务内容扩大"项目（Christian outreach），就是提醒基督教选民，总统与他们享有相同的价值观。小布什也在政府中任命基督教右派的人担任显职。凯·科尔斯·詹姆斯（Kay Coles James）被任命为管理整个联邦政府雇员的人事管理局局长，此前他是帕特·罗伯逊的瑞金大学政府学院院长，也是在美国最清楚地表明自己反对堕胎的人之一。克劳德·艾伦（Claude Allen）和韦德·霍恩（Wade Horn）则在美国健康福利部扛起了节制教育**和改善婚姻的大旗。当然，前司法部长约翰·阿什克罗夫特是基督教右派成员中职务最高的人，进而言之，他所任职的司法部不可避免地要应对堕胎、死刑、民权和裁决选举等问题。阿什克罗夫特的父亲和祖父都是五旬节派教会***的牧师(Pentecostal ministers)，因此对于宗教和公众生活相结合，持毫无保留的态度，每当有重要的集会，他都会给自己抹上油——他最喜欢克里斯科牌（Crisco）纯植物性烘焙油，并且每天都会在司法部办公室里做祷告。2003年6月，他禁止员工自己庆祝"同志骄傲"节日。

小布什虽然非常注重动员基督教右派，却总是小心翼翼地不被它捆住手脚。宗教当然弥漫着整个白宫，就像圣灵据说占据了人的灵魂一样，但是牵涉到政策制定时，出于政治战略的考虑，信仰可以稍稍让位。在一个高达85%的人声称自己拥有宗教信仰的国家里，信仰上帝具有政治优势。但是如果信仰过于扎眼，那它很快就会变成政治上的负资产了。禁止堕胎吸引不了开着旅行车带着孩子参加体育运动的妈妈们，南方浸礼会宣称妻子应该服从丈夫的说法，也同样吸引不了身为人妻的妇女。对于卡尔·罗夫来说，2000年共和党大会上最让他难堪的时刻是，一位同性恋者正向听众讲

---

* 棕枝全日，复活节前的星期日。——译者注

** 人们认为性教育应包含三道防线：第一道防线，教导学生学习两性相处的亲密关系，避免婚前性行为，即节制或延后性行为（abstinence）；第二道防线，教授学生避孕方法的安全性行为（safer sex）；第三道防线，万一怀孕了怎么办（in case pregnancy）。——译者注

***19世纪源于美国的新教教派之一，强调直接灵感、注重信仰治疗。——译者注

话，整个得克萨斯州代表团都低头做祷告。

小布什花了很大的精力来拓宽基督教右派的定义，以使之变得更广泛，而不仅仅局限于南方福音派基督徒（值得强调的是，小布什是一位卫理公会派信徒，这比他父亲信奉的主教制主义宗教意味强烈一些，但比杰里·福尔韦尔和南方浸礼会温和得多）。小布什最大的收获是罗马天主教徒，它是美国最大的单一宗教团体，也是等待采摘的最成熟的果子。2000年，小布什轻而易举地赢得了多数积极从事宗教活动的天主教教徒的支持，成为1984年以来表现最好的共和党总统候选人。他积极拜访著名的天主教机构，如印第安纳州的圣母大学（the University of Notre Dame）。白宫每周同天主教顾问非正式团体举行一次电话会议，共和党全国委员会则恢复了一支天主教特遣队。小布什试图在讲话中用上时髦的天主教词句，如"文化生活"。而在天主教徒圈内，他使自己政党反制政府的立场得以缓解：相对于南方福音派教徒，天主教选民对政府行动主义持有更高的热情。小布什赢得宾夕法尼亚州和密歇根州（2000年他在这两个州以微弱劣势落败）的最佳机会，可能在于吸引蓝领天主教徒的支持。

小布什也试图去接近督教徒之外的"其他信仰的人"。在接近犹太人方面他尤为成功，尽管这只是他的外交政策所带来的意外结果。较少为人注意的是，他也曾尝试取悦穆斯林。入主白宫之后不久，他邀请一位穆斯林教长来主持他基于宗教的初步行动计划，任命专人负责"阿拉伯-穆斯林服务内容扩大"项目，还经常在自己的宗教机构名单里加上"清真寺"。"9·11"事件以后，这种友好关系自然受到了损害，但小布什依然拒绝了新教极端主义者试图取消穆斯林组织接受政府资助的要求。

那么，小布什的政策又会怎样呢？认为宗教信仰使他的外交政策发生了偏差的想法比较复杂，部分是因为外交政策与有关新保守派的各种阴谋理论纠缠在一起（本书将在第八章对此进行阐述）。如果关注一下小布什的国内政策，人们就会发现，现实政治的影响要比宗教信念大得多。

"充满同情心的保守主义"这个最直接源于小布什宗教情怀的项目迅速瓦解。针对福利国家面临的问题，"基于宗教信仰"的解决方法一度可以吸引天主教徒和黑人加入共和党的阵营，然而终归没有成功。这部分是因为小布什用人不当。约翰·迪伊乌里奥（John DiIulio）*——宾夕法尼亚大学的教授——的例子证明，具备一流学术

---

* 约翰·迪伊乌里奥，白宫"基于宗教信仰和社区首创精神"办公室主任。——译者注

思想的人不一定能够在《白宫群英》（*The West Wing*）*式的马基雅维利世界中生存。与此同时，国会中的许多人——不仅仅只是自由派——反对任何侵蚀政教分离的做法。迪伊乌里奥为黑人教堂和拉丁裔教堂争取资金，有意使福音派教徒感到不快。[22]小布什和罗夫立即退却，背着迪伊乌里奥达成了一项协定，使新教教堂免受联邦雇佣法律的限制，从而不必被迫雇用同性恋者。迪伊乌里奥于2001年8月辞职，项目也被悄无声息地搁置了。

　　在堕胎问题上，小布什采取的最初行动之一就是停止资助提供海外堕胎服务的组织。现在这已是任何即将就任的共和党总统必须要做的事情了，它不仅成了在国内对堕胎无所作为的借口，而且也成为在国外如此行事的正当理由。在要求禁止克隆的讲话中，他刻意使用了宗教性语言（"生命是创造物，而非商品"），并在2003年11月签署了禁止晚期堕胎的法案，从而结束了"一种可怕的暴力形式"。大多数美国人对晚期堕胎都充满敌意，并对克隆感到害怕。在干细胞研究问题上，他通过实施限制，向生物技术产业公然发起挑战，但那些限制没有像基督教右派所期望的那样彻底。他提名福音派基督徒担任法官，但在最重要的问题上，即任命可能推翻"罗伊诉韦德案"的最高法院大法官，小布什又闪烁其词，说是要任命尊重宪法的法官。

　　相反，在宗教原则较少且可能使他失去选票的领域，比如节制教育，小布什推广基督教思想时要勇敢得多。这时他完全明白这句名言：如果一个社会保守派有个女儿在读高中，那么他就是一个自由派。小布什不仅投入大量资金来教育青少年的童贞美德，也投入大量的资金实施最强硬的信仰教育计划——"美国地区与全国重要意义特别计划"（Special Projects of Regional and National Significance），教育人们婚外性生活对身心可能都会产生伤害，并拒绝推广避孕套。小布什非常热衷把信念推向国外。小布什政府把用于发展中国家防治艾滋病经费的1/3预留给节制教育。这个做法非常糟糕，显然激起了援助机构的愤怒，但没有使小布什在国内付出代价。相反，当福音派教徒企图使中国失去最惠国待遇时，小布什很快就同工商界的说客沆瀣一气了。

　　另外一个有关小布什与多数为伍的例子，是同性恋婚姻问题，不过在此问题上他

＊　NBC 1999年开始播出的连续剧，故事讲述了一群白宫幕僚的工作与爱情生活。通过跌宕起伏的剧情，揭示白宫政治内幕以及幕僚们在权力、良知、爱情面前的选择。在《白宫群英》里活跃的人物除了总统巴列及其家人外，还有一系列重要幕僚。从全球战略的制定到总统一枚胸针的选择，在戏剧里均获得了关注。《白宫群英》在制作上比较活泼，虽然以拥护白宫为主旋律，但也不乏讽刺与调侃。虽然该剧强调纯属虚构，但暴露了白宫运作的一些真实内幕，因而也更受观众的欢迎。——译者注

面临更多的危险。2004年2月，小布什要求修改宪法，以使婚姻限制在两个异性之间，从理论上讲，总统与反对同性恋婚姻的2/3的美国人站在了一起。但问题比表面上看更复杂：美国人对同性结合的想法要宽容得多，而联邦对此类婚姻的禁令可能会破坏同性结合，就连共和党内许多人也不想试图改变宪法。事实上，小布什是被逼采取行动的，先是马萨诸塞州的"行动主义法官"——小布什总是这样称呼他们——发布命令说，该州允许同性恋婚姻，而后适时受到鼓励的旧金山市市长加文·纽瑟姆（Gavin Newsom）为数千对同性恋者颁发结婚证书。小布什由于社会保守派的强烈反对，几乎没有什么选择余地，只有支持修正案。毫无疑问，他做出了正确的判断，在这场闹哄哄的争吵中，唯一比他失分更多的政治家将是约翰·克里。

一位彻头彻尾的美国式总统

在这一切的精心策划中，小布什在堕胎问题上所走的路基本上已经由其他共和党政客踩实了。更重要的是，在一个60%的人认为上帝在生活中扮演重要角色，39%的人认为自己是"再生的基督徒"，1/3的登记选民是白人福音派新教徒的国家里，小布什的宗教情怀并不显得特异。[23] 20世纪60年代，盖洛普民意调查显示，53%的美国人认为，教会不应该卷入政治，到了1996年，53%的人认为，教会谈论政治是件好事。[24]

小布什的宗教情怀在欧洲就显得怪异得多，这并不令人吃惊，因为在欧洲，只有20%的人会定期上教堂，再生基督徒的人数则微不足道。尽管托尼·布莱尔自己是一个宗教意味很浓的人，但据报道，当小布什要他一起跪到地板上做祈祷时，布莱尔真的不知道说什么才好。布莱尔的前新闻秘书阿拉斯泰尔·坎贝尔（Alastair Campbell），有一次曾阻止《名利场》（*Vanity Fair*）杂志的一位记者讨论首相的宗教信仰问题，他机敏地说道："我们并不扮演上帝的角色。"小布什却肯定是在完完全全"扮演上帝的角色"。

的确，越是近距离关注小布什的生平和信仰——他的得克萨斯特性，他对工商界的尊崇，还有他的宗教情怀——人们就越是认识到，乐观主义者的看法其实有问题，他们认为跨大西洋联盟目前的裂痕，只是由一位"另类"总统造成的暂时局面。这位使欧洲人感到十分不适的"有毒的得克萨斯人"和竭力推崇《圣经》的商人，在大多数美国人的心目中却毫无不适之感。小布什也许比其他很多美国人更具宗教情怀，但他的宗教情怀完全是美国式的，就像他所钟爱的资本主义以及他的得克萨斯鼻音一样。与众不同的是美国，而不是现在的美国总统。

注释

[1] 转引自 John Kenneth White, *The Values Divide: American Politics and Culture in Transition* (New York: Seven Bridges Press, 2003), p.187。

[2] Ibid., p.188.

[3] Ibid.

[4] Bob Woodward, *Bush at War* (New York: Simon & Schuster, 2002), p.13.

[5] 转引自 Eric Alterman, *What Liberal Media? The Truth About Bias and the News* (New York: Basic Books, 2003), p.193。

[6] Roxanne Roberts, "Lone Star Cosmos: At Their Ball, Texans Draw Washington Into Their Vast, Expanding Universe," *Washington Post*, January 20, 2001.

[7] Michael Lind, 转引自 "The Future of Texas," *Economist*, December 21, 2002。

[8] Michael Lind, *Made in Texas: George Bush and the Southern Takeover of American Politics* (New York: Basic Books, 2003), pp.120–121.

[9] Lou Dubose, Jan Reid and Carl Cannon, *Boy Genius: Karl Rove, The Brains Behind the Remarkable Political Triumph of George W. Bush* (New York: Public Affairs, 2003), p.73.

[10] George W. Bush, *A Charge to Keep* (New York: William Morrow, 1999), p.97.

[11] Bill Minutaglio, *First Son: George W. Bush and the Bush Family Dynasty* (New York: Times Books, 1999), p.19.

[12] Ibid., p.109.

[13] Bob Sablatura, "George W. Bush: Wealth Produced Via Stock Swaps and Bailouts," *Houston Chronicle*, May 8, 1994.

[14] Gerry Fraley, "Rangers Plan New Stadium in Arlington," *Dallas Morning News*, October 25, 1990.

[15] Terrence Samuel, "Does Money Talk？" *U. S. News & World Report*, September 15, 2003.

[16] David Frum, *The Right Man: The Surprise Presidency of George W. Bush* (New York: Random House, 2003), p.283.

[17] 2001年11月10日，乔治·W.布什向联合国大会发表的演说。

[18] 2003年4月29日，乔治·W.布什对全球对抗艾滋病病毒倡议的评论。

[19] 参见 http://www.press.uchicago.edu.misc/chicago/481921.html。

[20] Frum, *The Right Man*, p.3.

[21] Stephen Mansfield, *The Faith of George W. Bush* (New York: Jeremy P. Tarcher/Penguin, 2003), pp.117–119.

[22] Frum, *The Right Man*, pp.101–103.

[23] John Parker, "Survey of America," *Economist*, November 8, 2003, p.12.

[24] Ibid.

第六章
河右岸

> 并不存在什么自发的公众舆论，一切舆论的形成均来自信念与活力中心……[1]

人们可能会想，这是迪克·切尼在没有防备时说的话，或者是唐纳德·拉姆斯菲尔德在向某位将军嘀咕有关伊拉克的事情。事实上，这句话出自费边社（Fabian Society）创始人之一比阿特丽斯·韦布（Beatrice Webb）之口。作为英国社会主义最高尚的代言人，费边社在小布什领导下的华盛顿并不是一个如雷贯耳的名字。然而，费边社却为保守主义思想如何影响小布什的总统职务提供了一个模式。

费边社由一群知识分子组成，成立于1884年。其核心人物包括悉尼·韦布（Sidney Webb）、比阿特丽斯·韦布、H.G.韦尔斯（H. G. Wells）和萧伯纳（George Bernard Shaw）。他们的目标是要以"集体福利"取代"争取个人利益"，方法则是"渗透式"的。他们不像马克思主义者那样，坚信要把社会推翻，而且，他们尤其不像工党那样在意选举的胜利，而工党的成立也有费边社成员的功劳。其实，他们并不想把自己与特定的政党绑在一起。他们希望将集体主义包装打扮成一种共识，并将政府的控制逐一扩展到各个机构，从而循序渐进地实现社会主义。

对于费边社的成员来说，改变舆论氛围很重要。这样，无论是谁进入议会都会和着他们的节拍前进。悉尼·韦布曾说道："如果伦敦一小批2 000人不到的见识卓著的知识分子没有达成共识，那么英国将一事无成。"费边社的首要目标就是影响那一小批人，它也重视塑造那些不怎么重要的人物的心灵。费边社的标志性特点之一是它的小册子，他们还创办了《新政治家》（New Statesman）等杂志，为众多的议会委员会设定议事日程并创建了伦敦政治经济学院。

费边社成员还帮助树立了这样一种思想，即社会主义不仅是一种政治信念，而且是一种激动人心的生活方式。他们创立了一个"团体"网络，包括妇女团体、艺术团体、教育团体、生物学团体和地方政府团体。"保育室"团体是其中最成功的团体之一，由放荡不羁的青年男女组成，他们以声名狼藉的放荡者H.G.韦尔斯为自己的行为榜样。保育室团体有很强的社会性。费边社书记爱德华·皮斯（Edward Pease）因此这样描述道："自然的，保育室团体不仅致力于经济学和政治学，野餐和舞蹈也在其中有一席之地。保育室团体中有些成员最终结为夫妻，涉及生活中更重大的事件时，没有什么比同情心让长久幸福的婚姻生活更具安全感了。"

费边社成员的影响经久不衰。悉尼·韦布为工党起草了党章第四条，他使工党保证坚持"生产方式、分配和交换的公有制"。直到20世纪90年代，工党才放弃了党章中的这一条。像伦敦政治经济学院这样的费边社机构，培养出了许多专家，他们对官僚政治的魔力坚信不疑，《新政治家》杂志则塑造了几代政治家的思想。

在某些方面，费边社是英国特有的现象；而在其他方面，费边主义则是具有广泛普遍性的一个样板。在整个欧洲，知识分子群体都在努力树立这样一种思想，即社会主义是未来的浪潮；而活动分子团体则有助于界定，社会主义不仅是一个思想体系，而且是一个团体。这些努力的结果是一场"社会主义运动"——它是一种友爱的意识形态；它是一套能够由生至死组织管理人们生活的信条；它是一种对温和主义者施加无情压力、对叛徒进行恐怖报复的信念。

随意拿起任何一位欧洲左派政治家的传记，人们会发现他们都有过这样的经历：参加学生激进主义活动；参加工会会议；不停地进行反轰炸、反越战、反种族隔离的游行；与《世界报》（Le Monde）或者《曼彻斯特卫报》（Manchester Guardian）的编辑人员共进午餐；在党的会议上进行一致决议，和各色各样的人——政客、新闻记者、工联主义者、学者、夫妻配偶或者主妇——参加没完没了的冗长餐会，尽管他们都是共同事业的组成部分。当弗朗索瓦·密特朗（François Mitterrand）、赫尔穆特·施密特（Helmut Schmidt）或者丹尼斯·希利（Denis Healey）进入政府的时候，他们经常发现那些理想不切实际，不得不暂时把它们搁到一边——这种背叛经常激起新的一代人加入左派阵营中去。但是，他们对运动和思想的重要性有着极为清醒的认识。巴黎左派知识分子传统上经常出没的塞纳河左岸（rive gauche），直到今天还是法国政治中一股潜在的力量。

小布什的总统职务与河右岸（rive droite）同样有着这样的关系。在过去的30年里，保守主义运动已经变成了一个权势集团。美国右派可能还认为自己是可怜的劣势一方，因此要削除自由主义的力量（这种信念正是它的一个力量源泉），但这种自我形象显然是不正确的。本书前面的章节中详细讲述过的那些人——愤怒的知识分子、临时应急的智库、古怪的捐赠者，他们与权势集团的密切关系就像20世纪60年代约翰·肯尼思·加尔布雷斯津津乐道的自由主义等级制度一样。他们为小布什政府提供了政策、人员和组织，他们通过越来越有活力的保守派媒体，使自己的信条传遍全国。尤其重要的是，他们似乎已经赢得了思想战的胜利。

17街1150号

华盛顿哥伦比亚特区市中心17街1150号是一幢标准的办公大楼，它是我们介绍这一权势集团的好地方。如果真的有过什么"信念与活力中心"（Center of Conviction and Energy）的话，那么它就在这里。实际上，它所拥有的保守主义智囊团超过了一般欧洲国家的水平。

大楼的10至12层是我们的老朋友——美国企业研究所。鉴于它受人敬重的历史，美国企业研究所目前颇为壮观。在小布什政府任职的美国企业研究所前雇员超过一打，包括迪克·切尼（他妻子现为美国企业研究所董事会成员）、小布什的首位财政部长保罗·奥尼尔、小布什的首位白宫经济顾问委员会主席格伦·哈伯德（Glenn Hubbard）、生物技术委员会主席利昂·卡斯（Leon Kass）、小布什总统任职头两年的白宫经济顾问委员会主席拉里·林赛（Larry Lindsey）（他帮助完成了2001年的减税计划）。凯文·哈西特（Kevin Hassett）是支持政府对公司减税计划强有力的外援者，他帮助重拟2003年的减税计划。小布什的演讲撰稿人戴维·弗鲁姆现在美国企业研究所任职，他帮助创造出"邪恶轴心"这个词。前国防部政策委员会主席理查德·珀尔（Richard Perle）曾在美国企业研究所任职数年。我们其中一人采访美国企业研究所所长克里斯·德穆思的时候，就有两位内阁部长给他打电话。

大楼的5楼是《旗帜周刊》，这或许是小布什领导下的华盛顿最有影响力的杂志。相对于《国民评论》15.4万份、《新共和》（New Republic）8.5万份以及《国家》（Nation）12.7万份的发行量，《旗帜周刊》5.5万份的发行量并不大。然而它却很容易通过悉尼·韦布式的检测，直达管理这个国家的"一小批见识卓著的知识分子"手中。每周一，迪克·切尼都会派人去取30本《旗帜周刊》。[2]《旗帜周刊》有着悠久的保守主义传统，哪怕不赚钱（它失去了它的经营者鲁珀特·默多克每年100多万美元的支持）也要宣扬资本主义的优点。值得赞扬的是，《旗帜周刊》以老式的方式——通过在知识界而非买卖交易中的成功——获得影响力。《旗帜周刊》的创刊编辑比尔·克里斯托尔在布什家族并不受欢迎，因为他曾两度与布什家族过不去——一次是在他担任丹·奎尔办公室主任时，成为保守派表达对老布什政府不满的核心人物，另一次是他支持约翰·麦凯恩获得共和党总统候选人的提名。然而，《旗帜周刊》却充塞着符合保守派口味的内容——从马克斯·布特（Max Boot）敦促美国人承担白人的责任（或者诸如此类的话），到克里斯托弗·考德威尔（Christopher Caldwell）剖析反犹主义在欧洲的蔓延。[3]

美国企业研究所和《旗帜周刊》是17街1150号的领军者，但它们并不孤单。比尔·克里斯托尔就在他的办公室里管理着"新美国世纪计划"。同样是在5楼，慈善事业圆桌会议组织（Philanthropy Roundtable）和《慈善事业》（*Philanthropy*）杂志告诉有钱的保守派如何把钱捐赠出去。慈善事业圆桌会议是在20世纪70年代由一批不满的保守派捐赠人成立的，现号称有600个会员。早在小布什提出"充满同情心的保守主义"之前，它就针对笨拙的福利官僚机构而大加赞扬自愿组织。慈善事业圆桌会议经常与附近的（16街1513号）资产研究中心（Capital Research Center）联手发难，使自由派基金会为"捐赠意向"而苦恼——那些创建基金会的强盗式资本家，真的想让你们资助女同性恋者的行为艺术吗？

军国主义的悉尼·韦布们见识到了17街1150号是如何催生小布什政府对伊拉克的政策。时光回溯到1997年12月1日，比尔·克里斯托尔和罗伯特·卡根（Robert Kagan）共同为《旗帜周刊》写了一篇题为《萨达姆必须滚蛋》（*Sadam Must Go*）的封面社论。1998年，"新美国世纪计划"派人送了一封信给比尔·克林顿，敦促他"竭尽全力"地采取外交和军事措施赶走萨达姆。信中的签名者包括唐纳德·拉姆斯菲尔德和保罗·沃尔福威茨（Paul Wolfowitz）。与此同时，美国企业研究所为许多最为咄咄逼人的鹰派人物提供了栖身之所，他们炮制出大量对中东进行民主化改造的小册子，主办有关无赖国家的会议。小布什是在2003年2月美国企业研究所的一个大型餐会上下定决心致力于中东的民主化事业，还有什么比这更合适的呢？总统许诺，一个民主的伊拉克"将为该地区的其他国家树立一个引人注目、振奋人心的自由榜样"。

总统整个讲话过程中唯一一次冷漠肃静，就是试探性地建议以色列人应该停止在巴勒斯坦人的土地上扩建定居点。近10年来，17街1150号一直在敦促反对萨达姆·侯赛因的战争，而这次餐会仅过了两个多星期，战争就开始了。

研发部门

17街1150号的存在表明，对于小布什的总统职务来说，思想信念是多么重要。但这并不是要否认小布什领导下的白宫对智力的关注不如前任。比尔·克林顿当政时，宾夕法尼亚大街1600号看上去感觉更像是大学的公共休息室，而不像政府单位的所在地。它夸耀说里面有6位罗德学者（其中包括克林顿总统本人）。在克林顿最早任命的518名官员中，有1/3的人上过哈佛大学或耶鲁大学。与此形成对照的是，在小布什最初的14位内阁成员中，只有两人在本科时上过常春藤盟校。从任何的学术标准衡量，小布什政府中都缺乏能与智力水平一流的拉里·萨默斯（Larry Summers）和罗伯特·鲁宾（Robert Rubin）比肩的人。[4] 小布什欣赏的是一个机构的灵魂，而非它的智能。他最不喜欢的人之一，就是与他同时期在耶鲁大学读书的斯特罗布·塔尔博特（Strobe Talbott）——那时候，他傻乎乎地研究书本、参加讲座，不与兄弟会的哥们一道喝酒。相反，克林顿则很喜欢塔尔博特。

但是，小布什从一开始就明白，保守派知识分子就像研发部门之于企业总裁那样能够为其所用。他在华盛顿得到的经验是，父亲所领导的政府因为缺乏某种"虚幻东西"而分崩离析。小布什任得克萨斯州州长时，卡尔·罗夫为了确保他的老板能进入全国性的政策辩论中，向他推荐受人敬重的詹姆斯·Q.威尔逊的作品，以及马文·奥拉斯基和迈伦·马格尼特这些更年轻的煽动家的作品。担任总统时，小布什特地在清一色的前企业总裁组成的内阁中，用几位思想家来装点门面——康多莉扎·赖斯是斯坦福大学的校监；约翰·迪伊乌里奥是一位杰出的社会科学家（也是詹姆斯·Q.威尔逊的门生），他暂时管理着"基于宗教信仰和社区首创精神"的项目办公室。与小布什总统任期一开始就相伴相随的那些构想——减税、教育改革、充满同情心的保守主义以及导弹防御——在河右岸的各处早已酝酿了几十年了。

在小布什领导下的华盛顿，斯特劳斯分子的数量是显示思想信念重要性的晴雨表。每年大约有60位斯特劳斯的追随者参加国庆日野餐会。国防部副部长保罗·沃尔福威茨是阿伦·布鲁姆（Allan Bloom）的学生，而后者则是斯特劳斯出类拔萃的门生。他甚至出现在索尔·贝洛有关布鲁姆的小说《拉维斯坦》（*Ravelstein*）*中，这部小说受到知识分子的推崇。其他斯特劳斯分子还包括国防部特别计划办公室（Office of Special Plans）主任艾布拉姆·舒尔斯基（Abram Shulsky）、国家药品控制政策局局长约翰·沃尔特斯（John Walters）、生物技术委员会主席利昂·卡斯。没有人会真的相信，像小布什这样一个把耶鲁大学当作酒量比拼场所的人——还差一点点就赢了——会挑灯夜读斯特劳斯的著作《色诺芬笔下的苏格拉底对话》（*Xenophon's Socratic Discourse*）。但是，小布什知道那些人物的重要性。

居于小布什研发部门中心位置的是右派智库。在国会不远处是8层楼高的传统基金会，其年收入达3 000万美元，雇员大约有200人，每年举办的讲座、辩论会和会议大约有700场。2003年，传统基金会在国会山总部的面积扩大了一倍多。新的办公场所里有供实习生和研究员使用的套间、一个250席的礼堂和一个运动中心。所有这一切，都是为了支持约翰·阿什克罗夫特所称的"传统基金会进行的了不起的真理研究工作"。位于马萨诸塞街和第10街交叉口的卡托研究所，则在一幢十分显眼的玻璃建筑中宣讲自由意志论。由前传统基金会研究员创办的战略与国际研究中心（Center for Strategic and International Studies），就像弗兰克·加夫尼（Frank Gaffney）领导的安全政策中心（Center for Security Policy）所做的那样，已经介入小布什政府的外交政策制定之中了。伦理与公共政策中心（Ethics and Public Policy Center）则试图恢复"犹太–基督教的道德传统"，使之对政治辩论产生影响。

传统基金会并不是唯一同时进行思想传播和采取实际行动的保守派机构。在主张减税的右派一边，斯蒂夫·穆尔（Steve Moore）的"增长俱乐部"（Club for Growth）和格罗弗·诺奎斯特的"为了税改的美国人"，大力推广统一税等概念。乔治·威尔把"正义研究所"（Institute for Justice）描述为"一个欢乐的诉讼者团队"——它为争取学券制，反对约束地方企业而斗争。

河右岸并不只是华盛顿的事情。自由派只有少数几个智库，而遍布全国的保守派智库现在有50个左右。赫德森研究所（Hudson Institute）不仅在印第安纳波利斯和威斯康

---

* 布鲁姆是列奥·斯特劳斯的真传大弟子。索尔·贝洛是布鲁姆在芝加哥大学的同事兼好友，1975年诺贝尔文学奖获得者。他以布鲁姆为原型创作了一部小说《拉维斯坦》，其中特别描写了他（在小说中名为拉维斯坦）与沃尔福威茨（在小说中名为菲尔·戈尔曼）之间亲密的师生关系。——译者注

星州的麦迪逊设有办公室，在华盛顿哥伦比亚特区也有。它折中地同时雇用自由意志论者和斯特劳斯分子，以非传统的方式集中考虑未来问题。华盛顿以外最大的保守派智库是胡佛研究所，它号称拥有250名雇员，并且接纳了里根总统时期的国务卿乔治·舒尔茨（George Shultz）以及加里·贝克尔（Gary Becker）和米尔顿·弗里德曼（由于某种原因，他选择在美国最具自由主义色彩的城市旧金山退休）等自由市场经济学家。胡佛研究所的《胡佛文摘》（*Hoover Digest*）和《政策评论》（*Policy Review*）杂志广为人传阅，它还有自己的电视节目《常识》（*Common Knowledge*）。胡佛研究所的研究员们聚集喝茶的公共休息室，给人一种身临牛津剑桥的感觉——一群身穿粗花呢外衣的绅士在礼貌地，时而也很活泼地谈话。但如果有人期望在那里听到牛津剑桥公共休息室里的经典话题——抱怨国家资助的削减，谈论美帝国主义的邪恶——那么他进去后定会吃惊不已。胡佛研究所的研究员会一边喝茶一边愧疚地向你告诫：他们担心学券制是一种逃避，因为在其中还保留了国家在教育中的作用；他们彬彬有礼地为扩大小布什政府减税幅度的计划进行辩论，或者考虑到来自中国的威胁，美国需要大量地增加军备。

其他的保守派智库规模要比胡佛研究所小。例如，曼哈顿研究所给人一种完全局限于自己一方天地的感觉。每个这样的智库都有意使自己显得特异。比如说，许多西海岸的智库都有一种自由意志论者的腔调。由洛杉矶的高风险债券（junk-bond）之王迈克尔·米尔肯（Michael Milken）创办的同名智库米尔肯研究所（Milken Institute），是撤销管制规定的温床，而它对社会保守主义则无暇顾及。

另一个例子是西雅图的发现研究所（Discovery Institute），由布鲁斯·查普曼（Bruce Chapman）于1990年创办。查普曼是一名理性右派，他在1966年与乔治·吉尔德（George Gilder）合著了一本有关共和党的书——《失去头脑的政党》（*The Party That Lost Its Head*）。他被召进里根总统的白宫之前在人口调查局工作了一段时间，工作就是与智库保持联系。离开政府创办发现研究所之前，他先是栖身于赫德森研究所，而后曾试图在西雅图创办一个西部版本的赫德森研究所。发现研究所的使命是"使未来的光明前景成为现实"——这听起来有点像《星际迷航》（*Star Trek*）*中的台

---

* 《星际迷航》指全部设定在同一个虚构宇宙中的6代科幻电视系列剧、10部电影、上百部小说、电视游戏以及其他虚构作品。该宇宙是由吉恩·罗登贝瑞（Gene Roddenberry）于20世纪60年代初期到中期创造。它描述了一个乐观的未来世界，在那时人类已经战胜了地球上的疾病、种族歧视、贫穷、偏执与战争。主角们探索银河系，寻找新世界并且与新的文明相遇，同时也帮助传播和平与理解。《星际迷航》是科幻娱乐史上最受欢迎的名字之一。——译者注

词。该所专注于未来主义与自由市场的结合，这项使命使该所最著名的研究员吉尔德终身充满激情。发现研究所的一大兴趣是交通运输，它一直提议修建一条连接西雅图、波特兰和温哥华的铁路，而在有关"美铁"（Amtrak）[*]的私有化问题上，小布什曾咨询过查普曼。发现研究所对西部环境问题（大马哈鱼和伐木）、侵权行为改革、宽频安装等，都有自己的主张。它坚持不懈地批评针对微软公司的反垄断诉讼。

发现研究所尽管有种种离奇之处，但显然是保守派网络的一部分。该所的研究人员在《华尔街日报》和《国民评论》杂志上频频现身。为了在税收改革和撤销对电信的管制规定上向政府施压，发现研究所已经同卡托研究所、增长俱乐部以及来自达拉斯的积极主张私有化的全国政策分析中心（National Center for Policy Analysis）形成了一个松散的同盟，将案例直接交给卡尔·罗夫。在华盛顿州，发现研究所与其他两个自由市场的智库——位于华盛顿州州府奥林匹亚的自由常青基金会（Evergreen Freedom Foundation）和杰克·肯普冠以"西北传统基金会"的华盛顿政策中心（Washington Policy Center）——紧密协调工作。值得注意的是，虽然华盛顿州2000年投票支持阿尔·戈尔，只有两位共和党人当选为全州性的官员，但它为催生保守主义思想而投入的资源不比大多数欧洲国家少。

发现研究所还是右派中影响日增的"智能设计"思想的主要支持者。根据查普曼的说法，智能设计运动坚持认为，"宇宙和生物的某些特点，如自然选择，并不是一个无计划过程的组成部分，因此这种情况最好用智能因素来解释"。换言之，达尔文理论并不能够完全解释生命的起源和物种的发展。作为一名坚定的基督徒，查普曼起先之所以对此话题感兴趣，是出于他对言论自由的担心。1995年，一位加利福尼亚州的科学教授仅仅因为认为进化并不能解释一切，就受到遭解雇的威胁，查普曼奋起替这位教授辩护。大多数正统的科学家把智能设计看成是高档的神创论而不予理睬。但是发现研究所科学文化中心（Discovery's Center for Science and Culture）推出了著作和研究报告，查普曼在反击他所称的新达尔文主义的战斗中赢得了一些胜利。2002年10月，俄亥俄州率先确立了科学标准，要求学生知道"科学家是如何继续研究和批判性分析进化理论的方方面面"。佐治亚州科布县的一个学区，现在敦促教师要对

进化的"争议性观点"进行讨论。保守派共和党人也设法把一段文字强塞进《不让一个孩子掉队法案》(*No Child Left Behind Act*)中,敦促(尽管不是强迫)学校教授"全面完整的科学观点"。

智能设计运动的例子显示,右派越来越愿意在自由主义"科学权势集团"的领地上,用自由主义自己的科学研究向自由主义开战。右派智库已经在干细胞问题上对科学正统发起了攻击,认为不需要储存胚胎,就像不应有从成人身上提取干细胞的可能性一样。他们也专心研究全球气候变暖的数据。比约恩·隆伯格(Bjorn Lomborg)是2001年出版的《持怀疑论的环境论者》(*The Skeptical Environmentalist*)一书的作者,在美国企业研究所和发现研究所这样的地方,他受到英雄般的崇拜。在动物权利、安乐死、同性恋的科学起源等问题上,他们也在酝酿战斗。到目前为止,保守派的傲慢之举并未使之在科学权势集团中谋得一席之地,智能设计更是如此。在俄亥俄州,有些科学家把智能设计的支持者等同于塔利班分子。但是,就像40年前米尔顿·弗里德曼和其他人在经济学领域中所做的那样,右派显然也在把思想战斗扩展到新的领域中。

人员和资金

保守派智库是孕育思想和人才的地方。唐纳德·拉姆斯菲尔德、康多莉扎·赖斯以及1/4的国防政策委员会(Defence Policy Board)成员,都是胡佛研究所的老兵;劳工部长赵小兰(Elaine Chao)和人事管理局局长凯·克尔斯·詹姆斯是传统基金会的毕业生;前预算管理局局长米奇·丹尼尔斯(Mitch Daniels)是赫德森研究所的前所长;负责小布什政府中东事务的埃里奥特·艾布拉姆斯(Elliot Abrams)是伦理与公共政策中心的主任。战略与国际研究中心吹嘘自己有许多政府高官,以至于它有个绰号叫"国家安全顾问的种马场"。数以百计较低级别的政府雇员从智库中分享到好处,他们在那里受训于前中央政府的保守派官员,传统基金会聘任里根政府的司法部长埃德·米斯(Ed Meese)和教育部长比尔·贝内特(Bill Bennett)。传统基金会主席埃德温·福伊尔纳常说,如果"政策是人制定的话",那么,智库则变成了美国的影子政府。

智库也是右派知识分子的总指挥中心。传统基金会每年举行一次聚会,参加者包括全国大约375个保守派政策团体。会上，他们有机会交流观点。传统基金会2003年的政策专家手册上列举了2 200人和420个政策组织，他们都热切地等待有人来咨询他们。这听起来使人觉得背后有个秘密的总体规划，某种程度上的确如此。大量的保守派基金会在背后支撑右派智库、政策中心、大学奖学金、高品位季刊、学生出版物、电视网络和电台节目。前五大捐赠者——库尔斯家族、斯凯夫家族、科克家族、林德与哈里·布拉德利基金会和约翰·M.奥林基金会——至今依然重要，但重要性比以前小得多了。始于20世纪70年代的公司捐赠还在继续，直到最近，安然公司的肯·莱还与另一位能源大老板的迪克·切尼，同为美国企业研究所的理事会成员。最大的变化在于由直邮方式带来的个人捐赠。传统基金会现在有20万个个人捐赠者，他们提供了传统基金会超过一半的资金。理查德·梅隆·斯凯夫的支持占资金总数40%的日子早已一去不复返了。

在美国，许多决策都是由智库来完成的，而别的国家则是由政党来进行。如果把共和党描绘成知识贫乏的组织，那是有点不公平的，不过今天它主要是作为募集和分配竞选捐赠资金的工具而存在的。在某种程度上，无论是全国性的共和党还是州一级的共和党，它们的研究部门都致力于挖出民主党对手那些令人恶心的丑事，而不去做诸如重新界定州所扮演角色之类的事情。民主党对手同样热衷于揭发丑闻。与此同时，国会中每一位有野心的共和党人，都是一个半独立的政策企业家型人物，他们寻求能使自己获得声誉的思想观点。由于他们总是时间不够（一切重又归结到资金募集上面），因此让智库来为他们进行政策研究，是再合理不过的了。进而言之，智库已经成为盘剥华盛顿分权制度的高手。如果白宫没有采纳他们的想法，还可以到国会去试试——就像河右岸在处理福利改革问题时所做的那样；如果遭到参议院的反对，还可以去游说总统——就像他们在处理对股息进行双重征税问题时所做的那样。

终于轮到右派媒体了

2002年12月，发生了一件特别异常的事情：阿尔·戈尔抱怨美国新闻界存在保守主义的偏见。戈尔满腹牢骚地对《纽约观察家报》（*New York Observer*）说："目前的媒体在政治问题上表现得有点怪异，说真的，一些主要机构的声音是共和党不可或缺的组成部分。"戈尔的抱怨因以下揭露的这件事而显得格外引人注目："9·11"事件一发生，福克斯电视新闻频道主席罗杰·艾尔斯（Roger Ailes）就向卡尔·罗夫送去了为其提出建议的备忘录。

　　数十年来，保守派一直抱怨在电视上听不到他们的声音。小布什当政时，福克斯新闻频道茁壮成长，在2002年取代CNN*［或者像保守派所说的是克林顿新闻网（Clinton News Network）］，成为最受欢迎的新闻频道，并且使保守主义运动以全新的方式来传播自己的思想。福克斯新闻频道这家有线新闻网，实际上是在1996年诞生的。该新闻网的拥有者鲁珀特·默多克认定，大多数电台的左倾化，正好为那些收听拉什·林博节目的"应声虫"在右面创造了一个观众空间。艾尔斯既在老布什的白宫任过职，又担任过林博广播节目的制作人，他提出了一种后来大获成功的运作公式：侧重廉价的电视受访者，而非昂贵的国外报道；强调节目的争议性——最好是让接受电视采访者在争议性的话题中相互用智力战胜对方；通过把整件事报道成"公平的和平衡的"，使自由派权势集团抓狂。

　　比尔·奥赖利（Bill O'Reilly）是福克斯新闻频道的"拉什·林博"。《奥赖利因素》（The O'Reilly Factor）是有线电视一流的新闻节目——人们如此喜欢奥赖利牌的民粹主义怒火，以至于他现在还同时主持一档电台节目。在每天晚间的《奥赖利因素》中，奥赖利都会遇上几个代表自由派权势集团的倒霉蛋——要么是还没完全明白20世纪60年代已经过去了的长须飘飘的教授，要么是戴着耳环、扎着马尾辫的和平抗议者。奥赖利在节目中大肆奚落他们，说他们的观点荒诞不经（我们这个时代最叫人不解的事情之一，就是不明白这些人为什么总要接受奥赖利的邀请上节目）。

　　奥赖利坚决认为自己"不关心政治"，是受到整个权势集团厌恶的普通人的代言人。事实上，他是一个典型的民粹主义保守派：他是爱尔兰中下层阶级（或者说工人阶级，如果你相信奥赖利自己那套社会地位下降了的说法）的产儿，他们厌恶自由派精英在平权法案和校车制度中，以对待人质的方式对待自己。在他的办公桌下有一个门垫，上面有希拉里·克林顿的脸部图像，并且自豪地认为，他的节目是"唯一代表工人阶级观点的节目"[5]。

　　福克斯电视台的准则是"我报道，你决定"——这可能是美国新闻业界最令人开

---

* CNN即美国有线新闻网，是英文Cable News Network三个单词首字母的缩写。将Cable换成Clinton，三个单词首字母的组合依然是CNN，达到了一种戏谑的效果。——译者注

心的笑话。该新闻网最恬不知耻地表现其党派性的时候，往往就是它最为成功的时候。2003年的一个早间节目以一场令人恐惧的有关《纽约时报》偏见的讨论开场（讨论的是该报电视评论员最近指责福克斯电视台是保守的，这显示了他那可恶的自由主义偏见）。接下来的时段里，内容是有关抗议者反对曾对小布什不敬的乡村乐队"南方小鸡合唱团"(Dixie Chicks)*。绝不会让政治干预新闻网文化性新闻报道的福克斯电台主持人，马上就说她准备把自己所有的"南方小鸡合唱团"的唱片烧毁。

反恐战争究竟使福克斯新闻频道迈向了辉煌还是跌至了低谷，这取决于不同人的观点。该电视台有位名叫杰拉尔德·里韦拉（Gerald Rivera）的记者买了把枪，宣称他热切盼望把奥萨马·本·拉登干掉。[6] 在纽约市的一次反战游行中，福克斯电视台的电子彩带上这样写道："抗议者们请注意，迈克尔·穆尔**影迷俱乐部（Michael Moore Fan Club）星期四要在第六大道和50街街角的电话亭聚会。"[7] 在法国的某个抗议现场，出现令人喜悦的一幕：有位福克斯电视台的记者被要求解释一下为什么街上会有那么多的抗议者，他先是有点困惑，然后向电视观众透露："他们多数是共产主义者。"

福克斯使保守派有了一个在幕后可以继续托付的电视台。传统基金会不得不警告其工作人员，不要在电脑上没完没了地看福克斯新闻，以免系统崩溃。2000年佛罗里达州重新计票期间，特伦特·洛特承认："如果没有福克斯，我不知道怎样来应对新闻。"2000年4月，小布什甚至专门给托尼·斯诺（Tony Snow）（在做电视新闻节目主持人之前，斯诺曾经为小布什的父亲效力）的晨间节目送来录音称赞他。福克斯新闻的评论员纽特·金里奇对《纽约客》（New Yorker）杂志说："行政当局的人丝毫不会怀疑我是否会上福克斯新闻网。我去拜访的华盛顿办公室里，正在播放的节目通常都是福克斯的频道。"小布什政府定期会派重量级的人到福克斯电视台，对忠实的观众打赌说，那些更大的广播网将被迫播出科林·鲍威尔和迪克·切尼的精彩节目。

对福克斯电视台，有一点不应低估：尽管它有党派色彩，但它的许多政治报

---

*　"南方小鸡合唱团"，美国三人乐团。美国的乡村乐坛包括其歌迷大多数是保守派的支持者，所以当主唱纳塔利·梅因斯（Natalie Maines）在英国的一场演唱会上表示她对于美国总统小布什来自得克萨斯州感到耻辱，这句话一下子带来了一连串的反应，乡村电台开始封杀"南方小鸡合唱团"，歌迷开始不再购买她们的唱片，她们甚至受到多次死亡威胁。但她们依然坚持当时的立场，并控诉了所受到的不公正的待遇。——译者注

**　美国著名电影制片人，影片《华氏9·11》（Fahrenheit 9/11）的导演。——译者注

道却是一流的。艾尔斯小心翼翼地在金发美女和对法国政治知之甚少却自以为很有修养的评论员——如弗雷德·巴恩斯（Fred Barnes）和查尔斯·克劳萨默（Charles Krauthammer）——之间求得平衡。福克斯电视台主要的政治新闻节目主持人布里特·休姆（Brit Hume），是美国政治最出色的评论员之一。福克斯新闻网常常把美国政治大事件报道得出奇的棒。2002年的中期选举，福克斯特别报道了迈克尔·巴龙（Michael Barone）和巴恩斯，比其竞争对手的报道好得多。

小布什领导下的右派手中出现的另一件武器是互联网博客。与福克斯电视台不一样的是，博客是一种完全自发的现象。博客的创建者基本上只为微不足道的收入而工作。他们通过口口相传——以及鼠标点击——而非广告，来获得追随者。现在他们已经转化成一种互联网现象，拥有巨大的权力。他们评论新闻，提供世界各大报纸有趣内容的链接，利用读者群的智慧，而他们的读者群也遍布全世界。

博客并非保守主义运动所独有。许多博主是左派人士，而两位最主要的右派博主并不是刻板的保守派。我们的一位朋友、《新共和》杂志的前编辑安德鲁·沙利文（Andrew Sullivan）是一流的同性恋作家；格伦·雷诺兹（Glen Reynolds）[他的博客是"博学网"（InstaPundit.com）]是田纳西大学一位持自由意志论立场的法学教授。然而，就像电台脱口秀一样，相对于左派，博客似乎更适合右派。沙利文和雷诺兹赢得了"战争博客"的绰号，因为他们的博客在"9·11"事件的劫后余波中，对反战分子和反犹主义发出怒吼。博主们把主要精力放在揭露主流报纸和电视台劣质的"自由主义"报道上，其中最引人注目的是对《纽约时报》的揭露。博主们在解雇《纽约时报》执行编辑豪厄尔·雷恩斯（Howell Raines）的问题上，起到了煽动性的作用。

保守主义思想也在以一种技术含量较低的形式，沃尔玛之类的超市里传播。许多大销售链是以南方为基地的，它们为一些保守派的产品提供了帮助，并保护右派公民免受低俗的自由主义的侵害。沃尔玛帮助推动以谈论蔬菜为特点的基督教卡通系列《蔬菜总动员》（Veggie Tales）的销售，它占了该系列销售的1/4。[8] 有关基督教世界末日的《末世迷踪》（Left Behind）系列丛书，也是从沃尔玛开始销售的。与此相反，由于男性成人杂志《马克西姆》（Maxim）太过于色情、歌手埃米纳姆（Eminem）太过于粗鲁、歌手谢里尔·克罗（Sheryl Crow）太过于露骨（她曾唱过一首有关沃尔玛出售枪支的歌），因此，他们的作品在沃尔玛都不见踪影。

虽然世界上最大的零售商在为保守派媒体尽心尽力，但保守派媒体就高兴了吗？一点也不。拉什、比尔和肖恩一类的人永远都担心他们依然是面临被吞没的危险的少数。描述媒体片面性的右派书籍上升到畅销书榜首，如伯纳德·戈德堡（Bernard Goldberg）所著的《偏见：哥伦比亚广播公司知情人揭露媒体如何歪曲新闻》（*Bias: A CBS Insider Exposes How the Media Distort the News*），以及安·库尔特（Ann Coulter）所著的《诽谤：左派关于美国右派的谎言》（*Slander: Liberal Lies about the American Right*）。2002年戈尔的指责只是激起了更多的抗议之声。任何傻瓜都能看得出来，重要的自由派报纸和电视频道的数量大大超过右派所拥有的数量。如今，右派劫持媒体的那些畅销书，左派人士也能够轻易做出来，比如阿尔·弗兰肯（Al Franken）于2003年所著的《谎言和正在说谎的说谎者：对右派公平平衡的观察》（*Lies and the Lying Liars Who Tell Them: A Fair and Balanced Look at the Right*）。至少，福克斯电视台和博客平衡了竞争。右派专栏作家的数目前所未有地多：乔治·威尔、威廉·萨菲尔（William Safire）以及《华尔街日报》编辑部作为保守派象征的日子一去不复返了。今天出现在全国各地特稿专页上的，是克劳萨默、巴龙、布鲁克斯、克里斯托尔、布特和弗鲁姆一类的名字。

右派为什么会赢

河右岸在华盛顿的思想战中获得的巨大胜利绝非夸大其词。右派智库现在是两党都用的资源。2002年，数位民主党人［其中包括比尔·克林顿先前的心腹拉姆·伊曼纽尔（Rahm Emanuel）］曾现身传统基金会举行的新国会成员培训课程。拜访一位民主党参议员时，在其办公室里既有可能看到《政策评论》和《旗帜周刊》等杂志，也有可能看到《纽约书评》和《国家》这样的杂志。哪里有思想，政治家就会找到哪里去。

为什么保守主义思想会变得这么重要呢？毕竟，得到资金支持的只有一小部分自由派智库和杂志。与福特基金会、洛克菲勒基金会和麦克阿瑟基金会这样的庞然大物相比，保守派的大型基金会只是小巫见大巫。布拉德利基金会一年分发出的钱，还没有福特基金会一个月的多。美国自由派首先要去拜谒的，是美国最大的报纸《纽约时报》、美国多数的网络新闻组织机构和美国那些巨型大学。简而言之，左派一方有更多的智慧、金钱和资源。然而，无论是在提出具体的政策方面，还是在改变总的舆论方面，左派施加的影响都不如右派。

当然，这部分是因为权力的作用所致。由于白宫和国会都为共和党所把持，自由派的思想就更难为世人所知。大多数保守派会说，这也反映了思想的质量。尽管带有党派偏见，但此话有一定的道理。无论好坏，在过去20年里，大多数能激发人们兴趣的思想都源于右派——就像在韦布时代它们源于左派一样。如果不是因为保守主义思想比自由主义思想更具活力，那么小布什也就不会在白宫，美国军队也就不会在巴格达，而我们当然也不会写这本书了。

但是，河右岸的杰出表现还与他们的关注点和信念密不可分。保守派基金会确切地知道他们所要的东西——以保守主义的方向改变世界，他们也确切地知道如何达到目标——用思想影响政策制定。他们的自由派对手则更加混乱。福特基金会坚持"增强民主价值，减少贫穷和不公，促进国际合作和人类进步"。这些目标都很高尚，但也几乎使任何项目都变得正当合理。自由派基金会仍然参与部分公共政策领域的竞争，但他们把大部分精力放在"草根组织"和各类"社区项目"上，其中很多项目是海外的。福特基金会在第三世界有13个办事处，忙于帮助诸如尼泊尔查提斯毛加（Chattis Mauja）的村民"获得参与运河规划进程"的项目。相对于美国企业研究发起的有关"伊朗的未来：毛拉体制、民主和反恐战争"的辩论，福特基金会的善行对世界固然有好处，但对于所关注的运动却没有什么帮助。

保守派对其事业的信念，其执着程度同样令人印象深刻。回想1973年传统基金会成立之时，除了最最忠诚者之外，谁会有勇气甘愿受朋友嘲笑，在这样一个保守派智库中工作呢？即使这些先驱者如今有钱有势了，保守派智囊中还是存在许多狂热而不健康，却令人愉悦的东西。在布鲁金斯学会或外交关系委员会，老普雷斯科特·布什一定会有宾至如归之感，而如果他一觉醒来，发现自己身处卡托研究所有关"我赞成：为毒品使用辩护"（Saying Yes：In Defense of Drug Use）[这是雅各布·沙鲁姆（Jacob Sullum）2003年5月29日的一个谈话题目]的研讨会，他可能会想要去通知警察。保守派媒体有同样的专注和信念。格罗弗·诺奎斯特认为，"保守派新闻界是自觉的保守主义，是自觉的保守主义团队的一部分。自由派新闻界要比保守派新闻界大得多，但与此同时，它却把自己看成是权势集团的新闻界。因此它充满矛盾冲突，有时候它认为自己对两边都要提出批评"[9]。保守派学者在竞争企业研究所（Competitive Enterprise Institute）之类的机构主持的社会事件讨论会上愉快地发表讲话，或者以参与者而非中立观察者的身份参加诺奎斯特主持的周三上午的聚会。

以同样的精神，保守派智库比自由派智库更冷静。许多自由派基金会及中立的基金会让人感觉把持基金会的那些人只是为了谋生。基金会的存在只为维持其人员——尤其是董事会的大人物和善人——的生计而已。相反，保守派智库像企业一样运转，其产品就是推进保守主义革命。1985年，迈克尔·乔伊斯一接手布拉德利基金会就告诉保守派，不要指望把得到基金会的钱看作是一种权利。

这场管理革命的领路人是传统基金会。埃德·福伊尔纳之所以把传统基金会的旗舰《政策评论》杂志卖给胡佛研究所，只不过是因为他认为可以把钱花在更好的地方。在营销方面，传统基金会推销保守主义思想的激情，丝毫不亚于可口可乐公司推销汽水。它为忙碌的国会议员发明了两页纸的摘要；亲手将研究报告递给国会成员和各行政部门首脑；它备有彩色的索引卡，简练有力地陈述保守派的立场，这对于应邀去做脱口秀的国会议员来说真是天赐之物。人们发现许多民主党人带着愧疚的心情向传统基金会的手册求教，原因就是这些手册实在好用。

据埃里克·奥尔特曼（Eric Alterman）说，传统基金会的电脑里存有3 500多个记者的名字，这些名字按专业分类。传统基金会的工作人员甚至打电话给记者，向他们保证基金会有他们所需的东西。传统基金会的所有研究报告都提供两页纸的简便摘要，并努力使之变成特稿专页。这家智库还有两个电视演播室和一家网站（Townhall.com），该网站提供每天收集到的保守派文章和各种方便的链接。这些链接无所不包——从最新的保守主义事件到传统基金会对安乐死的立场。

传统基金会使河右岸具有另外一个特点：右派特别善于"面面俱到"。传统基金会的散乱方式与美国企业研究所的理性工作之间存在一种古怪的协同关系。美国企业研究所使知识分子能够思考重大的问题：你可以同约翰·洛特（John Lott）谈论枪支问题，他的态度最好不过地反映在《枪支越多，犯罪越少》（*More Guns, Less Crime*）这本书中；你也可以同克里斯蒂娜·霍夫·萨默斯（Christina Hoff Sommers）谈论学校里的性别歧视，她认为男孩比女孩在学校更处于劣势。传统基金会更关注国会中那些需要坚毅果敢精神的事情，这使保守派可以对自由主义正统从两个方向发起进攻——美国企业研究所通过远程轰炸来削弱自由派权势集团，而传统基金会则派遣地面部队占领土地，使之变成保守派的领地。

新的权势集团

如果以另一种方式来看待右派的胜利，人们发现，在小布什的领导下，保守派终于成为一个权势集团了。这部分是一个年龄问题。像传统基金会的埃德·福伊尔纳和美国企业研究所的克里斯·德穆思这样的人，从20世纪70年代以来一直是华盛顿的常客。现在，他们完全像自由派权势集团的显贵一样，成为了华盛顿统治阶层永存的一部分。曾经的愤青现在是居家豪华的显贵，并要去白宫赴宴了。

保守派权势集团和任何权势集团一样，也为人们提供晋升的阶梯。现在，保守派思想家可以在保守主义运动的温情拥抱中度过一生：学生时代为某个保守派基金会资助的校园报纸工作，然后成为传统基金会的年轻实习生，最后成为美国企业研究所的高级研究员，转到保守派的地区性智库芝加哥大学工作，并在即将到来的共和党政府中任职。每个阶段都有许多机会。你对经济学感兴趣吗？那么乔治·梅森大学的人文科学研究所（Institute for Human Studies）为期一周的项目可以帮助杰出的学生熟悉自由市场思想。你是新保守派吗？那么你的首选应该是布拉德利基金会，但你或许应该匆匆造访一下美国企业研究所，并且应该有个人在《旗帜周刊》上介绍你。你是共和党的忠诚分子吗？那么斯凯夫信托基金适合你，不过你可能会在传统基金会找到一个栖身之所。你是自由意志论者吗？那么你应该联系科克家族，在卡托研究所和胡佛研究所有许多人能助你一臂之力。河右岸使它那些最成功的成员名利双收——为他们提供报纸专栏，让他们定期在福克斯电视台上露脸，使他们为保守派听众演讲而得到丰厚的报酬。

迪尼希·德索扎（Dinesh D'Souza）是得到权势集团庇护的一个例子。德索扎是土生土长的印度人，1978年来到美国的达特茅斯学院（Dartmouth College）念书。在那里，他创办了保守派报纸《达特茅斯评论》（*Dartmouth Review*），这份报纸部分由欧文·克里斯托尔教育事务研究所资助。德索扎撰写杰里·福尔韦尔的传记，在里根政府干了一段时间的政策分析员，还担任传统基金会《政策评论》杂志的临时编辑，他的保守派身份增辉添彩。他作为奥林学者在美国企业研究所度过20世纪90年代，在此期间，他著书批判自由派大学和平权法案的邪恶，颂赞罗纳德·里根的美德。这一切都是在他40岁生日之前完成的。德索扎现隐身于西海岸的胡佛研究所，依然是一位多产的作者。

自由派权势集团在20世纪六七十年代有过许多弱点，新权势集团也同样如此。其中之一是偏见。狂热可能会带来智慧之火，可却不会一直客观。批评家在窃窃私语，保守派智囊更热衷于兜售意识形态，而不是催生新的思想。美国企业研究所和卡托研究所因自认为是"没有学生的大学"而侥幸避免陷此窠臼。但传统基金会不就是在兜售白宫路线吗？许多"研究"只不过是意识形态战的武器而已。当然，中立派的布鲁金斯学会比保守派组织更好地抵制了这种屡见不鲜的意识形态把戏。布鲁金斯学会在学校选择问题上与自由派正统划清了界限，至少他们不认为"学券制"是件好事。[10] 传统基金会则几乎不会以这样的意识形态异端邪说来震惊世人。

河右岸的另一大危险是内向性。在智库度过一生的人倾向于为激进主义冒风险。问一位智囊是否需要一种戏剧性的解决方法，无异于问一个野蛮人要不要理发。河右岸似乎在煽动极端主义。比起确定美国学校、医院和政府职能的那些具体细节的问题，保守派更关注把自由企业带到外太空、取消政府部门或推翻沙特阿拉伯政府的研究报告。20世纪60年代，自由派知识阶层把视线转向越南，没有注意到美国街头发生什么事情，因而失去了影响力。目前，右派知识阶层醉心中东，同样的命运也可能降临到他们的头上。

此时此刻，河右岸虽然完全控制了局面，但弄清保守派局势的最好办法是明白，自由派正试图建立自己的此类智库。30年前保罗·韦里奇创建传统基金会的时候，有意识地效仿自由派权势集团建立他的保守派反权势集团，现在自由派开始回敬了。比尔·克林顿的最后一位白宫办公厅主任约翰·波德斯塔（John Podesta）创办了一个新的智库——美国进步中心（Center for American Progress），据说是传统基金会的翻版。杰出的民主党政治家无疑认为，被各种利益集团所支配的民主党非常需要这样一个机构带来一些关注点和前瞻性的思想。

希拉里十分坦率地承认过，毫无疑问，民主党需要一些"新的智力资本"。[11] 然而保守派的优势不仅仅表现在思想上，还在于它拥有一支在全国各地辛勤工作的基层战士大军。他们同样把支票寄给传统基金会，也去参加共和党选区会议，为美国步枪协会游说，参加在华盛顿哥伦比亚特区一年一度的争取生命权的游行。我们现在就要把目光转向这些基层战士了。

注释

[1] 转引自 Gertrude Himmelfarb, *Marriage and Morals Among the Victorians* (New York: Vintage Books, 1987), p.202。

[2] David Carr, "White House Listens When Weekly Speaks," *New York Times*, March 11, 2003.

[3] 大揭秘：我们两位作者中的一位曾经为《旗帜周刊》写过一篇文章（预测托尼·布莱尔在赢得压倒性胜利后不久，将面临悲惨时期）。

[4] Franklin Foer, "After Meritocracy," *New Republic*, February 5, 2001.

[5] Eric Alterman, *What Liberal Media? Truth About Bias and the News* (New York: Basic Books, 2003), pp.35, 39.

[6] Ken Auletta, "Vox Fox," *New Yorker*, May 26, 2003, p.63.

[7] Ibid., p.58.

[8] David Kirkpatrick, "Shaping Cultural Tastes at Big Retail Chains," *New York Times*, May 18, 2003.

[9] 转引自 Alterman, *What Liberal Media?* p.29。

[10] 可参见 Terry M. Moe, *Schools, Vouchers and the American Public* (Washington, D. C.: Brookings Institution Press, 2001)。

[11] Matt Bai, "Notion Building," *New York Times Magazine*, October 12, 2003, p.86.

第七章
胁力

据称威灵顿公爵在滑铁卢战役之前检阅军队的时候曾经这样说过："我不知道这些战士会对敌人产生什么样的影响，但是，上帝做证，他们使我感到害怕。"如果小布什去参加了2003年的"保守主义政治行动会议"（Conservative Political Action Conference），那么他也可能会说出这样的话来。

"保守主义政治行动会议"一年举行一次，由美国保守派联盟组织召开。2003年，聚集到一起参加会议的保守派活动分子超过4 000人，其中1 700人是大学生。会议选在一个周末举行，地点是弗吉尼亚州阿灵顿的一处荒地。与会者聆听着台上迪克·切尼、凯瑟琳·哈里斯（Katherine Harris）以及其他保守主义运动英雄讲话。舞台上装饰着红白蓝三色布*，后面竖着18面美国国旗。会议的内容包括"伊斯兰：是和平的宗教吗？"和"神话、谎言和恐怖：不断升级的激进环保主义威胁"。首次参加这种会议的代表们身着印有"电刑处死穆米亚"（Fry Mumia）**图案的T恤衫；手举写有"给战争一次机会：通过优势火力赢得和平"的海报；佩戴刻有"打击犯罪——反击"字样的引人注目的徽章；购买吟唱小布什总统经典语录，如"我们竭尽全力把食物摆上你家餐桌"的玩具娃娃。会议期间最受欢迎的展出之一是"反克林顿图书馆"（Counter-Clinton Library）模型。从事右派大阴谋的阴谋分子，打算在

---

* 美国的国旗颜色是由这三色组成的。——译者注

** 穆米亚·阿布·贾迈尔（Mumia Abu Jamal），新闻记者，曾是美国黑豹党党员，被捕时是美国全国黑人记者协会主席。1981年11月9日被警察枪击后被捕，1982年以谋杀警察为名被判死刑。很多人认为对贾迈尔的审判过程不公正，他被判死刑的真正原因是他积极反对警察暴力、保卫工人权利。1995年宾夕法尼亚州州长所下的执行死刑的法令在上万人示威反对的情况下被迫取消。当年审判时的起诉方证人维罗尼卡·琼斯现在承认，她当时是在警察的威胁和引诱下提供证词的。有关组织要求宾夕法尼亚州法院重新审理该案。目前贾迈尔仍是死刑待决犯。——译者注

阿肯色州小石城克林顿图书馆数步之遥的地方建这样一个图书馆，令该图书馆引以为豪的是，里面将有"希拉里羞耻厅""克林顿人员伤亡厅""《致命赌徒》画廊"*以及"内务部"**。有件事却并不叫人觉得很有趣——有个人在兜卖写有"没有穆斯林＝没有恐怖主义"字样的贴纸且生意一直很好——直到副总统办公室派人叫他别叫卖了。

在政治中，如果光有智力而缺乏膂力，那是走不了多远的。保守派智库高踞由保守派活动分子构成的强壮身躯之上——"保守主义政治行动会议"成员以及全国各地同他们思想相通的成千上万的基层战士，正是那些一家一户去敲门、签署请愿书、给脱口秀节目打电话以及参加选区会议的人——他们至关重要。这一身躯中的很大一部分，不仅致力于击败民主党，还要使共和党保持协调一致。小布什领导的白宫十分清楚它要求基层战士做什么。白宫指引人们花大量时间去追求共和党不同选区的目标，或至少使各个选区感到快乐。而最后的审查官是卡尔·罗夫。

几乎没有哪个执行者与总统之间的关系像罗夫与小布什那样密切。小布什如此重视他的顾问，以至于他给罗夫取了两个绰号："天才小子"（Boy Genius）和"能让牛粪开花的人"（Turdblossom）。罗夫还身兼二职。过去也曾有政策制定者与总统之间有着非同一般的密切关系——哈里·霍普金斯（Harry Hopkins）长期生活在富兰克林·D.罗斯福的白宫，但相对而言，他们与选择政治候选人和选举政治这样的肮脏勾当几乎没有什么牵连。与此相反，也曾有政治顾问远离那些细枝末节的事情，如李·阿特沃特和克林顿的助手詹姆斯·卡维尔（James Carville）。罗夫则两头兼顾，从回避干细胞研究到征收钢铁税，所有那些小布什做出的最具争议的决定，都有他一份。与此同时，罗夫是共和党全国委员会真正的头，共和党候选人的首席审查官，与保守主义运动保持联系的主要牵线人。

罗夫对保守主义运动有着广泛的了解。在右派后方各地的基层战士中，很多人同罗夫保持直接联系，这真令人吃惊。有位"保守主义政治行动会议"活动分子向一群朋友吹嘘自己有罗夫的手机号码，其激动的口吻就像其他学生吹嘘自己有"小甜甜"

---

* 美国电影《致命赌徒》（*The Grifters*），1990年拍摄完成，导演是斯蒂芬·弗里尔斯（Stephen Frears）。影片讲述了约翰·丘萨克（John Cusack）与其母亲女友三人联手布下骗局行骗，却又尔虞我诈的故事。——译者注

** 此处内务部是暗讽克林顿的家庭矛盾，并不是指美国政府的内务部。——译者注

布兰妮（Britney Spears）的手机号码一样。

这些活动分子种类繁多，罗夫的工作因而也十分复杂。参观"保守主义政治行动会议"，你会发现电话亭广告的内容从君主制到无政府状态，无所不包。活动分子对"保守主义"的忠诚度，往往不及对上千个不同事业中具体的某一个——如保留邦联旗帜、禁止堕胎、削减资本增值税——那样深。这同时又使人想起了那支大军——但此刻却是一支中世纪的大军。君王小布什可能把他的旗帜插在中央，但他的军队却身着其他事业的制服。

这支大军的士兵大致可分为两类：反制政府的反叛者和社会保守派。前者想要限制华盛顿对其生活、枪支和钱包的支配，后者则想要扭转他们眼中的文化沉沦和社会解体。总的来说，罗夫和小布什设法使双方都高兴（尽管反制政府的一翼和社会保守派有时都会焦躁不安）。然而，双方的世界观明显都比小布什极端得多。在法国巴黎，小布什这位"有毒的得克萨斯人"看起来可能像一个右派极端主义者，然而，在得克萨斯州的巴黎*，他可能只是一只软脚虾。

如今政府的规模更小了

对政府充满敌意可以说是美国右派的主要爱好。从生活在洞穴中，四周都是自动武器，依靠军队配给的疯狂的活命主义者，到专心阅读罗伯特·诺齐克（Robert Nozick）的《无政府、国家与乌托邦》（*Anarchy，State and Utopia*）一书的讨论团体，这种敌意的表现有多种形式。在克林顿时代，偏执狂有时会感情用事，但小布什当政时，他们的心态平和多了。

表面上，这很古怪。因为他们如果真的痛恨政府，就实在应该痛恨喂养政府这一巨怪的总统。小布什允许政府花钱送火箭上天，他引入钢铁税，通过使机场安全"联邦化"而创造了两万个联邦工作岗位，签署破纪录的一个农场法案并支持有关攻击性武器的禁令。正如保守派所见，签署"自由派"的竞选资金法侵犯了《宪法第一修正案》赋予的权利。白宫怎么会没有遭到全面反叛？

一种解释是右派不那么偏执了。在小布什参加总统选举之前，一些持反制政

---

* 指得克萨斯州的帕里斯（Paris），其英文拼写与"巴黎"一致。——译者注

府立场的保守派就认识到，形势要失控了。俄克拉何马城的爆炸使许多人停下来思考；纽特·金里奇丢掉了众议院议长的职务，显示出以愤怒作为政治战略的局限性。"9·11"事件以后，即使是蒙大拿州积极支持持枪权的人，也意识到安全与自由之间的平衡应该朝安全方向调整。不过根本原因在于，反制政府的团体依然把小布什看作"我们的一员"。小布什有时给他们一些好处，更多的时候则是暗示他会给他们好处，从而得到他们的认可。这种做法对于三个最大的反制政府的保守派团体都适用：反对税收的十字军战士、支持持枪权的活动分子以及保护地产权的活动者。

右派中的反税团体——曾是共和党中反叛小布什的一翼——得到的好处最多。小布什通过2001年和2003年两次大规模的减税以及2002年一揽子小幅的刺激计划，得到了这一翼的认同。小布什政府与华盛顿的两个压力集团开展了紧密的协调工作：一个是格罗弗·诺奎斯特领导的"为了税改的美国人"（本书的导论已对每周三晨会做过描述）；另一个是史蒂夫·穆尔（Steve Moore）领导的"增长俱乐部"。与这些压力集团的联系，既有私人和组织因素，也有意识形态的因素。罗夫与诺奎斯特是多年的朋友，罗夫曾帮助"为了税改的美国人"募集资金，并保证每年参加数次诺奎斯特的星期三会议。从在西弗吉尼亚州、密苏里州、北卡罗来纳州等边缘州建立反税运动，到招募道德少数派，这两个人在所有的事情上都合作过。例如，罗夫就曾对诺奎斯特1998年创办的伊斯兰自由市场研究所（Islamic Free Market Institute）施以援手，该组织的目的是把穆斯林拉到共和党的怀抱中来。据说，诺奎斯特曾经说服罗夫，削除股利税这一税制改革，不仅会使美国富人得到大笔金钱，而且也将广受欢迎，因为50%的美国人和70%的美国选民都拥有股票。

这种战术结合扩展到了立法中。2003年，就在复活节国会休会之前，两位温和的共和党参议员——缅因州的奥林匹亚·斯诺（Olympia Snowe）和俄亥俄州的乔治·沃伊诺维奇（George Voinovich）——由于担心可能会出现更大的预算赤字，迫使国会将小布什的第二个大减税计划减半，10年中仅减税3 500亿美元。小布什把求救信号发向全国，委派政府高官到26个州推动一项至少减税5 500亿美元的计划。穆尔和诺奎斯特的基层战士也行动起来了。他们对于温和派代表了财政公正这样的看法嗤之以鼻。难道奥林匹亚·斯诺不是像民主党人那样对政府开支充满热情吗？他们还想出了一个规避3 500亿美元限制的妙计，限制只适用于防阻碍议程*（议案在参议院只需51票的简单多数就可获得通过，而不需要60位参议员的支持）的那部分减税数额。他们指出，特别决议也允许超过1万亿美元的非防阻碍议程的减税计划。为什么不将一些广受欢迎的减税内容，如增加儿童的税收抵免，放进第二个类别里呢？ 60位参议员肯定会投票支持这个类别吧？这样，3 500亿美元的减税数额就可以用于小布什那更具争议的消除股利税上面。这个诡计只成功了一半，但是它显示了右派减税派的机智战术。

这种政治活动在各州州府被效仿。无论其机能如何不良，反对税收都是团结各地共和党的最佳途径之一。企业家们也受此诱惑。虽然小布什的白宫充斥着各种类型的大企业家，但罗夫也重视小企业界。几乎没有哪个组织会像美国全国独立企业联合会那样受到款待。正如我们在本书第四章所看到的，自从1994年的希拉里保险计划以来，美国全国独立企业联合会在反对政府开支和约束上都是一个可以信赖的组织。美国全国独立企业联合会远比它的大企业同行激烈，它在州一级和地方的选举中推出了7 500名候选人。从放松管制到侵权改革，再到取消"遗产税"，几乎在所有问题上，这个代表了60万小企业的组织都被证明是小布什的忠实盟友。每当总统讲到经济问题，白宫都特别重视推出美国全国独立企业联合会的成员。

枪炮与选票

反制政府的第二个保守派团体是在持枪权的名义下汇集到一起的。拥有400万会员的强大的美国步枪协会与美国退休人员协会（American Association of Retired Persons）争相成为美国最成功的游说集团。美国步枪协会拥有现代招权纳贿的全副武装。它在国会山有一个科技水平先进的办公室，一个电话推销部门以及一个韦恩·拉皮埃尔式的引人注目的头脑。但最重要的资源是会员的承诺。在全国各地，美国步枪协会有100万个选区层级的政治组织者。选举时，在一个投票率只有50%的国家里，该组织草根阶层参加投票的人数可以达到95%。这意味着美国步枪协会在势

---

* "防阻碍议程"（filibuster-proof）：在美国国会，如参议院，议员为阻止某项议案的通过而采取阻碍议程的战术，为防止这一战术，参议院规定，防阻碍议程的门槛要达到2/3的议员，即67票（1917—1975年）。1975年后，这一门槛降低到3/5，即60票。——译者注

均力敌的选举中，可以轻易左右选举结果，基督教联盟衰落后，它的地位更加重要了。与此同时，美国步枪协会任命格罗弗·诺奎斯特和美国保守派联盟主席戴维·基恩（David Keene）为理事会成员，更广泛地加强了自己与保守派世界的联系。

拉皮埃尔把2000年的选举描述为美国《宪法第二修正案》*历史上最重要的选举。克林顿政府不仅将该组织拒之白宫门外长达8年之久，并且支持攻击性武器的禁令和对手枪的限制。美国步枪协会害怕戈尔会加快对持枪权的不断进攻，并最终使最高法院朝反对《宪法第二修正案》的方向倾斜（事实上，戈尔的立场更像充满野心的南方民主党人。戈尔这位来自田纳西乡村的年轻国会议员支持持枪权。随着他不断爬上民主党的高层，他赞成各种形式的枪支控制。最后，当他在民主党提名中稳操胜券时，为取悦猎鹿州的工人阶级白人男性，他在持枪权问题上表现得犹豫不决）。美国步枪协会对戈尔一丁点儿都不信任，但认为小布什保有良好的记录。小布什曾在得克萨斯州签署了两项有利于持枪权的法案并使之成为法律——一项是允许人民暗藏武器，另一项是使地方政府更难控告枪支生产商。在共和党全国委员会的一次庆典活动上，拉皮埃尔作为主席之一，为小布什的竞选募集到2 130万美元。美国步枪协会至少在阿肯色州、田纳西州和西弗吉尼亚州这三个州，为小布什击败戈尔立下了头功。

美国步枪协会在投资中得到了什么样的回报呢？2000年的竞选期间，美国步枪协会副主席凯恩·鲁滨孙（Kayne Robinson）犯了一个灾难性的错误——有人在一卷录像带上逮住了他吹嘘的话，他说："如果我们赢了，我们就会有一位总统……一位我们可以在他办公室外面进行活动的总统……一位与我们有着难以置信的友好关系的总统。"自那以后，小布什政府一直小心翼翼地同该组织保持距离。美国步枪协会没有一个人在白宫任高级职务，小布什对支持飞行员暗持武器（"9·11"事件以后美国步枪协会的热门话题）也表现得不冷不热，他也没有撤回自己签署禁止攻击性武器的保证，这一立场使开着旅行车带着孩子参加体育运动的妈妈们感到高兴，但同样也激怒了那些死硬的持枪权活动分子。

尽管如此，如果就此得出结论说美国步枪协会白费心机，那就大错特错了。枪支游说集团避免了自己最大的噩梦——《宪法第二修正案》被最高法院推翻。它对众议

---

* 美国《宪法第二修正案》的具体内容为：纪律良好的民兵队伍对于一个自由国家的安全实属必要，故人民持有和携带武器的权利，不得予以侵犯。——译者注

院多数党共和党的影响力也得到了加强。小布什政府已许诺支持美国步枪协会主要关心的优先立法事项——一项保护枪支生产商和交易商不受诉讼的法律。就连小布什签署禁止攻击性武器的承诺都有点可笑。众议院多数党领袖汤姆·迪莱引证道，由于国会共和党领导核心缺乏热情，因此已承诺不对这项立法进行辩论，而小布什也拒绝向共和党同道施加任何压力，要他们改变主意。这一结果对于共和党来说是个完美的妥协。小布什夸耀说他有意取消攻击性武器，从而在温和派选民那里得分；汤姆·迪莱保证上述立法议案不会送到总统桌上，从而得到了枪支拥有者的支持。

美国步枪协会尤其喜欢小布什的第一位司法部部长约翰·阿什克罗夫特。阿什克罗夫特在2000年的参议员选举中尽管没有成功，却是得到美国步枪协会金钱支持最多的人。经历了珍妮特·雷诺那些压抑的岁月之后，阿什克罗夫特被美国步枪协会描述为"一阵清风"。2002年5月，司法部一反几十年的官方哲学，在最高法院争辩说《宪法第二修正案》保护的是个人拥有枪支的权利，而非各州组织民兵的集体权利。[1] 全国已经有几十个人引用这一针对《宪法第二修正案》的解释，来挑战对他们持有枪支的定罪。"9·11"事件之后，阿什克罗夫特采取的两项政策使人吃惊不已——他不仅试图销毁联邦数据库里的枪支销售记录，还试图禁止联邦调查局在对恐怖主义的调查中使用这些记录，他还拒绝支持重新授权攻击性武器的禁令，这使他从听证会的支持立场上后退了。

自由公园

我们已经对那些披着不同外衣组成小布什支持大军的团体做过评论，如美国步枪协会。但这种封建式的影响力还可以继续延伸。美国步枪协会不仅把自己的军队带到小布什的旗帜下，还带来了一个全国各地松散的亲属集合体。

"自由公园"是西雅图郊区繁荣的贝尔维尤市（Bellevue）的许多小型办公区之一。该区拥有微软公司的几个副产品，沿路走十分钟即可到达。在停车场停靠时，目光敏锐的人会看到那些汽车保险杠的招贴广告上写着"枪支越多，犯罪越少"的字样。但只有当你真正进入"自由公园"那些办公室的时候，才会明白"自由公园"是怎么回事。在保留和拥有武器权力公民委员会（Citizens Committee of the Right to Keep and Bear Arms）的一间办公室里，志愿者们组织人们群发邮件，抨击赞成持枪权需要经过烦琐的程序，还有更多的汽车保险杠招贴广告（广告上面的文字有"《宪法第二修正案》就是国土安全""别烦我：我在填补弹药"等）。该委员会是"第二修正案基金会"（the Second Amendment Foundation）的产物，但在"自由公园"里面，还有"捍卫自由企业中心"（Center for the defense of Free Enterprise）以及各种自由意志论和保守派事业的服务机构——他们组织直邮竞选，通过电话进行销售，还做广告。

"自由公园"基本上是艾伦·戈特利布（Alan Gottlieb）的作品。他的帝国还包括一个与100多家电台保持联系的全国性脱口秀电台网，各种各样的书籍出版说明，和位于萨克拉门托、纽约以及华盛顿哥伦比亚特区的几个赞成枪支持有的游说集团。这些组织的年预算超过1 000万美元。戈特利布也是主办保守主义政治行动会议的美国保守派联盟理事会成员。

坐在乱糟糟的办公室里，戈特利布承认，自己过去不太可能是一个枪支爱好者。他的办公室在一个非常显眼的奇特装置下面——这个装置的一部分是把扫帚，另一部分是把枪，两者组成了一把"进攻的扫帚"。他是生于洛杉矶、长于纽约的犹太人，1965年，他为共和党人约翰·林赛（John Lindsay）竞选纽约市长效力而使身为民主党的父母感到不快，不过他很快为没有支持威廉·F.巴克利堂吉诃德式的保守主义挑战而感到后悔，并积极投身巴克利的"为了自由的美国人"组织。他对枪支问题感兴趣，主要是出于自由意志论者的观点。1974年，由于对尼克松引入工资控制感到愤怒，对美国步枪协会的扬扬自得感到不满，戈特利布用属于自己的500美元在西雅图一间摇摇欲坠的办公室里创办了"第二修正案基金会"，该机构拥有65万成员，自我定位为教育和捍卫法律的组织，但它的路线比美国步枪协会更加咄咄逼人，是提出直接邮寄枪支的先驱。

"自由公园"也显示了右派的另外一个特点：其基层战士愿意在几种不同的目标下立即投入战斗。许多枪支持有的热情支持者对税收问题不以为然，但他们也支持西部大牧场主的地产权（就像多数大牧场主支持枪支游说一样）。这就是为什么与戈特利布比邻的会是罗恩·阿诺德（Ron Arnold）和"捍卫自由企业中心"。戈特利布于20世纪70年代创办了地产权团体，但据他自己承认，1984年阿诺德参与进来后，该组织才真的运转起来了。阿诺德是波音公司的前管理人员，他说，在塞拉俱乐部（Sierra Club）还是一个"资源保护"组织的时候，他就是该组织积极的活动分子，但当20

世纪70年代塞拉俱乐部变成一个他所定义的致力于仇视资本主义的"环保主义"运动机构时，他转向了。从那时起，他就开始与各方势力角力：分区法、《濒危物种保护法》（*Endangered Species Act*）、《清水法案》（*CleanWater Act*）、美国森林局以及联邦地产拥有者促使政府对大牧场主使用更大权力的努力。

阿诺德的"捍卫自由企业中心"现有1.5万名成员，是右派反制政府的另一股力量。地产权运动汇集了各种利益：大牧场主和农场（尤其是在西部）的利益，把车开进国家公园从而远离都市喧嚣者的利益，大伐木公司的利益，还有渔民和矿工的利益。这些人之所以团结在一起，是因为他们都痛恨政府在西部拥有太多的土地。他们都害怕那些身在远处的官僚会听从生活在城市里的环保主义者的指令，践踏他们的权利。有些地产权团体的人要求使公地私有化，他们中的大多数人只是要求增加进入公地的机会，给予那些因环境法规而不能开发自己地产的人更慷慨的补偿，并且撤回政府的管制——尤其是对采矿和伐木的禁令。勤劳的美国乡村人民与关心猫头鹰胜于乡村工人的城市环保主义者之间难解难分的生死斗争，使得共和党在西部成为选票的大赢家。

就像枪支拥有者一样，支持地产权的人不仅有自己的宪法修正案（《宪法第五修正案》*既保证保持沉默的权利，又限制政府的征用权），还有他们自己的组织网络和活动分子。因为都是大牧场的管理者，因此这些人的利益被结合到了一起。山地州法律基金会（the Mountain States Legal Foundation）为他们提供律师。竞争企业研究所在华盛顿哥伦比亚特区能够发出很大的声音。蒙大拿州博兹曼（Bozeman）的政治经济研究中心（the Political Economy Research Center），即广为人知的PERC，提供抨击的弹药，以证明自由市场的环保主义的正当性。而自由意志论的右派并未完全团结在地产权的主题上。阿诺德依然在嘲弄卡托研究所，该研究所觉得把太多的关注放在了大牧场主的"补贴"水问题上。对于西部地产权运动来说，个人在公地上拥有私人地产的想法，是不可剥夺的原则。

环保人士认为，地产权运动是大企业的工具。一些先前的案例的确是为了保护

---

* 第五修正案规定，无论何人，除非根据大陪审团的报告或起诉，不得受判处死罪或其他不名誉罪行之审判，在陆海军中或发生在战时或出现公共危险时服现役的民兵中的案件不在此限。任何人不得因同一罪行而两次遭受生命或身体的危害；不得在任何刑事案件中被迫自证其罪；不经正当法律程序，不得被剥夺生命、自由或财产。不给予公平赔偿，私有财产不得充作公用。——译者注

大伐木公司和矿业公司的利益，但就大部分案例而言，大多数活动分子是由于受到这样或那样不公正对待的刺激而采取行动的，因此这一运动确实是自下而上的。运动中最著名的活动分子是查克·库什曼（Chuck Cushman）。1978年，美国国家公园局企图强行购买他在约塞米蒂（Yosemite）国家森林公园的小木屋，之后他成立了美国土地权协会（American Land Rights Association），该团体现有2.6万名会员。该运动现在的急先锋是内华达州的牧场主韦恩·黑格（Wayne Hage），他在为争取补偿而战，20年前联邦政府从他手中夺走了古老的水权。（有一次黑格在放牧牛群时碰上了森林局的两个代理商，他问他们："为什么要做这件事？"这两个无地自容的森林局仆佣回答道："因为我们有上级命令。"）

小布什在第一个任期里拿捏得恰到好处，使西部的地产权运动站在他那边。他并没有使法律发生任何大的变化，但内政部长盖尔·诺顿（Gale Norton）、众议院资源委员会共和党主席理查德·庞勃（Richard Pombo）和第二任环保署署长迈克·莱维特（Mike Leavitt）[他接替托德·惠特曼（Todd Whitman）担任这一职务]，都对这一运动持同情态度。小布什减少兴建新国家公园，允许摩托雪橇进入黄石公园，努力开放北极圈保护地的石油钻探，鼓励五角大楼免受《濒危物种保护法》的限制（使武装力量的射程更自由），他对"克林顿的环保主义彩车"踩下了刹车。准确地说，这些并不是地产权者的胜利，但是绿色环保事业的失败，对许多西部人来说，效果是一样的。

上帝与我同在

对小布什和罗夫来说，与聚集在"自由公园"里那些反制政府保守派打交道的一大优势就是，尽管这些保守派说话刺耳，但他们都明白政治是一种可能性的艺术。他们中许多人是商人，而商人的天性就是做交易。例如，很难说戈特利布和阿诺德狂热地支持小布什担任总统。"9·11"事件后，戈特利布忧心政府的膨胀，他倒宁愿看到新的政府实体的"末日"，迫使国会考虑取消它们。他也对约翰·阿什克罗夫特随意刺探人们的生活感到不满。与此同时，他明白小布什面临将共和党黏合在一起的压力，就像阿诺德清楚需要确得到美国另一端的温和派环保人士的选票一样。在2004年的选举中，来自"自由公园"的基层战士与美国步枪协会一道，在小布什的营垒中快乐地并肩战斗。

相反，社会保守派则是极端主义者。他们团结在他们认为神圣的两大事业的旗帜下："生命"（必须从堕胎者手中挽救生命）和"家庭"（必须从同性恋者手中拯救家庭）。如果你认为生命是神圣的，那么就算堕胎的是强奸受害者，你依然会把堕胎看成谋杀；如果你认为同性恋是罪恶的，你就不会同意让他们进行同性结合，却没有完整的婚姻。

对于小布什来说，更糟糕的是社会问题恰恰疏远了游离选民——尤其是郊区妇女。在美国，表现得太过于反制政府可能并不容易，尽管纽特·金里奇在某种程度上做到了这一点。但是，表现得太过于保守则很容易，就像共和党20世纪90年代在加利福尼亚州的堕胎和同性恋问题上的表现一样。这一切使得社会保守派成为小布什领导的白宫极难拉拢的一个团体。小布什与社会保守派之间的关系就像一桩麻烦不断的婚姻，一会儿是怒火中烧和泪水涟涟的道歉，一会儿是连日闷闷不乐和激情迸发，一会儿又是试图分手和互相爱得死去活来。

怒火爆发于2003年4月，起因是白宫对著名的社会保守派里克·桑托勒姆（Rick Santorum）所做评论的反应。在一次访谈中，这位参议院共和党第三号人物把同性恋的性爱等同于重婚罪、一夫多妻制、乱伦和通奸，断言鸡奸是与健康家庭"背道而驰的"，并宣称："我认为同性恋没有什么问题，有问题的是同性恋行为。"桑托勒姆只不过表达了共和党正统派的观点，共和党党纲特地将同性结合排除在婚姻的定义之外。然而，当桑托勒姆被共和党所谓的自由派媒体狠狠挖苦时（这是意料之中的），白宫却没有人站出来为他撑腰。这激怒了社会保守派。菲利斯·施拉夫利将权力核心的保护描述为"软弱无力"，保罗·韦里奇称之为"半心半意"。

他们的部分怒火是日积月累的。社会保守派害怕共和党权力核心在同性恋婚姻问题上出卖他们，就因为小布什需要吸引温和派选民。桑托勒姆开口说话之前，社会保守派就已经对2003年3月共和党主席马克·拉西科特（Marc Racicot）与同性恋游说集团"人权运动"（Human Rights Campaign）之间的一次秘密会见感到愤怒。而这一切在他们看来是一种令人担忧的发展趋势——"避孕套布什"*之子拒绝支持这个社会最根本的制度。他不是不动声色地去除了2000年费城共和党大会上的反同性恋言辞吗？

---

* "避孕套布什"是众议院同僚给老布什总统起的绰号，因为他是计划生育的大力提倡者。参见本书第一章"老布什南下得克萨斯州"一节中的内容。——译者注

他不是在政府中任命了几位身份公开的同性恋者吗？这些任命中包括一名大使和美国艾滋病政策办公室（Office of Natinal AIDS Policy）先后两任负责人。

桑托勒姆事件后，著名的社会保守派与拉西科特的会见使他们的不快有根有据了，他们使拉西科特承诺与"革新后的"前同性恋团体会面。但社会保守派事业的忠诚者还是感到紧张。加里·鲍尔（Gary Bauer）大声疾呼："草根阶层再也不能忍受继续在这些道德问题上含混不清。"接替他担任"家庭研究委员会"负责人的肯尼思·康纳（Kenneth Connor）说："心不齐，事不成。"拥有近200家电台的唐·怀尔德芒（Don Wildmon）牧师宣称，如果共和党继续向同性恋者献殷勤，他们就走人。

当小布什最终要求修宪以禁止同性恋婚姻时，社会保守派松了一口气，并且在2004年的选举中以创纪录的人数投票支持他。然而小布什的其他背叛行为并没有使社会保守派放下心来。例如，他为什么要把伊斯兰教称为一个和平的宗教？在小布什可能任命一位温和派（比如艾伯特·冈萨雷斯）接任最高法院中将要退休的大法官问题上，社会保守派依然态度僵硬。老布什1990年任命戴维·苏特（David Souter）为最高法院大法官。打那以后，苏特在大多数问题上都采取自由主义的立场，在堕胎问题上更是如此。提到这件事情，菲利斯·施拉夫利说："我们不能忍受又一个戴维·苏特。"保守派中流传着这样一个笑话："西班牙语中苏特是怎样发音的？""冈萨雷斯。"

具有讽刺意义的是，社会保守派坦率地承认，小布什是他们有过的最好的总统。部分因为他们发自内心地认为，他是"他们中的一员"——一个正直的人。在小布什的整个总统任期里，基督教保守派对小布什的支持率出奇的高。曾经为两位布什总统效力的福音派信徒道格·威德（Doug Wead）在2000年竞选时美国公共广播公司（Public Broadcasting Service）的系列纪录片《前线》（Frontline）中这样说道：

> 每种亚文化都有自己的语言和变调。有时候，正是因为强调了某个单词中的一个音节，或者是一个单词念得不齐，你就马上可以认出某某人是来自与你相同的亚文化。而福音派亚文化在这一点上也是一样。当小布什与福音派基督徒相遇时，他们立刻就知道，他是他们中的一分子。[2]

尽管韦里奇对小布什没有支持桑托勒姆感到焦躁，但他还是欣然承认，小布什总统在社会问题上的记录比德高望重的罗纳德·里根还要好。正如本书第五章中所提到过的，小布什给予社会右派很多很多，足以让他们高兴不已：进行节制教育、签署对晚期堕胎的禁令、禁止克隆、在干细胞问题上取得了一半的胜利等。但他们要的比这多得多。

这就是为什么白宫在应对社会保守派时处于难以平衡的窘境。一方面，小布什和罗夫完全清楚假装对堕胎问题和同性恋持宽容态度的代价。他们也看见了阿诺德·施瓦辛格（Arnold Schwarzengger）在加利福尼亚州取得的胜利。这体现了求同存异的共和主义的巨大可能性。施瓦辛格是一个赞成同性恋和妇女自由选择节育的共和党人，因此他在共和党已经不抱指望的这个州大获全胜。另一方面，如果社会保守派不去投票，那么小布什的事业会遭到巨大的打击。仔细翻阅2000年的选举结果，共和党人发现统计数字令他们恐惧：1996年投过票的400万基督教保守派，2000年并没有去投票，而2004年他们重新回来投票，这是小布什赢得选举的一大原因。

在阵营内部

白宫还要考虑另一大挑战。基督教右派不再是一群只是在选举日去投票站的局外人了，他们完全处于共和党阵营的内部。基督教保守派等级制的守卫者已经发生了某些变化。一种普遍的疲乏氛围压过了基督教右派更为常见的东西。在经年紧张的活动主义之后，最杰出的福音派信徒最后都筋疲力尽、才思枯竭，代之而起的是新的机构和领袖。

基督教右派最有名的组织依然是基督教联盟。拉尔夫·里德创办的这一组织仍然同一些国会领袖关系紧密，著名的有汤姆·迪莱和里克·桑托勒姆。在2000年的选举中，该组织分派了7 000万的选民指导，广播节目中充斥着支持小布什的节目，并且帮助制止了麦凯恩的造反。然而自从里德1997年9月离开，基督教联盟一直处境艰难。它宣称自己依然拥有大约200万会员，这几乎可以肯定是夸大的不实之词。其他数据显示，会员人数不超过40万。该联盟的政治捐赠从1996年创纪录的2 650万美元，下降到2000年的300万美元左右。组织裁员放弃了一个次要的扩展项目——撒马利亚计划（the Samaritan Project），且官司缠身——黑人雇员称，一起参加祈祷会时，基督教联盟的领袖们显得"不自在"。2002年基督教联盟在华盛顿哥伦比亚特区举行的年会上了无生气。即使这次会议是与著名的福音派电视节目主持人乔伊斯·迈耶（Joyce Meyer）共同主办的，会场也没有坐满，唯一促使忠实的会员去参加这次会议的原因在于会议涉及以色列这一国外问题。

基督教联盟的问题也在宗教右派的其他地方有所回响。拉尔夫·里德和加里·鲍尔的半退休状态使这一运动失去了言辞清晰的鼓动家。没有退休的老兵帕特·罗伯逊和杰里·福尔维尔，则使这一运动的吸引力受到限制。罗伯逊和福尔维尔没有给基督教右派带来什么益处，"9·11"事件发生后，他们说由于美国已变成一个充斥着堕胎、同性恋和世俗价值的国家，因此是上帝让恐怖分子来袭击美国的。

然而，基督教右派并未完全消失。基层战士放弃了旧的旗帜，重聚在新的旗帜下了。最重要的新旗帜要数"关注家庭"，即我们在导论中提到的那个科罗拉多斯普林斯市的团体。"关注家庭"既不像基督教联盟那么有名，也不具明显的政治性，但在保持影响力方面，它的记录更佳。该组织于1977年由吉姆·多布森创办。时光回转，那时候多布森还是一个没有什么名气的学者，他是南加利福尼亚大学医学院小儿科的终身教授，著有一本有关发育困难的教科书以及署他名字的若干篇学术论文。后来他出版了《勇于管教》（Dare to Discipline）一书，这本父母指南至今已售出了300多万本。随后出现了大批此类书籍，大多数的主题都是如何在一个满是敌意的世界里抚养孩子。多布森已经把"关注家庭"扩大为一个年收入超过1.3亿美元的组织。在美国，他的读者、听众和观众达2 200万之多，而在世界范围内则可能有2亿人。"关注家庭"在科罗拉多斯普林斯市85英亩的"校园"是如此之大，以至于它有自己的邮政编码和高速公路入口。

多布森不像拉尔夫·里德那样全然是一个政治动物。"关注家庭"总部的人对政治怀有戒心（这不仅仅是因为美国国税局的法规禁止其直接参与政治活动）。多布森反复对支持者说，他们的首要义务是教会。"关注家庭"1.3亿美元的年预算中，只有大约5%用于公共政策。"关注家庭"组织的人说，堕胎这类事是道德问题，而非政治问题。然而，由于多布森自己的根本信仰是认为家庭是任何健康社会的基础部件，而在美国有股强大的力量反对这一点，因此，多布森不可避免地被迫要对堕胎和其他在政治上受责难的问题——如同性恋、克隆和学校祈祷——表明立场。例如，2003年8月，对于是否应允许亚拉巴马州的首席法官罗伊·穆尔（Roy Moore）在州法院大楼前保留一个刻有"摩西十诫"（Ten Commandents）的纪念碑的争论，多布森走访了该州首府蒙哥马利市,对穆尔表示支持,并把穆尔的战斗称为"反抗司法暴政的斗争"[3]。"关注家庭"的网页上贴有"摩西十诫行动中心",告诉人们如何参与这场争论。[4]

多布森在老大党内有巨大的影响力。例如,他帮助建立了家庭研究委员会,以便在华盛顿哥伦比亚特区为"传统的家庭价值"游说,家庭研究委员会现有会员45万。其展示自己力量的一个例子是在2002年。当时,共和党的工商界一翼试图改革美国的破产法。来自纽约州的民主党参议员查尔斯·舒默(Charles Schumer)巧妙地把一款用于镇压反堕胎抗议者的内容附加到法案上。国会中的许多共和党人起初乐于忍受这一点,但"关注家庭"的政治主任汤姆·明纳里(Tom Minnery)开始行动,向国会解释多布森的不满。多布森自己则谴责汤姆·迪莱企图让议案在众议院进行表决。"关注家庭"敦促它的成员与国会议员进行接触,尤其是同汤姆·迪莱接触。议案被取消了。2003年,"关注家庭"的主席唐纳德·保罗·霍德尔(Donald Paul Hodel)(顺便说一下,他曾在里根的内阁中任过职)写了一封信给《旗帜周刊》,抱怨有篇书评敦促福音派信徒要将宗教与政治区分开来。霍德尔写道:"如果没有数以百万计基督徒的辛勤工作和选票,就不会有国会两院中共和党的多数党地位,就不会有布什父子的总统职务,就不会有这么多的共和党州长,就不会有这么多共和党控制的州议会,这就是事实。"[5]

"关注家庭"对地方共和党也有影响。"关注家庭"成员晚上回家后,仍是基督教保守派,他们以个人的能力(他们完全有这种权利)反复出现在地方选区会议上。例如,1997年至1999年,明纳里曾担任埃尔帕索县(科罗拉多斯普林斯市在其境内)的共和党副主席。当地有位定期与"关注家庭"及其成员打交道的著名的共和党人说:"不管怎样,20世纪90年代,基督教右派夺走了我们的许多选区。"选区会议是任何政党的核心问题,这些会议经常沉闷而无人问津。但那些不怕麻烦出席会议的活动分子,要选择到州县去参加干部会议的代表,而这些干部会议又将挑选初选的候选人。渐渐地,科罗拉多斯普林斯市周边地带的共和党地方政治家,都已具有"三R"的特点——激进的、宗教的和右派的(radical, religious and Right),或者至少知道怎样从同一部祈祷书里念祈祷词。温和的(名义上的)共和党人,在同性恋权利和堕胎等问题上持温和立场,但处境艰难。玛丽·卢·梅克皮斯(Mary Lou Makepeace)和马西·莫里森(Marcy Morrison)是两个具体例子。前者到2002年为止是科罗拉多斯普林斯市的市长，后者是当地的女州议员。回顾1998年，莫里森被迫通过请愿来收集签名，以使自己的名字出现在选票上，因为她知道，自己不可能从干部会议上得到所必需的支持。

不应该夸大基督徒的这种"接管"。梅克皮斯和莫里森打败了大部分的挑战者，尽管筋疲力竭的莫里森已经退到科罗拉多斯普林斯市的相邻城市马尼图斯普林斯市（Manitou Springs）——一个更具波希米亚风情的城市——去担任市长了。科罗拉多斯普林斯市发生的事情似乎正在美国全国发生。在过去30年的大部分时间里，宗教保守派往往是局外人。现在他们组织草根阶层参加选区会议，并在共和党内发挥才干。根据《竞选与选举》杂志的一项研究，相对于1994年的31个共和党州委员会，现在的基督教保守派在44个共和党州委员会中有"强大的"或"中等程度的"影响。影响较弱的州只有6个，全部在东北部。[6]因此，拉尔夫·里德重新出山担任佐治亚州共和党主席，并不叫人觉得偶然。

党内的这种侵入可能会使白宫头痛不已，但根本上这只是投小布什的信任票而已。过去，共和党领袖通过媒体的宗教保守派领袖来吸引宗教保守派的支持，小布什则是直接吸引宗教保守派的支持——他更多是作为他们中的一分子，而不是作为党的领袖而偶然与他们结盟。基督教出版物和广播节目通常对他的领导才能倍加赞赏。宗教领袖把他的当选看成是天意。互联网上的几个网站因为为总统的成功祈祷而感到骄傲。

帕特里克·亨利学院

有些保守派同时把脚伸到了两大主要的保守派阵营里，他们似乎既受到怀疑政府之力的驱使，又受到信仰上帝之力的驱使。最能展示这一特点的基层战士是家庭学校教育者——他们不相信国家能够对他们的孩子进行神的教育。

家学运动（the homeschooling movement）是美国保守派最不同凡响的成功故事之一。1981年罗纳德·里根上台时，在大多数州里，父母在家中教授自己的孩子都是非法的，孩子必须到学校去接受教育。如今，这在所有50个州里都是一项合法的权利了——并且只有28个州要求接受家学教育的孩子进行官方评估。在13个州里，父母只需要告知官员自己将在家中教育孩子即可。在得克萨斯州，家长用不着向任何人说什么就可以这样做。

根据美国教育部最新的调查（1999年），只有85万孩童接受家学教育。家学合法权捍卫协会（the Home School Legal Defense Association）估计，有大约200万孩童接受家学教育，这相当于4%的学校适龄人口［比上特许学校（charter school）＊和参加学券制试验的人多得多］。意想不到的是，家学合法权捍卫协会的数字更接近真实。教育部长罗德·佩奇（Rod Paige）所使用的数字就是200万。尽管家学教育者拒绝回应政府的调查，但是有许多传说的证据表明，家学教育正迅猛增加。家学教育的教材市场价值额，一年至少达8.5亿美元。超过3/4的大学现已有针对在家接受教育的孩子的政策。全国各地数以百计的城镇纷纷建立了援助网络，使家长从建立科学实验室到成立体育队和捍卫自己的权利及声誉，无所不能。2001年，J.C.彭尼公司（J. C. Penny）＊＊开始销售一种T恤衫——印有"家学"（Home Skooled）的字样，旁边画着一辆房车，然而抱怨之声是如此之大，以至于该商店立即把它撤下了货架。如同所有的保守主义亚文化，有关家学教育巨大成就的消息很快被传开：某某家庭三个接受家学教育的孩子上了哈佛大学；某某家庭教育成员写了一本畅销小说；接受家学教育的孩子在2000年的全国拼写大赛中一举摘得了前三名。

家学教育的崛起，由于以下两个原因而显得非同寻常。第一，它需要家学的教育者付出大量的时间和巨大的努力。家学教育者放弃了自己付过税的免费公共教育，他们通常也得放弃第二份家庭收入，因为其中一位家长（通常是母亲）要留在家里教育孩子，还需负担教育资料的成本。第二，家庭学校教育明显代表着对国家权力的拒绝。自从150年前发达国家引入大众义务教育以来，埃米尔·涂尔干（Emile Durkheim）和马克斯·韦伯（Max Weber）等社会学家就认为，国家对教育的控制是"现代化"的自然结果。然而，在这个星球上最发达的国家里，有大约200万家长坚持认为教育应该由家庭来进行。

把所有的家学教育者都说成是宗教保守派，那是不正确的。家学教育最初的提倡

＊ 1991年，明尼苏达州的教育人士有感于公立学校的教育质量江河日下，推动成立了特许学校。这种学校的经费来源是政府的教育经费，但经营却独立于地方教育管理机构的教育业者。这些试图寻求在公立学校体系之外来提高中小学教育质量的人士声称，公资私营学校可以更有效地使用公共资源，更能及时反映学生家长的要求。他们的创举得到了一些教育工作者的回应。10年之内，全美共创立了2 400多所这样的学校。——译者注

＊＊ 美国最大的超级百货公司。——译者注

者之一约翰·霍尔特（John Holt）是一位左派人士，他认为学校是官僚–产业综合体的工具。纽约州的伍德斯托克（Woodstock）依然既是家庭学校的中心，又是扎染布*T恤衫的中心。家学运动之下有一个分支叫"不受学校教育"（unschooling）运动，参与者认为应该或多或少地让孩子进行自我教育。还有许多"主流"家长，其中包括大量不断增加的城市黑人，似乎已经判定，美国的公立学校对孩子来说太暴力、太无序。

然而，家学运动的领导者来自基督教右派。1970年，最高法院禁止学校祈祷以后，社会保守派开始严肃看待家庭学校这件事了。他们自从20世纪80年代以来就在政治上支持家学运动。基督教保守派不仅对公立学校教授放纵的世俗知识感到愤怒，而且宣称他们在家中能够提供更好的教育。一对一的教育能够使孩子按照自己的进度来学习，而不是按照方便教育工会的进度来学习，根据犹太–基督教的学习传统，而不是政治正确的胡说八道来教授孩子们学习那些适合自己的科目。基督教家庭学校的一种发展趋势是回归古典的三学科主张，即分成语法、推理和修辞学习三个阶段。当然，它也要求孩子们学习希腊语和拉丁语。与此同时，互联网使人们更容易获得教材，创建信息交换的虚拟社区。

然而，这场运动的协调性比它所暗示的要差得多——这是一场由下而上，掺杂不同动机的运动。例如，家学合法权捍卫协会的负责人迈克尔·史密斯（Michael Smith）首度对家学教育感兴趣，是因为他忧心自己的小儿子正在幼儿园艰难挣扎。一天早上，他一边开车去位于洛杉矶市中心的律师事务所，一边听着詹姆斯·多布森的电台节目，嘉宾雷蒙德·穆尔（Raymond Moore）正在谈论家学教育。那一次开车时听到的广播节目改变了史密斯的一生。他开始在家中自己教孩子，并且参与到更广泛的家学运动中，为那些正受加利福尼亚州当局"迫害"的家学教育者辩护（他的第一个案子是一个正接受家学教育的5岁的孩子，她由于在饭前默祷而受到学校的惩罚）。他与别人共同创立了家学合法权捍卫协会，使之成为相当于家学教育者的美国公民自由联盟的组织。

史密斯的办公室现坐落在野心不断膨胀的保守主义家学运动的象征物的旁边，这个象征物就是它所拥有的第一所大学。帕特里克·亨利学院（Patrick Henry College）

---

* 扎染布工艺一般是在公立学校中教授的。——译者注

虽然2000年才创办，但它吹嘘已经拥有242名学生、12名教员、6 000名捐赠者和数幢漂亮的红砖大楼，还野心勃勃地计划将本科生扩充到1 600人，并增加一个400名学生的法学院。该学院的创办人迈克尔·法里斯（Michael Farris）是前共和党弗吉尼亚州的副州长候选人，他把这所学院的使命规定为训练"具有献身精神的男男女女，他们将领导这个国家，塑造我们的文化"。该校超过80%的学生接受过家学教育。

帕特里克·亨利学院致力于右派的两大充满激情的事业："基督和自由"。学校的墙上是美国建国之父的画像，寝室则以他们的故居命名，如杰斐逊的蒙地舍庐庄园（Monticello）和华盛顿的弗农山庄（Mount Vernon）等。尽管在该学院的杰斐逊派和汉密尔顿派之间，就有关政府规模究竟小到什么程度有过生动的辩论，但按现代标准来看，该学院明显是主张政府扮演一个微不足道的角色。帕特里克·亨利学院没有得到政府的任何支持，宗教却无处不在。随处可见的建国之父的画像常常表现的是祈祷的一幕，例如华盛顿在瓦利福奇（Valley Forge）双膝下跪祈祷的画像。学院里有数本国会首次祈祷的文本，有一条路就叫"契约大道"（Covenant Drive）。学校里所有的教师、学生和员工都必须"证明自己通过基督而获得个人的救赎"。所有教授都签署一项《圣经世界观的全面声明》（Comprehensive Statement of Biblical Worldview），声明特别强调《圣经》中记载的童贞女之子和创世论者有关世界起源的真实性。校园里不准吸烟、喝酒，恋爱受到严格的管束——男生必须得到女孩父亲的允许，才可以安排约会，并且随着关系的发展，家庭要介入进来。法里斯是10个孩子的父亲，他把帕特里克·亨利学院描绘成一个"远离性、毒品和摇滚乐的避难所。嗯，至少是远离性和毒品的避难所"。学生每天都要做礼拜。

有时，帕特里克·亨利学院的使命似乎是要复兴整个国家。法里斯对他照管的学子说："就像你们父母的召唤将使一代人心向基督一样，你们的召唤也将使我们的国家回到神的基础上来。"据称这所学院不仅要培养出好的基督徒，而且要培养出能够帮助右派价值在更广的政治文化领域中取得胜利的人。帕特里克·亨利学院要求学生必修的课程以"建国一代人"的课程为蓝本，包括哲学、逻辑、一门外语、历史、《圣经》课、经济学、文学、科学、欧几里得几何以及古希腊语或拉丁语。

学生要训练如何面对"不同的世界观"。该校政府系主任罗伯特·斯泰西（Robert Stacey）说："我不希望毕业生第一次遭遇到的就是虚无主义或唯物主义就是在无神论者和世俗敌手包围的国会山的宴会上。"该校的学生已被分派到卡尔·罗夫的办公室或国会山做实习生，其中有位毕业生现在小布什任命的伊拉克最高民事长官保罗·布雷默（Paul Bremer）的办公室工作。帕特里克·亨利学院正考虑设立电影学院，已经从好莱坞的一群基督教编剧中引进几位，教授编剧课程。

尽管帕特里克·亨利学院的学生们有这种持久的使命感，但他们却远远不是刻板的社会保守派。例如在得克萨斯州米德兰市接受过家庭学校教育的史蒂文，他在谈话中就不时提到米歇尔·福柯（Michel Foucault）和文学理论，他也十分忧虑自己的家乡得克萨斯州"过度实行"死刑，因此他希望能在一个对死刑进行改革——但不是废除——的组织里找到一份工作。好些学生承认，他们对小布什的许多外交政策感到困惑。他们对"世俗的欧洲"也十分友好。他们说，欧洲和美国都是西方文明的继承者，通过表达各自对有关问题的不同看法，两个大陆可以相互学习。他们认为，大西洋两岸的差异应该是力量之源，而不应该是分裂的祸根。

然而，学生们显然属于小布什支持者的大军。他们脚穿运动鞋，身着田径服，偶尔抱怨法国人捣蛋，不过他们正朝右派的方向前进。人们普遍感觉，小布什与基督的关系使他能够做出正确的决策。阿比盖尔说："我就喜欢那个家伙。""9·11"事件发生时他感谢上天小布什还在执政。克里斯滕2004年继续为小布什的再次当选效力，她计划集中关注外交政策。她同样相信，基督徒已经退出了辩论，他们拖拖拉拉地做出决定，认为应该废除联合国或者干脆把联合国扔给自由派精英。她认为，基督徒应该用上帝赋予的才干，以重塑国内政策的方法来重塑全球的组织机构。她说："我希望自己与基督的关系能更进一步，以便以一种更加直接的方式来影响政策。"

部分由于受到教师工会站在民主党一边的刺激，家学教育运动与保守主义运动之间的关系近年来进一步加深了。国会山那些家学教育最忠实的倡导者都是基督教保守派。参议员里克·桑托勒姆就对自己的孩子进行家庭教育（或至少是他的妻子在进行）。另一位家庭学校的成员，来自科罗拉多州的玛里琳·马斯格拉夫（Marilyn Musgrove）提出一项议案，要求澄清接受家学教育的孩子获得资助和奖学金的所有法律上的混淆之处。担任过里根政府教育部长的比尔·贝内特甚至冒险提出"把所有的公立教育都转包给家学教育者"。在2000年的竞选期间，小布什说："在得克萨斯州，我们不仅把家学看作需要尊重的事情，还把它看作需要保护的事情。尊重充满爱心的父母们付出的精力和承担的义务，保护他们免受政府的干预。"作为总统，他好几次在白宫接待接受家学教育的孩子们。

就像"自由公园"和"关注家庭"一样，不乏证据表明帕特里克·亨利学院与更广泛的保守主义运动之间的联系。学校存有小布什和迪克·切尼的签名照片，还有小布什和妻子劳拉共同签名的圣诞卡。学校的新闻官伊恩·斯莱特（Ian Slatter）过去曾为《旗帜周刊》工作。教务长保罗·博尼切利（Paul Bonicelli）展示了一本《国民评论》的封面，封面上有一行标语——"每个自由派最喜欢的魔鬼"，标语下面是戴着魔鬼双角的约翰·阿什克罗夫特，而这幅画的签名是魔鬼（阿什克罗夫特）本人。（阿什克罗夫特的妻子是帕特里克·亨利学院校董会成员。）帕特里克·亨利学院的学生会以怎样的方式去投票，不存在任何疑虑。家学合法权捍卫协会估计，接受家学教育的孩子，比其他同龄学生在政治上更积极：在18岁到24岁年龄段，接受家学教育者在选举中的投票率是74%，而其他同龄人的投票率只有29%。家学教育者也更有可能为政治竞选出力，并为候选人效劳。

右派的大阴谋？

希拉里·克林顿谈论右派大阴谋有道理吗？关注一下保守主义运动的智力和膂力，我们就会发现她的话是对的——但并不是以她所指的那种方式。

右派当然不是一支有凝聚力的大军。如果说小布什是一位偶然上台的总统，那么聚集在他旗帜下的那支大军，也是一个有点偶然的联盟。罗夫"将军"不得不尽全力确保大部分军队上战场。在迫害克林顿夫妇和向奥萨马·本·拉登大声咆哮的问题上，右派很高兴地聚集到了一起，但它的成员在许多其他问题上目标不一。只是希望政府让他们自己做主的反制政府类型的右派，同希望政府介入人们生活最私密方面的上帝的代言人，他们之间有什么共同之处呢？有些右派成员是嬉皮士，他们对大麻和轻武器的喜爱令人印象深刻。其他的右派则是令人害怕的卫道士，他们厌恶任何具有20世纪60年代特点的东西。还有许多人则难以描述。希拉里指称的大阴谋的中心人物是理查德·梅隆·斯凯夫，他支持堕胎权，并且认为应该限制移民和贸易。[7] 而这还没有涉及个人恩怨——麦凯恩与布什、克里斯托尔与诺奎斯特，等等。许多评论家预期，由于内部的种种突出的矛盾，右派在未来几年就会解体。

然而，右派比这种逻辑推理要有凝聚力得多。部分原因在于人事问题，同样的名字在右派的世界里反复出现。美国保守派联盟理事会的成员包括"为了税改的美国人”的格罗弗·诺奎斯特、美国步枪协会的韦恩·拉皮埃尔、领袖研究所的莫顿·布莱克韦尔（Morton Blackwell）以及“自由公园”的艾伦·戈特利布。拉尔夫·里德、卡尔·罗夫、李·阿特沃特、特里·多兰和格罗弗·诺奎斯特，所有这些人都与“大学共和党人”有政治瓜葛。就像在“自由公园”里见到的那样，这种交织状态在地方层面继续存在。伟大的澳大利亚漫画家戴维·洛（David Low）曾经说，当他第一次来到英国的时候，他感觉自己就像一个英国步兵在中国，分不清自己是100次看见了同一个中国人，还是一次看见了100个中国人。[8] 在全国保守主义政治行动委员会大会上的那些年轻人，也可以作如是观。

另外一个证明右派凝聚力的证据是这些组织能够顺畅地携手工作，这一点令人印象深刻。在1999年西雅图的反全球化骚乱中，抗议者夸耀他们利用互联网开辟了一种新的政治技巧的——通过无数的小型组织“群起攻击”对手。右派这样做已有多年了。他们通过直邮、免费传真、电台脱口秀和现在的电子邮件等方式，来攻击或支持立法。希拉里·克林顿和科罗拉多州的马西·莫里森都遭到了无情的攻击。

有人发现，有一种更深厚的意识形态基础使“右派美国”结合在一起。希拉里·克林顿坚持认为那种结合力是对进步的仇视：“我相信，有一个由团体和个人组成的交织在一起的网络，这些网络中的团体和个人，希望逆转我国已经取得的许多进步——从民权和女权到消费者法规和环境法规。”[9] 而格罗弗·诺奎斯特则喜欢把共和党联盟称为一个“别干涉我们联盟”。他认为，工商企业不喜欢政府的税收和管制，而基督徒则不喜欢政府对学校的管制。既然如此，他们并肩行进难道不是自然而然的事情吗？

诺奎斯特和克林顿这样的理论家不断回到意识形态上来，一点也不令人吃惊。但是这种说法站不住脚。难道约翰·阿什克罗夫特是“别干涉我们”类型的人吗？使右派结合在一起的是比意识形态更重要的东西——文化。从社会学意义上讲，这个联盟比人们想象的要更有凝聚力。例如，福音派基督徒拥有枪支的现象远比大学教授普遍。差不多有一半的小企业主认为自己是再生的基督徒。[10] 反税收的提倡者和基督教联盟的成员是脱口秀节目最热心的听众。回溯到20世纪60年代，城市犹太知识分子与南方的卫道士之间几乎不存在什么共同之处。虽然他们依然同床异梦，但是随着时间的推移，他们已经发现了共同的话题：家庭解体的悲剧、亚西尔·阿拉法特（Yasser Arafat）和希拉里·克林顿的罪恶。

"文化"听起来有点模糊，但它在帕特里克·亨利学院和"自由公园"则一目了然。在选举中，文化是至关重要的。美国右派依靠的，是使志同道合者围绕这样或那样受责难的问题而团结起来。这些问题有时候含糊不清，有时候则愚蠢透顶，但最终都归结为一个更大的问题："你是我们中的一员，还是他们中的一员？"例如，我们可以看看2002年佐治亚州的选举情况。共和党在该州取得了一个参议员席位，这使得温和派民主党人马克斯·克莱兰（Max Cleland）（他在越南战争中失去双腿和右臂）失去了联邦参议员席位，专家本以为他笃定可以保有他的席位。共和党还设法把看起来更可靠的民主党州长罗伊·巴恩斯（Roy Barnes）拉下了马，有许多人开始还把他看成一块总统的料。在这两起事件中，共和党都是用没什么名气的本州人来取代他们两位的——取代巴恩斯的是州参议员桑尼·珀杜（Sonny Perdue），他不像巴恩斯那样有钱，但现在却是1872年以来共和党在该州的首位州长；取代克莱兰的是该州的联邦众议员萨克斯比·钱布利斯（Saxby Chambliss）。在两起事件中，共和党人的攻击更多是同文化有关，而非同表明立场的意见书有关。

拉尔夫·里德通过指责克莱兰阻碍新的国家安全法案，而集中在安全问题上批驳克莱兰，其程度有时候很残忍。钱布利斯的竞选有一则广告，上面是奥萨马·本·拉登、萨达姆·侯赛因和马克斯·克莱兰的照片，广告上说，"克莱兰对小布什总统为国家安全所做的努力投了11次反对票"。而主要理由则更微妙——更多的是关乎价值问题而非选票问题。里德一方的人认为，"克莱兰是一个值得尊敬的人，但悲哀的是，他不'明白'这个国家所面临的危险——钱布利斯则不一样，他是众议院恐怖主义委员会的主席"。小布什来到佐治亚州使人明白这一点，而南方的保守派白人则勉强接受了这种观点。

至于巴恩斯州长，共和党人则集中在关乎文化的问题上——旗帜。在黑人民主党人的压力下，巴恩斯重新设计了州旗，上面保留的邦联十字战旗的版本要比以前小得多了。大多数佐治亚人对这一妥协很满意，曾有人说该州的美国有色人种协会要抵制它，但农村白人对此并不满意。"邦联老兵之子"（the Sons of Confederate Veterans）把邦联旗帜看作是他们遗产的一部分。汽车保险杆上张贴的广告有一则是这样写的："如果我认为一切该是这样，我就去摘我那该死的棉花了。"里德使尽浑身解数动员乡村白人去投票——选区被组织起来了，美国步枪协会被动员起来了，福音派教会被鼓动起来了。在一个大雨纷飞的选举日，志愿者们站在十字路口，手举有邦联旗帜的标牌，敦促邻居们"脚踢巴恩斯"。相反，民主党并没有拉到黑人的选票。巴恩斯在地面战中倒下了。

这是右派的阴谋在起作用吗？右派当然是高度组织化的，但最后并不是因为罗夫将军在白宫发号施令，而是有某种更加根本的东西，它使得保守派深思他们为何痛恨另一方。

注释

[1] Adam Liptak, "Defendants Fighting Gun Charges Cite New View Of Second Amendment," *New York Times*, July 23, 2002.

[2] 参见www. pbs. org/wgbh/pages/frontline/shows/choice2000/bush/wead. html。

[3] 参见http://family.org/fmedia/misc/aoo27564.cfm。

[4] 参见http://family.org/cforum/extras/aoo27493.cfm。

[5] Joan Didion, "Mr. Bush and the Divine," *New York Review of Books*, November 6, 2003.

[6] Kimberly Conger and John Green, "Spreading Out and Digging in: Conservatives and State Republican Parties," *Campaigns and Elections*, February 2002.

[7] Robert Kaiser and Ira Chinoy, "The Right's Founding Father: Fighting a War of Ideas," *Washington Post*, May 2, 1999.

[8] David Low, *Low's Autobiography* (London: M. Joseph, 1956), p.120.

[9] Hillary Rodham Clinton, *Living History* (New York: Simon & Schuster, 2003), p.446.

[10] Dan Balz and Ronald Brownstein, *Storming the Gates: Protest Politics and the Republican Revival* (Boston: Little, Brown, 1996), p.163.

第八章
非友即敌：右派与反恐战争

　　在2000年3月的费城共和党全国大会上总统候选人所做的提名演讲中，小布什集中谈了一个注定会让听众高兴的主题：对克林顿政府的不满。小布什认为，他们许诺多多，但目的何在呢？[1]

　　2001年9月10日，人们可能对小布什政府也会有同样的评说。小布什政府登场伊始肯定超过了人们的期望。在那些光彩夺目的日子里，减税法案和教育法案都得以通过。但是，人们对小布什政府的不满却与日俱增，在知识分子和基层战士中间尤其如此。小布什的议程，现在似乎萎缩到了只是下令人们要与邻为善（"充满同情的社区"），并逃避难以做出决定的干细胞研究问题。作为他最重要思想之一的充满同情心的保守主义已经失败了。保守派开始求助于各届共和党政府典型的最后防线战略——仅仅因为自己的存在、仅仅因为自己不属于另一方，小布什正在阻挡这个自由主义国家无情的前进步伐。由于吉姆·杰福兹的背叛，共和党已经失去了对参议院的控制。人们为2002年的中期选举感到担心。

　　人们也在为小布什担心。小布什超乎许多人的期待，但即使是右派，也很少有人用"伟大"来描述他。9月11日上午，他正在做一个不成气候的总统的经典消遣之一——在佛罗里达州的一间教室里向四年级学生念课本。恐怖袭击发生后不久，他显得完全不能胜任总统的职责，说话结结巴巴很不流畅，要是换成罗纳德·里根和比尔·克林顿，他们的讲话肯定会很果敢。过了很久，小布什才回到白宫，而他的团队则为他编了一个蹩脚的故事：空军一号受到直接威胁。《纽约时报》的弗兰克·布鲁尼（Frank Bruni）撰写的有关小布什的那本书，总的来说用的是一种同情的语调，他在书中表达了对小布什的疑虑：

在许多方面，我所知道的小布什似乎不是一块应对危机的材料。我所知道的小布什有点像个街头混混，又有点像个失败者。他是个不合时宜的兄弟会伙伴和随心所欲的恶作剧者；他是个在工作日狂玩体育休闲而周末却成了貉獭的人；他是个成年人，但内心却是个孩子，这种孩子气不时从他的内心深处向外流溢。[2]

然而数日之内，总统本人的形象和他的总统职务就得以改观。这头周末貉獭获得了真正的毅力和决心。他不仅继承了古巴导弹危机以来美国所面临的无比严峻的巨大挑战，而且等到了他成为总统后渴望许久的目的。

"9·11"事件对总统的国内政策当然产生了影响：它改变了有关移民、税收和许许多多问题争论的本质。不过最大的变化出现在外交政策领域。在2000年于北卡罗来纳州的温斯顿塞勒姆（Winston-Salem）进行的第二场总统竞选辩论中，小布什曾经警告道："如果我们的国家傲慢无礼，他们就会仇视我们；如果我们的国家谦卑而强大，他们就会欢迎我们。"4年后，他说起话来已经像是一位"帝国的总统"了——政权更迭、放弃盟友、宣布先发制人的激进新理论。有些尖锐的做法是不可避免的：巨人之国流血了，它需要复仇。比尔·克林顿对朋友说，如果他是总统，他会把塔利班从阿富汗清除掉。但小布什走得比这远得多。小布什对"9·11"事件的反应确实并不适度，那是一种极端野心勃勃的激进反应，尤其是一种新保守主义的特别反应。

一年三变

现在人们普遍认为，美国拥有一种新保守主义的外交政策。其实在"9·11"事件之前，新保守派还是小布什团队中职位较低的成员。2001年，小布什政府里只有大约20位新保守派成员，其中级别最高的是国防部副部长保罗·沃尔福威茨。小布什政府中其他著名的新保守派成员包括：国防部第三号人物道格拉斯·费思（Douglas Feith）、迪克·切尼的办公室主任和沃尔福威茨的门生刘易斯·"水上帆船"·利比（Lewis "Scooter" Libby）和副国务卿约翰·博尔顿（John Bolton），他虽然对军备控制完全持怀疑态度，却被安排在国务院负责军备控制事务。吉姆·伍尔西（Jim

Woolsey）、理查德·珀尔、肯·阿德尔曼（Ken Adelman）也都在拉姆斯菲尔德的国防部政策委员会谋得职务，但该委员会还有其他方面的好几十位成员。新保守派成员既不像迪克·切尼和拉姆斯菲尔德具有首席执行官与官僚的双重身份，也不像卡伦·休斯和卡尔·罗夫是得克萨斯州集团的成员。他们通常是一起聚会的犹太人，这种聚会传统上对非犹太人是一道壁垒。这一类由知识分子和专业人士构成的新保守派是从名校毕业的研究生，在智库、学术界和知识性杂志中历练过，并且长时间彼此意见不一。他们并不是小布什天然的同志，因为这位总统通过心灵而非智慧来判断人。

引人注目的是，在2000年的共和党初选中，包括《旗帜周刊》的比尔·克里斯托尔在内的许多著名的新保守派，支持的是麦凯恩而非小布什。在他们看来，虽然麦凯恩并不尽善尽美，例如不想在贸易上制裁中国，但是他宣扬的却是一种标榜着伟大国家的保守主义，他把"流氓国家"和大规模杀伤性武器问题看得非常严重。[3] 老布什在萨达姆·侯赛因被摧毁之前就使第一次海湾战争流产了，克里斯托尔及其盟友担心，小布什会像他父亲那样，迫使以色列参与到奥斯陆的和平进程中，使用众多像科林·鲍威尔、布伦特·斯考克罗夫特（Brent Scowcroft）、詹姆斯·贝克这样的共和党现实主义官员。据称贝克曾说过一句著名的话："去他的犹太人，反正他们也不会投我们的票。"

在选举期间，小布什与共和党的现实主义集团站在一起，称赞"谦卑而强大的"外交政策，并且批评新保守主义哲学的一个核心原则——干预巴尔干这样的麻烦地区。由于小布什的外交事务知识贫乏，因而使人抱有期待——考虑到他的家世，他国外旅行过的次数可说是出奇的少；他竟然把希腊人当作是古希腊人，并且没能通过一次被公认为很巧妙的临时测试。小布什叫不出巴基斯坦统治者的名字，为了挽回颜面，他问采访记者知不知道墨西哥外交部长的名字。记者回答道："先生，我不知道。但是我可不是在竞选美国总统。"[4]

沃尔福威茨是小布什外交团队早期的"祝融星"（Vulcan）*之一，是小布什外交团队的候选人，但小布什最重要的外交事务导师则是康多莉扎·赖斯——她与小布什在体育、锻炼和宗教上有共同的兴趣。赖斯主要关注的是大国，尤其是她最熟悉的俄罗斯。她对国家重建不以为然，蔑视"用第82空降师护送孩子上幼儿园"的想法。[5]

---

* 古罗马神话中的锻冶之神。——译者注

就连大概最有权势的新保守派支持者迪克·切尼，在各种重大问题上也与新保守派想法不同。作为老布什总统手下的国防部长，他在1991年支持让萨达姆继续待在位置上的决定，而这一决定被新保守派认为是一个不可原谅的错误。他公开发表对以色列及其定居点政策的不满，也不像克里斯托尔等人希望美国干预巴尔干地区。

新保守派在五角大楼和国务院的影响力甚至还不及在白宫那样大。军队人员把新保守派看作是最差劲的干预军队事务的平民：他们是一群纤弱的知识分子，自己从来没有上过战场（大多数人逃避越南战争时比小布什跑得都快），可是却要把美国军队派到世界各地去作战。在国务院，职业外交官厌恶新保守派非黑即白的世界观，他们喜欢使用攻击性的言辞。国务院的新老板是科林·鲍威尔——共和党里非常靠左的成员——他支持平权法案、国际机构和军队的谨慎行事，这些都是新保守派讨厌的东西。

克林顿的国家安全委员会前成员，现供职于布鲁金斯学会的伊沃·达尔德（Ivo Daalder），将小布什周围争相对他施加影响的人分为三类：新保守派这样的"民主帝国主义者"，鲍威尔这样的"鸽派实用主义者"，以及切尼、拉姆斯菲尔德和赖斯这样的"果敢的民族主义者"。民族主义者与新保守派在美国应该更加积极地照顾好自己的利益这一点上观点一致，但他们对国家重建和传播民主之类的问题不感兴趣。[6] "9·11"事件发生前，新保守派还是这三股势力中最弱的一股。果敢的民族主义者确保小布什的外交政策具有强硬的保守主义锋芒，这非常不招欧洲人的喜欢。《反弹道导弹条约》（*the Anti-Ballistic Missile Treaty*）和《京都议定书》被轻率地废弃了。美国到处展示它的力量（这使人又想起"别惹得克萨斯州"这句话），但通常强调的是不接触，而非政权更迭。由于科林·鲍威尔赢得了许多外交斗争的胜利——包括在伊拉克问题上，美国同意加入联合国安理会新一轮"聪明"的制裁——美国的那种得克萨斯式的语气，听起来才不那么刺耳。

这种平衡似乎适合小布什。如果有机会能轻而易举地解决萨达姆·侯赛因，他当然会抓住（保罗·奥尼尔称，小布什就职才10天就讨论过这一想法），[7] 并且他从一开始就对多边组织和法国人不抱信任。小布什像保守主义美国的大多数人一样，认为中东是动乱之源，并且视国家重建为愚蠢的做法。至于恐怖主义，大西洋两岸的间谍都坚持认为，克林顿政府的立场并没有真正改变——本·拉登是个危险，但并不迫在眉睫。小布什的重点是国内政策。他绝对不希望重犯父亲犯过的错误——过多地纠缠于国外事务。在2001年初的一次电视访谈中，迪克·切尼被问及新保守派时回答道："哦，他们得去卖杂志，而我们得进行统治。"[8]

"9·11"事件发生后，许多外交政策观察家预计，小布什将坚持过分自信的民族主义。美国将对作恶者发泄满腔的怒火，但反恐战争的规模可能有限。鲍威尔冷静地压下了沃尔福威茨的声音，在"9·11"事件发生3天后的一次新闻发布会上，沃尔福威茨宣称，美国要"终结那些发起恐怖主义的国家"。鲍威尔告诉记者，沃尔福威茨可以发表个人的观点，但美国的目标是终止恐怖主义，除此别无其他目标。[9]事实上，接下来的两年证明沃尔福威茨是对的。

新保守派阴谋集团

到2003年4月，新保守派的议程已经是小布什议程中的核心内容了。两年前还只是美国企业研究所的一堆空话，现在却已经变成了喀布尔和巴格达街头的现实。萨达姆和塔利班都遭废黜了，叙利亚和伊朗被列在了观察名单中，亚西尔·阿拉法特被晾在了一边。新保守派欢呼"胆识、成功和革命的实质"。可以同杜鲁门主义相媲美的"布什主义"已经开始了。[10] 2002年的国家安全战略报告明显地规定了先发制人政策，并且号召"在所有的大陆鼓励自由开放的社会"。在伊拉克问题的争论中，小布什最终决定不理睬新保守派厌恶的两个对象——联合国和老欧洲。如果不是小布什热衷于建立一个巴勒斯坦国，那么第17街1150号真的是要快乐无边了。

这场革命究竟是怎样发生的呢？第一种最不能令人信服的解释来自左派（尤其是欧洲的左派）——一位软弱总统的外交政策被无情的阴谋集团绑架了。第二种解释是新保守派自己的，即认为自己的崛起合乎逻辑——他们预见到了一个恐怖主义世界的出现，并且知道怎样对付它。但就我们而言，我们认为第三个因素最为重要："9·11"事件以后，无论好坏，新保守派的信念都深深地触动了右派美国其他人的心弦。新保守派的外交政策随即成为保守主义的外交政策。

我们还是先来谈谈第一种解释理论，即某种程度上新保守派在白宫发动了一场政变。这种观点认为，一个组织出众、冷酷无情的小集团，多年来一直梦想在中东进行政权更迭。他们抓住"9·11"事件的机会，将美国的外交政策推向新的激进方向。2003年3月18日，英国前内阁成员乔普林爵士（Lord Jopling）对下议院说：

"新保守派控制了五角大楼，并且似乎也顺利地捆住了总统的手脚。"雪莉·威廉斯（Baroness Shirley Williams）男爵夫人［她那时嫁给了著名的哈佛大学政治学家、现在已故的理查德·诺伊施塔特（Richard Neustadt）］也告诉上议院，小布什政府的政策，"在某种程度上是受到了我只能描述为基督教极端主义和犹太极端主义力量的驱动，这种驱动力几乎像伊斯兰激进组织一样强大"[11]。一位法国议员引用法国外交部长多米尼克·德维尔潘（Dominique de Villepin）的话说："美国政府的鹰派受到沙龙的操控。"[12] 英国小说家约翰·勒·卡雷（John Le Carre）提到，一个新保守派的小集团在华盛顿夺权了，并且"将人权标准降低到了一个令人难以置信的程度"。他还自比为写日记的犹太小女孩维克托·克莱珀勒（Victor Klemperer）——她在德累斯顿阁楼中躲避纳粹的搜捕，等待好的德国人回来。他说："我在等待真正的美国人回来。"[13]

在美国，帕特·布坎南创办了一份名为《美国保守派》（*American Conservative*）的杂志，并公开自己的观点：新保守派既绑架了保守主义运动，又绑架了美国的外交政策。他坚持认为他们的目标完全与美国保守主义最好的传统相反——要把一个共和国变成一个帝国，使美国的利益屈从于以色列的利益。迈克尔·林德在1991年至1993年期间，是《国家利益》的执行编辑，他把自己描述为改革的新保守派，他以更细致的笔触写道："新保守派利用了小布什的无知和缺乏经验……（小布什）似乎真的相信萨达姆·侯赛因'大规模杀伤性武器'的威胁迫在眉睫——尽管新保守派公开这样说，但他们却不会聪明到相信自己所说的这些话。"[14]

这种说法有其真实性吗？新保守派政变理论和所有最高明的阴谋理论一样，也包含了一些真实的成分，但把这些成分搅在一起，得到的却是一幅使人误解的图画。该理论的第一点真实成分是，新保守派是一个特点鲜明的小集团，他们有着类似的信仰和生活方式。沃尔福威茨是著名的学者，费思、利比和博尔顿都是律师。他们在相同的智库（其中最喜欢的是美国企业研究所）工作，为同样的杂志（尤其是《旗帜周刊》）撰文。通常，他们不仅强力支持以色列，还强力支持色列强硬派本杰明·内塔尼亚胡（Benjamin Netanyahu）和阿里尔·沙龙的利库德党。1996年，珀尔与费思和戴维·乌姆瑟尔（David Wurmser）一道，帮助利库德集团的一个智库撰写了一份名为《背水一战》（*A Clean Break*）的报告，建议以色列为了自己的安全采取先发制人的办法，例如"让萨达姆·侯赛因下台""遏制叙利亚"以及让阿拉法特靠边站。[15]

　　然后是他们所有的社会联系。研究新保守派，就像研究英国的布鲁姆斯伯里学派（Bloomsbury）*，或者任何其他上流社会的文人派别一样。他们每个人似乎都是在一起上的学，比邻而居，属于相同的俱乐部，一起撰写论文或者互相之间有某种关系。的确，据我们最可靠的了解，新保守派较少像弗吉尼亚·伍尔夫（Virginia Woolf）和她的密友那样，不分男女睡在一起，却可以男女在一起玩室内游戏，以保持社会联系。如果同沃尔福威茨交往，你就会发现，沃尔福威茨、珀尔、伍尔西都成了你的朋友，他们都居住在马里兰州的切维蔡斯市（Chevy Chase），而且都是核理论家艾伯特·沃尔斯泰特（Albert Wohlstetter）的门徒［据说沃尔斯泰特是电影《奇爱博士》（Dr.Strangelove）**中的主人公原型］。如果同负责小布什中东事务的核心人物埃利奥特·艾布拉姆斯交往，你就会发现，他是诺曼·波德霍雷茨的女婿，并且和珀尔、安全政策中心的弗兰克·加夫尼一道，为强硬派民主党参议员亨利·"铁铲"·杰克逊（Henry "Scoop" Jackson）效力。[16] 你也可以通过副总统夫人林恩·切尼（Lynne Cheney）在美国企业研究所的工作，以及切尼夫妇与阿德尔曼夫妇在一起庆祝结婚周年日这个事实，把切尼夫妇同那群人联系到一起来。[17] 很简单，有足够多的东西，供那些认为存在阴谋的理论家遐想多年。

　　目前的这一代新保守派，是20世纪60年代幻想破灭的民主党人知识上的后裔（其中许多还是血缘上的），那批民主党人发起了新保守主义运动，但这两者之间也有很大的差别。几乎没有哪一个年轻一代的新保守派在民主党中有根基（尽管珀尔喜欢对人们说，他是一个登记注册的民主党人），而上一代新保守派则不然。年轻一代新保守派中的大部分人都是在常春藤盟校受过良好教育、具有良好教养的毕业生。第一代新保守派把自己看作是半个保守派，而年轻一代的新保守派把自己看作是超级保守派，并且坚持认为他们的党不应为权宜之计所驱动，而应把原则当作前进的动力。

---

*　20世纪初，英国艺术家、文人及贵族等上流人士聚集在伦敦的布鲁姆斯伯里，以其贵族的品性、高尚的生活艺术品位、时髦美感及知性的气氛，使布鲁姆斯伯里成为当地的时尚中心。代表人物有弗吉尼亚·伍尔夫等。——译者注

**　斯坦利·库布里克（Stanley Kubrick）于1966年执导的影片，主要内容是，美国空军将领杰克·瑞朋是个彻头彻尾的疯子，他派轰炸机去摧毁苏联，因为他怀疑共产党正密谋侵害美国人民，美国总统接受了杰克的建议。与此同时，苏联的大使威胁总统，如果苏联遭到任何不明武器的攻击，苏联政府将按下"世界末日装置"。这个装置的威力之大，足以毁灭地球上的所有生命。——译者注

　　这就把我们引入另一个真相：新保守派确实是一个带着使命感的阴谋集团。在国内，他们要改革福利并取消平权法案。在国外，他们的目标可以归为两个：第一，以一种更加单边主义的方式，果断地使用美国的权力，消除多边式的实用主义纠缠（在他们看来，这种纠缠软弱无力）；第二，重画世界地图，推广自由和民主——尤其是在中东。年轻的沃尔福威茨在卡特政府任职时撰写过一份关于要警惕伊拉克的报告。1992年，作为负责政策的国防部副部长，他撰写了另一份关于先发制人和增加美国军事优势的报告。这份报告被认为太过激进，以至于他的老板迪克·切尼下令他重写。在2001年9月15日恐怖袭击后的第一次战略会议上，沃尔福威茨又回来了，他坚持认为伊拉克应该作为目标同阿富汗一起考虑，并说萨达姆·侯赛因有10%到50%的可能性参与了恐怖袭击（两天后，小布什同意让五角大楼的计划人员关注伊拉克，但是说"政府的重中之重"将在阿富汗）。[18]

　　如何看待对新保守派不达目的誓不罢休的指责呢？人们再次发现，批评家这样的批评是有道理的。新保守派非常成功地抢过了保守派的风头。在美国企业研究所、赫德森研究所和曼哈顿研究所，他们都掌握了话语权。他们负责数个最重要的保守派基金会，其中包括林德与哈里·布拉德利基金会和约翰·M.奥林基金会。他们得到两位媒体大王康拉德·布莱克（Conrad Black）和鲁珀特·默多克的财政支持。《旗帜周刊》和《纽约邮报》（New York Post）[诺曼·波德霍雷茨之子约翰·波德霍雷茨（John Podhoretz），是该报著名的专栏作家]都是默多克新闻集团旗下的媒体。在康拉德·布莱克的媒体帝国崩溃之前，他为《国家利益》杂志和《纽约太阳报》（New York Sun）两家媒体出资。著名的新保守派定期在《华尔街日报》的社论专版上发表特稿，如马克斯·布特（他在成为外交关系委员会的奥林研究员之前，曾是该版的副编辑）。

　　新保守派也是华盛顿权力政治极为成功的实践者。许多人进入权力的圈子已经有几十年了。自尼克松时代以来，除了克林顿，沃尔福威茨为每一位美国总统都效力过，如果连自己身在何处都不知道，他很难想得出一个国家在世界上的处境。比尔·克里斯托尔在老布什政府中担任一个相当滑稽可笑的职务——丹·奎尔的办公室主任——从而得到了表达右派对老布什中间道路政策不满的平台。不过，就官僚的技巧而言，没有人能比得过理查德·珀尔。

　　珀尔聪明、彬彬有礼、很逗人乐（如果你同他是一边的），善于引导记者和其他的政治家。20世纪70年代为"铁铲"·杰克逊效力的时候，《华盛顿邮报》为他写了一篇3 700字的人物素描，对于一个参谋人员来说，这是特别高的褒奖。在里根时期，当1986年吉普*与戈尔巴乔夫（Gorbachev）在雷克雅未克讨论军备控制的时候，"黑暗王子"珀尔是国防部参加会谈的唯一代表。不久之后，兰登书屋（Random House）付给他30万美元，撰写政治小说《强硬路线》（*Hard Line*），他在该书的一段中解释了为什么幕后运作在华盛顿能够积累多么大的权力："知识就是权力。你知道得越多，你就越能够利用你所知道的东西来扩张你的帝国，或者推动你的政治议程，或者两者兼顾。"小布什当政时，珀尔就占据了这样一个介于政府与私人生活之间的幕后地带。作为国防政策委员会的主席（他担任这一职务一直到2003年，后在利益冲突的争吵中被迫辞职，但依然是该委员会的成员），他属于政府却身处政府之外。这使他得到了所需的自由，来清除拉姆斯菲尔德和沃尔福威茨等负责的政客会去追踪的蛛丝马迹。他受到过为数不多的几次严格管束，有一次是在伊拉克战争爆发前9个月，他接受了一次有关后冲突时期伊拉克的组织结构的访谈，那时候他是在法国自己家中的花园里接受采访的，当时白宫闷热得不行。

没有谁比珀尔更能够使欧洲的外交官感到焦躁不安。他的专长就是向自由派介绍美国外交政策中最令人担心的方面，好像这些都是得到普遍承认的事实。2002年小布什发表国情咨文的前夜，他在一个有许多欧洲人在场的记者吹风会上说，小布什已经放弃了克林顿有关"全球主义"的失败思想，转而赞成令人钦佩的"大西部民访团原则"。珀尔对《世界报》和德国电视台满怀恐惧的听众解释道，美国的工作就是要召集盟友、经受考验并逮住那些坏蛋。伊拉克战争以后，他是首先承认大规模杀伤性武器只不过是宣战理由（真实目的是政权更选）的人之一，他还喜欢对他的欧洲朋友说，美国的外交政策可以归纳为一句话："下一个轮到谁？"

一位独立的总统

由此观之，新保守派不仅聪明、足智多谋，而且目标明确。但这些都不能证明绑架的指控成立。新保守派最终是听命于总统的。他们可以提出聪明的建议，但并不能做最后的决策。许多小布什的批评者，尤其在欧洲，坚信他是一个昏庸的小丑，以至

---

*　指里根。——译者注

于他们总是关注他的智力——要么来自卡尔·罗夫的头脑，要么来自副总统办公室，要么来自新保守派阴谋集团。但真相却相当平淡无奇。

小布什在整个职业生涯中，一直在利用他人和各种思想来解决具体问题。他在2000年的总统竞选中说："我可能无法准确告诉你东帝汶的局势，但是我可以请教康迪·赖斯、保罗·沃尔福威茨或者迪克·切尼。我会请教那些有经验的人。"[19] 小布什得心应手地使一个战略被分头执行——他似乎很乐意让国防部来实施阿富汗战争和伊拉克战争；然而他确信，大的决策只能由他一个人来做，就连迪克·切尼，也在2002年8月嘲笑美国在联合国寻求另一份决议案的想法时，发现自己为此付出了代价。进而言之，小布什总是不愿意使自己卷入某一特定的小集团或受制于某种特定的想法。他个人在充满同情心的保守主义上投入很多，这既是接近他心灵的主题，也是他在2000年竞选时的核心主题。但是，当约翰·迪伊乌里奥那个"基于宗教信仰"的计划显得不再切合实际时，一位白宫内部人士所称的"充满同情心那事儿"被悄悄搁置了。

一种颇具争议的观点认为，小布什与新保守派之间的关系最好用商业术语来思考。如果一位首席执行官认为某一伙雇员成功解决了某一具体的危机，这并不意味着他就要让他们进董事会。在小布什政府的"董事会"里，成熟的民主-帝国主义模式并不包括任何新保守派，只有沃尔福威茨是个例外，但他只不过是五角大楼的二号人物。

关注一下小布什政府的许多据称由新保守派在幕后操纵的政策，人们会发现，这些政策还有其他动机。例如，2002年小布什要求清除掉亚西尔·阿拉法特，许多欧洲人怀疑，是新保守派在幕后操纵以帮助利库德党，毕竟，阿拉法特是人民承认并选举出来的领导人。事实上，小布什这一政策的理由，似乎既是出于实际情况和个人因素的考虑，也是出于意识形态的考虑。阿拉法特在从伊朗装运炸药一事上撒了谎，把信任看得非常严肃的小布什总统对此感到十分愤怒。他在白宫记者招待晚宴上对共进晚餐的人说："你不能同那个家伙制定和平协定。他欺骗了克林顿总统。"[20] 一旦巴勒斯坦人把阿拉法特晾在一边，而将马哈茂德·阿巴斯（Mahmoud Abbas）推为总理，小布什就重新回到了和平进程上，并且迫使以色列人参加2003年7月在沙姆沙伊赫（Sharm el Sheikh）举行的和平首脑会议。尽管那一努力失败了，但他坚持认为巴勒斯坦人应该拥有一个能够生息的国家，2004年阿拉法特去世后，他加倍努力。大多数新保守派的梦想是将巴勒斯坦人赶到约旦，并且把路线图看作是可恨的奥斯陆和平进程"令人遗憾的复活"，而小布什的中东政策仍然与新保守派的剧本有一定的距离。[21] 他们受到国务院的平衡，而国务院对以色列的立场又因为托尼·布莱尔的影响而得到加强。

　　当然，这种平衡依然使小布什的中东政策严重地偏向以色列——事实上是偏向阿里尔·沙龙这样的强硬路线派。但新保守派同样不应为此承担责任。对以色列给予强力支持的不仅仅是新保守派。美国——尤其是保守主义的美国——也坚定地支持以色列，"9·11"事件后，支持还进一步加强了。2002年4月，盖洛普民意调查显示，共和党对以色列和巴勒斯坦的支持分别是68%和8%，包括大部分犹太选民在内的民主党对二者的支持，则分别是45%和21%。小布什的新保守派演讲撰稿人戴维·弗鲁姆引用小布什对卡尔·罗夫的提问："您认为我们的人民是怎样看待以巴冲突的？"罗夫回答："他们认为那是你们反恐战争的一部分。"[22]

　　这进一步印证了我们的观点。"9·11"事件发生后，小布什的政策不再只是新保守派的政策了。它们已经成为保守派的政策——那是在整个右派美国都引起共鸣的政策。谁反对伊拉克战争呢？当然不是科林·鲍威尔，他走在政府政策的最前列。被认为是超道德的权力政治大师的亨利·基辛格也坚定地支持白宫的政策。美国新保守派的外交政策根本不是一个转变的问题，更不用说被绑架了。此外，保守派联盟中那部分举止古怪的人的观点突然间也与整个运动相吻合了。新保守派完全不像只是在夜幕下活动的阴谋分子，而是公开地说出了许许多多保守派私下里的所思所想。"9·11"事件发生后，新保守派的解决方案似乎就是美国的解决方案——至少对保守派来说是如此。

新保守主义中的右派

　　新保守派的世界观有三个组成部分。首先是悲观的诊断，然后是两个激进的解决办法：其一，冷酷而现实地支持美国的单边主义；其二，对传播美国价值观的道德必要性，尤其是在中东地区传播，抱持令人吃惊的乐观态度。右派美国的其他组成部分立刻认同了这一悲观的诊断以及单边主义的做法，并在即将到来的针对伊拉克的狂热中，大力支持更不切实际的改造伊拉克的信念，但为时并不太长。

　　首先来看看诊断问题。20世纪90年代，新保守派并不十分看好这种贸易和条约网络把地球村连接在一起的"地球胡话"（globaloney）。相反，他们一开始就假定这是一个极端危险的世界。他们看到的是民主国家陷于霍布斯式的争取优势的争斗中，他们发现到处存在导致无序和无政府状态的力量——政府垮台或者与恐怖分子和贩毒分子同谋，特大城市里无业和漫无目标的年轻人剧增，逃离无序世界的移民只是把宗教极端主义带到了西方大城市的中心。新保守派长期迷恋大规模杀伤性武器的问题。对于大多数政客来说，《核不扩散条约》《反弹道导弹条约》和限制战略武器会谈，以及其他有关大规模杀伤性武器的重要问题，都是他们工作之外的无聊话题——基辛格在国际会议行将结束时才提出此类问题。但是，像珀尔和沃尔福威茨这些人则是导弹迷。回溯到1969年，沃尔福威茨在华盛顿干的第一份活就是帮助尼克松规划反弹道导弹系统。新保守派驳斥"历史终结论"者的时候说，注意，你们所歌颂的全球化和技术，也同样使恐怖分子和"流氓国家"掌握了毁灭性的火力。制造核炸弹从未像今天这样简单；装在一个小小的手提箱里的东西，从未像今天这样能轻易造成惊人的毁灭；日常的商业工具——飞机或计算机系统——从未像今天这样容易变成毁灭性的武器。

　　新保守派丝毫也不怀疑谁将会充当这个危险世界的警察。美国现在生活在一个"单极世界"里（这一术语是新保守派评论家查尔斯·克劳萨默于1991年创造的）。到2002年，美国的军事预算超过了其后14个国家的总和。在高科技空基战（space-based warfare）方面，欧洲的雷达侦测不到美国的飞机。即便在普通的世界战争中，欧洲与美国的差距也是巨大的。为什么一个拥有87架C17战略运输机的国家，要去同总共只有4架这种飞机的西欧争吵不休呢？[23]

　　这种世界观总是能拨动果敢的民族主义者的心弦。小布什的核心小圈子总是赞同新保守派对世界危险本质的认识，以及以军事能力应对危险的重要性。小布什在竞选自叙中指出："这依然是一个充满恐怖、导弹和狂人的世界。"[24]沃尔福威茨1992年撰写、但被悄悄埋葬的激进的《防御规划指导》（*Defense Planning Guidance*），实际上是为迪克·切尼起草的。"9·11"事件似乎对副总统产生了特别大的影响，他立即开始推测，如果恐怖袭击使用的是大规模杀伤性武器，情况会糟糕到何种程度。拉姆斯菲尔德也有类似的反应——他对朋友们说，他每天一起床就会想，美国如何才能避免一场灾难性的恐怖攻击；他同样也担心过大规模杀伤性武器。1998年，他领导了一个包括沃尔福威茨在内的委员会，认为"流氓国家"在未来5年内将有能力用导弹袭击美国，这比美国中央情报局估计的时间缩短了2/3。[25] 委员会后来还警告有可能发生"太空珍珠港"事件，美国的敌人将使美国的卫星失效，因此，美国需要追求"太空的军事化，早进行比晚进行好"[26]。拉姆斯菲尔德受小布什邀请出任国防部长的讲话中说，他的主要任务将是"改造"美国军队，这样才能同时应对"流氓国家"和非传统武器的威胁。

布什主义

新保守派对世界的悲观看法导致了他们的第一个解决办法——美国需要采取更加单边主义的路线。这种偏好在右派中具有广泛的共性。的确，新保守派可能只是为小布什和切尼已有的论调增添了新奇的理论而已。新保守派认为，对于欧盟这种50年来一直试图使之由经济联盟深化为政治联盟的地区性力量来说，国际条约和国际官僚政治也许还不错。但是对于美国来说，它们却常常是累赘。美国拥有的利益和责任是逊于它的国家所不具备的。为什么一个担负监管朝鲜边界（而那段边界上又有上百万枚地雷）责任的国家，却要因为签署反地雷条约而捆住自己的手脚呢？此外，为什么世界上最重要的民主国家要从联合国这样的机构得到合法性？而联合国却让古巴这样的国家成为人权委员会的成员。

对于新保守派来说，"9·11"事件可怕地验证了他们的观点。条约丝毫不能阻止塔利班这样的流氓政权和奥萨马·本·拉登这样的狂热分子。唯一现实的做法就是用美国的军事力量，最好是通过先发制人的行动来消灭他们。新保守派援引1981年6月以色列先发制人成功打击伊拉克奥西拉克（Osirak）核反应堆的例子，来说明如何在伊拉克制造出核武器之前就把它掐灭在萌芽之中。至于等联合国批准此类行动，简直就是浪费时间。小布什政府一位资深的新保守派2003年提醒一群惊恐不已的欧洲人："美国合法性的唯一来源是它的宪法，除此别无其他。"

小布什的核心小圈子不会那样武断地对盟友说话，私下里也不会。但是"9·11"事件发生后，像切尼和拉姆斯菲尔德这样坚定的民主主义者，对单边主义再也没有什么保留意见了。美国依靠志愿者联盟推翻了阿富汗的塔利班政权，拒绝了北约主动提出的帮助。2002年夏，白宫通过小布什6月1日在西点军校对毕业生的讲话和9月面世的新《国家安全战略》（National Security Strategy）报告，正式宣布了自己的单边主义立场。小布什的讲话和新《国家安全战略》报告都清楚地表明，美国已经彻底放弃了均势之类的旧式概念。在小布什主义中，美国的安全有赖于做一个不受挑战的霸主——美国明显比任何其他大国都强大。2002年的《国家安全战略》报告保证，美国军队"将强大到劝阻任何潜在对手，使其不再追求军力超过或者赶上美国"。正如小布什在西点军校对毕业生所说的那样，这种不平衡不仅会吓退进攻者，而且还能够由美国来塑造和平，从而"使以往时代不稳定的军备竞赛毫无意义，并且将竞争对手局限在贸易和其他和平事业上"。

这不仅仅抛开了国际约束。布什主义清楚地表明，美国的政策将经常先发制人，而不是遏制或威慑。小布什对西点军校的学员说，冷战战略依然适用于"某些情况"，但"新的威胁要求我们有新的思维"。他解释道："如果我们等着威胁完全变成现实，那就太迟了。"[27]他继续说道："我们一定要主动找敌人战斗，打乱敌人的计划，并在最坏的威胁出现之前化解它。"

与许多外交事例一样，可能有人会说这其实也有先例。《国家安全战略》报告指出："长期以来美国一直保留采取先发制人行动的选择权。"人们把这一思想追溯到1841年，国务卿丹尼尔·韦伯斯特（Daniel Webster）的一项声明认为，如果有"立即、压倒一切的自卫的必要，没有其他可供选择的方式也没有考虑的时间"，那么，先发制人的进攻就被认为是正当的。[28]同样，2002年美国并没有突然停止通过多边组织来做工作。然而，无论从什么合理的标准来衡量，布什主义都同过去的外交政策有很大的变化——不仅与克林顿的全球主义不同，与共和党旧有的外交政策思想也不同。例如，艾森豪威尔曾公开指责"预防性战争"为"不可能之事"，而杜鲁门则曾经写道，"战争除了'防止'和平以外，其他什么也'防止'不了"[29]。在西点军校发表讲话13天之后，小布什在得克萨斯州的一次资金募集餐会上愉快地谈论"我们新的先发制人战略"[30]。

欧洲人又一次很快得出结论说，美国的外交政策被新保守派绑架了。然而，简单明了的事实是，这种更具活力的单边主义方法在保守主义的美国听起来却很悦耳。这明显恰恰是切尼和拉姆斯菲尔德长期支持的政策：如果说果敢的民族主义有何意义，那就是用美国的力量来消灭潜在的威胁，最好是在威胁出现之前。更广泛地说，布什主义对几十年来一直受到右派——尤其在阳光地带——欢迎的两个话题发出了回响。第一个话题是不饶恕的重要性。保守派比任何人都对美国在越南的屈辱感到震惊，但他们的结论却与自由派对手完全相反——美国并不是盲目地陷入了一场无法获胜的战争，而是没有尽力求胜才失败了。这使人记起巴里·戈德华特对在东南亚使用"低当量"核武器的热情。第二个话题是多边组织的有限价值。极右派长期以来一直攻击联合国是一个世界政府机构，但主流共和党人（也有一些民主党人，如帕特里克·莫伊尼汉）已开始对联合国的分裂感到狐疑。因此，当杰西·赫尔姆斯提出以联合国改革作为美国向联合国提供资金的条件时，他赢得了右派的普遍喝彩。

在"9·11"事件发生后的一段时间里，这种敌意浮上了水面。右派美国只关心两件重要的事情。第一，美国处于危险之中。美国本土受到攻击了，而现在很可能这些攻击者拥有了大规模杀伤性武器。第二，美国现在又卷入了一场善与恶的战斗之中。在这一点上，新保守派发现，他们的信念再次得到了基层战士的回应。相反，大多数美国和欧洲的知识分子则对道德的绝对性感到紧张，他们更喜欢把世界看成是灰色的。"9·11"事件发生后，自由派知识分子在寻找理由来解释基地组织：它是种族主义的产物，是经济不公正的产物，还是美国在中东政策的产物？而作为纳粹主义受难者后代的新保守派，则坚持认为这个世界上存在邪恶，他们蔑视任何只是试图解释它而不与之战斗的人。"9·11"事件随即被他们描述成宗教狂热与极权主义相结合的产物，他们大谈"伊斯兰法西斯主义"和"邪恶"。

范围更广的保守主义运动方面对此感到高兴。基督教保守派一点也不怀疑是魔鬼之力使双子塔倒塌了。《华尔街日报》、拉什·林博和福克斯新闻的金发美女主持争相谴责把恐怖主义看作是贫穷或者压迫产物的"复杂"解释，认为这样的解释完全是胡说八道。本·拉登难道不是一个百万富翁吗？沙特阿拉伯难道不是世界上最大的单一石油产地吗？至于以色列无论如何要对阿拉伯人的不满负责的说法，新保守派感到无比愤怒（尤其是当巴勒斯坦激进分子向美国人民展示他们惯常的伎俩——像本·拉登一样继续使用人体炸弹——的时候）。

这强化了保守主义运动中最奇怪的一次联姻。从20世纪70年代以来，宗教右派就一直亲以色列。福音派信徒相信，基督重临（the Second Coming）将发生在以色列——而在那之前，犹太人将会皈依基督教。因此，为了完成他们基督教末世论的双重角色，犹太人和以色列都必须得到救赎。2002年基督教联盟大会的高潮，就是号召人们为以色列而团结起来。基督教极端主义者花数百万美元资助犹太人的定居点。如果到那些极端主义者的教堂看看，你就会发现教徒们在祈祷让以色列保有《圣经》中犹大和撒马利亚的领土。

你可能会认为，作为世俗知识分子，新保守派本应发现对他们来说，这种末世论的味道过于辛辣，而作为犹太人，他们会踌躇于自己在基督重现中被赋予的那点角色。但是在这些问题上，新保守派总是特别善于克制自己，他们把基督教极端主义看作是某种斯特劳斯式"高尚神话"的东西——这当然是胡扯，却推动了保守主义事业的发展。有时候他们会掉队——比尔·克里斯托尔支持约翰·麦凯恩，试图结束宗教右派对老大党的支配——但他父亲欧文·克里斯托尔不断容忍宗教右派的那些小过错，则是一种更为典型的新保守派立场。在一篇文章中，欧文·克里斯托尔称赞宗教右派在造就里根多数派的过程中所起到的作用，却忘了帕特·罗伯逊曾经讲过关于犹太人的可怕的坏话。[31]

伊拉克战争之前，2002年至2003年冬的外交努力只是增强了新保守派和保守主义运动其他组成部分之间的关系。部分原因是小布什政府放任有关萨达姆·侯赛因与"9·11"事件有染的说法流传（大部分美国人迟至2003年还相信这个传说）。但大部分原因则是保守主义美国在多边主义机器那里的碰壁次数日渐增多。大多数保守派都在关注战前的外交努力，并且得出结论，新保守派一直是正确的。联合国更多的是一个互为对手的民族国家追求国家利益的竞技场，而不是一个致力于普遍的善的议会机构。2002年11月8日，小布什得到了联合国安理会一致通过的1441号决议——向伊拉克发出最后警告。但在托尼·布莱尔的坚持下，在整个2003年2月，当他试图得到安理会一致同意授权使用武力的第二份决议时，却发现自己面对的是一个由法、俄、德领导的"鼬鼠轴心"——这是《纽约邮报》给这个轴心取的名字。

事实上，反对第二份决议的远远不止这3个国家。美国没有得到墨西哥和智利这些传统盟友的支持，并且与得到安理会支持所需的9票还差一段距离（批评家认为，这是采取单边主义需付出代价的先期迹象）。但是由于希拉克2003年3月10日的威胁说法国"无论在什么情况下"都会否决第二份决议，因此右派美国盯住了法国。对保守主义的美国来说，这种立场既非出于高尚原则的动机，也非出于渴望通过协商解决问题的动机，似乎只是因为法美两国在该地区的不同利益所致。福克斯电视新闻台、拉什·林博和其他同道者指出，法国人在萨达姆政权中有大量投入，他们长期以来都梦想充当平衡美国力量的角色。炸薯条（French fries）被重新取名为"炸自由"（Freedom fries），法国葡萄酒的销售量在美国直线下降。那么为什么大多数国家的大多数人民都支持法国的立场呢？哦，那只是证明了法国人的阴险狡猾。

2003年3月19日伊拉克战争打响以后，这种凯旋的道德主义立刻甚嚣尘上。美国很快把伊拉克人从一个残暴的政权中"解放"了出来。美国凭一己之力完成了这件事情（英国人也提供了一些帮助），这突出表明美国的军事力量多么令人敬畏。美国征服了阿富汗——一个曾使英帝国和苏联帝国折戟的国家。现在，美国仅用3个星期就使萨达姆垮台，反战运动曾经信心十足地预测的灾难也没有发生。除了误伤和事故导致的伤亡，美国损失的人员不到60人。巴格达一沦陷，小布什就指派联合国在伊拉克重建工作中担当一个不起眼的角色。

意料之外的帝国主义者

到现在为止，新保守派得到了保守主义运动的坚定支持。基层战士没有对小布什的单边主义和先发制人的新"新保守"政策感到惊慌，而是庆幸他们终于发现了一套自己认同的思想。对于右派美国来说，恰当的类比不是《谍网迷魂》（*The Manchurian Candidate*）*，而是《哈利·波特》（*Harry Potter*）。戴着眼镜的瘦弱男孩，突然想出了一个拯救整个学校的计划。但是，新保守派的第二个"改造"部分的解决办法——不仅仅使用美国的力量，并且要传播美国的价值——却总是很难兜售。

长期以来，新保守派一直相信，美国的力量需要同它的原则结合起来，即美国有责任在全世界传播自己的理想和价值。应该忘记那些肮脏的实力政治的妥协（雅克·希拉克再次成为他们常常攻击的靶子），相反，通过支持永恒的自由民主价值，美国应该将军事力量和道德纯洁结合在一起。新保守派认为，这不仅仅是正确的行动，而且是明智之举。支持中东国家某些腐败的权贵盗贼的政策，已经引起了人们对西方的强烈憎恨。民主化可能会在短期内引起不稳定，但长期而言，民主化将带来一个远为稳定和可靠的世界。这就意味着，在最低限度上美国必须使伊拉克民主化并废黜萨

---

* 2004年7月发行的美国电影，导演为乔纳森·德姆（Jonathan Demme），本片改编自1959年李蔡·康顿的惊悚同名小说，以冷战为背景，描述一名政治世家出身的年轻人被洗脑，变成了一个受人控制的杀手。——译者注

达姆。美国也可能需要继续向伊朗、叙利亚和沙特阿拉伯进军。

新保守派圈子中有如此多的人热衷于传播美国的价值，以至于他们甚至考虑重拾欧洲以前犯下的罪孽——帝国主义。几十年前，美国治下的和平只是少数人的梦想而已。1991年时，克劳萨默还极力辩护："为什么要否认帝国主义呢？为什么要因为帝国主义而羞羞答答呢？"到伊拉克战争爆发的时候，这种氛围发生了相当大的变化。有些新保守派，如罗伯特·卡根，更喜欢"霸主"的说法（那意味着你只要控制别人的外交政策，而不是整个国家），其他人则明白无误地成为了帝国主义者。正如马克斯·布特，《华尔街日报》的罗伯特·巴特利的门生，在2001年10月的《旗帜周刊》上所写的那样："今天，阿富汗和其他麻烦不断的地方，迫切需要文明的外国人来管理，而这种管理一度是由脚蹬马靴、头戴太阳帽、充满信心的英国人来提供的。"[32] 2003年7月，他在英国《金融时报》（*Financial Times*）上撰文认为，美国需要设立一个殖民地办公室，他补充道，随着Perl语言*的蓬勃发展，将不得不为这个办公室想一个毫无意义的政治正确的名称。[33]

回顾过去，小布什政府在接受这一主张之前走过了一段很长的路。帝国主义背离了小布什在竞选中勾勒的那种"谦卑的"外交政策。他在西点军校发表讲话的时候谴责了这种主张："我们并不寻求建立帝国，我们的国家为了自己也为了他人而忠于自由。"然而，到2003年5月，小布什政府却基本在以帝国的方式行事，在阿富汗和伊拉克等地设立总督管辖区，并且声称它有权利——哦，不，是有道德责任——将自己的价值推广到全世界，正如小布什对西点军校的学生所说的那样，"鼓励各大陆自由开放的社会，以扩大和平的范围。有人担心，言明对错是缺乏外交策略或者缺乏礼貌，但我不这样认为"。

得到小布什——还有切尼、赖斯和拉姆斯菲尔德——支持的是这样一种主张，即反恐战争不仅要针对国家，还要针对恐怖分子。"9·11"事件发生后，他们热情地接受了这一主张。一旦说服了切尼和拉姆斯菲尔德推翻恐怖头目很重要，那么要说服他们美国有责任重建这些失败国家，相对来说就不怎么费力了。除此之外他们能够做什么呢？让阿富汗和伊拉克毁灭？这对切尼的实用主义是一种羞辱。必须重建这些国家，以防止它们半途而废。到2003年，切尼肯定是以赞同的口吻高兴地使用"帝国"

---

* Perl是一种自由且功能强大的编程语言。自1987年初次登台亮相以来，用户数急剧膨胀。——译者注

这个词的。

然而，人们不久就发现，果敢的民族主义者的国家重建主张远远达不到新保守派的要求。阿富汗就是一个相当清楚的例子，说明小布什政府对国家重建概念有所保留。美国不顾许多军阀掌管着阿富汗海洛因业务的事实，把该国的大部分地方交回到了他们的手中，并且只留下了很少的驻军。相反，在1995年，战争一结束，美、英、法就在波斯尼亚投入了6万维和人员，而在阿富汗这样一个面积和人口分别是波斯尼亚12倍和7倍的国家里，到2003年，只有大约5 000人在帮助维持和平，另外还有1.2万人在搜捕本·拉登。新保守派全神贯注于伊拉克，在某种程度上刻意对此视而不见，并找借口说那只是阿富汗的暂时脱轨而已。国家重建的真正考验将是在中东地区——小布什曾经承诺使这一地区民主化。特别引人注意的是，在伊拉克战争爆发前的数周，他曾在美国企业研究所发表的一次讲话中许过这样的承诺。然而就在萨达姆被推翻不久之后，"民主的帝国主义"和"果敢的民族主义"之间的裂痕再次出现。

沃尔福威茨及其同道一直致力于把中东的改造作为一个长期的高尚计划，但这与右派中其他大多数人本能上的谨慎发生了摩擦。2000年总统竞选期间，小布什批评克林顿的外交政策由于受模糊的理想主义而非清楚的目标所驱动，因而显得软弱无力。他抱怨道："我们的军队从来没有被这样随意差遣过——在过去几年里，平均每9个星期就有一次部署。"在赖斯的指导下，小布什对克林顿政府使用军队进行国家重建，而不是使军队担负应有的责任——"作战和赢得战争"——进行了尤为尖锐的批评。[34] 在共和党内的思维中，这种紧张怀疑不久就被自我强化了。相对于新保守派，切尼和拉姆斯菲尔德只把国家重建看作临时措施。美国自然需要清理好伊拉克，耗费大气力在那个地区培植友好政权，但美国需要确立自己的优先目标并防止使命偏离。

2003年夏，美国在伊拉克遭遇的问题激化了小布什的核心顾问与新保守派之间的矛盾。对于果敢的民族主义者来说，每一个装着美国人的裹尸袋和花出去的每一美元，都显示出卷入国外的危险。情况很快就清楚了，伊拉克人对于美国人在伊拉克的存在，怀有比新保守派想象的更加矛盾的心理。这些几乎没有接受过维和训练、缺乏维和能力的美国军队身陷巴格达的街头巷尾，开始愤怒地往家里写信、发电子邮件，抱怨他们延期回国。2003年夏，得克萨斯州甚至出现了军人妻子的抗议活动。他们对伊拉克战争的支持逐渐消退，到2003年9月，只有一半美国人认为发动伊拉克战争是个好主意。

新保守派对美国在伊拉克停滞不前的解释是，美国在伊拉克的雄心抱负不够。《旗帜周刊》的怒火主要发向拉姆斯菲尔德，因为萨达姆倒台后是由他来负责伊拉克事务的。他的战争"瘦身"技巧（他比五角大楼以往的将军花更少的军队打败了萨达姆）明显鼓舞了他也以廉价的方式重建伊拉克——大约只用15万军队。拉姆斯菲尔德的冒险因为一些战术性的错误而于事无补，最引人注目的悲剧性错误是，在这样一场外科手术式的战争之后，竟然放任被解放的伊拉克人大肆掠夺他们自己的基础设施。不仅新保守派抱怨美国没有在伊拉克使用足够的资源，英国人也有同样的抱怨。

也许新保守派有其自身的逻辑，但他们已经失去了保守主义美国的支持——至少，就毫无限制地承诺对中东进行改造方面情况是如此。到2003年秋，民意调查依然显示共和党人忠实地支持伊拉克战争，并且准备继续干下去。58%的民主党人要求军队尽快回国，只有20%的共和党人持这样的立场。[35] 人们对于把目标指向伊拉克以外的国家毫无热情，同时，人们无疑还要求限制在伊拉克投入的时间和资源。共和党人开始在国会中反对给伊拉克资金，并坚持认为应该以贷款的形式支付。问题不再是理查德·珀尔所说的"下一个轮到谁"，而是"我们怎样才能脱身"？

2003年9月，国会预算办公室的报告显示，如果美国士兵不在伊拉克待一年以上，美国军队就无力于2004年以后在伊拉克维持一支占领军。报告出台后不久，小布什改变了行动方针，尽管这种改变几乎完全不符合新保守派所希望的方式。他回归到令人痛恨的请求联合国给予帮助，并且把伊拉克的控制权从五角大楼拉姆斯菲尔德手中转移到了国家安全委员会赖斯手中。9月初鲍威尔和一批将军的反对使小布什改变了主意。他们向小布什解释道，如果没有外国的帮助，美国将陷入泥潭。经常在小布什的外交团队中摇摆不定的赖斯，显然也回到了她先前对国家重建持怀疑态度的立场上（第82空降师当然可以护送孩子上学，但时间不能超过一个学期），随即她倒向了鲍威尔的立场，而鲍威尔则得到了托尼·布莱尔的支持。布莱尔由于毫无异议地与美国站在一边，因而在英国国内备受压力。

萨达姆·侯赛因在12月被逮住，紧接着利比亚决定全盘招认其核计划，这给了白宫极大的鼓舞。但随着小布什的总统任期进入第4个年头，政府内部的主要争执再次在鸽派的实用主义者和果敢的民族主义者之间爆发。但小布什的头等大事还是加紧改造中东。例如，在2003年11月，他向埃及和沙特阿拉伯发出了比一年前在美国企业研究所更为严厉的警告，认为"那个地区的许多人已经做了太久的受害者和臣民，他们应该成为积极的公民"。然而，他的言辞并没有伴以任何在伊拉克增兵的承诺。在他的讲话中最常听到的内容，是愤怒地坚称美国"不会匆匆离开（伊拉克）"。伊拉克已经成了一件他希望看到出路的苦差事。

至于新保守派，他们似乎有点处于守势。新保守派发现自己受到指责，说他们蓄意制造了一个有关大规模杀伤性武器的"高尚神话"，以使他们重组中东的计划正当化，而他们那更具马基雅维利色彩的说辞也对自己不利。比尔·克里斯托尔曾认为，"斯特劳斯给我们的主要教诲之一，就是所有政治都有其局限性，没有什么政治是真的以真相为基础的"。但是，新保守派的真正尴尬在于伊拉克的改造前景与伊拉克的混乱现实之间一团糟的冲突。2003年10月，沃尔福威茨入住的巴格达的旅馆被炸，之后他接受了一次即兴采访，没有什么比这次采访更能说明问题了。采访中，他虽然依旧乐观地谈到伊拉克的前景，但显然被震撼了。2003年末出版的弗鲁姆和珀尔合著的新书《结束邪恶：如何赢得反恐战争》（*An End to Evil: How to Win the War on Terrorism*）中，他们依然提出了许多引人注目的建议，例如封锁朝鲜、把叙利亚赶出黎巴嫩，但是书中却花了许多篇幅与国务院较劲。[36]《旗帜周刊》和美国企业研究所对美国在伊拉克毫无进展非常愤怒，但白宫似乎并不很专心地倾听他们的心声。

这不仅仅是新保守派失势的问题。就将来的冒险而言，道德帝国主义出现了许多大漏洞。最显而易见的是，保守主义的美国已经发现美国力量的局限——它的力量强大到可以彻底击败敌人，但重建它们却需要外国的帮助。许多国家在伊拉克问题的争执中受到伤害，它们不愿意给予帮助——这反映了哈佛大学肯尼迪学院院长约瑟夫·奈（Joseph Nye）和其他资深外交观察家的警告：进攻性单边主义会伤害美国的"软实力"。[37] 2001年9月，全世界曾经团结在美国周围，《世界报》甚至宣称"我们都是美国人"。到2003年6月，英国广播公司对11个国家（其中不仅包括美国，还包括它的3个最密切的盟国以色列、英国和加拿大）1.1万人的调查发现，他们认为美国对全球安全的威胁远远大于中国、伊朗、叙利亚、俄罗斯或法国，美国与朝鲜被扯到了一起（即使在韩国，人们也认为小布什比金正日威胁更大）。基地组织是唯一被认为比小布什政府更危险的势力。[38] 至于蹩脚的外交带来的代价，当2003年12月沃尔福威茨发布他的"笨蛋式"备忘录时，就连马克斯·布特等对老欧洲持批评意见的传统保守派，也感到沮丧不已。该备忘录有针对性地将加拿大、法国、德国、中国和俄罗斯等国的公司排除在伊拉克的重建合同之外。[39] 他们感到沮丧，不只因为沃尔福威茨保证来自卢旺达、乌兹别克斯坦和马绍尔群岛的著名跨国公司可以在重建中分得一杯羹，也不是因为法国、加拿大和德国已经承诺向阿富汗派兵，而是因为备忘录出现之际，正是小布什政府试图劝说法、德、俄三国谅解它们与美国在伊拉克的宿怨。不管怎样，美国已经消耗了大量的软资本。

与此同时，由于没有找到任何称得上大规模杀伤性武器的东西，先发制人的说法受到削弱。保守的美国愿意相信，小布什对伊拉克武器的说法是无心之过（但民主党和世界其他大部分地方则对此远远不能够原谅）。然而，许多保守派评论家指出，未来采取任何先发制人的冒险行动——如反对伊朗的"核武器"和叙利亚的"化学武器"——的门槛已经大大抬高了。就像乔治·威尔观察的那样，"先发制人的必要条件是有能力了解事情，某种程度上是确定无疑地了解威胁——它需要人们的重大决策做出不亚于发动战争"[40]。美国的盟友则更加谨小慎微，哪怕是在战争结束后的胜利之际，当理查德·珀尔问到"下一个轮到谁"时，布莱尔政府还不厌其烦地强调，叙利亚的巴沙尔·阿萨德（Bashar Assad）不同于萨达姆·侯赛因。英国为轰炸伊拉克准备了差不多10年的时间，而阿萨德最近还和英国女王一同饮茶。

的确，改造中东的梦想正在消退。不仅仅因为在伊拉克重建市民社会被证明是难上加难，尽管该国拥有大量可以夸耀的石油财富和受过很好教育的人口。随着当地大阿亚图拉阿里·西斯塔尼（Ali al-Sistani）这样的长老权力的扩大，情况很快清楚了，"民主的伊拉克"将具有强烈的伊斯兰色彩和明显的反美倾向。在新保守派对世界的悲观诊断（世界比你想到的要危险得多）和他们对改造的乐观信心之间，存在着直接的矛盾冲突。第一代的新保守派知识分子展示了"社会政策的局限"——官僚政治论者无力兑现他们减少贫穷和改善教育的许诺，从而获得了声誉。为什么远在伊拉克，身穿军装的政府就能无所不能呢？

就连美国企业研究所里都有人开始怀疑美国的改造使命了。2003年8月，当被问及保守主义的美国对"道德帝国主义"的热情问题时，保守派外交元老珍妮·柯克帕特里克俯视走廊轻蔑地说："我认为除了在华盛顿哥伦比亚特区的几处地方以外，没有丁点证据表明有哪个地方会把这种想法当回事。"[41]表面上看，彻底的道德外交将使美国更多地向中国寻衅（要记得，许多新保守派反对美中两国的贸易正常化）。道德外交也会促使美国着手处理朝鲜问题，而奇怪的是，美国在这个问题上迫切需要中国的帮助。准确地说，这一新的民主化的美国，如何应对反恐战争中那些口碑不怎么样的盟国呢，比如巴基斯坦和俄罗斯？对许多外国观察家来说，新保守派似乎只有兴趣对那些威胁以色列的国家进行民主化。而在这个问题上，欧洲人远不像沃尔福威茨和珀尔那样，把以色列看作美国式民主的旗手。在美国以外的地方，新保守派心目中的"中东民主"象征越来越被比作种族隔离时期的南非。

疯狂、糟糕、危险的现实

因此，新保守派显然是走过头了，即使在右派美国紧随其后时也是如此。但是，新保守派已经大大改变了美国外交政策，这一点显然不容忽视。第二次世界大战刚刚结束，迪安·艾奇逊就巧妙地策划创立一个核心集团，彻底以核心集团的风格（举止高雅和亲欧洲）和学说（遏制理论）支配美国的外交政策达半个世纪之久。艾奇逊巧妙地将回忆录取名为《参与创造世界》(Present at the Creation)。"9·11"事件发生后，小布什立即着手创立一个新的外交政策核心集团，而新保守派肯定是其中的一部分。虽然他们的作用可能被自己和敌人都夸大了，但保守主义的美国显然是朝着他们的方向前进了。尽管布什主义还在修修补补，但是，无论以什么样的理性标准来衡量，美国现在都更坚定地走着自己的单边主义道路，更愿意干涉国外事务，更倾向以道德的眼光来看待世界。

那些认为新保守派凭诡计钻进保守主义美国核心的欧洲人，已经把事情弄得一团糟了。新保守派之所以能够证明自己有这样的影响力，并不是因为他们欺骗了保守派同道，而是因为他们成功地将某些保守主义美国最深厚的激情转化成了外交政策理论。这意味着新保守派的影响力既超乎欧洲人的想象，又不及他们的想象。之所以说影响力不及欧洲人的想象，是因为他们只是把右派美国其他人的所思所想说了出来；之所以说影响力超乎欧洲人的想象，是因为他们帮助美国回应了巨大的灾变事件。新保守主义的后果将在未来的许多年里回响不绝。

注释

[1] George W. Bush, *Acceptance Speech, Republican National Convention*, August 3, 2000.

[2] Frank Bruni, *Ambling into History: The Unlikely Odyssey of George W. Bush* (New York: Harper Collins, 2002), p.4.

［ 3 ］ Ramesh Ponnuru, "Getting to the Bottom of This Neo Nonsense," *National Review*, June 16, 2003, pp.29–32.

［ 4 ］ Ivo H. Daalder and James Lindsay, *America Unbound: The Bush Revolution in Foreign Policy* (Washington, D. C.: Brookings Institution, 2003), p.18.

［ 5 ］ Ibid., p.112.

［ 6 ］ Ibid., p.15.

［ 7 ］ Ron Suskind, *The Price of Loyalty: George W. Bush, the White House, and the Education of Paul O'Neill* (New York: Simon & Schuster, 2004), pp.70–75.

［ 8 ］ Stephen Fiddler and Gerard Baker, "America's Democratic Imperialists," *Financial Times*, March 6, 2003, p.17.

［ 9 ］ David Plotz, "Paul Wolfowitz: Bush's Testosterone Man at Defense," *Slate*, Friday, October 12, 2001.

［10］ Charles Krauthammer, Speaking at the American Enterprise Institute. 转引自 Julie Kosterlitz, "The Neo-Conservative Moment," *National Journal*, May 17, 2003。

［11］ "Lindbergh Lives," *Economist*, March 15, 2003.

［12］ John Vinocur, "In Private, French Talk Differently About Veto," *International Herald Tribune*, March 6, 2003.

［13］ John Vinocur, "What Does Europe Want？" *International Herald Tribune*, January 20, 2004.

［14］ Michael Lind, "The Weird Men Behind George W. Bush's War," *New Statesman*, April 7, 2003.

［15］ 参见 http://www.israeleconomy.org/start1.htm。

［16］ Fiddler and Baker, "America's Democratic Imperialists," p.17.

［17］ Elizabeth Drew, "The Neo-Cons in Power," *New York Review of Books*, June 12, 2003, p.20.

［18］ Bob Woodward, *Bush at War* (New York: Simon & Schuster, 2002), p.98.

［19］ Daalder and Lindsay, *America Unbound*, p.33.

［20］ Carl Cannon, "Memory and More in the Middle East," *National Journal*, June 7, 2003, p.1779.

［21］ David Wurmser，转引自 Kosterlitz, "the Neo-Conservative Moment"。

［22］ David Frum, *The Right Man: The Surprise Presidency of George W. Bush* (New York: Random House, 2003), p.259.

［23］ Graham Turner, "The New Empire," *Daily Telegraph*, June 16, 2003.

［24］ George W. Bush, *A Charge To Keep* (New York: William Morrow, 1999), p.239.

［25］ Jeffrey A. Krames, *The Rumsfeld Way: Leadership Wisdom of a Battle-Hardened Maverick* (New York: McGraw-Hill, 2002), p.37.

［26］ Ibid., pp.37–38。

［27］ 小布什在西点军校的讲话，公开发表在外交关系委员会的《美国与世界》(*America and the World*, New York: W. W. Norton, 2002) 一书中的第364–371 页。

［28］ 转引自 Arthur Schlesinger Jr., "Eyeless in Iraq," *New York Review of Books*, October 23, 2003。

［29］ Ibid.

［30］ 参见 www.whitehouse.gov/news/releases/2002/ 0620020614–8。

［31］ Irving Kristol, "American Conservatism, 1945—1995," *The Public Interest*, September 1, 1995；Pat Robertson, *The New World Order* (Dallas: World Publishing, 1991). 关于这一主题参见 Michael Lind, *Up From Conservatism: Why the Right Is Wrong for America* (New York: Free Press, 1997), pp.99–120。

［32］ Max Boot, "The Case for American Empire," *Weekly Standard*, October 15, 2001.

［33］ Max Boot, "Washington Needs a Colonial Office," *Financial Times*, July 3, 2003.

［34］ Daalder and Lindsay, *America Unbound*, p.37.

［35］ The Pew Research Center for the People and the Press, Survey, October 15–19, 2003.

[36] David Frum and Richard Perle, *An End to Evil: How to Win the War on Terrorism* (New York: Random House, 2003).

[37] 参见Joseph Nye, *The Paradox of American Power: Why the World's Superpower Cannot Go It Alone* (New York: Oxford University Press, 2002)。

[38] 参见http://news.bbc.co.uk/1/shared/spl/hi/programmes/wtwta/poll/html/default. htm。

[39] Max Boot, "All-Stars of Team Bush Fall Flat in Iraq," *Los Angeles Times*, December 14, 2003.

[40] Daalder and Lindsay, *America Unbound*, p.167.

[41] 2003年8月11日作者与珍妮·柯克帕特里克的访谈。

第三部分

预言

第九章
遥望前方：通往共和党的支配之路？

威廉·麦金利（William MacKinley）没能在共和党的众神之殿上同西奥多·罗斯福和罗纳德·里根一道占有一席，这并不令人感到吃惊。麦金利是一个乏味的人，他最为人熟知的事就是遇刺身亡。作为总统，他被认为只是俄亥俄州生铁大资本家出身的政治首领马库斯·阿朗索·汉纳（Marcus Alonzo Hanna）的工具而已。继任者西奥多·罗斯福的个人魅力远远超过了麦金利。

然而，乏味的人和光彩夺目者一样能够创造历史。事实上，麦金利带来了一场政治革命。从他1896年的选举开始，共和党在随后的9次总统选举中赢得了7次胜利，其支配地位直到大萧条才被终结。除了伍德罗·威尔逊（Woodrow Wilson）因为老大党的分裂而当选，共和党总统一直占据支配地位，直到1932年迎来另一位罗斯福总统。

麦金利明白，老大党的未来在于同新的工业秩序紧密结合。共和党需要忘记美国内战——一种依然顽固的保守派观念——转而集中精力与重塑美国的新力量结合到一起。他不仅深化了共和党与橡胶大亨的关系，并同新的工人阶级——尤其是数百万涌向美国的移民——进行联系。麦金利明白，一个以工商界为基础的政党能够在民主社会里蓬勃发达——而巨大的工商业财富则意味着普通人可以拥有更好的生活。

麦金利通往权力之路的1896年大选，可以说是第一场现代选举。汉纳动员起麦金利身后的整个共和党核心集团，并在这次交易中募集到前所未闻的350万美元竞选资金。老大党在新兴城市里铺天盖地地散发用12种语言写成的竞选小册子。对泰迪·罗斯福来说，这一切做得太过火了，他抱怨汉纳把麦金利当专利药品一样做广告，但这确实为老大党营造了一种未选先胜的氛围。1896年的选举，也是美国内战以来保守主义与激进主义之间第一次泾渭分明的战斗。威廉·詹宁斯·布赖恩（William Jennings Bryan）坚决使民主党认同土地民粹主义。（布赖恩对迷惑不已的民主党大会说："你们不该把带刺的王冠压在劳动人民的额头上，你们也不该将人类钉死在金制的十字架上！"）按照文化界限的划分，选举将美国一分为二：民主党得到了旧的南方邦联地区和美国大部分远西地区的支持；麦金利则赢得了东海岸和中西部地区的胜利，并以710万票对650万票的结果赢得了总统选举的决定性胜利。布赖恩的民主党被缩小到只是旧土地所有权的代言人，它对新的工业时代充满抱怨。麦金利则使共和党认同新兴的工业精英，并由此开始了共和党在美国历史上最长的统治期。

至少到现在为止，在过去的36年中，共和党已经在白宫占据了24年。目前，他们控制了国会，而小布什和卡尔·罗夫决心重组美国政治，以确立共和党的又一个统治期。罗夫喜欢谈论麦金利。通过对2000年和1896年两次总统选举进行比较，小布什的顾问们刻意把这位美国第25任总统引入2000年的总统选举中，甚至借用汉纳的"前沿竞选"思想，引导全国各地的共和党要员到奥斯汀亲吻布什州长的指环——就像100年前他们到俄亥俄州做过的那样。[1] 当然，2000年的选举谈不上是决定性的胜利，但是就像汉纳1896年曾经做过的那样，罗夫坚持不懈地扩大共和党联盟。从推动钢铁税到限制干细胞的研究，再到争取取消纯益税（dividend taxes），罗夫参与的所有事情几乎都是为了服从这一伟大的计划。

2004年的选举是对罗夫战术的巨大支持。但政治重组的物质基础是否存在呢？在本章中，我们将对共和党和民主党的基本力量进行比较。在下一章中，我们将考察共和党走出困境的能力。然后我们将关注那些在"敌后战线"推进保守主义事业的斗士——那些在民主党的领地上进行深入活动的共和党人。而在本书的最后部分，我们将回到两个最大的主题上——不论共和党的选举成功与否，保守主义已经在论争中获胜了；哪怕是民主党赢得了胜利，美国仍然会是一个比过去更加保守的国家。

短期观感

任何对共和党与民主党相对力量的判断，都必须同时考虑短期策略（某一特定总统任期的起伏）和长期定位（有利于两党的大趋势）。总的说来，共和党在这两个方面似乎都略占上风。

乍看起来，最近的"短期"选举记录明显有利于共和党。21世纪，两次总统选举共和党都赢了，该党还逐渐增加了它在国会两院中的多数党席位，并在州长席位和州立法机构中明显领先。在20世纪90年代中期，有谁会想到会出现一位共和党总统以及参议院中55席对45席的共和党多数局面？有谁会想到加利福尼亚州会出现一位共和党州长？有谁会想到共和党的党员登记人数将与民主党旗鼓相当？

这些胜利可以使人理解2004年选举之后共和党的必胜信念，但胜利也带来了警告。我们现正经历的政治重组类似于1896年以后的重组。如果你怀疑此观点，那么你可以在最近的两次总统选举（2004年和2000年）中找到些许安慰。按照以往在位总统再次参选的标准来看，2004年小布什的胜利优势相对来说并不明显。俄亥俄州只要有7万选民决定不投他的票，那么小布什可能就不会当选。而2000年的总统选举，两位候选人的差距更接近。政治重组意味着什么呢？它当然不意味着靠少数的选民支持票在总统选举中获胜，并且还是在最高法院的裁决下才赢得了胜利。如果佛罗里达州有几百人改变主意——或者这几百人把票投对了地方，那么戈尔总统很可能正在白宫享受着民主党总统的第四个连续任期呢。

但是且慢。换个角度来看这两次选举，我们发现小布什都是在几乎无胜算的情况下获胜的。2000年，小布什本不可能击败在位的副总统，当时美国正享受历史上持续时间最长的和平与繁荣。小布什是一个政治阅历不深的人，并且作为一个败家子打发过20年的时光。在选举前3个月美国政治学会（the American Political Association）举行的年会上，有6位教授使用商业中最精确的统计模型进行系统分布研究，结果是戈尔将实现他成为美国总统的终生抱负——无论怎样分析，他的得票数将介于52.9%和60%。痛苦指数、在位总统得到的认可率、第二次世界大战后历史上"在位"政党在总统选举中二季度国内生产超过2%、快乐者的人数有限，所有的衡量结果都显示出戈尔一边倒的趋势。布法罗纽约州立大学的詹姆斯·坎贝尔（James Campbell）教授为小布什进行了一项男性智力测试，结果他悲叹地说自己的选票将白白浪费，因为他所支持的这个人的得票率将不会超过47.2%。

不用说，这些选举学家在选举结果出来以后会说，他们使用的基本模型根本没有问题。选举结果根本没有反映出深层的趋势，而是反映了那些一次性事件的影响——莫妮卡·莱温斯基本不该有这么大的影响，戈尔是一个特别差劲的候选人。也许如此吧。但如果关注一下选举结果就会发现，对共和党而言，有一些信息十分珍贵。尽管在民意测验中小布什在全国的选民支持比戈尔少了54万票，但他在国会众议院435个选区中，以237个选区的多数支持超过戈尔，同时在50个州中，以30个州的多数支持领先戈尔——其中包括2004年选举中举足轻重的34个参议员席位中的22席。[2]

2004年的情形又如何呢？小布什身后当然有在位总统的权力。但是如果在经济表现不佳的同时，还在进行一场糟糕的战争，那么任何在位总统都会在选举中失败，因为总统要对以上两个问题负责。2004年，小布什看到的是国内大约200万个工作岗位的流失和1 000多个美国人在伊拉克丧生。由于挥霍无度，预算赤字猛增；阿布格莱布监狱（Abu Ghraib）令人震惊的丑闻使得美国的声誉在全世界直线下降（无论对错与否）。小布什至少在三场总统竞选辩论中输了两场。这一切对营造胜利的选举环境特别不利，更不用说强行进行政治重组。

从国会和州选举中传来的信息为右派美国带来了类似的微妙成效。得益于某些特殊情况，共和党显然占了上风。例如，在总统任期的中期，总统所在的党赢得席位是十分罕见的。上一次发生在1932年富兰克林·D.罗斯福当政时的众议院。但是在2002年，共和党重新控制了参议院，在众议院中有所斩获并挡住了民主党预期中占据多数的州长席位。众议院的选民票分为共和党的51%和民主党的46%——显而易见，不再是一分为二的美国了。共和党还在州众议院和州参议院中分别赢得105席和36席，从而使它自1952年以来首次成为州立法机构的多数党。2003年，共和党虽然失去了路易斯安那州的州长席位，但是在加利福尼亚州、肯塔基州和密西西比州赢得了3个州长席位，从而拥有28个州长席位。甚至有迹象表明，民主党的党员登记人数这一自"新政"以来的传统优势可能已经不复存在了。2003年，75年以来共和党的登记人数第二次略微超过民主党。[3]

这些胜利有可能再次归功于某些特殊情况。甚至连共和党人也承认，阿诺德·施瓦辛格的当选是加利福尼亚州的奇迹。肯塔基州和密西西比州的州长竞选，地方问题起到最重要的作用。至于2002年国会选举结果显而易见的突变，民主党人认为，那是因为"9·11"事件后小布什得到的认可率依然高得"离谱"。除此以外，两党的差额依然不大，只要在7 570万支持票中加上9.4万游离票，民主党本来可以同时控制参众两院。[4] 而在2004年共和党赢得的众议院席位中，也有类似的警讯：例如，共和党额外赢得的众议院席位中，有5个是因为得克萨斯州的选区重新划分才得到的。

如果人们对每次选举都观察得够久，就会发现每次选举是特别的。在某种情况下，任何明智的民主党人都不应再给失去的领地找借口，并应该开始担忧接下来的事情了。正如戴维·博德（David Border）指出的那样，民主党的失败与小布什在得克萨斯州的成就之间存在某种情势不妙的平行发展关系。[5] 人们未曾预料小布什能赢得1994年的得克萨斯州州长选举，但此后该州一切都是朝共和党的方向发展。小布什当然不可能把美国变成版本扩大了的得克萨斯州，然而他在2000年出人意料的胜出，确实可能被看成是共和党居长期支配地位的开始。

犹在镜中 *

　　共和党的优势始于超群卓绝的组织。小布什领导下的白宫是美国政治史上最强大的筹款机器。在2000年至2002年的选举周期期间，共和党募集了4.41亿美元联邦核准的捐赠资金，而民主党只募集到2.17亿美元。[6] 在2004年的竞选中，小布什募集到的资金几乎是2000年的两倍，达3.6亿美元，比约翰·克里多4 000万美元。如果加上那些痛恨小布什的民主党人投入27个专门组织中的资金——这些组织名义上是独立于克里的竞选活动，但在许多情况下是为克里的竞选进行党派攻击的工具——那么他们之间的对抗可能是打了个平手。因此，上述总统对民主党挑战者的优势被夸大了，但共和党的行动更为集中。

　　此外，共和党的政治才能比资金募集的能力更好。在克林顿的领导下，民主党人反复安慰自己，大部分政治才能的优势是在自己一边。小布什在领导白宫方面与父亲老布什在处理事务方面的不够娴熟有天壤之别。白宫有一个沟通交流部门，里面有来自电视网的舞台照明、照相角度等各方面的专家，对细节的关注一丝不苟。[7] 小布什在印第安纳波利斯推广减税计划演讲期间，白宫助理要求站在小布什身后的人群解下领带，让他们看起来像是从减税中获益的普通人。另外一次是在拉什莫尔总统山（Mount Rushmore）**，白宫将电视工作人员的工作平台安置在一边，结果相机被迫从侧面拍摄小布什总统，从而不知不觉使他置身于四位总统的雕像之间。罗夫的手下并不

---

* 标题取自1961年由瑞典导演英格玛·伯格曼（Ingmar Bergman）执导的同名电影《犹在镜中》（*Through a Glass Darkly*）。电影里充斥着关于上帝以及信仰的讨论，是伯格曼的"上帝三部曲"之一。——译者注

** 位于南达科他州的拉什莫尔总统山，堪称"美国人的爱国主义基地"，山上刻的是美国人心目中比较成功的四位总统：华盛顿、杰斐逊、林肯和西奥多·罗斯福。——译者注

总能把事情办得妥帖。2003年5月1日，小布什在美国海军尼米兹级核动力"林肯号"航空母舰上发表讲话，宣布在伊拉克的军事阶段已告完成，那次讲话的场景本可能编排得很完美——从他那《壮志凌云》(*Top Gun*)*式的飞机在船上着陆，到确保他的演讲内容与投射到胜利领袖身上金光的"魔幻时光"相一致。但令人绝望的是，"使命已完成"这一信息远未成熟。不过这种错误只是一个瞬间的片段。在2004年的竞选中，罗夫手下的人就不再犯这样的错误了。

他们也赢得了地面战这一最重要的战役。按照弗吉尼亚大学政治学家拉里·萨巴托（Larry Sabato）的观点，传统上，民主党占足够优势，能使得票数比民意调查中显示的数字增加几个百分点，从而调整自己的得票数。民主党集中关注的是城市，在那里更易于把人们组织起来。民主党与许多机构健全、十分积极的组织保持联系，如劳联产联（AFL-CIO）、各种教师联合会、美国有色人种协会、黑人教堂和各种自由派压力集团。这一切意味着共和党需要准备苦干一番，才能有所作为。

直到2002年，民主党似乎都注定会加大这方面的优势。占全国劳动力14%的工会会员在总投票数中的份额由1996年的23%上升到2000年的26%。与此同时，共和党最擅长的拉票方式——把钱砸在广告上——却遭受边际收益递减规律的挫败，原因在于遥控器、电视频道的多样性和人们对负面广告不断加深的敌意，冲淡了广告的影响力。2000年的选举就是一个恰当的例子。选举前一周，小布什享有5个百分点的优势，但在离选举还有3天的时候，民主党通过非同寻常的闪电式活动使小布什的领先优势不再。共和党宣称，在有可靠数据的41个州里，小布什在37个州中得到的选票，与选前最后一次民意调查相比支持度下跌了。

选举一结束，共和党全国委员会制订了一个"72小时强力推动计划"，学习在那关键的3天里民主党的成功经验，并试着推销他们的主张。例如，共和党全国委员会发现，由于在选举前一天的民意调查中选区工人"淹没了"共和党人，因此参加选举的人数增加了3%；由于志愿者而非受雇用的打电话者占用了电话，因此参加选举的人数增加了5%。此外，那时的众议院多数党党鞭汤姆·迪莱还创建了自己的"组织动员人民的战略性强力推动计划"。2002年，共和党全国委员会和"组织动员人民的战

---

* 1986年由托尼·斯科特（Tony Scott）导演，汤姆·克鲁斯（Tom Cruise）等人主演的美国电影，主要讲几个海军战斗机驾驶员为了争夺最佳驾驶员的地位而互相倾轧的故事。——译者注

略性强力推动计划"至少30次向全国众议院和参议院的选举活动派去受训过的活动分子。这些活动分子又动员志愿者去识别潜在的共和党人，让他们在选举日去投票，结果令人印象深刻。在佐治亚州选举的最后6个星期里，拉尔夫·里德针对600个选区组织了一支3 000人的志愿者大军，而共和党也送出了520万份报纸。[8] 在科罗拉多州，最后96小时的推力帮韦恩·阿拉德（Wayne Allard）保住了自己在参议院中的席位，并为共和党在激烈的竞争中赢得了众议院的一个席位。

2004年，共和党更是毫无疑问赢得了组织上的战争。这并不是因为民主党做得不好——约翰·克里的普选票比阿尔·戈尔多了12%——而是因为共和党表现得太过于出色，使得小布什的普选票猛增20%。这种结果部分来自共和党——从让人们去参加移民归化的仪式，到允许路途中的商人参加投票。[9] 但是，就像2002年那样，起核心作用的还是那140万共和党志愿者，他们是由罗夫的门徒肯·梅赫曼（Ken Mehlman）费尽心力组建起来的。正当民主党费心费力地与党外的人订立契约并付报酬给工人——主要是工会成员和"527团体"成员*——的时候，绰号"雨人"（RainMan）的梅赫曼（他因有能力在僵持的选举统计中找出胜算而获得了这个绰号）却把赌注压在了激情和信念上。不同于民主党的雇员，共和党志愿者扎根于当地社区，起到了巨大的乘数作用。在俄亥俄州小布什-切尼搭档的竞选中，领取报酬的工作人员与志愿者之间的比例是100比8万。梅赫曼用尽一切商业度量方法来管理这支志愿者大军：用营销数据来挖掘潜在的支持者，用工作指标来确保他们卖力工作，用奖赏（如成功的志愿者将被邀请参加小布什的集会）来保持他们的积极性。

当然，民主党现在也开始抄袭这些战术了，但是组织因素的作用只有这么多。民主党处于守势的两个更深层的原因是我们在本书前面的篇章中所熟知的——思想和基层战士。源于河右岸的某些思想是出人意料的，可能还有更多的类似思想待价而沽。然而右派显然比左派在知识上更具活力——至少在它提出切实可行的政策时是如此。如果许多思想都出自对方阵营，那么民主党要宣称自己是进步党就变得前所未有地困难了。

---

* 美国税法第527条款规定，如果为开展某些政治活动（如动员选民、宣扬某种主张）而筹集捐款，其所得便可以免税。根据此条款成立的组织就叫作"527团体"。他们的主要活动是在美国选举期间推出议题广告，鼓励选民支持某一政党候选人。由于其广告经常攻击甚至诋毁竞争对手，而联邦选举委员会又无法约束其募款来源和活动，因而备受各方争议。——译者注

民主党面临的基层战士问题更加严重。民主党还处于富兰克林·罗斯福以智慧编织的"新政"联盟的解体过程中，这个联盟包括：作为（众所周知的欧洲移民后裔的）北方白人工人阶级的"种族群体"、南方白人、少数民族和知识分子。民主党依然能够自以为拥有大多数知识分子的支持——至少有以大学为基础的知识分子的支持。民主党得到黑人和未婚妇女的坚定支持，并暂时在拉丁裔方面占优势。但是南方白人已经弃之而去了，民主党正使尽浑身解数在工业州里全力拉住白人的种族群体。

在此，我们有必要再次介绍一下老套的选举模式。如同另外一类摇摆的选民——带着孩子参加体育运动的妈妈们，你也很难把握"喝六罐啤酒的乔"（Joe Sixpacks）的投票方向，但你一见到他就能认得出来。乔是男性白人工人阶级，从来完不成大学学业（前提是他曾上过大学），通常迷恋廉价罐装啤酒、脆饼干和电视转播的体育节目。他不一定有工会会员卡，他们有时是在服务行业而非制造业工作，但他在中西部和东北部工业州的选举中，依然起着举足轻重的作用。20世纪60年代，乔是一个"新政"式的民主党人，由于他的工会会员身份以及相信民主党是工人阶级政党的坚定信念，他与民主党的事业紧紧绑在一起。但是理查德·尼克松和罗纳德·里根都成功地使乔相信，自己与控制民主党的"自由派精英"几乎没有什么共同之处。虽然乔这类人多数支持的是老布什，而不是来自哈佛园的迈克尔·杜卡基斯，但比尔·克林顿和罗斯·佩罗却成功地从老大党那里吸引走了乔的一些朋友。2000年，有足够多的白人种族群体投票支持小布什，从而使他赢得了如同在俄亥俄州和西弗吉尼亚州那样的胜利。小布什总统花了大量的时间访问2000年戈尔获胜的宾夕法尼亚州。

共和党有两个办法把乔这类人召回自己的阵营：一是经济办法。每次经济衰退，乔通常都是最先被辞退的人，因此他们是按钱包的状况来投票的。2004年，沉闷的经济表现以及因此流失的工作岗位，把一些白人种族群体赶回了民主党阵营。例如，小布什花了大气力才保住了西弗吉尼亚州。但更深的联结——阶级团结的思想——受到的伤害更是前所未有。共和党人像2004年那样，再次说服乔，在美国，阶级并不是问题，问题在于价值的差异。共和党人逐渐发现，赢得传统制造业地区男性的支持靠的是非经济因素：堕胎问题（乔通常是天主教徒）、犯罪问题（乔赞成死刑）、同性恋婚姻问题（乔一点也不反对，但自己对此退避三舍）、枪支问题（还记得本书第七章提到的猎鹿州吗）。乔之所以依然故我，完全不是因为民主党由受过大学教育的中产阶级自由派在领导，而是因为这类人令乔感到恶心。

　　例如，2003年8月，在9位有望获得初选胜利的民主党候选人之中，有6人莅临爱荷华州锡达拉皮兹（Cedar Rapids）市的地方汽车司机联合会（Teamsters Local）238会所，处在会所上风口的是当地一家发出烤玉米刺鼻臭味的"玉米甜味剂"工厂，几位候选人屈尊在那里强调工人阶级的团结性，大多数时候他们是不会在这种臭味冲天的地方讲这件事的。受教于瑞士寄宿学校的约翰·克里向他的"兄弟姐妹"大声喊着"我告诉你们"，大概是想忘掉几天前在费城时曾失言说自己的奶酪牛排要加瑞士奶酪。华尔街之子霍华德·迪安（Howard Dean）则跳到话筒前，唱起了斯普林斯廷（Springsteen）困难时期的圣歌《生于美国》（*Born In The USA*）*。我们有位同事扫了一眼停车场，结果发现迪安仅有的两幅竞选招贴画中，有一幅是贴在一辆上明尼苏达州牌照的小货车上，小货车上有雪橇架——滑雪可不是汽车司机的运动项目。[10] 唯一同这种环境显得协调的第一阵营候选人是迪克·格普哈特（Dick Gephardt）。

　　格普哈特虽然来自工会成员的家庭，但他在2004年的竞选显示，旧的民主党政治机构与隶属工会的工人在联系上出现了摩擦。1988年，格普哈特在工会的大力支持下赢得了爱荷华州干部会议的胜利。而这一次，多数较大的工会——尤其是服务业和公共部门的工会——都支持迪安，他得观察一下情形了［当年，格普哈特这位汽车司机的儿子奋力赢得圣路易市（St.Louis）议员席位的时候，迪安这位耶鲁大学的青年学子正沉醉于科罗拉多州的滑雪胜地韦尔（Vail）］。尽管格普哈特依然得到了一些蓝领工会的支持，但是这无助于他的竞选，他以可怜的第4名止步于2004年1月的爱荷华州干部会议，放弃了竞选。

　　工会虽然是特别管用的选票聚集机器，但依然在衰退之中——尤其是那些忠实服务于格普哈特事业的产业工会。1960年，美国有40%的劳动力被组织联合起来了，而今天这一数字只有13.5%（欧洲的平均数是43%）。参加工会的白人男性的比例，从1983年的24%下降到2001年的14.8%。[11] 工会并不是美国产业部门的中坚力量，而是不成比例地成为公共部门的工具。如今，教师在选举中比汽车司机更重要，而乔这类人同教师鲜有团结感可言。尽管沃尔特·蒙代尔在1984年进行了一场完美的旧式

---

*　布鲁斯·斯普林斯廷有"工人皇帝"之称，精选辑《生于美国》于1984年发行，叫好又叫座，使得斯普林斯廷的歌唱事业达到巅峰。同名歌曲《生于美国》以一个美国公民的身份，探讨他对人生的看法，回忆美国参加越战的情形以及处于现今社会的一些越战英雄不知何去何从的处境。——译者注

"新政"竞选，但他还是在选举中大败。

在所有破坏美国工人阶级同"新政"的连接的因素中，时间的破坏力最大。2002年，只有8%的老选民有过20世纪30年代的直接经历。[12] 而这种塑造了未来数十年的政治特性——劝说知识分子热情拥抱政府，使政治家相信其最高使命就是防止大萧条重演——现在正逐渐淡化为一种记忆了。人们很少感觉应把今天的繁荣归功于多年前罗斯福的行动主义政策。2000年，戈尔败选的另一个州是田纳西州，人们不再满怀情义地谈到田纳西流域管理局（Tennessee Valley Authority）*（戈尔的父亲帮助建立了这个机构），说它是社会变化的发动机。人们谈及它的时候是把它当作一个供电设施来看待的——需要强化业务、清理电站、降低电价。

在此，要点并不是说美国的工人阶级自然就成了共和党人了，而是要强调，他们不再是坚定不移的民主党人了。2004年11月，一些工人阶级的男性白人由于对经济和伊拉克等问题感到愤怒，他们确实站到了民主党一边，但小布什赢得了更多人的支持。就这方面以及其他多数方面的策略而言，民主党依然主要处于守势。

全天候西班牙语播送

这对于共和党来说，无疑是可喜的事情。然而卡尔·罗夫正在谋划的重组不仅需要削弱对手的政治联盟，还需要有利于己方的人口统计学趋势和社会发展趋势。至少初看起来，民主党在这两方面都远为引人注目。

这种乐观源于人口统计学的依据。2002年出版的《即将出现的民主党优势》（*The Emerging Democratic Majority*）一书的作者约翰·朱迪斯（John Judis）和瑞·泰克希拉（Ruy Teixeira），分别是新闻记者和选举学家。他们在该书中认为，有三股力量将美国的未来推向"进步的中间主义"。第一股力量是妇女，尤其是受过良好教育的妇女，在2000年的选举中，她们以54%对43%的比例支持戈尔。[13] 本书第十三章将对此进行全面的讨论。另外两股力量是专业人才和拉丁裔美国人。这两股力量都倾向于支持民主党，并且他们似乎都必然会在选民中不断增加自己的比例。朱迪斯和泰克希

---

* 1933年，由于田纳西州多水旱之灾，农业不振，工业又落后，于是创立"田纳西流域管理局"。兴建水闸及多座水库，各大湖均成为狭长之湖，用以防洪、灌溉、发电、供给工业用水，附近6个州均蒙其利。——译者注

拉坚持认为，美国越是变得多种族化、越是成为一个后工业社会，民主党就将越兴旺发达。麦金利认为，虽然共和党赢得了一些选举，但民主党代表的是历史的主流方向。

之所以要严肃对待这一观点，是因为有一定数量的聪明的共和党人即持这样的观点。科罗拉多州州长比尔·欧文斯担心，共和党20世纪90年代在加利福尼亚州的倾覆，有可能在西部的很多地方重演。共和党需要更加勤勉地争取赢得少数族裔、专业人才和妇女的好感，懂得自制，以免使自己背上缺乏宽容的恶名。小布什政府极力注意赢得拉丁裔的好感，甚至为自己建立了一个西班牙语的网站。然而，在我们看来，朱迪斯-泰克希拉式的世界观——"总的来说，人口统计正朝着民主党多数的方向移动"——似乎是错误的。原因有二：其一，在拉丁裔和专业人才都在快速变化的时候，人口统计学的意义还尚未显得清晰而具有决定性；其二，这种观点忽略了其他非人口统计学的社会趋势，特别是那些与价值相关的趋势，而那些都有利于共和党。

让我们来研究一下拉丁裔吧。任何一个共和党人，只要他对自己政党未来的行情看好，他都该悠悠地驾车沿美国最著名大街之一的日落大道（Sunset Boulevard）缓缓前行浏览一番。日落大道从太平洋海岸开始，蜿蜒进入富裕的西洛杉矶小山岭中，此乃自由主义的堡垒，随后就来到了令人目眩的日落地带（The Sunset Strip）*，在这里，那些被装点成金黄色的广告牌显示，文化战争并没有按照约翰·阿什克罗夫特的方式在进行。但最严峻的教训则是在日落大道往前更远的地方。随着日落大道穿过好莱坞，汽车驶过一片无主地带——毋宁说这是人人皆为其主的地带？这里有一家墨西哥餐馆（El Pollo Loco）、一家中国菜餐馆（Hoy's Wok）、一家汉堡王（Burger King）以及边上一家名为乌兹别克斯坦拥抱（Uzbekistan nestle）的餐馆。再往前，西班牙语招牌的数量逐渐增加。电视台告诉人们，它们"全天候播送西班牙语节目"（todo el día en esapañol）。车快到道奇体育场（Dodger Stadium）时，你会发现大多数干洗工（dry cleaners）和理发师（hairdressers）的称呼变成了西班牙语的lavanderías和peluquerías，而有些商店打出的招牌是英语和西班牙语混用，如"物美价廉"（Bonita y Cheap）。在日落大道的尽头，还有两大令人惊奇之处。一是唐人街的一小段路上，拉丁裔学童倏忽间不见了，代之出现的是亚裔学童；二是日落大道陡然变成了塞萨尔

查韦斯大街（Cesar Chavez Avenue），以纪念这位已故的拉丁裔农场工人运动领袖。

走过日落大道，前面的景象没什么特别之处。有些洛杉矶人会说，在威尔夏（Wilshire）和奥林匹克（Olympic）两条林荫大道上有一幅更加富于世界性的图景。在芝加哥，富勒顿大街（Fullerton Avenue）始于富裕白人的林肯公园区，但随即把你带到了一个全球特性的散步场所——散步者来自东欧和拉丁美洲的各个地方。在纽约的皇后区，你可以乘坐罗斯福大街上方的7号地铁经历一次类似的多元文化之旅。令纽约莱维顿（Levittown）这个典型的美国市郊地区引以为豪的是，它拥有一座土耳其清真寺。在约翰·韦恩机场（John Wayne Airport）的所在地奥兰治县，新千年降生的头两个婴儿是柬埔寨裔和墨西哥裔。1950年，美国人中89%是白人、10%是黑人，其他种族难得一见。而今天，黑人占美国总人口的12.7%，低于拉丁裔14%的比例。照此趋势，拉丁裔很快就会成为洛杉矶县的多数居民，20年后，他们的人口将在得克萨斯和加利福尼亚两个州区占绝对优势。到2050年，美国4亿人口中将有1/4是拉丁裔——如果加上亚裔，他们的人口将占美国人口的1/3。

人口统计学给民主党带来了希望。虽然这些其他族裔的美国人通常并不是最审慎的选民，但他们在选民中的比例却在上升——从1972年的1/10到2000年的差不多1/5，再到2010年的几乎1/4。[14] 到今天，这些少数族裔绝大多数支持民主党。唯一的例外是古巴裔美国人，他们相信共和党会对菲德尔·卡斯特罗（Fidel Castro）采取更严厉的路线，因而对共和党忠贞不二。

我们认为，这一可能开始发生变化了。有关拉丁裔的重要问题在于，他们最终是否会像黑人和意大利裔美国人那样投票。黑人坚定地忠于民主党的事业，但大多数移民群体在美国居留的时间越长，就越倾向于支持共和党。他们搬迁到郊区，与民主党庞大的市区政治机构失去了联系。他们开办自己的公司企业，从而更易于接受共和党的反对管制信条。这一切似乎也正发生在拉丁裔身上。对2000年10个州中拉丁裔投票的分析发现，1/3的拉丁裔投票支持共和党的参议员候选人，几乎一半的人投票支持共和党的州长候选人。[15] 2004年，小布什赢得了全国40%拉丁裔选民的支持。加利福尼亚州依然是一大例外。在那里，拉丁裔之所以坚定地投入民主党的怀抱，并不是根本的社会潮流所致，而是因为该州州长皮特·威尔逊巨大的政治失策，他支持《187号提案》，该提案拒绝非法移民享受该州的福利。现居洛杉矶的作家格雷戈里·罗德里格斯（Gregory Rodriguez）说道："我们被称为懒汉和游手好闲者，没有人比墨西哥移民更加反对这一福利政策。"[16]

此类评论凸显了共和党乐观派的另一个主张：拉丁裔是可敬的自强不息者，他们勤劳肯干、敬畏上帝、重视家庭、积极向上。在所有受测群体中，拉丁裔男性劳动力参加劳动人数的比例最高，参加工会的人数比例和对福利的依赖程度最低（只有17%的拉丁裔贫穷移民依靠福利生活）。而与之相比，贫穷白人和黑人中依靠福利生活的人则分别达到50%和65%。[17] 拉丁裔可以被认为是美国社会中最具有家庭价值取向的群体，他们还明显倾向于开办自己的企业、置办自己的家业——而这两者都是共和主义的孵化器。罗德里格斯曾经对20世纪90年代洛杉矶五县地区的拉丁裔进行过详细的研究，他认为，这些人最大的共性在于由贫穷人口上升到中产阶级的经历。研究显示，1990年，美国出生的中产阶级拉丁裔拥有家庭的数量是贫穷拉丁裔的4倍，并且有50%美国出生的拉丁裔家庭收入高出当地的平均水平。随着拉丁裔移民在美国的时间变长，他们的贫穷人口比例锐减，而拥有自己家园的人口比例则猛增。在到达美国后20年的时间里，50%的拉丁裔拥有自己的家园。[18]

这并不是说所有的拉丁裔都可能投入共和党的怀抱。南美贫穷的移民纷纷涌入美国从事低报酬的工作，从而为民主党提供了大量的票源。然而，归化日久的拉丁裔遵循的是意大利裔美国人的模式，因此拉丁裔的投票可能会越来越以阶级作为分野。没有理由说共和党得不到拉丁裔的支持，除非共和党拒绝外来支持，限制移民政策。相比之下，鲍勃·多尔在1996年只获得了1/5的拉丁裔支持，小布什在2004年则获得了2/5的拉丁裔支持，他很清楚这一点。小布什在总统任期之初曾想推行一个全面外籍工人的计划，但是"9·11"事件使这一想法很快被放弃了。2004年1月，他又重新回到了这个话题上，建议暂时给予在美国的800万至1 000万非法移民（其中一半是来自墨西哥）合法地位。这一举措受到墨西哥政府的广泛欢迎，可能帮助共和党在佛罗里达、新墨西哥和内华达这些摇摆不定的州赢得了拉丁裔的选票。

共和党就连在加利福尼亚州也并非全盘皆输。在本章的后面我们将更详细地回顾和讨论2003年发生在加利福尼亚州的事。值得注意的是，阿诺德·施瓦辛格当时几乎得到了1/3的拉丁裔的支持。这一支持率看起来并不是很高，但考虑到与之竞争的是加利福尼亚州级别最高的拉丁裔、民主党副州长克鲁兹·巴斯塔曼特（Cruz Bustamante），那么这个数字还是非常可观的。巴斯塔曼特得到了51%的拉丁裔的支持。民主党的核心集团猛烈攻击施瓦辛格曾投票支持《187号提案》并让皮特·威尔逊做竞选主管一事，甚至连发给他的参加洛杉矶墨西哥人年度游行的邀请也被无情地取消了。然而，施瓦辛格以自己笨拙的方式坚持着，反复说自己也曾是一文不名的移民，强调自己支持平权法案，甚至称赞墨西哥是个拍电影的绝妙好去处。尽管他得到的拉丁裔支持不及白人（他获得了52%的白人的支持），但还是明显高于黑人——只有17%的黑人支持他。即使在加利福尼亚州，共和党显然也可以以某种方式把拉丁裔同民主党分隔开来，而对黑人却做不到这一点。

专业人才给共和党带来的苦恼

在朱迪斯-泰克希拉所说三股力量中的另一群体——专业人才，情形又如何呢？专业人才曾经是共和党的堡垒，但自从1988年以来，他们基本上都是民主党人了。就像拉丁裔一样，他们在人口中所占的比例也在不断上升，从20世纪50年代占劳动力的7%增加到今天的15%。而他们也是所有职业群体中投票率最高的群体，在全国的投票选民中占21%的比例，在许多东北部州里，这一比例高达25%。[19] 朱迪斯和泰克希拉指出，美国最具创造性的人才都在特大型都市地区，包括旧金山、芝加哥和纽约，而这些地区更可能投票支持民主党而非共和党。朱迪斯和泰克希拉认为，这些地方的基调是由社会自由派的知识型工人来定的，而他们的影响力远远超越那些波希米亚式的人群。

的确，20世纪90年代，比尔·克林顿在这些地方表现得非常出色。但这是否具有长期效应呢？马克·佩恩（Mark Penn）是克林顿手下最能捣弄数字的人之一。2003年六七月间，他为民主党领袖委员会针对1 225名可能会在2004年投票的选民进行的民意调查中，向人们展示的却是一幅不同的画面。[20] 由于民主党过于钟爱大政府且受利益集团的左右，因此专业人才对它疑虑重重。在他们中间，认同共和党政策的人数，高出认同民主党政策的人数21个百分点。而郊区居民和白领工人赞成共和党政策的人数，则分别比赞成民主党政策的人数高出15%和29%。当然，这种归类并不完美，且存在重叠，但很难说它表明郊区化和服务业中的就业对民主党来说是个福音。

朱迪斯-泰克希拉有关专业人才的观点存在一大问题，它忽视了生活圈子对改变人们政治忠诚度的重要性。结婚生子后，人们通常会变得更保守。共和党更低税收的信条和对犯罪更严厉惩罚的态度，或许并不能引起曼哈顿和旧金山年轻专业人士的共鸣，他们过着宋飞式*的生活，但如果有了孩子后搬到城市周边的上班族居住区居住，这种主张会得到更真切的共鸣。在佩恩的民意调查中，有孩子的已婚选民对共和党的支持高出民主党19个百分点。记忆中，比尔·克林顿是唯一赢得过这一群体支持的民主党人（1996年，他以胜出7个百分点的比例赢得了他们的支持）。但自那以后，过去对民主党的怀疑又回来了。2004年，小布什以多出19个百分点的支持率赢得了这一群体的支持。

如果说日落大道预示的是美国的一种未来，那么南加利福尼亚州的点点滴滴，预示的则是另一种对共和党更友好的未来。驱车到拉丁裔生活的东洛杉矶以外的洛杉矶盆地东端，到居家区、汽车经销店、难以区分的商业街区和被当地人称为内陆帝国（Inland Empire）的低矮商务别墅区（low-slung house office parks），你会发现一个全然不同的世界。这一地区的人口由1980年的160万增加到2000年的320万，成为美国人口增长最快的地区之一。美国人口普查局预测，内陆帝国在未来20年间人口将会翻倍，其人口数将仅次于美国前5个州。[21] 这一地区人口大量增加，是因为年轻夫妇家庭（多是拉丁裔和亚裔）因担心洛杉矶糟糕的学校和高房价而纷纷逃离那座城市。内陆帝国以"有孩子的已婚家庭"比例最高的地区之一而在美国称雄。该地区4个选区中的3个都控制在老大党手中，是共和党占有压倒性优势的地区。

确实，这4个选区中种族背景最多样化的第43选区是由民主党控制，那里77%的居民是少数族裔。但该区的民主党国会众议员乔·巴卡（Joe Baca）是加利福尼亚州国会议员代表团中投票记录最保守的人之一。共和党牢牢控制了第42选区，拉丁裔和亚裔人数分别占该选区的1/4和1/6。该选区的国会众议员是共和党人加里·米勒（Gary Miller）。在2000年的总统选举中，该选区59%的选民投票支持小布什。导致这一结果的原因，可能是种族多样性的重要性比不上这样一个事实，即该选区 [理查德·尼克松的家乡约巴林达市（Yorba Linda）就在该选区] 到处是小企业，且已婚夫妇率高居加利福尼亚州榜首。

毋庸置疑，南加利福尼亚州的市郊地区都聚集在施瓦辛格的旗下，就像他们聚

---

* 由全国广播公司制作，于1990—1998年播出的喜剧《宋飞正传》，讲述了喜剧明星杰里·宋飞（Jerry Seinfeld）和三个好朋友共同面对每日生活，互相帮助、相互体贴并上演一出出闹剧。该剧是美国20世纪90年代最成功的喜剧之一。——译者注

集在其他温和派共和党人的旗下一样。而需要记住的是，这一切发生在加利福尼亚州——民主党这一庞然大物的心腹地带。郊区地带在美国西部或南方的大多数地方也被认为是亲共和党的。与此同时，尽管一般认为纽约州是民主党的另一个大本营，但该州的郊区选民已经团结一致地支持共和党的候选人了，尤其是温和派共和党人。由此，人们见证了乔治·帕塔基（George Pataki）轻松地在那里赢得了两任州长选举的胜利。

共和党的情形

内陆帝国证明，人口统计学并不是注定有利于谁的。如果哪位民主党人认为民主党能够把比尔·克林顿在专业人才和拉丁裔中的出色表现投入充满不确定性的未来，那么他就是在胡扯。与此同时，保守派人士，尤其是《美国政治年鉴》的编辑迈克尔·巴龙，指向了其他的社会潮流和社会目标，他们认为，这些潮流和目标正将选民推向老大党一边。[22] 我们认为，与民主党相比，共和党同美国人追求的最基本的四大目标——工商业、财产、选择权以及最重要的国家安全——更能保持一致。

毕竟，美国是一个工商业民族。与之相称的是，美国创办的企业比任何其他国家都要多，商人的地位也高得多。对工商业的偏爱，加之首席执行官垄断公司体系、欺骗股民、掠夺员工，使得这个国家很容易出现不平等的加剧和公司丑闻的灾祸。高达31%的美国人认为，他们将来有一天会变得富有，许多人梦想着开办自己的公司，并且普遍对自己的雇主评价甚高。[23] 共和党亲工商业界的记录很难说是完美无缺的（他们更注重迎合现有企业而非促进竞争），但在从贸易管制到侵权行为改革的所有问题上，共和党一般都比民主党更亲工商业界，得到了美国大小工商业说客的坚定支持。

共和党的第二个优势同第一个紧密相连，那就是财产。迪斯雷利曾评论道，英国托利党成功的最大机会在于它创造了一个"拥有财富的民主国家"。今天共和党的情形也是如此。巴龙指出，美国见证了一种产权革命——股份所有权。"在短短10年间，选民已经历了从绝大多数人为非投资人到相当多数为投资人的转变。"[24] 更多的投资人意味着更多的人与公司式的美国利益攸关，他们将疑心重重地看待对工商业进行的猛烈攻击——这可能对阿尔·戈尔2000年"人民对强权"的竞选口号不利。更多的投资人也意味着更多的人会认真考虑共和党要签署的议题——一项按事情的是非曲直对社会保障进行私有化的议题。民主党宣称，社会保障是美国政治的第三大障碍，它太危险，因而别去碰它。小布什靠近这一议题时当然也曾十分紧张，但是年轻人特别关注社会保障的改革。2002年夏，正值美国历史上最大的公司丑闻，卡托研究所和佐格比国际民意调查公司（Zogby International）共同进行的一次调查显示，可能投票的选民中超过68%的人希望"改变社会保障体系，使年轻的工人能够选择通过个人账户对自己的部分社会保障税进行投资"[25]。老大党因此有机会形成一个良性循环：随着社会保障的私有化，会出现更多的投资人，而投资人数的增加，又会减轻进一步削弱政府作用时产生的敌意。

共和党的第三大优势，恰是许多民主党人自认为是己方的优势——选择权。不过，在此我们谈的不是堕胎问题。第一个工业年代是巨型组织和标准化生产的年代。亨利·福特（Henry Ford）对顾客说，你可以将这辆车漆成任何如你所愿的颜色，只要它是黑色的。沃尔特·鲁瑟（Walter Reuther）将他所代表的工会会员组织起来，仿佛他们只是一台巨型政治机器上的齿轮。信息时代与此全然不同。美国4/5的工作岗位是由小企业创造的。现代美国是一个小范围传播而非广播的世界、一个遥控的世界、谷歌搜索引擎的世界以及个人移动电话的世界。当人们可以自由选择鼻子的形状或者孩子的性别，他们不可能愿意接受政府给定的套餐。除了最引人注目的堕胎问题以外，在人们的印象里，共和党比民主党更喜欢选择权。不断为小布什的减税进行辩护的一个理由是，人们有权决定如何花自己的钱。保守派在教育、医疗保险和社会保障等方面的政策，都试图让选民在使用公共资金时有更多的选择权。而民主党则既反对学校选择权，又反对将社会保障进行部分的私有化。

枪支与投票箱

老大党最强大的一张牌就是国家安全。"9·11"事件以来，共和党虽然没有次次都把国家安全这张牌玩得炉火纯青，但似乎已经抓住了这一曾在1968年至1988年间使他们获益匪浅的议题。在那20年里，唯有灾难性的水门事件把共和党短暂地赶出了白宫——而卡特不幸的总统任期适时地加强了人们对民主党鲁莽做法的普遍担心。

"9·11"事件使共和党猛然间重新获得了这一传统优势。美国人再次感到自己极度脆弱——可能比共产主义时期更易受到直接攻击。爱国主义情绪随之高涨。民意调查显示，90%的美国人以身为美国人而自豪，而共和党人比民主党人感觉更强烈。[26] 小布什不可能再获得"9·11"事件后笼罩在身上的光环——当时他得到很高的认可率，持续时间之久，是1935年民意调查以来其他总统未曾有过的。但是在可见的将来，美国人不大可能惩罚狂热关注国家安全的人。带着孩子参加体育运动的妈妈们变成了关注安全的妈妈们。回看2003年7月佩恩的民意调查，当时在伊拉克几乎每天都有伤亡，民主党不断认为小布什夸大了萨达姆·侯赛因的威胁，而公众对小布什的认可率也滑落到50%。但那一民意调查显示，在恐怖主义、国土安全和国家安全等问题上，美国人对共和党的支持率分别高出了28%、33%和35%。这一优势显示了某些持久的迹象。2004年1月，美国新闻广播公司和《华盛顿邮报》进行的民意调查显示，在恐怖主义和伊拉克问题上，小布什比一位假想的民主党总统得到的支持率分别高出29和20个百分点。[27] 而且无论什么时候，只要共和党人有力地打出国家安全牌——就像2002年反对佐治亚州参议员马克斯·克莱兰（Max Cleland）时所做的那样——他们通常都能获胜。在2004年的竞选中，共和党重新玩起了这张牌，甚至把共和党全国大会定在"9·11"事件周年纪念时召开。

2004年，民主党挑选约翰·克里这位高度包装的越战英雄作为总统候选人，他们显然认为找到了抵御共和党猛烈进攻的盾牌。克里毫不犹豫地提及自己的战争经历，并暗示小布什与自己的反差——他到越南服役，而小布什则待在国民警卫队里。在避免共和党嘲弄自己在国防问题上较为软弱这一点上，克里当然比霍华德·迪安这些人处于更有利的地位。但履历并不能说明一切——麦戈文也是一位战争英雄。即使克里在3月初国内问题的民意调查中领先于小布什，他在反恐战问题上依然落后，而在国防问题上的"反复无常"则使他不断受到攻击。克里在波士顿的民主党全国大会上名为"使命的召唤"的演说中重新树立了自己的军人形象。但一群快艇老兵（Swift Boat Veterans）使他受到了伤害。他们质疑他的战争经历，更准确地说，质疑他作为和平抗议队对其他部队的批评。对克里伤害更大的是他在伊拉克问题上支吾其词，就像他所在的民主党一样，他似乎无法决定是否支持这场冲突。

国家安全问题甚至可能消除共和党最大的负资产——那种认为他们的价值在消退的感觉。越南战争的耻辱已经被"9·11"事件的伤痛所取代。人们谈论的不是士兵屠杀平民，而是消防队员冲进熊熊燃烧的大楼，93航班上的乘客反击劫机犯。该航班上的乘客托德·比默（Todd Beamer）和空中电话接线员一起背诵主祷文，在电话结束时留下了一句"我们开始吧"（Let's roll），他已经成了美国的全国偶像。比默不一定会使年轻人变成共和党，但多少会对年轻人产生影响。《国家》杂志的专栏作家凯塞·波利特（Katha Pollitt）描述了自己同13岁的女儿争论时显示出的迟滞老化的左派分子理解力的缺乏。她女儿就读于离世贸中心几个街区的学校，当女儿要挥舞美国国旗时，母亲提出了反对意见。"绝对不行，"她说，"旗帜代表的是主战论、复仇和战争。"[28] 不批评自己不了解的东西，这一过时的鲍勃·迪伦（Bob Dylan）*路线，兜了一圈可能又回到了原点。

如果说以上的一切带来了共和党地位的自动上升或始于麦金利的正在进行的全面改造（又或者说小布什和卡尔·罗夫已经在得克萨斯州实现了全面改造），那是过于武断了。然而共和党在中央层面失去政权并不让人感到惊异，尤其是按照2004年的选举情况看。共和党的局限不仅表现在总统职务上，在国会两院中也是如此。如此保守的一个国家投票支持两党中相对保守的政党，似乎并不反常。问题是，共和党是否能够调整好状态来利用这种偏见——这当然不是一个必然的结论。

注释

[1] "Dusting Off William Mckinley," *Economist*, November 13, 1999.

[2] Gary C. Jacobson, "The Bush Presidency and the American Electorate," *Presidential Studies Quarterly*, December 1, 2003.

[3] "2004 Political Landscape," *The Pew Research Center for the People and the Press*, November 5, 2003.

[4] Julie Kosterlitz, "On the Ropes," *National Journal*, September 6, 2003.

[5] David Broder, "Political Steamroller," *Washington Post*, November 17, 2002.

[6] "Fund-Raising Gives GOP a Big Lead in Last Cycle," *New York Times*, March 19, 2003.

[7] Elisabeth Bumiller, "Keepers of Bush Image Lift Stagecraft to New Heights," *New York Times*, May 16, 2003.

[8] Kosterlitz, "On the Ropes".

[9] Adam Clymer, "Buoyed by Resurgence, GOP Strives for an Era of Dominance," *New York Times*, May 25, 2003.

[10] 我们的同事是约翰·斯马特尼亚克（John Smutniak）。

[11] 美国劳工统计局(Bureau of Labor Statistics)1983年1月及2001年的各期《就业与收入》(*Employment and Earnings*)。

---

* 鲍勃·迪伦是继猫王之后最受敬仰及赞誉的美国艺人。他与英国的甲壳虫乐队共同在20世纪60年代开启了一场不仅影响音乐，也影响政治及宗教的文化革命。鲍勃个人的最大成就莫过于以诗歌般的语言创作了时而讽喻愤慨，时而表达个人喜悦，却发人深省的歌词，为通俗音乐开启了更为宽广的道路。——译者注

[12] Michael Barone, "Life, Liberty and Property," *National Journal*, February 15, 2003, p.508.

[13] John Judis and Ruy Teixeira, *The Emerging Democratic Majority* (New York: Scribner, 2002), p.50.

[14] Ibid., p.50.

[15] 参见http://www.cis.org/articles/2002/back 203.html。

[16] 转引自Michael Barone, *The New Americans: How the Melting Pot Can Work Again* (Washington, D. C.: Regnery, 2001), p.182。

[17] Ibid., pp.161, 165.

[18] Gregory Rodriguez, "The Emerging Latino Middle Class," 帕普代恩大学(Pepperdine University) "公共政策研究所" (Institute for Public Policy)1996年10月的报告。

[19] Judis and Teixeira, *The Emerging Democratic Majority*, p.39.

[20] Mark Penn "The Democratic Party and the 2004 Election," 民主党领袖委员会2003年7月28日发表的文件。

[21] Joel Kotkin, "Paths to Prosperity," *American Enterprise*, July/August 2003.

[22] Michael Barone, ed., *Almanac of American Politics 2004* (Washington, D. C.: National Journal Group, 2003) Introduction.

[23] Gallup Poll, January 20–22, 2003.

[24] Barone, Ed., *Almanac of American Politics 2004*, Introduction, p.31.

[25] Cato Handbook for Congress: 108th Congress, p.3.

[26] Janny Scott, "The Changing Face of Patriotism," *New York Times*, July 6, 2003.

[27] 参见http://www.abcnews.go.com/sections/politics/us/bush_sotu_poll_040119.html。

[28] Katha Pollitt, "Pull Out No Flags," *Nation*, October 8, 2001.

第十章
错误因何而起：太南方、太贪婪、太矛盾

　　2002年12月5日，参议院为斯特罗姆·瑟蒙德举行他100岁（也是最后一次）的生日宴会。无论从什么标准来看，这都是一件值得注意的事。瑟蒙德是美国参议院中任职时间最久的议员，也是参议院的首位百岁老人。他生于电视和苏联共产主义兴起之前，至今依然掌权，影响着世界上硕果仅存的超级大国。自然，这一事件与对瑟蒙德非凡的生命力（还有他的极度好色）的评论联系在一起。老斯特罗姆在66岁时娶了22岁的前南卡罗来纳小姐做第二任妻子。这对幸福的夫妻后来有了4个孩子。他90多岁了还与人调情，尽管头上的植发阴森可怕。有位参议员同僚曾这样评论道："他死的时候，人们将不得不用球棒把他的生殖器敲平，这样才能把棺材盖盖上。"[1]

　　不久，这只老山羊的生日就因为别的原因而为人所知。新的共和党多数党领袖特伦特·洛特刚刚赢得2002年的选举，他是称赞瑟蒙德漫长职业生涯的发言者之一。鉴于所称赞对象非凡的生涯，洛特并不缺乏赞誉的素材，但他决定称赞1948年瑟蒙德以种族隔离主义者的总统候选人的身份参选总统一事。这位来自密西西比州的参议员宣告："我要就这一点说说我所在州的情况，斯特罗姆·瑟蒙德竞选总统的时候，我们投票支持他。我们对此感到自豪。如果美国的其他地方也跟着我们这样做了，这些年我们也就不会有这么多问题了。"

　　洛特后来宣称他只是特别重视州权而已，他的意图在任何理性的听众面前昭然若揭——如果保留了《吉姆·克罗法》，美国的情况会更好。有那么一阵子，洛特似乎可以蒙混过关。主流新闻界为洛特打掩护，但黑人活动家和保守派博客组成的一个奇怪的联盟迫使这条新闻上了头版。白宫与他一刀两断了，可怜的洛特只剩下到黑人娱乐电视台的份儿，在那儿宣布他一直支持平权法案——那是他秘密坚守的信念。他最终辞去了多数党领袖的职务，眼睁睁地看着一个更上镜的南方人比尔·弗里斯特接

过了参议院共和党新领袖的职务。

对于许多共和党人来说，洛特使他们想起了本党可怕的种族主义的过去。洛特在职业生涯中长期与旧南方（Old South）的那些恶魔调情。洛特在密西西比州牛津镇密西西比大学读书的时候就领导了一场他所在兄弟会的整合运动。而到他任职参议院的时候，他向保守主义公民委员会（the Council of Conservative Citizens）发表演讲，这一组织建立的目的是继承20世纪60年代的种族隔离主义组织白人公民委员会（White Citizens' Councils）。1992年，洛特在密西西比州格林伍德（Greenwood）的一次集会中说道："在这间屋子里集会的人们支持右派原则，支持右派哲学。"[2]

洛特使人想起，外表光鲜的生活下面（他的头发碰巧像瑟蒙德一样别致），共和党曾经有过的那个令人作呕的小秘诀。但是如果近距离关注斯特罗姆的生日宴会，那么保守派美国的前景并不那么糟糕。如果洛特的讲话标志着少数共和党人的变化是多么微小，那么，他的迅速离去则显示，共和党总体上的变化有多么巨大。无论有过什么样的过失，小布什与其前任（包括他的父亲老布什）相比，都很不愿意打种族牌。事实上，无论是在费城和纽约的共和党大会上，还是在他的多种族组成的内阁里，他都努力使他的政党披上多元文化的外衣。

洛特事件是共和党的一个缩影。它既显示共和党问题的严重性，又显示出共和党解决这些问题的能力。共和党面临的真正挑战，并不是人口统计学上对这一群体或那一群体固定忠诚度的推断，而是该党自身的特性和政治——它应对极端主义和缺乏宽容的能力，它的自相矛盾之处，在各种既得利益者问题上表现出的弱点，以及它那使事情彻底紧张起来、反应迟钝的能力。在2004年的选举中，上面提到的这些东西并没有产生很大作用，但就长期而言，它们将对共和党未来的不同发展产生很大影响。可能会出什么样的差错呢？我们将关注这样两个问题：共和党在政府开支上的大手大脚；以洛特为典型代表，表面上缺乏宽容所带来的长期危险。不过首先我们来谈谈任何共和党领袖都要面临的挑战——"控制住乌合之众"。这种挑战既要使利益分散、吵吵闹闹的共和党结合在一起，又要防止党的领导人被吞没。

控制住乌合之众

想象一下你是小布什。凝视着这个政治帝国的时候，你会对共和党联盟的荒诞感到好奇不已。究竟你是怎样说服科林·鲍威尔与汤姆·迪莱并肩战斗的？与极端主义共眠的新保守派究竟在干什么？奥林匹亚·斯诺和安·库尔特之间有什么共同之处？阿诺德·施瓦辛格与帕特·罗伯逊愿意在一间出租屋里共处吗？

在美国这样一个大国里，任何全国性政党都不可避免地会出现矛盾。门肯（H. L. Mencken）曾评论道，民主党是由"处于不稳定共生状态中的天生敌者"组成的。而共和党的许多矛盾，只是反映了该党形成这样一个大范围联盟的成功。这不由得使人想起老沃尔特·惠特曼（Walt Whitman）自相矛盾的诗句，而这却证明了他那具有包容心的宽阔胸怀。[3] 大多数民主党人乐意看到共和党的"问题"——共和党内有太多的南方白人。同样，这些矛盾在政策上也是一大问题。几乎在任何主题上都有激烈的辩论。例如，共和党律师中一派认为，击败自由派法官（尤其是在堕胎问题上）的最佳方法是主张立法机构的优先地位。另一派则积极支持法官反对立法机构。当然，条件是法官要严格执行有关持枪权和财产权的宪法内容。

我们将集中分析共和党三大重叠交叉的矛盾现象，而不是一一罗列每个分歧。它们分别是：自由意志论者与传统主义者之间的意识形态分歧；宗教保守派与工商界之间的社会分歧；自由市场原则与心脏地区之间逻辑上的紧张关系。

本书导论解释过，现代美国保守主义这头巨兽与传统的保守主义大相径庭。它包含个人主义、民粹主义和乐观主义，这会使伯克和丘吉尔狼狈不堪。这些彻底的"自由主义"强化措施，虽然使得现代美国保守主义更具有吸引力和生动性，但也使问题凸显出来，尤其是自由意志论主义与传统主义之间的紧张关系。自由意志论的思想核心是个人选择，而传统主义彰显的是普遍接受的常识；自由意志论者批评主流的自由主义者对个人限制太多——主要是通过政府来限制个人，而传统主义者则批评主流的自由主义者给予个人太多的选择权。自从20世纪50年代拉塞尔·柯克和哈耶克之间的论战以来，这两派就一直在相互攻讦。

双方论战最常见的缘由无疑是堕胎。传统主义者憎恶堕胎，视其为病态社会的标志，这种社会甚至将个人选择凌驾于尚未降生的孩子的生命之上。自由意志论者支持堕胎，视其为他们支持的个人普遍权利的一部分。1994年，在解释为什么杰里·福尔韦尔这样的社会保守派真该"在屁股上挨一脚"的时候，巴里·戈德华特坚持认为，堕胎的决定"应该取决于与此相关的妇女，而不是教皇、某些空想的社会改良家或者宗教右派。这根本不是一个保守派议题"[4]。戈德华特的妻子佩吉曾帮助创办亚利桑那州计划生育组织（Planned Parenthood in Arizona），而他们的女儿则在20世纪50年代中期有过一次非法堕胎。戈德华特指责帕特·罗伯逊要把老大党变成一个宗教组织，他甚至支持一位民主党候选人与一位基督教保守派竞争国会议员的位置。许多施瓦辛格式的共和党人对此也有同感。由于基因技术的不断进步，未来有关堕胎的争论可能会更加尖锐。基因复制技术的任何进展都会使商业保守派和社会保守派之间产生裂痕，前者将此看作是又一个赚钱机会，而后者则忧心人类对上帝意志的忤逆。

如果深入共和党的选区层面，你就常常会发现，自由意志论者与传统主义者之间的战斗既是阶级之战，又是价值之战。具体而言，这是商业保守派与社会保守派之间的战斗。这两派经常相互重叠——许多社会保守派是小企业主，反之亦然。但是两者强调的重点常常不同。商业保守派看重的是赚钱，社会保守派忧心的则是美国将变成一个什么样的社会；商业保守派是本能的交易商，社会保守派则是天生的绝对主义者；商业保守派从属于乡村俱乐部，社会保守派则穿着花格子布裤子逐字逐句地朗读《圣经》。这种紧张关系在东北部和中西部最为明显。在伊利诺伊州的圣查尔斯市，每周日，商界精英当然会去教堂，但他们也抱怨极端主义者是"同类相食的野蛮人"。甚至在多数商人为社会保守派的南方，这些商人也经常避开意识形态的矛盾——尤其是因为这些矛盾对商业不利。南方的商业保守派努力在是否悬挂邦联旗帜的喧嚷声中，以及亚拉巴马州首席法官在州法院的主楼公开展示《摩西十诫》的混乱中，寻求妥协。

人们较少注意共和党的逻辑矛盾——它一方面想成为自由市场的政党，另一方面却又想成为心脏地区的政党。正如资本主义有其文化上的矛盾一样，保守主义也有自己文化上的矛盾。尤其是共和党自认为是代表工商业和经济增长的政党，但得到的支持更多地来自增长缓慢的心脏地区，而非增长快速的沿海地区。更糟糕的是，共和党越是成功地实施其经济信条，就越是迅速地吞噬掉自己在人口统计学上的基础。

每年夏天，小布什在克劳福德农场度假的时候就体现了这一矛盾。脚蹬牛仔靴在华氏110度的高温中烘烤，用白宫甜得发腻的话来说，总统是"心脏地区之家"的勋爵大人。美国人不仅仅把心脏地区看作是地理概念（中部和乡村地区），它更是一种道德状况，体现了真正的美国传统：自力更生、家庭价值、社区精神，人们在这里务实地工作——同大自然作斗争，而不是在屏幕上摆弄象征符号。民主党人或许能够依靠虚拟式的美国，但心脏地区的美国总会倾向于投票支持共和党。

然而，恰恰是虚拟式的美国在自由市场中做得更出色。美国最贫穷的地区不在内陆城市，而是在乡村地区的密西西比州、阿肯色州、西弗吉尼亚州和肯塔基州。2001年，政府给予农民的直接补贴达250亿美元，还有更多的补贴通过水、电和基础设施等非直接形式发放。这些钱根本不是在支持坚定的个人主义，而是创造出一种国家资助的封建主义。在那里，为数不多的农场主支配着大量教育程度低、薪资待遇差的移民工人。《纽约时报》的专栏作家保罗·克鲁格曼（Paul Krugman）计算的结果是，"蓝色"州（民主党获胜的沿海各州）每年给共和党的"红色"州的补贴高达900亿美元。[5]"红色"州通过老式的政治影响力，尤其是参议院的影响力，确保自己得到这种慷慨的援助，每个州选出两名参议员，这些地方16%的人口选出了一半的参议员。2000年，在小布什获胜的这些大肆吹嘘道德品行的心脏地区，谋杀率、私生子比例和未成年女孩的生育率都略高于那些被认为是堕落的、投票支持戈尔的州。

小布什的赤字

小布什愿意在心脏地区之类的问题上撒钱，这是共和党的一枚定时炸弹。经济管理和国防应该是共和党最有优势的强项。共和党被认为是"爹地党"（把熏肉带回家，避开外来的攻击），而民主党则被认为是怜贫惜弱的"妈咪党"。历史上的大部分时间里——除了引人注目的20世纪80年代——共和党都讨厌赤字。在《保守派的良心》一书中，戈德华特认为，只有在打算削减开支的时候才应该减税。20世纪80年代，纽特·金里奇《与美国签约》的中心内容是平衡预算。而现在小布什造成了巨额的赤字。回顾2000年，在总统竞选辩论中，小布什曾被问及如果当选总统，打算用预算盈余做什么。他回答说自己会用一半的盈余来加强社会保障，1/4的盈余用于"重要项目"，还有1/4用于减税。他显然没有达到这一目标。比尔·克林顿离任时，预计未来10年的累积盈余额将达5.6万亿美元。2003年8月，国会预算局预测，未来10年里的赤字将高达1.4万亿美元。[6]

赤字既比表面上看要好，又比表面上看更糟。就积极的一面来说，经济低迷时期出现赤字没什么不对。实际上，那被看成是政府为减轻衰退的影响而采取的措施。同样，按照经济比例来看待这些数字会更加公平。就这些标准而言，小布什2004年计划的占国内生产总值4.3%的赤字额，依然小于1983年里根创纪录的占国内生产总值

6%的赤字额。尽管民主党人抱怨盈余都浪费在减税上了，但按照美国国家管理和预算局的说法，新的减税只占到整个财政逆转发展的1/4，额外支出也占1/4，其余的一半是因为经济低迷，这把美国国家管理和预算局的经济预测弄得一团糟了。[7]

然而，有两个原因也使这些数字显得糟糕得多。第一，这些并不是真实的数据。2003年，小布什政府能够在国会通过第二个大减税计划的唯一办法，就是参与安然会计事件。据官方说，许多减税都是临时性的。但如果你认为税收还会恢复，那就太可笑了。没有一个政客会提高税收（尽管这是他们想做的事情）。去除这些虚幻的余晖，10年的赤字增加了1.9万亿美元，加上其他合理的预期开支——替代性最低税（Alternative Minimum Tax）*和医疗保险等方面更多的开销——未来10年里，官方的赤字数额将达到5万亿美元。[8] 未来10年，美国的赤字平均将占国内生产总值的3%，不会轻易回到信贷状态。

第二个更大的担忧是，从2010年开始，婴儿潮的一代逐渐退休，从而对社会保障和医疗保险形成巨大的压力。这个数字是惊人的。2003年，美国企业研究所的一项研究显示，美国的流动负债（unfunded liabilities）达44万亿美元，是国内生产总值的4倍；单单医疗保险就耗光了其中的20万亿美元。[9] 小布什政府对此挑战并没有未雨绸缪，而是设法逃避。事实上，小布什政府2003年大规模扩大了医疗保险，为退休人员提供药品补贴，却没有进行任何根本性的改革。美国企业研究所的研究报告还认为，如果等到2008年再来决定权利的问题，届时美国的总负债将增加到54万亿美元。

从根本上说，管理不当和即将为人所知的"小布什赤字"问题归结到一点，就是开支。开支以大约8%的比例跳跃式增加，远远高于克林顿时期的水平。当然，"9·11"事件、国土安全和伊拉克战争对此都有影响，但并非如想象的那样大，这些方面的开支不到全部增加开支的一半。罗纳德·里根也曾减税并增加开支，许多保守派用这一事实安慰自己。但越是对此进行比较，小布什就越没有优势。里根用不着担心婴儿潮一代，并且在其任期的前两年里使用过15次否决权，真正地努力使政府规模缩小。相反，小布什在任期的前四年里没有动用过一次否决权。

---

* 一种将某些税收优惠项目加入调整后总收入的税收计算方式。替代性最低税的征收目的是防止纳税人利用减税来规避其应该承担的税负。——译者注

共和党的缺乏节制不仅限于白宫，国会也怂恿小布什在医疗保险上大肆挥霍。在地方上，共和党的政客也比民主党更加大手大脚。到2002年，过去5年里，共和党控制的州议会每年平均增加6.54%的开支，民主党控制的州议会则是6.17%。如果州议会分裂，或两党各控制州参众两院中的一院，则开支增加得最缓慢——"仅仅"为每年6%——印证了分权政府通常是控制开支的最好制动器。[10]

为什么共和党甘愿损害自己在财政上审慎持重、精打细算的好名声呢？右派的辩解是：通过庞大的赤字长期限制政府规模的扩大，这样，以后的民主党政府就将无钱可花。即便真的如此，这种政策明智吗？这就好比姐夫过于贪杯，因此就在阵亡战士纪念日的周末他来造访之前，把家里所有的酒都喝光。坚信限权政府的人们不应该以一种非正当的方式——产生不必要的财政危机结果——来引进限权政府。

K街的保守主义与红色的乔治

造成这种经济管理不当的一大原因，是小布什本能地倾向于站在大企业一边。在一个青睐工商业的国家里，青睐工商业之举无可厚非。但如果只是一味地迎合某些企业——回报朋友而非促进竞争——那就有问题了。

小布什当政的时候，华盛顿很少有哪些地方的人们像K街那些人那样快乐无比。这是公司游说团体落脚的地方，是律师们安身立命的地方。在这里，人们别出心裁地把国家的金钱转移到几个精心挑选的委托人手中。2002年增加钢材和针叶木材的进口税，受到相关产业的极大欢迎，但很难说这种做法有助于共和党自由贸易政党形象的树立。2002年的农业法案甚至增加了价格控制的内容（这种控制是苏联式的做法，因而是"反周期"的）。实际上，这使得此前尝试让政府从农业中脱身的做法发生了逆转。总的说来，农业法案使纳税人在未来的10年里少缴纳1 800亿美元的税款，其中的大部分都将落入各种大农业企业的手中。

最糟糕的是取悦能源产业的行为。我们暂且把所有有关全球气候变暖的理论争论搁在一边，尽管有时候小布什的观点是有道理的。从K街那些人的角度来看，能源政策向来冗长无用。迪克·切尼的能源计划基本上是由能源业起草的，而这个方案对于政策的制定来说谈不上理想，尤其是有成员正好在安然公司工作。2005年初，最终讨论的法案中包括了对所有的能源公司进行补贴的内容——从向使用联邦土地的矿物燃料公司收取更低的费用，到仅仅为了建厂和管理工厂而针对核工业的贷款担保。为了使这笔钱在国会过关，共和党把大量的钱投入绿色环保补贴中——以能源效率、替代能源以及K街的人喜欢的其他术语的名义发放更多现金——把民主党给收买了。正如卡托研究所的杰里·泰勒（Jerry Taylor）所说，这是一个"说客皆大欢喜"的法案。

K街的保守主义的作用不仅在于让企业界得到好处。共和党正在把K街变成其政治机构的组成部分。直到20世纪90年代中期，K街都还是一个两党共存的地方。游说公司会尽量同时雇用共和党人和民主党人。民主党之所以有更多的斩获，仅仅是因为战后的大部分时间里该党控制了国会山。但随着1994年共和党掌管国会，情形发生了变化。那时的共和党众议院多数党党鞭汤姆·迪莱和格罗弗·诺奎斯特决定发动"K街计划"来加强这一优势。他们直截了当地告诉说客，要么雇用更多的共和党人，要么承受在国会山遭冷落的风险。

游说产业同共和党交织在了一起。共和党上一任党主席埃德·吉莱斯皮（Ed Gillespie）就是一位主要的说客，密西西比州的新任州长、共和党人黑利·巴伯（Haley Barbour）也是。K街的新任命几乎全是共和党人。刚在宾夕法尼亚州当选参议员的里克·桑托勒姆每周二上午都会与十来位共和党说客开会商讨K街的职位问题。共和党与K街纠缠在一起之日，正好是说客达到前所未有的影响力之时。1968年，K街只有62位说客，现在则达到了21 000人。他们不仅影响了议员们，而且已经开始为他们筹款了。[11]

尼古拉斯·康弗索尔（Nicholas Confessore）认为，共和党人决心要利用K街，这与当年富兰克林·罗斯福及其继任者利用政府以谋求民主党优势并无二致。[12] 民主党在其辉煌的时日利用自己对政府机器的牢牢控制，向忠诚的选民支持者——穷人、老年人，最后是少数族裔——进行施舍，也为基层战士提供工作岗位。现在，共和党利用自己对K街和更大范围的工商界的支配，建立了一个可以同罗斯福的政府机器相比肩的私人部门。共和党向工商企业发放政府合同，充实了自己的金库——看看医药业是如何从医疗保险的处方药补助中获益的。从国会助手到国会议员，当这些最忠诚的基层战士退休时，共和党在K街为他们提供大把的钞票。

短期内这可能会带来很多政治红利，但长期而言情况会怎样呢？老大党的活力来自它提出激进思想的意愿。里根的成功并不是因为他在企业董事会里做得出色——很多企业的首席执行官往往觉得同杰里·福特相处时更自在——而是因为他成功地利用了众多理想主义式的自由市场营销人员的创造活力。共和党也被认为是主张小政府和低程度控制的政党。但是游说集团只有在政府干涉和幕后交易的环境中才能够蓬勃发展。这加深了我们对共和党发展方向的第二大担忧：在小布什的领导下，共和党已经从主张小政府的政党滑向了在民主党不执政的时候建立大政府的政党。

即便上台的保守派决心大规模压缩政府，结果也往往是伤其皮毛而已。罗纳德·里根和玛格丽特·撒切尔的经历就是两个好例子。但小布什上台的时候，给政府带来的是鲜花而非刀斧。2001年2月27日，小布什对国会说："政府要起作用，而且是重要的作用。"这再好不过地与比尔·克林顿向国会宣称"大政府时代一去不复返了"形成了对照。现在，"红色的乔治"——保守派仍然会这样称呼他——正进行一项大胆的誓言：看看是否能够将20世纪30年代至70年代期间由自由派制订的那些计划，按保守主义的方向重塑。

最清楚的例子是教育。长期以来，保守派都认为政府应该从中小学教育中脱身。1995年，众议院中的共和党人叫嚷着说要关闭教育部。比尔·克林顿当政时，教育经费支出的增加相当和缓——1993财政年度为300亿美元，到2001财政年度仅增加到360亿美元。而小布什当政时，教育经费支出呈爆炸式增长，2003财政年度达560亿美元，并且朝2008财政年度的700亿美元攀升。教育部已经承担了国家计划委员会式的责任，即监督全国中小学的情况，并劝导表现不佳的学校做得更好。

小布什还有一个明显的倾向，我们可以称之为"新家长式领导"——用社会政策来刺激人们采取更加朝向保守主义的行为。"新家长式领导"的化身是韦德·霍恩，他负责美国卫生与公众服务部的家庭儿童事务。霍恩是一位儿童心理学家，在华盛顿哥伦比亚特区工作的时候，他遇到大量因为没有父亲而受到明显心理伤害的市中心区儿童，因而创办了全国父道组织（the National Fatherhood Initiative），鼓励男性多与孩子相处。现在，他正将数亿美元投入稳固婚姻的计划中，如向即将为人父母的未婚者教授"关系技巧"，为希望和睦相处的已婚者提供"婚姻技巧训练"等。

霍恩认为，他的工作"不是要扩大政府，而是要使政府做得更好"。在所有社会问题中，家庭解体都产生了作用，而这些社会问题耗费了美国政府的资金。还有什么比预防问题发生更切合实际呢？

这听起来头头是道。20世纪60年代，自由派社会工程师提出的许多计划也是如此。而从保守派的观点来看，政府通常是一个向左转的机构。官僚不可避免地会为自己的目的而对计划进行削足适履的修改。霍恩的继任者做事可能就不如他那样道德了，比如扩大学校测试，让教育部能够有机会将自己的理论强加于美国的中小学。在某个时刻，右派美国又会乖戾地对待这个国家的规模和抱负，右派美国会厌恶一个口头上说要小政府，实际却进行大政府管理的政党。

老大哥保守主义

对政府规模扩大产生最大影响的是"9·11"事件。第一届小布什政府产生了一个多年来最大的新政府官僚机构——汤姆·里奇（Tom Ridge）领导的美国国土安全部，并且赋予极度活跃的司法部部长约翰·阿什克罗夫特极大的权力。乍一看，这完全合情合理。很少会有人争执说，需要按照"9·11"事件来重新界定安全和自由的界限。甚至很少有人会哀叹往昔美好时光不再——那时候的机场安全是由私人公司来负责的。小布什当初只想在白宫设立一个小型机构，但是里奇缺乏提升国内安全所需的政治影响力，而美国人民也似乎能理解美国需要更大规模的政府。迪克·切尼认为，"'9·11'事件以后的众多变化之一是，在一定程度上，人民对政府的真实信任程度发生了很大的变化，他们看重政府并对我们的作为寄予厚望"[13]。

一切都是实用主义的做法。但是看看阿什克罗夫特所要的花样，要证明这种方法的正当性就变得极其困难，尤其对保守派来说。大政府保守主义还发展出了一个更缺乏吸引力的孪生体——老大哥保守主义。阿什克罗夫特企图成为这个国家的首席说教者，这种欲望使他变得多管闲事，并卷入与打击恐怖主义毫不相干的各种事务之中。他起诉加利福尼亚州的"医疗大麻"使用者，尽管该州主张使这种做法合法化（而且也部分地得到美国最高法院的支持）。俄勒冈州两度通过了辅助自杀的法律，美国最高法院也明确地将这一领域的政策制定权交给了各州，但阿什克罗夫特还是想尽办法挑战该项法律［包括支持美国禁毒署（Drug Enforcement Administration）取消辅助自杀的医生的执照］。在死刑案中，尽管长期以来地方上有持谨慎态度的传统，但他还是尽可能地不断威吓寻求死刑判决的地方联邦检察官。

这种完全高卢式的对中央集权的敬服可能会产生一些长期的后果。保守派欢迎联邦主义的原因之一，就是因为联邦主义允许试验和多样性的存在。正如联邦最高法院大法官路易斯·布兰代斯（Louis Brandeis）在1932年所解释的那样，联邦主义意味着，

"如果是公民的选择，那么某个勇敢的州可以充当实验室，并且该州还可以在不使国家的其他方面承担风险的情况下，尝试新奇的社会经济试验"[14]。联邦主义也包括这样的含义，即在这样一个幅员辽阔、人口丰富多样的国家里，可以对道德问题进行众多不同的尝试。旧金山和内布拉斯加州乡村的人们可以对膝上艳舞做不同的规范；佛蒙特州可以以独特的方式，一方面赞同同性恋者伴侣的权利，另一方面却加紧对互联网色情内容的控制。20世纪90年代，老大党所取得的最大的成功——从福利改革到学券制——许多都要归功于它对联邦主义的热情。

从这个角度看，阿什克罗夫特向中央集权者的转变既虚伪又愚蠢。之所以说他虚伪，是因为阿什克罗夫特曾经是大政府的头号批评者。他在担任密苏里州的司法部部长以及随后担任来自该州的联邦参议员时，曾强有力地反对一项废除圣路易斯市学校中种族隔离的联邦命令，结果一家新邦联杂志《南方党派》（*Southern Partisan*）把他挑出来赞扬了一番。之所以说他愚蠢，是因为阿什克罗夫特作为一个反对吸烟、饮酒、跳舞和看裸体雕塑的福音派教徒，即使在他自己的党里面，代表的也是少数派，更不用说在全国范围内。他能指望的最好结果就是和平共存的态度——以使像他这样的少数派有繁荣发展的空间。等日后民主党人坐到他的位置上，阿什克罗夫特可能就会后悔他与老大哥政府进行的浮士德式的交易了。

被南方所束缚？

由阿什克罗夫特的老大哥保守主义开始，我们来谈谈共和党前方可能面临的最大危险——一个表面上缺乏宽容的前景。那种缺乏宽容的名声冒着讽刺占美国联邦1/3地域的风险，与共和党的南方战略交织在一起。作为林肯的政党，占领南方曾经是共和党在选举上的显著成就，但是代价高昂。人们不时地担心，共和党南方一翼的过度支配地位可能将老大党推向极端主义的悬崖——就像20世纪70年代麦戈文一翼曾经把民主党推向极端左派一样。

南方的极端主义以两种形式呈现出来：种族和宗教。种族政治尤其复杂。对于小布什和罗夫来说，将洛特赶走也许只能抓住温和派白人选民，而不足以赢得黑人选民的支持。但不可否认的是，有大量（各种肤色的）独立选民搬到郊区居住，以逃避与美国黑人相关的是是非非——包括犯罪、高税收以及喜欢选择惊世骇俗的市长

[1978年至1990年间，在马里兰州和弗吉尼亚州的住房价格方面，华盛顿哥伦比亚特区的黑人市长马里恩·巴里（Marion Barry）所做的工作无人能及。随后，在因为持有可卡因而服刑之后的1994年至1998年间，他做的工作也是无人企及的]。对美国黑人所持的良好意愿很难说是没有止境的。但是，自从老布什在1988年推出威利·霍顿广告（Willie Horton ad）*以来，情形已经发生了很大的变化，更不用说1967年出品的影片《猜猜谁来吃晚餐？》（*Guess Who's Coming To Dinner*？）**带来的影响了。在那些明智的学校、教堂和乡村俱乐部里都能找到黑人和棕色人种的面孔。不少人害怕对种族主义的指控可能会像对道德标准低下的指控一样激烈。这是一个扎根于南方政党中的问题。美国企业研究所的卡琳·鲍曼（Karlyn Bowman）指出，只有59%的南方人赞成白人与非白人结婚，而非南方人赞成的比例则是75%。如果特伦特·洛特的冒险故事还在继续，共和党在密西西比州就不会失去那么多选票，但在长岛和丹佛会有大量选票流失。

在老大党的信用方面，小布什的共和党与当年特伦特·洛特参加的共和党非常不一样。党内两个最有嫌疑的人——斯特罗姆·瑟蒙德和杰西·赫尔姆斯——一个已辞别人世，另一个已离开参议院。在南方，老大党中当然还有一些南方好老弟希望保留黑人职位。但共和党同样是一个新南方政党——一个企业家、专业人士和郊区居民的政党。新的参议院多数党领袖比尔·弗里斯特来自共和党中期待未来的一翼。美国历史上从未有过像科林·鲍威尔那样身居如此高位的黑人，也从未有过像康多莉扎·赖斯那样对总统产生如此大日常影响的黑人。小布什的内阁中包括2名黑人、3名女性、1名拉丁裔和2名亚裔美国人，还有6名白人。相比之下，1989年老布什的内阁中，有10名白人男性、2名拉丁裔、1名女性和1名黑人。

共和党正日益改善自己在种族问题上的声誉，然而它对宗教一翼的控制较不明朗。我们看到，共和党在各种社会问题上的立场给它带来了大批南方的基督教基层战士。但是南方人并非典型的文化上的保守主义者。与全国的平均35%和东北部的26%

---

* 威利·霍顿广告在1988年为老布什赢得总统选举。该广告主要比较两位总统候选人在死刑问题上的看法。片中描述杜卡基斯担任马萨诸塞州州长时，主张谋杀犯可以在周末假释，结果一个名为威利·霍顿的罪犯又在假释中犯下强暴罪。老布什攻击杜卡基斯的监狱政策让一般老百姓更为恐惧。该广告大获成功。——译者注

** 该片由美国哥伦比亚影片公司出品。影片通过描写黑人和白人通婚，揭示了美国长期存在的一个极敏感的社会问题。——译者注

相比，南方有44%的家庭持有枪支；[15] 非南方人中只有33%的人每星期至少去一次教堂，而南方人的比例则是41%；65%的南方人说他们有过改变自己人生方向的宗教经历，而非南方人的比例则是48%；几乎1/4的南方人要求恢复禁酒令。[16] 这种清教主义在南方地区并非随处可见。新奥尔良、孟菲斯和纳什维尔都有不少的酒吧女郎。[17] 我们中的一位于2003年驱车穿越卡津县（Cajun County）时曾看见有块广告牌上写道："昨日一船新的女郎运到。"但总体上，南方人对性也持更为严厉的观点，并且文化上最保守的南方人都受到共和党的吸引，他们在共和党里特别注意将堕胎和校内祈祷等事置于共和党政治的核心——往往是以最具对抗性的方式来进行。叫嚷得最凶的、要求弹劾比尔·克林顿的人，正是共和党的南方一翼；竭力使上帝重返课堂并组织同性恋者结婚的人，也正是共和党的南方一翼。

大多数美国人可能也有类似的偏见，但远远不是审判式地高高在上。他们虽不希望自己的孩子是同性恋，但也憎恨那种对同性恋者赶尽杀绝的企图；他们不喜欢堕胎，但不认可政府强行禁止妇女的自由选择；他们认为，教育需要以道德为基础；他们敬仰宗教领袖，但当祈祷变成了强制义务，他们也会感到焦躁不安；他们认为，比尔·克林顿的行为并不光彩，但不支持那些策划弹劾克林顿的、自以为在道德上高人一等的人。

共和党南方一翼咄咄逼人的道德主义不仅吓跑了中间选民，也疏远了其他的共和党人。最感惊恐的或许是东北部的乡村俱乐部美国佬（如果禁止饮酒和外遇，那么康涅狄格州的股票经纪人就没多少事可做了）。但是，宗教右派的影响力使得共和党在中西部地区、平原地带和西部的许多安全席位也丧失了。仅举一例，1996年，基督教联盟支持的保守派共和党人文斯·斯诺巴杰（Vince Snowbarger）赢得了堪萨斯州第三选区的国会议员席位。由于他继续支持在公立学校中教授宇宙创造论，因此在接下来的1998年选举中输给了民主党人。[18]

州长

从根本上说，共和党的南方问题对共和党本身是一种平衡。南方一翼的支配地位防止了老大党成为一个包罗万象的全国性政党。共和党明显在西部，尤其是在加利福尼亚州失去了自己的平衡力。在尼克松和里根的领导下，共和党紧紧地抓住阳光地带，南方的道德主义受到更为轻松的西部个人主义的平衡。但是，正如我们在本书的第四章中所看到的那样，在20世纪90年代，由于加利福尼亚州共和党自杀式的迪克西化，共和党失去了对该州的控制，阳光地带挣脱了共和党的掌控。而现在，希望以一种带着奥地利口音的、半机器人式的奇怪形式回来了。

为理解阿诺德·施瓦辛格于2003年10月当选加利福尼亚州州长对于共和党的重要性，有必要描述一下该州一年前发生的一个事件。当时，我们中的一人刚参加完在英格兰伯恩茅斯（Bournemouth）举行的某个明显情绪低沉的英国保守党会议，接着来到了阿纳海姆（Anaheim）参加2002年加利福尼亚州共和党大会。那时候的托利党人沮丧气馁地沉浸在对往昔时光的回忆之中，整个会议完全被直布罗陀和猎狐之类的话题占据。但是，从功能缺失紊乱这一点来看，连欧洲最具自杀性色彩的中间偏右政党，也丝毫没有加利福尼亚州共和党人身上的这一弱点。托利党的代表们虽已年近七十，但保守党至少努力突出年轻人和非白人代表的位置。相反，2002年的加利福尼亚州共和党人则满怀勇气地避开了对多元文化的营销——而这是小布什在费城用过的很管用的一招。他们大概认为，他们的州长候选人比尔·西蒙（Bill Simon）听过展现詹姆斯·布朗（James Brown）*异类嗓音的歌曲《感觉良好》（*I Feel Good*），这足以表现他的多样化，别的就不需要了，谢谢。在亚拉巴马州，如果显要的位置上坐的依然是清一色的年长白人，或许还是管用的，而在到处喧闹的熔炉阿纳海姆，这种做法则看起来像自杀。在会议大厅的后部，有位来自南洛杉矶的上镜的黑人青年竞选州议会议席，他承认自己的竞选从没得到党的任何帮助。舞台之外，小布什的人马似乎已不理会这满是抱怨的舞台，开始谈论2004年的参议员竞选了。

这种失望感是可以理解的。2002年，由于磕磕碰碰的经济、一场用电危机以及隐隐出现的预算赤字，民主党州长格雷·戴维斯似乎该下台走人了。虽然卡尔·罗夫敦促加利福尼亚州共和党人选择在民意调查中领先戴维斯的前洛杉矶市市长理查德·赖尔登（Richard Riordan）参选州长，而社会保守派则选择支持政治经验甚少的富商西蒙——他受到推举的主要原因在于他反对堕胎。更让他们震惊的是，戴维斯在共和党的初选中以广告来质疑赖尔登在堕胎问题上的记录。人们可能会认为，戴维斯对西蒙的明显偏爱将告诫加利福尼亚州共和党人，他们出问题了。但是加利福尼亚

---

*　美国灵魂乐教父。——译者注

州的共和党人并未从中警醒。结果，西蒙以高出18个百分点的成绩在老大党的初选中胜出，并在州长大选中输给了戴维斯——加利福尼亚州历史上最不受欢迎的州长之一。

2003年，共和党重获权力之路过于奇特，因此很难说从中能得到什么权威性的教训。回顾起来，几乎所有与罢免有关的事情都转变为施瓦辛格的优势。第一件事完全与投票的主动权连在一起，这种机制应该只在极端情况下才使用，而戴维斯并未有明显犯罪事实。投票结构也很奇怪，如果要留任，戴维斯需要在投票的前半阶段说服一半选民支持他，否则谁在投票的后半阶段中得票最多，谁就将获胜。可能的候选人名单上异乎寻常地多达135人，其中只有一位民主党人——戴维斯的副州长克鲁兹·巴斯塔曼特。而这种畸形竞选，则使施瓦辛格免受旷日持久的"与淫荡女人感情纠葛"（施瓦辛格承认与女人们"玩耍嬉闹"）的拷问，更为重要的是，这防止了共和党进行初选，而在初选中，施瓦辛格可能会像赖尔登一样与社会保守派发生纠葛。

然而，即使把所有这些奇怪的事情放在一起考虑，施瓦辛格的胜利依然令人印象深刻。相比巴斯塔曼特的32%和死硬派共和党人汤姆·麦克林托克（Tom McClintock）的13%，施瓦辛格获得了48%的选票。这位演员的得票超过了戴维斯在前半部分投票中45%的得票率，连那些批评罢免制度的人都感到震惊。此外，施瓦辛格是以西部共和党人的身份竞选的。他虽然诅咒大政府，但是他的自由概念扩及人们的个人生活。施瓦辛格仅仅支持堕胎权的选择，而将拥有武器从辩论中删掉——戴维斯通过这个话题阻止了先前的两个挑战者。在此前的选举中，郊区妇女并不支持共和党的事业，但是在女性选民的支持率上面，施瓦辛格尽管有黑暗的过去，但仍以43%对36%完胜巴斯塔曼特。2003年，民主党显得像是极端主义者。例如，戴维斯在最后时刻为了集拢拉丁裔选民，赞成向非法移民发放驾照，而一年前他还是有点反对这种做法的。施瓦辛格反对这一做法，并清楚地表明他不是依据种族，而是依据国家安全来行事的。在美国最大的市区县洛杉矶县，施瓦辛格以45%比37%击败巴斯塔曼特，如果加上麦克林托克获得的选票，共和党的总得票率为56%。这一数字引人注目，因为仅仅在11个月之前，戴维斯还曾在这里以50%的得票率击败过得票率为35%的西蒙。

这一切并不意味着施瓦辛格将永久改变加利福尼亚州的政治。他开端良好，但州长身份很容易使他陷入对他以往"玩耍嬉闹"的指控和有关预算的激烈辩论中。如果他被迫增税，就会激怒本已对他的社会观点厌恶不已的右派，但是如果他削减社会服务，他就不可能不疏远许多普通选民。类似地，为了使加利福尼亚州的共和党人非迪克西化，施瓦辛格也将勉为其难。2001年，民主党划分选区时聪明地划分出几个共和党人众多的选区席位。这些选区里多数是社会保守派，他们几乎不用吸引中间选民的支持。

然而，这样一位众所周知的温和派共和党人的存在，一定会对老大党产生全国性的影响。施瓦辛格在2004年的共和党大会上被强势推出，显示共和党的派别范围有多么宽广。他甚至可能游说改变共和党的反堕胎政治纲领，就像他的竞选经理皮特·威尔逊在1996年曾经做过的那样。温和派共和党人将表明，他们的信条具有全国性的吸引力：纽约现在有一位共和党市长，在民主党三个最大的大本营——纽约州、马萨诸塞州和马里兰州——有三位共和党州长。

靠乌合之众为生

施瓦辛格引来了如何管理乌合之众的周而复始的争论。充满矛盾、内耗严重的乌合之众与广泛的统治联盟之间的界限并不非常明显。共和党面临的挑战是，要使自己以"既是……又是"式的政党呈现在世人面前——既是保守派的政党，又是自由意志论者的政党；既是上帝的政党，又是财神爷的政党；既是心脏地区的政党，又是华尔街的政党；既是施瓦辛格的政党，又是特伦特·洛特的政党。

在这一点上，有两件事情足以让共和党人得到一些信心。第一件事情是，最近一段时期，共和党在因人而异地处事方面显示了相当的才干。在蔗糖地带，如得克萨斯州或者佐治亚州的科布县，共和党代表欣欣向荣的郊区。住在那里的主要是白人家庭，各种障碍将他们与美国的各种问题隔离了开来，这些障碍包括距离遥远、分区制规则和不动产价格，它们远比法律上的种族隔离更为有效。共和党支持维持现状。相反，在西弗吉尼亚州，乐观没有吸引力，焦躁不安才能吸引人。共和党利用那些受到全球化威胁的矿工和钢铁工人的恐惧心理，诅咒外来者掠夺蓝领工人的生计。他们中有破坏宗教的好莱坞制片人，有威胁要使狩猎非法并且不准人们自我防卫的枪支管制者，有要求对煤钢工业进行控制进而将之消灭的自由环保主义者。

这种完全因人因事而异的能力并没有随着地理的变化而变化。在彻底改造自身方面，共和党展现了令人印象深刻的能力。20世纪90年代，共和党是一个反制政府的反抗者政党，在2000年的选举中，它又把自己重新包装成充满同情心的保守主义政党，到2002年，紧随"9·11"事件之后，它再次把自己变为捍卫国防和代表国家伟大性的政党。

这把我们引到了共和党乐观主义的第二个理由上。管理乌合之众的关键就是要为他们找到泄恨的对象，而不是把愤恨发在应该领导他们的人身上，现在，共和党就有这样的对象。如果有足够大的仇恨，任何政党都能够凝聚在一起。在战后的大部分时间里，使右派黏合在一起的是反共。[19]保守派出于各种原因仇视共产主义——自由市场论者仇视共产主义是因为它反对资本主义；宗教保守派反对共产主义是因为它反对上帝；主流保守派反对共产主义是因为它反对美国。但是他们都痛恨共产主义。他们支持建立美国的防卫，并最大限度地限制共产主义在国外的不正当所得。反共使保守主义能够悬挂同一面旗帜。柏林墙倒塌之后，保守主义运动内部的相互厮杀达到顶峰，这种情形并非偶然。

"9·11"事件恰好为小布什提供了这样一个理由，尽管这种说法听起来有种对一桩夺去3 000人生命的罪行玩世不恭的风险。除了孤立主义的边缘群体，反恐战争几乎把所有的保守派都团结到了一起，前面是一场反击黑暗势力的全球性斗争，并且将爱国主义放到了政治的核心位置。在参议院的49位共和党参议员中，有48人授权对伊拉克动武，众议院的这一比例则是215票对6票。反恐战争使得2002年和2004年共和党的胜利不同于2000年的两党难分轩轾。根据民主党的民意测验专家斯坦利·格林伯格（Stanley Greenberg）的说法，2002年，民主党在税收和社会保障方面依然比共和党更受欢迎。但是在哪个政党能够使美国更强大的问题上，共和党比民主党高出40个百分点——59%比19%。2004年，小布什赢得了那1/5认为恐怖主义是最重要问题的选民的支持，其比例是86%对约翰·克里的14%。2004年在纽约举行的共和党全国大会，是一次杰出的舞台管理和指挥的表演，共和党的各个派别——包括约翰·麦凯恩和阿诺德·施瓦辛格——齐声高呼，国家安全是主要问题，伊拉克战争是反恐战争的组成部分。

只要恐怖主义依然是对美国的严重威胁——几乎没有迹象表明"基地组织"会在一夕之间消失——共和党作为对恐怖主义最为强硬的政党，就享有很大的优势，这种优势为共和党带来了额外的红利，从而使之能够团结起来。

注释

[1] "Good Ol'Strom？" *Economist*, November 30, 2002.

[2] Thomas Edsall, "Lott Renounces White Racialist Group He Praised in 1992," *Washington Post*, December 16, 1998.

[3] "我胸怀宽阔／我包容万千"，选自《自己的歌》(*Song of Myself*)。

[4] William Rentschler, "Barry Goldwater, Still in His Element as the Straightshooter from the West," *Chicago Tribune*, October 23, 1994.

[5] Paul Krugman, *The Great Unraveling* (New York: Norton, 2003), p.177.

[6] "A Flood of Red Ink," *Economist*, November 8, 2003.

[7] 美国行政管理和预算局，年度中期预算评审，2003 年 7 月 15 日发表。

[8] 详细的说明，请参见 "A Flood of Red Ink"。

[9] Jagadeesh Gokhale and Kent Smetters, "Fiscal and Generational Imbalances," www.aei.org/ doclib/20030723_smettersfinalcc.pdf.

[10] Dennis Cauchon, "GOP Outspends Democrats in States: Both Far Outpace Inflation," *USA Today*, May 19, 2003.

[11] Nicholas Dawidoff, "Mr. Washington Goes to Mississippi," *New York Times Magazine*, October 19, 2003.

[12] Nicholas Confessore, "Welcome to the Machine: How the GOP Disciplined K Street and Made Bush Supreme," *Washington Monthly*, July/August 2003.

[13] 转引自 Bob Woodward, "A Test of Government's Trustworthiness," *Washington Post*, October 25, 2001。

[14] New State Ice Co. V. Liebmann, U. S. Supreme Court, 1932.

[15] Tom Smith, "National Gun Policy Survey," *National Opinion Research Center*, December 2001.

[16] Karlyn Bowman, ed., "Opinion Pulse," *American Enterprise*, March 2003, pp.60–61.

[17] 参见我们的同事苏西·帕克（Suzi Parker）的作品，*Sex in the South: Unbuckling the Bible Belt* (Boston: Justin Charles, 2003)。

[18] John Judis and Ruy Teixeira, *The Emerging Democratic Majority* (New York: Scribner, 2002), p.151.

[19] These Paragraphs Owe Much to John Fonte, "Homeland Politics," *National Review*, June 2, 2003, pp.27–30.

第十一章
在敌后方

　　几年前，伍迪·艾伦（Woody Allen）编剧并导演了一部音乐喜剧片《人人都说我爱你》（*Everyone Says I Love You*）。片中的一个青年忍受着一种可怕的痛苦煎熬——强制性的保守主义。他偷偷阅读《国民评论》杂志，并详细讲述诸如"强大的美国和持枪权"这样的"男性现代思想"的诱惑，从而使他自由派的父母感到不快。在该片的一开始，他就说道："福利不管用，它就像平权法案一样，不允许在学校祈祷和放纵罪犯，是不合时宜的自由主义幻想。"然而影片结束时却皆大欢喜。父母亲发现他身上有个致使他大脑缺氧的肿块，肿块最后消了，而这个小伙子则立即辞去在青年共和党人俱乐部（Young Republicans Club）的职务，开始支持左派自由主义。

　　越来越多的年轻人如今正饱受着大脑缺氧之苦。过去3年里，"大学共和党人"组织的会员增加了3倍，其分会由409个增加到1 148个，仅在2002年，它就招募了22 000名新会员。现在该组织的会员已超过10万人。年轻人也不只是"天生的自由派"，他们正成为奇怪的保守主义痛苦的牺牲品。如今，美国号称拥有欣欣向荣的保守主义黑人知识阶层，还有杰出的保守派同性恋者、保守派拉丁裔、保守派环保主义者、保守派演员、《纽约时报》的保守派专栏作家（啊，有两位）。在"自由派美国"的任何一处瞧瞧，你都会发现，那里有深深扎根于敌后的保守派基层战士。

　　这些基层战士特别严厉，他们在充满敌意的地方与世隔绝，并不断遭到同侪的冷嘲热讽。然而，他们对更广泛意义上的保守主义运动至关重要——他们活生生地驳斥了自由派的嘲笑，自由派认为保守派只不过是一群愚蠢的白人而已。谁能比长着一张黑面孔的人更好地解释家庭解体对美国黑人造成的伤害呢？谁能比一个漂亮的保守派学生更好地支持性节制呢？至少有一点，敌后的保守派迫使民主党耗费资源来捍卫他们本以为理应属于自己的地盘。最好的情况则是，这些基层战士正在为解放敌占区的大量人口做准备（他们无疑将看到这种情况的出现）。我们决定集中关注三大这样的敌后群体：黑人群体——因为这威胁到民主党的道德优越感；青年群体——因为他们给保守主义带来了很大的力量；妇女群体——因为她们占国家人口的一半以上。

苍白的浅影 *

从起用科林·鲍威尔和康多莉扎·赖斯，到赶走特伦特·洛特，尽管小布什对多元文化主义做出了许多让步，但是共和党显然与黑人之间存在问题。1960年，有1/3的黑人选民投票支持理查德·尼克松。[1] 而在2004年，只有占黑人人口1/10的富裕得多的黑人投票支持小布什。2002年，随着J.C.沃茨（J. C. Watts）退休，国会山上共和党唯一的一张黑人面孔不见了。即便这样，美国各地还是存在黑人保守派。

最有影响力的可能是一小群黑人知识分子。他们中最有名的是饱受诟病的最高法院大法官克拉伦斯·托马斯（Clarence Thomas）、对平权法案反潮流而动的评论家谢尔比·斯蒂尔（Shelby Steele）以及托马斯·索厄尔（Thomas Sowell）——自从1975年出版《种族与经济学》（*Race and Economics*）一书以来，他就一直是平权法案反潮流运动的宠儿。他认为，既然种族歧视在经济上是不理性的，那么反击种族歧视的最好办法就不应是政府控制，而是竞争。这些黑人保守派知识分子中的许多人与第一代新保守派极其相似，他们是以民主党身份开始其生涯的知识型人才，但因为身份政治和种族偏好之类的问题与民主党闹崩了。正如新保守派一样，他们强烈支持以色列，非常敌视帕特·布坎南这样的早期保守派，且多集中在智库里。

竞选过总统的那位黑人保守派是位知识分子，这一点很重要。2000年，艾伦·凯斯（Alan Keyes）的总统竞选最为人铭记的，或许就是他热衷于随摇滚乐狂舞，喜欢听"讨伐体制乐团"（Rage Against The Machine）**的歌。但由于凯斯拥有哈佛大学的政治学理论博士头衔，因此，显然他至少在名义上是6位共和党总统候选人中最聪明的一位。他在哈佛大学师从杰出的斯特劳斯主义者哈维·曼斯菲尔德（Harvey

---

* 该标题取自一首曾在1967年横扫全球流行乐坛的歌曲《苍白的浅影》（*A Whiter Shade of Pale*）。——译者注

** "讨伐体制乐团"是美国的一个重金属乐团，于1991年在洛杉矶组建，歌词多为不满美国文化、帝国主义、资本主义甚至嘻哈文化。——译者注

Mansfield），并与未来的保守主义学者比尔·克里斯托尔共处一室。他认为同艾伦·布卢姆（Allan Bloom）一道研究政治理论度过的时光，是他人生经历的转折，后者是《走向封闭的美国精神》（*The Closing of the American Mind*）一书的作者，其精神几乎在凯斯所有的言谈中都能够找到。大多数政治家喜欢将抽象问题与具体问题联系在一起，而凯斯如果不想到问题的抽象意义，就听不进具体问题。

这种对理智的过度偏重，有时候具有启发性，有时候则显得十分古怪。凯斯狂热地反对堕胎（他在衣领上别着一枚形状酷似10周大胎儿双脚的金别针）。但是他反堕胎不仅仅是基于《圣经》，也基于《独立宣言》。他认为，人们应该将《独立宣言》的精神应用到未出生的孩子身上，就像当年林肯将之应用到奴隶身上一样。凯斯以类似的口吻，号召完全取消"奴隶式的"收入税（为什么要费心采用统一税呢？）。他还认为，在宪法中并不能找到使宗教与国家分离的依据。凯斯有时有点像20世纪50年代某些古怪的保守派。2000年共和党初选开始的阶段，他的表现好得令人诧异——吸引到4 000位志愿者，并在艾奥瓦州的干部会议中击败了两位参议员。然而他不太容易相处。如果你问他有关他喜欢什么甜食之类陈词滥调的问题，他在回答自己喜欢脆壳苹果派之前，可能先要指责你道德沦丧、知识贫乏；如果你称赞他的口才，他可能指责你是种族主义者。凯斯甚至对自己的支持者也很粗暴。有一次在集会上，他下令追随者别鼓掌了。他斥责道："我以前见得多了，人们站起来为某事欢呼，说他们对此笃信不已。但当他们离开以后，只有上帝才知道他们会怎样投票。"[2]

凯斯像许多黑人保守派一样，是一个充满矛盾的人：他是一个罗马天主教徒，但获得了许多基督教福音派的支持；他反对多边主义机构，但非常看重别人称呼他为大使——他在联合国教科文组织工作时获得的头衔；他是一个保守派，但比杰西·杰克逊更热衷于打种族牌。在1999年12月的初选辩论中，他将小布什说成是"布什主人"（Massa Bush），以讽刺他在税收问题上的"胆怯"。在一个脱口秀节目中，主持人称赞他的辩才，而他把这种恭维比作是在说"哦，他舞跳得真好"。

凯斯是此类人中的一员。然而他所表现出的这些人格特征，或许是在一个充满敌意的地方从事自己的事业所必备的心理条件。在美国政治中，几乎没有什么人像黑人保守派那样要忍受如此多的嘲笑奚落。黑人主流把他们看作叛徒。美国有色人种促进会前负责人本杰明·胡克斯（Benjamin Hooks）谴责黑人保守派是"新一类的汤姆叔叔……是世界上最大的说谎者"。杰西·杰克逊把克拉伦斯·托马斯比作是三K党成员

（"晚上，民权的敌人裹着白色床单罢工，放火烧十字架；白天，他们身裹黑色长袍罢工"）。黑人记者朱莉安娜·玛沃尔（Julianne Malveaux）甚至希望托马斯早点命丧其白人妻子之手。凯斯这样的黑人保守派有点敏感，这一点也不叫人觉得奇怪。同样不会令人感到奇怪的是，他们最好的一些作品（特别是谢尔比·斯蒂尔的作品）所涉及的主题非常关注在社会连带关系的世界里人们的孤立感。

黑人保守派有两大核心事业：废除平权法案和引进学券制。前者的主要支持者是沃德·康纳利（Ward Connerly），他是一位来自加利福尼亚州萨克拉门托的黑人商人，负责管理美国民权研究所（American Civil Rights Institute）。康纳利这个"校董会奴隶"——这是杰西·杰克逊对他的称呼——在1993年被皮特·威尔逊州长任命为加州大学校董会董事之前，一直是"积极歧视"*的捍卫者。他在校董会上说，在他看来，一项帮助弱势群体的计划已经堕落为一种以种族偏好为基础的成熟制度，这使他感到震惊。1994年，康纳利说服他从20世纪60年代末一直交往的密友威尔逊改变对"平权歧视"问题的看法。1995年，尽管受到激烈反对，他还是以同样的手法在这个问题上赢得了校董会的胜利。1996年，他接手两位学者想出的《209号提案》（Proposition 209），该提案要废除公立大学中的平权法案。他使一次艰难的活动——甚至得不到足够的签名来举行投票——转变成了最新型的政治运动。提案以55%的得票率获得通过。

从那以后，康纳利就开始在全国进行改革运动，他指控那些强加平权法案的学者和官僚，帮助其他的州策划废除平权法案的议案。2003年，他在此问题上遭受了两次挫折。第一次，最高法院做出了一项令人费解的裁决，允许平权法案继续存在，但禁止大学公开通过积分制（points-based system）来进行。第二次，在阿诺德·施瓦辛格当选州长的那次选举中，加利福尼亚选民拒绝了康纳利有关禁止在该州以种族和族裔来区分公民的动议。康纳利并没有得到施瓦辛格的帮助，因为他反对这一动议。但是由于种族界定正变得越来越难，历史很可能会站在康纳利的一边。康纳利的祖父母辈中有一位是白人，另一位是完全的乔克托族印第安人，他自己则娶了一名白人女子，从而使其种族的混合又增添了新的内容。

黑人保守派在号召黑人同胞加入反对平权法案战斗时要面临的永久困难是，他

---

* 英国的"积极歧视"（positive discrimination）即美国的"平权法案"（affirmative action）。——译者注

这样做的时候是在违背自身的利益。为什么黑人要放弃当下就能从平权法案中得到的好处，来换取从坚持原则（能人统治）和以最高的标准来检验自己中得到的长期好处呢？学券制——让父母有更多选择来决定孩子上什么样的学校——则不存在这样的问题。学券制是白人经济学家米尔顿·弗里德曼在1957年首次提出的想法。许多黑人保守派，尤其是托马斯·索厄尔，多年来一直赞成学券制，但越来越多的主要支持者是黑人父母。民意调查不断显示，多数黑人，尤其是有适龄上学孩子的黑人，都支持学校选择权。这并不令人奇怪。相当于美国学生成绩单的"全国教育进步评估"（National Assessment of Education Progress）显示，17岁的黑人学生在数学和阅读能力上，平均比同龄白人学生落后4年，而在科学方面则落后5年。

美国最激进的自由市场式教育改革发生在不大可能成为试验地的密尔沃基——这座城市曾选出一连串信奉社会主义的市长，并催生了激进地扩大政府的进步运动。学券制在密尔沃基取得进展，是一些罕见的情况结合在一起产生的结果。第一，该市是主要的保守派基金会布拉德利基金会的所在地，该基金会多年来一直在争取学券制。第二，当地的黑人厌倦了看着公交车把自己的孩子从城市的一端送到另一端去上学，以便白人社区能够取得法院要求的种族平衡。当地两位著名的黑人——州议员霍华德·富勒（Howard Fuller）和前篮球明星波利·威廉斯（Polly Williams）——认为，要解决黑人的教育问题，靠的不是法院强求的计划，而是父母的选择。第三，学券制的积极活动者与两党的政治人物都有过接触。威斯康星州的共和党州长汤米·汤普森（Tommy Thompson）和密尔沃基市的民主党市长约翰·诺奎斯特（John Norquist）都支持学券制。

密尔沃基市的学券制试验在1990年刚开始的时候规模还很小：只有1%的学童符合学券制的条件，宗教学校被排除在试验之外。但绝大多数黑人父母赞同学券制。瓦莱丽·约翰逊（Valerie Johnson）有5个孩子，她目睹了芝加哥的教育制度毁了自己的两个兄弟——一个因拒绝加入帮伙而被杀、另一个退学后在加利福尼亚无家可归——因此成了赞成学券制的活动分子。她决心要使自己的孩子避免那样的命运。富勒等活动分子认为，学券制运动完全像现代的民权运动一样。"我们在北卡罗来纳州格林斯伯勒市伍尔沃思连锁便餐馆坐下吃饭，难道是为了今天到一家连菜单都看不懂的便餐馆吃饭吗？"在过去的10年里，当局已逐渐放宽了对这一计划的限制。到2003年，密尔沃基市的"父母选择计划"已经将学券发放到了1万个贫穷家庭学生的手中。对密尔沃基市以及另外两个实行学券制的先锋——克利夫兰市和佛罗里达州——的研究显示，学券制孩童不仅表现良好，并且学券制改革似乎也改进了当地公立学校的质量——尤其是那些面临激烈竞争的学校。[3]

受到这些结果以及2002年最高法院裁决地方性学校可以使用学券的鼓舞，并受到像黑人教育选择联盟（the Black Alliance for Educational Options）、来自"我们是乡村人"组织（We Are the Village People）的非洲姐妹皇后（Queen Sister Afrika）这样的活动分子以及正在兴起的一代黑人领袖的鼓动，学券制运动继续在美国黑人间扩展。年轻的民主党政治家科里·布克（Cory Booker）认为，决定教育制度的唯一途径是把权力归还给父母。奥马尔·沃叟（Omar Wasow）经营一家名为黑星球（BlackPlanet.com）的网站，他把学校选择权看作是由最高法院1954年"布朗诉教育委员会案"（Brown v.Board of Education）*裁决的直接产物。这些活动分子里面没有一个属于保守派，但是他们都愿意借用保守派的思想并同他们结成联盟，改善黑人学校令人绝望的状况。

事实上，在民主党联盟中，它最忠实的选民（黑人）与活动分子的主要来源（教师工会）之间存在着断裂。2000年民主党初选中最尖锐的时刻发生在约翰·克里与比尔·布拉德利（Bill Bradley）的辩论会上。辩论在美国黑人的圣地哈林区（Harlem）的阿波罗剧院（Apollo Theatre）进行。年轻的黑人记者塔梅拉·爱德华兹（Tamela Edwards）向那时的副总统阿尔·戈尔发问，为什么他一边把自己的孩子送到私立学校，一边却固执地反对学券制？她向鼓掌的绝大多数黑人听众问道："难道在华盛顿哥伦比亚特区没有好的公立学校或特许学校让您的孩子去上学吗？如果真的没有，凭什么在座的家长只因不如您有钱，就得让自己的孩子去上公立学校吗？"[4]

黑人保守派看到使他们痛苦的人因学券制问题而在民主党内部受到批评，这真是件大好事，但是黑人保守派在劝说共和党白人来拥抱他们的事业上也有问题。前景并不完全是一片黑暗：杰布·布什（Jeb Bush）比哥哥小布什总统更有头脑，他长期以来一直在佛罗里达州支持学校选择权。白宫曾劝说华盛顿哥伦比亚特区的市长安东尼·威廉斯（Anthony Williams）在美国的首都站出来赞成学券制。值得人们注意的

---

* 1954年最高法院对"布朗诉教育委员会案"的裁决规定，应允许黑人到白人的学校和大学上学，正式结束了美国教育中的种族隔离制度。——译者注

是，像本书开头谈及的达斯廷和毛拉这样的青年保守派，他们有多少人对学券制怀有激情？泰德·肯尼迪刚出声表示抗议，小布什就将学券制从他那庞大的教育法案中撤了出来。而且许多郊区共和党白人对于让贫穷的孩子选择到他们的学校来读书心存疑虑。

这一点凸显了黑人与共和党之间依然存在的隔阂。尽管有小布什的那些建议，但是共和党依然是一个白人政党（问题不仅仅是共和党在国会山没有黑人面孔——共和党在那里只能聚集到4位拉丁裔议员，相反，民主党则有65位少数族裔议员[5]）。共和党扎根于郊区白人这一事实意味着，共和党政治家很少需要应对黑人选民，重新划分选区只是加剧了这一问题。在国会议席的各种瓜分中，共和党的现任议员让民主党的现任议员形成"少数族裔为局部多数"的选区（"majority-minority" district），作为交换，共和党人会拥有白人比重更大的选区。结果这进一步增加了这样的老大党众议院议员的人数，在他们的选区中几乎没有黑人。

至少从黑人的立场来看，共和党的政策常常带有种族界限，这一事实加剧了上述隔阂。例如，共和党人会说，赞成政府开支上的减税与种族主义没有任何内在的联系，但是依靠政府项目以及在公共部门工作的黑人人数比例大大高于其他族裔。与此同时，共和党越是拉拢黑人选民，民主党就越是激烈地捍卫自己的领地，并经常指责对手为种族主义者。鲍勃·多尔得到了12%的黑人选票，却基本上忽视了美国黑人的利益。在大力拉拢黑人之后，小布什在2000年和2004年分别得到9%和11%的黑人选票。黑人利益集团对小布什的拉拢做出的回应是大量的负面广告，他们甚至指责小布什对詹姆斯·伯德（James Byrd）——一名在得克萨斯州贾斯珀县（Jasper）被残忍杀害的黑人——事件无动于衷。在每个4年任期的第一年，小布什都避免参加"美国有色人种促进会"的大会。

时代在变 *

共和党依然在与黑人进行对抗，不过它与年轻人之间的关系却似乎融洽得多。2003年7月，"大学共和党人"举行了该党111年历史上最为成功的一次大会。大约

---

* 标题来源于美国歌手鲍勃·迪伦1964年的同名歌曲（*The Times They Are a-Changin'*）。——译者注

1 000名青年共和党人手挽着手驾临华盛顿，是前一年与会人数的两倍多。他们购买印有缺乏政治正确性口号的用品（如"民主党人是作恶者"和"吐出黑名单"），聆听保守派煽动家妖魔化自由派。"达施勒责任项目"（the Daschle Accountability Project）的负责人保罗·埃里克森（Paul Erickson）解释道："自由派的生活一团糟，对于这种从根本上仇恨这个国家所支持的一切，但没有仇恨到要离开这个国家的人，你不可能同他讨论问题。"

"大学共和党人"曾经只不过是一个小小的社交俱乐部——穿着蓝色运动上衣的男子和无业游民加入这类组织，以拼凑履历，结识好人家的姑娘。有一张"大学共和党人"的旧招募海报，在"快快参加本镇最棒的社交聚会"这句话下面，画了一张香槟酒瓶里装着一只大象的画。[6] 如今的"大学共和党人"是保守主义运动的下属分会。共和党人在那里虽然还有社交聚会，但他们的组织也是共和党核心组织的组成部分，他们就连喝得醉醺醺的时候也表现出这样一种偏好（当然是不健康的偏好），即喋喋不休地谈论自由主义的罪恶和减税带来的奇迹。

卡尔·罗夫是新一类年轻共和党的代表人物之一。1971年，罗夫展示了自己作为年轻活动家的出众才干，被任命为"大学共和党人"的执行主任（他曾经伪造了一位民主党参议员候选人的一封信，大谈特谈"免费啤酒、免费食物、免费女郎和免费好时光"，并将这封信散发到无家可归者的栖身之处）。在2003年的"大学共和党人"大会上，罗夫身穿晚礼服和舞会服装，回到数以百计的"大学共和党人"成员面前领取李·阿特沃特奖。罗夫穿着浅灰色的套装，打了一条薄荷绿的条纹领带，在一群壮实的中西部人中间看起来像个不起眼的学生。但是他像橄榄球明星般受欢迎。会议在忠诚誓言和祈祷声（感谢上帝让小布什成为美国总统）中开始。然后，罗夫开始发表演讲，专心致志地讲述30年前使他走上"大学共和党人"领导岗位的那些计谋，附带讲了很多那时候降临到对手身上的种种灾难。就在罗夫激情洋溢地演说之时，闯入一小群瘦骨嶙峋的左派分子，他们挥舞着标语尖叫道："罗夫撒谎，人民死亡！"后来的事实表明示威者是在对艾滋病研究进行抗议，但大多数"大学共和党人"的成员似乎认定他们是在抱怨伊拉克战争。成员们看到抗议者就像一群猎狗看到一只狐狸钻进了自己窝里。他们扑向闯入者，把他们赶到出口处。房间里爆发出"卡尔，卡尔，卡尔"和"美国，美国"的齐声欢呼，而罗夫则继续他的长篇大论。

现在却通常是年轻的共和党狐狸冒险钻进民主党的窝里。在加州大学伯克利分校，保守派学生创办了一份名为《加利福尼亚州爱国者报》（the California Patriot）的大学报纸，并创建了一个有500名成员的"大学共和党人"分会。加利福尼亚州"大学共和党人"在伯克利分校举行2003年的大会，大会名为"在敌后方"。他们中有几百人来到伯克利分校的人民公园，在那里进行了一场闹哄哄的爱国主义表演（据参加者说，那些在公园里打盹的无家可归者也被吵醒了），使人民公园暴乱（the People's Park riots）*34周年纪念日蒙羞。他们挥舞旗帜，歌颂美国，唱起《星条旗永不落》（Star-Spangled Banner）和《美丽的亚美利加》（America the Beautiful）。有一位参加者自夸道："我们就像海军陆战队几周前涌进巴格达解放那座城市一样，涌入伯克利分校准备迎接战斗。"

这种激进保守主义的爆发与年轻人的观点稍稍向右偏转是一致的。在18岁至29岁的选民群体中，鲍勃·多尔以19%的差距失去他们的支持，而在2000年和2004年，小布什则分别以2%和9%的差距失去其支持。2003年10月，美国有线新闻网、《今日美国报》和盖洛普联合进行的一项民意调查显示，尽管在18岁至29岁年龄阶段的人中，最大的政治群体是持中间立场的人（45%），但相对于只有24%的人认为自己是民主党人，更多的人自认为是共和党人（30%）。他们的态度产生了深刻的变化。美国学生对收入再分配所持的怀疑态度令人吃惊——相对于1995年的66%，2002年只有50%的学生认为富人应该缴纳更多的税。相反，尽管春假期间的活动表明他们行为大胆（更不用说那些《放荡少女》的碟片了），但他们也对20世纪60年代那代人《荒唐阿姨》（Absolutely Fabulous）**式的价值观感到紧张不安。2002年，加州大学洛杉矶分校的高等教育研究所（Higher Education Research Institute）发现，与1987年的51%相比，只有42%的学生赞成一夜情；与1989年的66%相比，只有54%的学生认为应该使堕胎合法化。2003年，哈佛大学政治研究所（Institute of Politics）对本科生进行的一项调查发现，60%的学生反对合法使用大麻，略高于一般人对此看法的比例。他们对于使用美国的军事力量持令人吃惊的同情态度。加州大学洛杉矶分校的民意调查发现，45%的大学新生支持增加军费开支，这一比例是1993年的两倍多。哈佛大学

---

* 1969年和1970年，伯克利人民公园内发生骚乱。参加示威活动的"戴花嬉皮士们"（Flower Children）被警察和军队镇压。——译者注

** 英国喜剧，讲述英国一个上层家庭笑料百出的故事，描绘了自私自利的上层阶级众生相。——译者注

的民意调查还发现，3/4的学生坚信，美国军队在所有时候或大部分时间内都在"做正确的事情"。而1975年，这一数字是20%。

为什么保守主义阵营中会出现这种高涨的情绪？其中一个原因是想整一整美国左派学院权势集团。在众多教师里，纳德主义者（Naderites）的人数超过了共和党人。诱惑教授的方式之一是建立枪支俱乐部。哈佛大学法学院的枪支俱乐部吹嘘拥有120名会员，是在校生人数的5%。亚历山大·沃洛克（Alexander Volokh）于2001年创办了这个俱乐部，会员们被带到新罕布什尔州的一个射击场射击——这一行程不仅跨越了州界，也跨过了文化鸿沟。哈佛校园里禁止枪支，而新罕布什尔州的那个射击场的牌子上则写道："13岁以下免费。"沃洛克还在校园里举行一系列广泛的以枪支为主题的活动，包括放映"正常人使用枪支行善"的影片。另外，有个学生在《哈佛法学纪事》（*Harvard Law Record*）杂志上发表了一篇名为《发现半自动武器的乐趣》（*Discovering the Joy of Semi-Automatic*）的文章。在曼荷莲学院（Mount Holyoke）——一所使人们更快地联想到贝蒂·弗里丹（Betty Friedan）*而非查尔顿·赫斯顿（Charlton Heston）**的大学——学生们成立了第一个"《第二修正案》姐妹协会"（Second Amendment Sisters）大学分会，该协会是一个全国性的支持持枪权的妇女组织。

更为严重的是，目睹过"9·11"事件的学生似乎与越战年代的教授之间已经存有鸿沟。哈佛的民意调查发现，2/3的学生赞成与伊拉克开战。支持战争的团体竟然在布兰代斯大学、耶鲁大学和哥伦比亚大学这样的自由派大学校园里冒了出来。在麦迪逊市的威斯康星大学——越南战争时期反战抗议的大本营之一——一位学生报纸的专栏作者竟然申斥一位因为去参加反战示威而没有上课的教授。[7] 在阿穆赫斯特学院，当40位教授拿着反战标语游行到餐厅的时候，许多学生在口头上表达了自己的不满。

保守主义运动将目睹过"9·11"事件的一代看作是自己走向康庄大道的基础，因此花大气力来招募年轻人。"大学共和党人"在华盛顿的会议与美国青年基金会（Young Americas Foundation）的会议同时举行，后者是威廉·巴克利的"为了自由的

---

* 美国女权主义者。——译者注

** 演员，1959年凭借《宾虚》荣登奥斯卡影帝。——译者注

美国青年"组织衍生出的远系支派。美国青年基金会组织会议和研讨会，将有前途的保守派学生带到里根在加利福尼亚州的德尔谢洛农庄（Rancho del Cielo）（这是该组织"为挽救美国"的一处圣地）。"联邦主义者协会"（Federalist Society）为年轻的保守派律师提供社会关系网。"学院网络"（the Collegiate Network）每年向58份学生报纸分发20万美元，并将有抱负的保守派记者送到华盛顿，接受像弗雷德·巴恩斯这样的保守派新闻业大师的指点。"学院网络"的姐妹组织"校际研究所"（Intercollegiate Studies Institute）出版了一份嘲讽政治正确性的杂志，并廉价兜售保守主义的经典著作（巴里·戈德华特的《保守派的良心》只要花2美元就能够买到），还将颇有抱负的乔治·威尔斯（George Wills）送到牛津市的暑期班，拜在德高望重的保守主义者罗杰·斯克鲁顿（Roger Scruton）的门下。

保守主义运动不仅对培养未来的领袖感兴趣，年轻的活动家现在也是有用的选票吸收者。当老大党在2000年的基层战中失利时，他们向莫顿·布莱克韦尔求助，布莱克韦尔是1964年旧金山牛宫共和党大会上最年轻的戈德华特派代表，他多年来一直倡导"深层接触的政治"（high-touch politics）。1979年，他创办了领袖研究所，以训练年轻的保守派如何在公众场合演说，如何在电视上展现自己，尤为重要的是，如何进行竞选。现在，"深层接触的政治"是共和党总部一切激动情绪之源。2002年，"大学共和党人"为共和党提供了一线的力量，在大学里为选民登记注册，让他们去投票（该组织主席宣称，他们缠着30万人去投票）。另外一个团体"老大党年轻一代"（Generation-GOP）*说，它在阿肯色州使到场投票的年轻人增加了2 000人，这不只是因为年轻人血气方刚。保罗·韦尔斯通（Paul Wellstone）遇空难死亡后，在明尼苏达州与沃尔特·蒙代尔进行的激烈的参议员席位竞选中，诺姆·科尔曼（Norm Coleman）声称，是"大学共和党人"提供的资源和人力使他获得了胜利。

这些年轻的活动分子正在改变老大党，使之充满活力。他们中大部分人是辛勤工作的中产阶级——与过去代表着共和主义的那些生活舒适的学院派正好相反。他们中的大部分人不得不拼命工作以支付每年上大学所需的2.5万美元，因此他们对减税充满热情。他们对权威常常表现出不恭。他们是听着"瘪四与大头蛋"音乐（Beavis

---

* "老大党年轻一代"，西北美国老大党的一个签名和招募计划。该计划支持年龄小于45岁的保守派。——译者注

and Butt-head)*长大的共和党人，而不是像普里斯科特·布什那样听着"理发店四重唱"（Barbershop Quartet）长大。尽管他们有入侵加州大学伯克利分校这样的古怪滑稽之举，但是他们比老一代保守派更宽容——他们在同性恋婚姻问题上思想开明，在种族问题上思想自由。不管老大党存在什么样的问题，它至少在使自身重新充满活力方面做得不赖。

激情似火的妇女

对许多自由派来说，"保守派妇女"这种说法就像"保守派学生"一样充满矛盾。妇女怎么可能支持一个反对堕胎选择权或者让汤姆·"锤子"·迪莱这样的男性担任国会领袖的政党呢？这种诧异反映的不仅仅是一种偏见——20世纪50年代以来，女性作为一种性别群体一直远离共和党。许多妇女认为，共和党没有能够适应变化的世界，妇女已经自己赚工资，并能够掌握自己的生活了。

妇女投票的变化非常明显。1956年，妇女更青睐艾森豪威尔，而不是阿德莱·史蒂文森（Adlai Stevenson），前者的妇女支持率比后者高出26%。1960年，妇女对满脸愁容的理查德·尼克松的支持率要比生气勃勃的约翰·F.肯尼迪高出7%。然而自从甲壳虫乐队推出首张黑胶唱片以来，妇女就大大地向左转了。1980年，罗纳德·里根得到男性选民和女性选民的支持率分别比吉米·卡特高19%和2%。而比尔·克林顿则轻而易举地赢得了妇女的选票。在2000年的总统选举中，小布什和阿尔·戈尔得到的男性选民和女性选民的支持率分别是53%比42%和43%比54%。[8]约翰·朱迪斯和瑞·泰克希拉指出，在戈尔获胜的19个州里，他能够取胜只是因为女性选民填补了男性选民的缺席。[9]

所有的大型妇女组织都是中间偏左的。大多数著名的女权主义者指责保守派对堕胎和妇女的社会角色持有尼安德特人式的观点。支持女性候选人的"埃米利的名单"组织（Emily's List），募集的钱款几乎全给了民主党。至于学术界，在我们对全美校园进行的游历中，至今尚未遇见过一位保守主义女教授，并怀疑我们可能永远也遇不上。

---

* "比维斯巴特德"音乐节目融活力和音乐电视为一体，不断给年轻人提供独特的节目。——译者注

然而，保守派妇女的存在是显而易见的。2000年，50%有孩子的女性和56%年收入高于7万美元的女性把票投给了小布什，最有趣的是，34岁以下的妇女投给小布什的票略高于戈尔（49%比46%），这是自1980年以来所有年龄阶段的群体中性别差距的首次消失。[10] 各年龄阶段的妇女在堕胎、医疗保健和强制控制等问题上，比男性更可能持自由主义的立场，但是她们在犯罪和犯罪惩处方面则持保守主义的立场，并且强烈支持对青少年实行宵禁。1/3的妇女至少拥有一把枪。在各个共和党的选区里，许多挨家挨户敲门的活都是由女性志愿者来完成。"美国共和党妇女联合会"（the National Federation of Republican Women）号称自己有10万会员和180个地方组织。从基督教福音派到新保守派，各种类别的美国保守派中，都有女性保守派的存在。我们选择关注的妇女保守派有5类，她们是政治家、保守派名媛、社会保守派、智库智囊和媒体女强人。

我们首先考虑的是女性政治家。就原始数据而言，共和党表现得通常不如民主党：共和党的参议员和众议员人数分别是5人和21人，而民主党则分别是9人和38人。共和党州一级的官员则多于民主党（分别为41人和36人）。通过"克莱尔·布思·卢斯政策研究所"（the Clare Boothe Luce Policy Institute）这样的组织，保守主义运动正努力"培养"更多的保守派妇女。这些组织训练年轻的保守派如何演讲，为她们提供奖励和奖学金。正如《国民评论》的编辑凯特·奥贝恩（Kate O'Beirne）指出的那样："我们的姑娘将同他们的姑娘一决高下。"

有证据表明，小布什和比尔·克林顿一样，给予了女性很突出的地位（尽管这种判断很大程度上要取决于你如何看待虽未被任命却强有力的希拉里）。小布什任命的女性内阁成员包括劳工部部长赵小兰（Elaine Chao）、农业部部长安·维尼曼（Ann Veneman）、内务部部长盖尔·诺顿（Gale Norton）、短暂任职的环保署署长克里斯廷·托德·惠特曼（Christine Todd Whitman）以及最重要的国务卿康多莉扎·赖斯。卡伦·休斯虽正式回到了得克萨斯州，却曾在2004年小布什的总统竞选中施以援手。玛格丽特·拉·蒙塔涅（Margaret La Montagne）是一位有两个孩子的单身母亲，她从得克萨斯州追随小布什到华盛顿，充当教育、医疗保健和犯罪领域的顾问。

多年来，一般来说，妇女在共和党上层是一股温和的力量。共和党女参议员和国会女众议员经常给人一种印象，即她们太坚定地以家庭和职业的双重要求为基础，以至于没有时间进行任何类型的狂热行为。就像今天老大党里的这类共和党人一样，缅因州参议员奥林匹亚·斯诺类似于洛克菲勒式的共和党人。惠特曼在华盛顿接手环保署的工作之前，是相对自由主义的新泽西州州长，因此她在所有问题上都采取自由主义的行动方针，在堕胎问题上更是如此。她在社会问题上比在政治问题上更接近小布什。这与他俩来自私立贵族中学的学院派背景相符合。（例如，惠特曼将自己心爱的苏格兰小狗巴尼送给了小布什，而巴尼的妈妈、叔叔和姐姐都与惠特曼一家生活在新泽西州。）

在过去10年里，一群更尖锐的女性保守派闯入全国政治中来。这些女性宣称正为新一代的妇女问题而战，包括减税、缩小政府规模、与犯罪作斗争以及养活全家。例如，1994年的金里奇革命把7位共和党女性送入众议院，以往一年中从未有过这么多的女性当选。这些人包括芭芭拉·卡宾（Barbara Cubin），她自夸并非一个"女权主义狂"（Femi-nazi），却曾经在怀俄明州州立法机关里，用烤成阴茎状的自制饼干款待男性同事；[11] 海伦·切诺韦思（Helen Chenoweth），她鼓吹取消美国国内税务署，并坚持要别人叫她"国会议员"（congressman）；琳达·史密斯（Linda Smith），她戏称"妇女选民同盟"（League of Women Voters）为"妇女毒蛇同盟"（League of Women Vipers）。卡宾是7人中唯一仍留在国会的议员，她的事业处于旺盛的发展期。2000年，她当选为美国步枪协会董事会成员。新近加入保守派团体中的是凯瑟琳·哈里斯（Katherine Harris），她是佛罗里达州的前州务卿，帮助决定了2000年的选举和重新计票。尽管她有着惠特曼式的背景（她出身于佛罗里达州最有名望的家族之一），但是她信奉强硬路线的保守主义观点，并常现身于传统基金会。

美国政治家中不断增长的保守主义情绪，反映了活动分子中类似的变化。对于她们而言，"社会保守派"正在获得一种明显的新含义。在以往，这一术语更多地与社会化而非拯救社会相关，而对于我们所称的许多保守派名媛来说，现在还是这样。乡村俱乐部共和主义的身影依然能够在募款人、午餐俱乐部和"美国共和党妇女联合会"上见到。典型的保守派名媛是完全值得尊敬的一类人——她们是当地成功富人的妻子，将一部分闲暇时光和精力（尤其是在孩子成人以后）花在募款和组织上。她们的楷模是两位布什夫人——芭芭拉和劳拉，而她们也倾向于单一国家的保守派（one-nation Tories），既在风格上也常在实质上持温和立场。芭芭拉·布什和劳拉·布什曾经非常支持堕胎选择权。[12] 当劳拉认为丈夫走过头了，她会告诉他："快打住，布巴。"

在过去的30年里，保守派名媛受到另一类更具意识形态色彩的"社会"保守派的挑战。自从菲利斯·施拉夫利于1964年写下给选民"一个选择机会，而不是对他们随声附和"的竞选口号以来，女性已经在社会保守派中有很强的地位了。施拉夫利的"鹰论坛"（Eagle Forum）能够在全国各州动员社会保守派。她们激烈地反堕胎，使得大量的妇女被卷入保守主义运动中。大多数规模不大的城镇都号称拥有反堕胎的分会，员工大多为女性，另外至少还有一个别的保守派组织，抗议好莱坞或色情内容。在福音派基督教的大教堂里，许多讨论家庭学校、使同性恋家庭成员回归正常等问题的委员会日间会议，似乎都是由母亲们在管理。

河右岸拥有一个松散的妇女协会"妇女独立论坛"（Independent Women's Forum）。一方面，该论坛的成员由于太右派而不可能加入传统的妇女组织；另一方面，由于她们太世俗也不会加入"鹰论坛"。它的成员大部分为华盛顿的权威人士，我们可以将她们描述为后女权主义者。该组织声称，让那些把妇女看作牺牲品的荒唐话见鬼去吧，今天的妇女完全有能力在世界上获得成功。该协会认为，如果男人打算促进诸如反对《对妇女使用暴力法案》（Violence Against Women Act）或"带女儿上班日"（Take Our Daughters to Work Day）的做法，那将是有害的。尽管该论坛只有1 600名会员和一份发行量只有1.6万份的季刊，但它有相当大的力量。该论坛的杰出成员包括美国企业研究所的克里斯蒂娜·霍夫·萨默斯（Christina Hoff Sommers），她是靠破坏妇女研究发迹的；莉萨·希夫楞（Lisa Schiffren），她写了丹·奎尔对墨菲·布朗（Murphy Brown）（情景喜剧中一位决定要个婚外孩子的新闻工作者）的诽谤，"妇女独立论坛"的前董事还包括副总统夫人林恩·切尼。小布什任命"妇女独立论坛"的主席南希·米切尔·普夫敦豪厄（Nancy Mitchell Pfotenhauer）担任美国驻联合国妇女地位委员会（United Nations Commission on the Status of Women）代表。总统还请戴安娜·弗奇戈特罗思（Diana Furchtgott-Roth）担任他的经济顾问委员会成员，并且正如我们先前所见，选择韦德·霍恩独揽婚姻大权，他成为有限的几个担任该论坛顾问委员会的男性成员之一。

最后一群保守派女性是媒体女强人。将锐气逼人的右派女性推到电视观众的面前，在这方面福克斯电视台显然做得很成功。金发碧眼、言辞最为犀利的女性安·库尔特曾因为太右倾而被《国民评论》杂志解雇。2001年9月13日，她写到伊斯兰世界时说："我们应该入侵他们的国家，杀死他们的领袖，让他们皈依基督教。"如今，她把那些解雇她的人当作一伙"娘娘腔的男孩"给打发走了。库尔特的生涯始于律师职业，却总是非常具有政治锋芒。当葆拉·琼斯（Paula Jones）起诉比尔·克林顿性骚扰的时候，库尔特出面帮她打官司。今天，她犀利的观点和尖酸的言辞已使她出名，她的真正才干在于挑衅。她操纵大学辩论协会，将自由派学生的人数减少到令人愤怒的地步。在美国保守派联盟的年会上，人们排队等候好几小时请她为她的书签名。她的《诽谤：左派关于美国右派的谎言》一书在2002年的非虚构类畅销书中排名榜首，一年后，《背叛》（Treason）一书也登上榜首，该书似乎（大概是造谣中伤地）认为，大多数民主党人都是叛徒。在莱温斯基那档子事情期间，她说唯一让自己觉得进退两难的是克林顿该被弹劾还是被暗杀。让我们来听听她对恐怖主义的看法——她曾经抱怨道："连恐怖分子都不像自由派那样痛恨美国。恐怖分子没有能力。如果他们有那么大的能力，今天就已经进来探测了。"在枪支方面，她认为，"上帝创造了男人和女人，科尔特上校*使男女获得了平等"。她的最新著作是《如何与自由派交谈（如果你别无他选）》[How to Talk to a Liberal（If You Must）]，书名听起来就像是20世纪50年代加州"自由论坛"书店里某本给人扣上赤色分子帽子的书一样。

福克斯电视台的女强人有趣的一点是，她们似乎是一种彻底的保守主义现象。民主党人虽然拥有好莱坞和美国新闻业的腹地，但他们似乎想不出一个与库尔特旗鼓相当的人物。这一不成功之处可能并不会完全决定自由派事业的命运。很难令人相信，库尔特在迅速地吸引忠实者的同时，不会同样迅速地把温和派赶走。但是库尔特给予了保守主义一张不一样的公开面孔。

谜一般的妇女

保守派将在妇女中提高自己的支持率吗？我们有必要再次对通常的不置可否——女性投票是出于各种各样的原因——进行辩护。但是，保守主义在女性中的传播归根结底取决于两个棘手的问题：堕胎和妇女在社会中扮演更广泛的角色。这两个问题都在朝着略有利于保守派的方向发展。

---

* 塞缪尔·科尔特（Samuel Colt），现代左轮手枪的创始人。他所创立的科尔特公司是世界知名的军火生产企业。——译者注

有趣的是，如今，2/3的美国妇女拒绝被称为女权主义者。许多人将女权主义等同于这样一种想法，即妇女只有在工作场所才能够真正地实现自我。这是一种女权主义者会反驳却存在一定基础的解释。贝蒂·弗里丹把受过教育的家庭主妇描述为"人对自身的浪费"，《大都会》杂志（*Cosmopolitan*）的主编海伦·格利·布朗（Helen Gurley Brown）称家庭主妇为"乞求者、寄生虫"，而格洛丽亚·斯泰纳姆（Gloria Steinem）则把家庭主妇称为"长不大的依赖性动物"。[13] 如果希拉里·克林顿决心问鼎总统，那么可能给她带来麻烦的，就是她失态地对居家烤饼干的妇女言辞刻薄。这种刻薄的言辞总是会触怒那些根本就不想要自己事业的妇女，也可能会使数量不断增加的职业妇女恶心，这些职业妇女先是有自己的事业，但后来一般为了与孩子相处而选择做全职或兼职的家庭主妇。只有67%拥有工商管理硕士学位的美国白人女性是全职工作的，而男性则有95%。[14] 毫无疑问，"玻璃天花板"*是一些女性放弃职业生涯的原因。但是，许多女性之所以决定成为"人对自身的浪费"，是因为她们认为"第二次变化"使生活更有意义。2003年10月，《纽约时报杂志》（*New York Times Magazine*）封面的一项长期研究写道："为什么妇女升不到最高层？答：因为她们不想。"[15]

具有讽刺意义的是，女权主义的成功是保守主义变得对妇女更具吸引力的原因之一。在来自中间偏左的主要女权主义组织的许多文献中，认为妇女是受害者而男人是作恶者的想法依然普遍存在，而这使许多女性恼怒不已。与母亲一辈相比，如今的女性在获得成功方面所遭遇的与性别相关的障碍要少得多。在学校里，女孩比男孩表现得更出色。大学毕业的女性多于男性。2003年，加州大学伯克利分校法学院毕业班有63%是女性，在哈佛大学、哥伦比亚大学和耶鲁大学，这一比例分别是46%、51%和50%。[16] 大多数妇女相信，唯一限制她们实现抱负的因素是个人才能——并且她们已不再对女权主义权势集团感激涕零了。"妇女独立论坛"鼓吹的那种个人主义有其吸引力。

然而，正当保守主义妇女运动的道路看似清晰无碍的时候，却出现了两大障碍。第一大障碍是许多社会保守派发自内心地企图逆转时光。她们认为妇女解放是一个错

---

* "玻璃天花板"，指在公司企业和机关团体中，限制某些群体（女性、少数族裔）晋升到高级职位的障碍。——译者注

误，并认为妇女待在家里更好。第二大障碍是堕胎问题。社会保守派将废除堕胎看作是我们时代最大的改革运动——与堕胎的斗争无异于反对奴隶制或法西斯主义。一方面，她们正赢得这一论争——年轻妇女对堕胎权的支持在下降。然而大多数妇女还是赞成堕胎合法化，并且将共和党内有关堕胎的激烈争斗看作是一件令人不快的事情。她们即便为保守主义有关个人责任的思想所吸引，也不想被迫卷入一场与社会保守派有关堕胎伦理的残酷争论中。

注释

[1] De Wayne Wickham, "Focus on Blacks: Voters of All Races Need to Go to the Polls," *USA Today*, October 24, 2000.

[2] Anthony York, "America's Wake-Up Call？" *Salon. com.* January 25, 2000.

[3] 下文归纳了某些研究内容：Marie Gryphon and Emily Meyer, "Our History of Educational Freedom," *Policy Analysis* 492, October 8, 2003。

[4] "Blacks v. Teachers," *Economist*, March 10, 2001.

[5] "The Color of Conservatism," *Economist*, January 23, 2003.

[6] Nina J. Easton, *Gang of Five: Leaders at the Center of the Conservative Crusade* (New York: Simon & Schuster, 2000), p.139.

[7] Kate Zernike, "A Nation at War: Campuses," *New York Times*, April 5, 2003.

[8] 美国有线新闻网选后民意调查，2004年的总统选举。

[9] John Judis and Ruy Teixeira, *The Emerging Democratic Majority* (New York: Scribner, 2002), p.50.

[10] 美国有线新闻网选后民意调查，2004年的总统选举。

[11] Elinor Burkett, *The Right Women: A Journey Through the Heart of Conservative America* (New York: Touchstone, 1998), pp.15–16.

[12] Helen Thomas, "Laura Bush Keeps Opinions to Herself," *Seattle Post-Intelligencer*, April 17, 2002.

[13] Burkett, *The Right Women*, p.41.

[14] Lisa Belkin, "The Opt-Out Revolution," *New York Times Magazine*, October 26, 2003.

[15] 参见*New York Times Magazine*, October 26, 2003。

[16] Belkin, "The Opt-Out Revolution"．

第四部分

例外

第十二章
不一样的美国

在本书的最后部分，我们把主题转向美国例外论。为什么美国在富国中间显得越来越异样？为什么美国在它的前盟国中引起这么多的嘲笑和愤怒？保守主义运动对强化美国例外论起了什么作用？这个国家的右派的故事是一个更重要故事的组成部分，那是一个有关为什么美国本身就有点像个右派国家的故事。

从外交政策到犯罪和犯罪惩罚、从福利到反恐战，美国与其盟国在诸多领域都存在分歧。冷战结束以来，这些分歧已经明显多了。分歧不仅仅是政策上的。从根本上说，美国例外论基于结合在一起引起争论的两件事：不同的潜在价值——其中许多价值要追溯到数个世纪以前，以及右派的政治影响力。美国在大多数问题上不负责任的立场，比其他富国更靠右。而保守主义运动则一再成功地进一步夸大了这些分歧。

咄咄逼人的超级大国

美国有多例外？在回答此问题之前，我们先要对几个容易引起误解的问题进行说明。第一个要说明的是，美国有数以百万计的人宁死也不愿投票给共和党。尤其是在曼哈顿、旧金山和洛杉矶等地，许多杰出的美国人像他们的欧洲同侪一样，以身为"自由派"而自豪。《纽约时报》通常就像英的《曼彻斯特卫报》和法国的《世界报》那样左倾。2003年，《纽约书评》以一幅小布什穿着罗马皇帝服饰的漫画在欧洲推销自己，漫画旁边的口号是："我们有另外一个不同的美国——我们需要听到它的音信。"类似的，美国有时候在自由方面显得比欧洲更醒目。按常规，美国妇女可在怀孕长达26周时进行堕胎（而欧洲国家的上限则是12周）。2003年，新罕布什尔州的美国圣公会任命了一位同性恋主教——吉恩·鲁滨孙（Gene Robinson）。而几乎就在同时，美国圣公会在英国的姐妹机构英国国教（Church of England），则放弃了原先打算的这样的任命。美国东北部的另外一个州佛蒙特州，2000年接受了全球首例同性恋婚姻。

第二个要说明的是，许许多多值得人们尊敬的美国人认为，美国和欧洲实际上正在趋同。过去的50年里，美欧的生活水平更接近了，商店、办公场所和工厂更相像了。欧美之间每年的贸易值达4 000亿美元。更重要的是，欧洲人已经基本上放弃了社会主义，从而缩小了双方之间政治制度的差异。迟至1981年，弗朗索瓦·密特朗的社会党政府还曾接管法国的银行和许多大工业公司，大量增加社会开支，减少人们的工作时间，并额外雇用了10万政府工人。[1] 如今，巴黎的争论是法国经济应该在多大程度上美国化。同样的观点也适用于外交政策。冷战期间，美国面对的是一个共产主义超级大国及其卫星国。它面对巨大的抗议运动，最引人注目的是有关越南和部署巡航导弹的抗议运动。大多数国家尽管在伊拉克问题上感到非常愤怒，但如今还是乐于附和美国的领导。当小布什宣布《反弹道导弹条约》无效的时候，俄罗斯和中国实际上是赞同的。美国在海外有725个军事基地，这些基地都得到了其盟国的允许。正如小布什2002年在布拉格对盟国所说的那样："我们享有共同的价值观——自由、人权和民主。"[2]

跨大西洋乐观主义者认为，美国依然是一个广受羡慕、有众多人想模仿的国家。这可以用下面的事实来衡量：人们争着要成为美国公民，排队等候美国的电影和产品以及民意调查结果。例如，2003年皮尤研究中心（Pew Research Center）进行的一项大型世界民意调查（一年前还进行过规模更大的同样调查）发现：44个国家中有21个国家的多数人仍然对美国怀有好感；大多数的美国盟国支持反恐战争；多数人赞成美国长期以来推行的许多根本价值观，如全球化、自由市场和民主；如果出现另外一个超级大国来挑战美国，几乎所有人都会觉得更不安全。[3] 乐观主义者坚持认为，既然有这么多的共同之处，有如此多的相互敬仰，那么目前的困难将会过去——就像在苏伊士运河和巡航导弹部署问题上曾遭遇到的困难一样。

争论的麻烦之处，一方面是有些事实过于夸张，另一方面是其他事实被忽视了。上面那份皮尤研究中心的调查，既显示了大多数外国人依然对美国人民和美国价值观持赞许态度，又显示出几乎在所有找得到以往数据的国家里，人们对美国作为一个整体的好感都下降了。在2003年6月进行调查的15个国家里，对美国抱持的赞许态度介于15至20个百分点之间，这一数据低于2000年。在外交和安全事务方面，约3/4的法国人（76%）、大多数的土耳其人（62%）、西班牙人（62%）、意大利人（61%）和德国人（57%）认为，欧洲应与美国保持一种更加独立的关系。[4] 2003年的另外一项调查发现，64%的欧洲人（包括81%的德国人和82%的法国人）不赞成小布什的外交政策。83%的美国人和79%的欧洲人同意，欧洲人和美国人具有不同的社会和文化价值观。[5] 谁会相信，在"9·11"事件发生两年之后，几乎有1/5的德国人告诉德国《时代》杂志（Die Zeit）说，美国政府可能支持了暴行。[6]

当然，非美国人羡慕许多有关美国的事物。雅克·希拉克当然也是一个比约瑟夫·斯大林意识形态色彩更弱的对手。但是冷战的结束并不意味着历史的终结。苏联解体使得大西洋两岸有机会以新的眼光来研究它的盟国，而且促使人们谈论双方的很多分歧，就像谈论它们之间有很多相似性一样。美欧像两个十分相关的陌生人，他们击退路贼后去参加庆典宴会，结果发现双方并不像自己认为的那样具有许多共性。小布什曾经在布拉格欢呼的共同价值观——自由、人权和民主——过于模糊不清。例如，如果将这些价值观应用于中东或者对待穷人，欧洲人和美国人会得出不同的结论。

从这一观点出发，普遍的经济趋同是一件喜忧参半的事情。美欧在经贸方面走得越近，就越是认识到它们更深层的价值观差异之大。在有关生活的根本问题上，如爱国主义、刑事司法和宗教狂热，美国与欧洲有很多不同。保守主义的美国甚至因这些分歧而分外自豪。这个不一样的美国，比欧洲更热衷于在国外使用武力，在国内严惩犯罪，而在让国家解决社会问题方面则比欧洲不情愿得多。当然，这些分歧不是由小布什带来的，我们将在下一章看到，它们深深扎根于美国的历史之中。但这些分歧越来越使许多非美国人变得焦躁烦恼，因为美国突然成了咄咄逼人的超级大国。

正如马德琳·奥尔布赖特（Madeleine Albright）1998年谈论美国时所说的那样，恰恰因为全球化加快了步伐，美国不再是"不可或缺的力量"，却是无法忽视的力量。[7] 托马斯·杰斐逊（Thomas Jefferson）曾经说过："每个人都有两个国家——自己的国家和法国。"今天，每个人也都有两个国家——自己的国家和美国。美国的文化无所不在，以至于每个人脑海深处仿佛都有一个虚拟的美国；美国的力量具有压倒性的优势，以至于世界各地的人都在密切关注美国的政治家，就像关注自己国家的政治家一样。与这种对美国的通晓随之而来的是一种不断增加的无助感。世界各地的人都参与了美国的文化和政策，从这个意义上来说，人人都感觉自己成了美国公民。他们关注小布什及其团队对各种他们热衷的问题的决策。然而，小布什及其团队明显并不对这些非美国人负有责任，事实上，这些人经常遭到轻蔑的对待。"我们有权利得到倾听"成为伊拉克战争抗议者的咒语，这并不令人感到吃惊。

与此相伴相随的是美国不断增强的自信心——欧洲人称之为傲慢。普里斯科特·布什的那一代战前领袖，仍然对欧洲——尤其是大不列颠——有所敬畏。他们源于英国，尔后又被偏见认为是亲英派，哈罗德·麦克米伦（Harold Macmillan）说，英国之于美国需要像希腊之于罗马，对此他们半心半意地感到赞同。他们对欧洲人的民族自豪也敏感得令人钦佩，他们努力使自己的力量隐匿（没错，美国要做的一切就是隐匿）在多边机构的框架里。但是小布什的亲信没有这种敏感。正如我们所见，他们中的许多人来自阳光地带而非更具"欧洲性"的东北部。他们认为，法国和德国顽固不化——这种偏见突出地记录在唐纳德·拉姆斯菲尔德充满偏见的"老欧洲"讲话中。他们还认为，欧洲之于美国就像希腊之于罗马的想法，简直一派胡言。小布什并不是要将美国推向欧洲的方向，而是要将美国——以及整个世界——向他坚信的"美国"方向推进。

这些分歧在书中反复出现。现在，轮到我们稍微进一步挖掘分歧背后的原因了。我们将在5个广泛的领域关注美国例外论：外交政策、犯罪和犯罪惩罚、国家的限度、资本主义和不平等、堕胎和宗教狂热。

与众不同且引以为豪

欧洲人想到美国例外论时，首先会转向美国的外交政策。事实上，相对于小布什在内政问题上的立场，小布什的外交（在本书第八章中讨论过）很难被直截了当地描述为"右派的"。他上台的时候，欧洲人指责他是孤立主义者，而现在他们则担心他是帝国主义者。然而，在这种困惑中，两件事情特别突出。第一，美国分享权力的倾向比其他国家要弱得多；第二，右派对两个引起剧变的事件——冷战的结束和"9·11"事件——的反应，使美国的外交政策异乎寻常地向单边主义倾斜。

美国例外论最突出的一些例子与其对特定地区或国家的政策有关。没有哪个国家像美国那样固执地支持以色列，坚决地谴责古巴。批评美国的人认为，这些立场更多地与美国国内的游说集团而非原则有关，但是许多美国人显然不这样认为。以色列作为大西洋两岸争执最激烈的问题，对于美国右派来说已成为一项激发情感的事业，对全体美国人民而言可能也是如此。2002年5月的亲以色列决议，包括给以色列军队提供2亿美元，在众议院和参议院分别以352∶21和94∶2的投票结果获得通过，几乎所有的反对票都来自民主党人。[8]民意调查显示，美国人支持以色列的幅度大致与多数非美国人支持巴勒斯坦的幅度相当。事实上，支持强硬政策的美国人的比例要高于以色列人本身。除了小布什，没有哪位世界领导人会把阿里尔·沙龙描述为"爱好和平的人"[9]。

　　然而，美国例外论的根本取决于它对多边秩序的态度。乐观的大西洋主义者再次有他们的道理。从历史的角度看，美国依然可以宣称自己是历史上最具多边主义色彩的超级大国。在过去50年间，美国使自己的权力受制于国际组织的程度是19世纪的英国或16世纪的西班牙难以想象的。然而显而易见，如今似乎没有哪个国家像美国那样与国际条约之间有如此多的龃龉。这些问题部分是程序所致——条约要在美国参议院获得批准，需要得到2/3的多数票，而且按照宪法，条约在法律上的地位低于美国国内法。但是，它也反映了美国人怀疑在这样一个单极世界里，是否有必要因条约而使自己陷入缠结不清。

　　这种怀疑论在小布什之前已经存在。批评小布什的人常常忘记了，1997年，美国参议院一致投票拒绝了《京都议定书》，而比尔·克林顿接下来没有采取任何措施使美国回到有关全球气候变暖的条约中来。然而，小布什的单边主义还是显得特别咄咄逼人。《京都议定书》被小布什弃如敝屣，对克林顿一声假惺惺的道歉都没有。该条约只是被小布什错误地宣布就要"死亡了"。白宫拼命地反对国际刑事法院（International Criminal Court），拒绝《禁止生物武器公约》（*Biological Weapons Convention*）的部分内容，拒绝支持《全面禁止核试验条约》（*Comprehensive Nuclear-Test-Ban Treaty*）和《渥太华禁雷公约》（*Ottawa Landmine Treaty*）。为了建立自己的国家导弹防御体系，美国迫不及待地撕碎了《反弹道导弹条约》，并在同意加入一项正式公约之前，试图劝说弗拉基米尔·普京接受一项核武器的"君子协议"。[10]

　　反恐战争进一步夸大了美国例外论。美国在9月11日受到攻击，欧洲却没有。美国卷进了一场"反恐战"之中。尽管许多欧洲人援引北约的第5条（确认北约的某一国受到进攻即是对北约全体成员的进攻），但是他们还拿不准"战争"是否只不过是一个比喻。美国人把这场冲突看作是善与恶的冲突，许多欧洲人则反对这一"简单化"的用语。有位法国专家抱怨道:"我们正经历再生者之间的战斗,布什是再生的基督徒,本·拉登是再生的穆斯林。"[11] 在伊拉克问题上的争吵显示,反恐战争将美国推向了先发制人的政策,而不是盟友更喜欢的遏制和威慑信条。即使小布什或继任者拒绝了新保守派的道德帝国主义观点(本书第八章已有论及),美国显然还是要做一个不会受到挑战的霸主——一个舒舒服服但权力大于任何大国的霸主。甚至连伟大的"自由派"反战候选人霍华德·迪安都自夸"无论何时何地"都愿意"派遣军队",并抱怨小布什对沙特阿拉伯人过于谨慎。[12]

美国的外交政策是如此例外,并且这种例外可能因三个根本原因而继续存在:权力、人口和爱国主义。就权力而言,美国是当今唯一能够在全球投放兵力的国家。法国人和新保守派都感知到,"超级大国"这个词不足以概括美国当今的支配地位。巅峰之时的英国可能像紧随其后的两个国家力量之和一样强大,而今天美国的力量则是其后20个国家的力量之和。美国的军费开支占世界军费开支总和的40%,而且还在上升。欧盟军事装备的总开支只及美国的一半,而军事装备的研发经费则只及美国的1/4。[13]

曾经有一阵子,克林顿及其亲信为欧洲人的一种恐惧所慑,即认为美国的支配程度是有问题的。他们并不反对欧洲和联合国企图将巨人捆住,但这一战略马上就被扰乱了。美国发现,欧洲的多边主义应对不了巴尔干问题。欧盟在未来可能会有一项共同的外交政策或者一些共同的外交政策内容,但至少此刻不存在。人们看到的是法、德、英三国由于各自的深刻分歧,而无法在伊拉克问题上达成共同的外交政策,甚至在以色列问题上也是如此。在这个问题上三国无法将它们的主要协定转化成一种协调的战略。某一天,中国将成为美国的对手,但此刻中国的全部官方军费预算还不及美国的年度增加额度。

军事力量并不是一切。随着重建伊拉克的努力,美国重新意识到盟国和"软实力"的重要性。(有位欧洲的外交部部长评述道:"即使美国是最大的锤子,也并非每个问题都是钉子。")但是,美国卓绝的硬实力意味着,美国将不可避免地被迫去处理那些失败国家(尤其是那些与恐怖网络连接在一起的失败国家);这种硬实力意味着,美国将不可避免地成为棘手冲突或最糟糕的人道主义危机的仲裁者;这种硬实力意味着,美国考虑的问题不可避免地与别的国家不同。正如罗伯特·卡根在其著作《天堂与权力:世界新秩序中的美国与欧洲》(*Of Paradise and Power: America and Europe in the New World Order*）一书中所指出的那样，小国总是寻求规则的保护，而大国则总是担心受到规则的束缚。18 世纪，恰恰是美国要求将国际法应用于公海，而"海上霸主"英国海军则反对这样做。[14] 在可见的将来，美国将是世界警察，而警察的显著特点，就是不会有一种自由主义的世界观。美国人寻求军事手段解决问题的倾向比欧洲人要强烈得多。55% 的美国人"非常同意"，为了得到正义，战争有时候是必要的。这一数字在欧洲只有 18%。[15]

美国将保持例外的第二个原因是人口统计学。18 世纪 80 年代，本杰明·富兰克林（Benjamin Franklin）注意到，"土生土长的那一代美国居民人数在迅猛增加，并且随着外国人的加入而更为迅猛"。今天，这种说法依然正确。美国大概是唯一一个年轻人口不断增长的发达国家。最近的人口普查显示，进入美国的移民比大多数人想象的要增长得更快，并且美国的出生率也在令人吃惊地增长。按照目前的趋势，美国人口在未来的 25 年里，将从 2.8 亿增加到 3.5 亿至 4 亿；到 2050 年，其人口将增至 4 亿到 5.5 亿。西欧人口似乎在稳步下降，有些地方甚至急剧下降。在爱沙尼亚，总理甚至被迫请求该国的男性更经常地进行性生活。这种不平衡对外交政策有巨大的影响。美国注定会更集中关注向其输入移民的国家——墨西哥和其他拉美国家，而不是老欧洲。美国的年龄中位数在接下来的 50 年里将维持在大约 35 岁，约等于世界的年龄中位数，因此注定要比欧洲和日本"年轻"，欧日两地的年龄中位数将分别从 38 岁升高到 53 岁和从 41 岁升高到 53 岁。[16] 欧洲人和日本人将不得不把更多资源用于老年人，他们也将发现，其文化将被那些墨守成规、怯于冒险的人所支配。

美国注定不同于欧洲（虽然与日本和中国并没有什么不同）的最后一个原因是民族主义。欧洲人已经开始了一项在一个欧洲超级国家里解决民族认同问题的实验。由于在过去数百年里，民族主义战争曾反复将欧洲摧毁，因此这种做法是可以理解的。美国的民族认同没有这样的不安之处。事实上，美国与欧盟间的许多难题源于美国人认为欧盟只不过是一个经济体而已。就华盛顿而言，布鲁塞尔只是一个讨论贸易而非外交政策的场所。美国人不理解，为什么欧盟不像美国"接纳"墨西哥进入《北美自由贸易协定》一样，接纳土耳其进入欧盟。

美国的爱国主义非常深沉。没有哪个发达国家像它那样如此强制性地展示国旗，如此频繁地咏唱国歌。这不仅仅是对自己国家感到非常自豪（虽然 80% 的美国人对美国感到自豪，其比例远高于欧洲），[17] 3/5 的美国人认为，自己的文化要优于其他文化，而持此观点的法国人、英国人和德国人则分别只有1/3、1/4、1/4。[18] 贝尔纳-亨利·利维（Bernard-Henri Lévy）是法国著名的知识分子，他自豪地认为，他的国人说"我不再是法国人，而是法国出生的欧洲人"的人数在不断增加。[19] 如果一个美国人放弃自己的国籍，那他可能连回国都困难。

煽动这种爱国主义是右派的特点之一。"9·11"事件发生以来，小布什行政当局的成员上电视的时候从来不会忘记在翻领上别上一枚美国国旗别针。但是即使民主党重掌白宫，我们也不应指望美国会着手签署条约并放弃主权。你可以议论美国例外论的程度，但是在可见的将来，美国的世界观将与他人有很大的不同。

公正的惩罚

在外交上，有时候很难将政策直接描述为右派的或左派的，而在犯罪和犯罪惩罚方面则不存在这样的问题。由于遵循的是保守主义的法治议程，仅仅在过去30年里，美国被判入狱的人数就增加了3倍。美国现在每10万人中就有700人遭到严密监禁，是欧洲判刑最严厉的国家英国的5倍。每20个美国人中就有1人进过监狱，每8个美国人中就有1人被宣判过重罪。在一些群体中，上述平均数还要高得多。几乎每5个美国黑人中就有1人蹲过监狱，每3个美国黑人中就有1人被宣判过重罪。按照目前的监禁率，2001年出生的美国男性，每10人中就有1人在一生中要进一次监狱。[20]

高关押率部分与高犯罪率有关，但也反映了右派下决心增加强制性判决数，尤其是对贩毒罪的判决数。在20世纪的大部分时间里，美国的关押率大致与欧洲相当，大约每10万人中有100人。然而，自从20世纪80年代以来，保守派成功地奋力争取到限制任意决定权的法律——既限制"自由派"法官任意决定罪罚相符的权力，又限制"自由派"假释委员会任意决定何时释放囚犯的决定权。1986年以后的10年里，联邦监狱中的刑期由平均39个月上升到54个月，并且由于受到像加利福尼亚州"三振出局法案"（three strikes and you're out）*监狱数量急剧增加的推动，刑期似乎还要继续上升。1997年，私营监狱营运商美国感化公司（the Corrections Corporation of

---

* 克林顿总统于1994年签署的加利福尼亚州《暴力犯罪控制与执法法案》（*The Violent Crime Control and Law Enforcement Act of 1994*）规定，一位触犯联邦暴力犯罪的被告，如果先前曾触犯两项10年以上的暴力犯罪，或者同时触犯暴力与毒品犯罪，则必受到终身监禁的惩罚。此即俗称的"三振出局法案"。——译者注

America）宣布，该公司正在加利福尼亚州建造3座纯投机性的监狱，公司发言人解释道："如果监狱选对了地方，囚犯自然就会来。"[21]

与此同时，"反毒战"既可以作为扩大警力的借口，也可以作为使用警力的借口。在欧洲，还很少听说警察使用武器。在加利福尼亚州的弗雷斯诺（Fresno），特种战争装甲运输车队配有夜视镜和两架直升机，每星期巡街7次。印第安纳州的布恩县（Boone County）配有一辆两栖装甲运兵车。最近的两个会计年度里，美国国防部向地方特种战争装甲运输车队发放的武器装备超过了100万件，其中包括73件枪榴弹发射器。[22]

美国司法体系最引人注目的特点是其缺少宽容的本质。全世界各地的监狱都是恐怖的，但是在第一世界中，美国是做出最少努力来使囚犯恢复正常生活的国家。在整个20世纪90年代，随着保守派立法者修建更多更大的监狱，他们有意减少了那些伤感无聊的"欧洲式"项目，如戒毒项目。他们也剥夺了"自由派"假释委员会的权力。强制性判决意味着，囚犯没有义务证明自己已为狱外生活做好了准备。监狱外的狱后治疗体系更加脆弱，许多有前科者只得到了一张单程车票，犯重罪者被禁止进入许多工作岗位。而在有的案件中，他们还被判得不到房屋福利，并且他们之中有接近500万人无权投票。这样，在10个州里，就有超过20%的适龄黑人男性被禁止投票。今年大约将有60万囚犯被释出狱，数量多于华盛顿哥伦比亚特区的人口。这些人中有2/3将在3年内再次被捕。[23]

右派用两个常识为自己处理犯罪的方法辩护：第一，这种方法管用；第二，这种方法受欢迎。即使被释放的囚犯使得犯罪率回升了一点，过去10年里，美国的犯罪率也已经降低了。按照某些衡量指标，纽约比伦敦要更加安全（尽管其中没有考虑谋杀的指标）。自由派犯罪学家可能会认为，犯罪率下降更多是与人口趋势和治安整顿有关，而非与重刑有关。但是有多少民主党政客愿意为较轻的刑罚做辩护并拨出更多的钱使囚犯恢复正常生活呢？这鼓舞了右派在第二个基础上的自满情绪——美国人喜欢他们处理犯罪的严厉政策。所有保守派都钟情"劳拉·诺德"（Laura Norder）*，这个老玩笑听起来还真没错。法律和秩序是一台可靠的选票吸收机。本书中见到的共和党最古老的伎俩就是暗示民主党在治理犯罪方面偏软，这就是为什么民主党如此愿

---

* Laura Norder这个名字易被美国南方人读成"law and order"，即"法律与秩序"。——译者注

意采纳死刑的原因之一。

美国缺乏宽容的态度甚至触及那些按欧洲标准来看并未犯罪的人。美国人远比欧洲人挑剔，不仅是对毒品，对酒精问题也是如此。大多数欧洲国家把酒精饮料看作是文明生活的正常组成部分——父母亲用餐时会向青少年孩子介绍葡萄酒。然而清教主义在美国存活了下来。20世纪80年代，美国大多数州将饮酒年龄从18岁提高到21岁，这差点使总统的一个女儿成了牺牲品。19岁的詹纳·布什（Jenna Bush）在她父亲担任总统的第一个夏季，仅一个月就在得克萨斯州两度被指控企图购买酒精饮料，在该州如果3次违犯就将强制被判入狱。科罗拉多州一个郊区学校的校长，由于在法国一顿3小时的餐宴上允许初中生尝了"微量的"葡萄酒而被停职。学校发言人说："他们可能已经喝下了酒精饮料。"

在欧洲人看来，有时候美国人似乎决心要通过判定为非法、宣布为反常、管制或立法手段，禁止一切的冒险行为。没有哪个国家像美国那样处罚烟民（或者说，实际上是处罚烟草公司），没有哪个国家像美国那样制定如此多的规则来维护人类生活的秩序。现在，美国大多数学区对不当行为采取零宽容政策。5岁大的孩子就会被学校开除，理由是他们携带咳嗽滴剂、穿戴配有纸剑和假长钉的万圣节服装，或者玩橡皮圈或玩具枪。一个5岁的孩子因为将在公交车站捡到的刀片带到学校而被开除，一个6岁的孩子因为亲吻同班同学而被学校除名。[24]

无处求助

另外一个大的差别是人们对国家的期许。简言之，美国人格外喜欢限制国家的规模及国家行为的范围。政府开支大约占国内生产总值的30%，远低于英国的39%和斯堪的纳维亚国家50%的水平。如果你还记得美国的军费开支远远高于其他国家——2002年美国的人均军费开支是1 138美元，英国则为590美元（大多数其他欧洲国家比这低得多）——那么美国政府开支所占国内生产总值的比例似乎比这还要低得多。[25]

在许多欧洲国家里，对于是否可以提高税收水平以换取更优质服务这一问题，存在着激烈的辩论。2001年，有大约62%的英国人告诉民意调查者，他们认为是可以的。在美国，只有1%的人认为税收太低。[26] 美国政治生活中最熟悉的咒语之一，即钱是人民的钱，而不是政府的钱。如果不把这些钱作为减税款拿回来，就会在华盛顿白白浪费掉。小布什常向下属员工提起自己在艾奥瓦州的竞选路途中遇见的一位妇女，她对他说："我知道，如果盘子里留有饼干，就会被人吃掉。"[27] 2002 年，预算盈余没有了，而人们对美国历史上最大的减税计划依然记忆犹新，这时如果通过实行更多的减税来参加竞选，或许会被认为是鲁莽之举。然而那恰恰是小布什在中期选举中的作为，而且共和党漂亮地赢得了选举。2003 年 1 月，当小布什公布一项 6 700 亿美元的减税计划时，米尔顿·弗里德曼认为，仅从它将使政府的规模缩小这一点而言，这项减税是合理的。他说："缩小政府规模的唯一途径，是让父母控制孩子的挥霍，减少他们的零花钱。"[28]

对于许多美国人，尤其是保守派来说，他们有一个要使政府保持小规模的根本原则，即权力归于个人而非国家。在世界上许多国家，"权力下放"只是一个政治词语，而在美国，权力由中央下放的思想却是一种矛盾。权力首先归于个人，其次是地方团体，然后是各州，最后才是联邦政府。美国人甚至对把权力交给他们选出来的代表都感到紧张不安。除瑞士外，美国是发达国家中唯一一个复决权（referenda）普遍存在的国家。

公民投票创制权（Ballot Initiative）是右派最强有力的武器。像《13 号提案》这样的减税措施，在右派的图解中所起的作用就像大罢工曾经在社会主义运动的图解中所起的作用一样。大量的此类提案被用来减少政治家的权力，或限制任期，或限制开支。美国最大最富裕的州是加利福尼亚州，州长只掌握该州大约 1/5 的资金额度，当然，州长还会被公民随心所欲地罢免。

在利用国家来战胜贫穷方面，欧洲人比美国人要热心得多，而在区分出值得帮助的穷人方面，欧洲人则远比美国人缺乏这种倾向。皮尤研究中心的调查表明，分别有 74% 的俄罗斯人、71% 的意大利人、62% 的法国人和 62% 的英国人认为，相对于政府让个人自由追求目标，政府保证每个人都免于危难更重要。34% 的美国人赞成社会安全网的建立优先于个人自由——这一比例只相当于那些政府长期腐败和缺乏竞争传统的国家，如委内瑞拉、洪都拉斯、危地马拉、加纳、尼日利亚和巴基斯坦。只有 29% 的美国人同意，政府有责任帮助穷人（而在英国这一比例是它的两倍）。[29] 美国人担心，国家福利会奖励人们的自毁行为，并减少他们重新自主的动力。当比尔·克林顿的福利改革进一步减少发放本就相对悭吝的津贴给单身妈妈的时候，共和党参议员菲尔·格拉姆评论道，4 000 万一直在搭便车的人现在该"下车帮我们一道推车了"[30]。

另一个能够生动地说明美国对福利国家充满敌意的例子是医疗保险。欧洲人经常诬称美国，说它是一个任由没钱的穷人在医院过道里自生自灭的国家。事实上，美国拥有一个公共医疗补助体系，正好是用来应对上述紧急情况的。即便这样，美国依然是富国中唯一一个没有公共医疗服务或免费儿童抚养系统的国家，大约4 400万美国人没有医疗保险。10年前，克林顿夫妇曾试图将这部分人纳入医疗保险的范围内，从而使美国更像欧洲一些。但正如我们所看到的那样，共和党人设法妖魔化这一计划，说它是一个要使1/7的经济国有化的半社会主义阴谋。而"希拉里保险计划"也从未起步过。大多数美国人喜欢美国的私人保险体系，为了保留这一体系，他们愿意容忍昂贵的医疗保险和数以百万计无医疗保险者的存在。

坚持这一原则的成本很高。2000年世界卫生组织的调查将美国置于健康开销首位的国家（每人每年3 700美元），但美国的健康服务却只排在第37位。美国10%的最富有者是世界上最健康的人，中间的一大块得到的是"中等治疗"，而最穷的5%～10%的人口则极其悲惨。结果是，在最富裕的国家中，美国人的平均寿命远低于日本、加拿大和所有西欧人，还不及希腊人，而美国男性的平均寿命甚至不及波多黎各人。尽管如此，人们谈论的不是进行根本的改革，而只是进行小修小补，如2003年对老年人进行处方药的补贴。

资本主义和不平等的魔力

美国人通常对政府怀有敌意，他们也通常对资本主义满怀热情。欧洲社会尽管在过去25年里缩小了国家对经济干预的范围,但还是将"创造性破坏"理念*［法国人所称的野蛮资本主义（le capitalisme sauvage）］看作是一种必要的弊病。这种不信任是同情怜悯、平等主义和势利行为的混合。（英国任何一个百万富翁在贸易中发了财，要做的第一件事就是买一处乡下地产冒充农夫。）欧洲政治家已尝试对资本主义进行束缚，并使之文明化，其实施的手段包括：强行规定高的最低工资；使解雇员工变得困难；使企业关心环境；让破产成为一个痛苦的过程；迫使公司不仅对所有的利

---

* 奥地利经济学家熊彼得1942年提出"创造性破坏"的理念，即将原始生产要素重新排列组合为新的生产方式，以求提高效率、降低成本的经济过程。——译者注

益攸关者负责，而且对所有的股东负责。

美国政府也做了大部分这样的事情，但程度远远比欧洲要低。自由市场中的商人可能会抱怨公司收入被规则卡死（按照弗里德曼的说法是10%），或者抱怨侵扰性规则，如加利福尼亚州的空气质量动议或《美国残疾人法案》（*Americans with Disabilities Act*）。但是在着手进行企业的基本业务如聘用、解雇、投资、借贷甚至破产时，美国比任何其他大的发达国家都要容易得多；而由于美国公司基本上只对股东负责，因此一系列的责任要清晰得多。这源于对资本主义的特别忠诚。放眼书店里大本大本摆满书架的书，都是在教人们如何经办企业或鼓励孩子们摆摊卖柠檬汽水。除了在美国，还有哪里的说唱歌手会制作一张《要钱不要命?》（*Get Rich or Die Trying*？）*的唱片？[31] 美国人只有在相当可怕的情况下，才会寻求对企业进行控制，典型的情况就是股市崩盘，而出台法律的目的则是强化股东资本主义。西奥多·罗斯福20世纪初以反对"巨富中的犯罪分子"为目标的竞选，结果促使《反托拉斯法》出台；20世纪30年代富兰克林·罗斯福的"新政"，则建立了美国证券交易委员会；安然公司丑闻后的喧闹催生了会计巡查的《萨班斯-奥克斯利法》。

没有什么能比容忍不平等的存在更好地代表美国的特质。过去30年间，美国的不平等异乎寻常地增加了，在许多方面，这种不平等回到了"镀金时代"的世界。人口调查局的数据清楚地显示，全国收入增加的份额落到了20%的家庭中。但是，保罗·克鲁格曼指出，在精英群体内部，5%顶尖的人做得比其余15%的人更好，1%最顶尖的人做得比顶尖者中其余4%的人更好。[32] 这种说法可能有意弱化了不平等的加剧。例如，在1970年，0.01%的最富有的纳税人，收入占全国收入的0.7%。但是，在1998年，0.01%的最富有的纳税人，收入在全国收入中所占的比例超过了3%。那意味着，最富有的1.3万个家庭的收入几乎等于2 000万个最贫穷家庭的总收入。1980年，美国首席执行官的平均薪资是工人平均工资的40倍，今天这一比例扩大到了超过400倍。如果按照资产而非收入来看，差距还会更大。1%的最富有家庭控制了美国38%的财富，是底层80%家庭总数的两倍之多。[33]

按照多数衡量指标，美国是发达国家中最不平等的一个国家，这并不令人感到吃

---

* 说唱歌手50 Cent的歌。——译者注

惊。经济政策研究所（Economic Policy Institute）的一项研究发现，在美国，10%的最贫穷者与10%的最富裕者之间的差距比其他国家都大。事实上，这一差距是一些北欧国家的两倍多。[34] 有趣的是，按此测算，美国表现得如此不平等的原因并不是因为其10%的最贫穷者穷得如何糟糕（事实上，按照购买力平价指数，他们还略高于英国和澳大利亚的同类群体），而是因为美国10%的最富裕者有远远高得多的中间收入。

这解释了为什么不平等的急剧上升几乎并未带来民粹主义的反弹。2000年，当阿尔·戈尔代表"人民反抗有权有势者"进行竞选的时候，有理由认为这样做弊大于利。2002年，美国人对他们公司老板的无节制行为（例如，美国泰科公司的老总花了公司2 000美元为自己订购一块浴帘）怒火中烧，当然也抨击那些不干事却大拿工资的人，却从未在内心深处对巨大的收入差距产生厌恶，而这在欧洲很可能发生。美国人大多将成功与美德，而非运气、出生或犯罪行为连在一起。一方面，美国人赞赏成功。泰德·特纳（Ted Turner）的名言是，"金钱是我们对生活评分的标准"。20世纪90年代，可口可乐公司的前首席执行官罗伯特·戈伊苏埃塔（Robert Goizueta）试图为自己8 000万美元的年薪辩护时被打断了4次——是被掌声打断了4次。另一方面，美国人对生活中的机会感到极度乐观。2000年的一份民意调查发现，高达19%的人认为，他们属于美国1%的最富裕者；另有20%的人认为，他们将在未来的某个人生阶段成为10%的最富裕者。这是一个幻想，但并不十分虚幻。美国的社会流动性高于其他国家，在美国20%的最贫穷者中，50%～80%的人在10年内能够跳出那一渊薮。[35]

小布什2003年进行的减税在其他大多数国家是难以置信的。根据"纳税正义联盟"（Citizens for Tax Justice）的分析，这一减税计划的主要内容是建议取消对个人红利征税。而这一减税计划中的50%，将流入美国1%的最富裕纳税人的腰包，另外2%则将流入美国其余5%的最富裕纳税人的腰包。小布什谈到，美国人从减税计划中平均可以得到1 083美元，但这一平均数是由比尔·盖茨这样的人拉动的。中等收入的纳税人只能获益数百美元而已，而那20%的最贫穷者连一个子儿都拿不到。小布什自己将从中获益4.45万美元，迪克·切尼获益超过32.7万美元（这笔收益超过了98%的美国家庭的税前收入）。[36] 当人们进行抗议时，小布什有力地指出，"阶级福利"不是美国的道路。国会则对他的大多数要求有求必应。

堕胎和宗教狂热

　　每年1月，数万名反堕胎的抗议者手持恐怖的海报来到华盛顿哥伦比亚特区，举行最高法院对"罗伊诉韦德"案裁决周年庆活动。这项1973年的裁决实际上使堕胎成为一项宪法上的权利。自那时以来，大约有75个国家放宽了对堕胎法律的限制，在其他大部分地区，那样的裁决已足以平息争论了。而在美国，争论显然没有平息。反对者定期在电视上将这种做法比作是大屠杀或奴隶制，极端的反堕胎者一度炸毁诊所、枪杀为妇女堕胎的医生。更多的时候，战斗是政治性的。例如，2003年，国会投票禁止成形胎儿流产，保守的州立法机关通过了防止未成年人未经父母同意进行堕胎的法律。这种战斗从堕胎领域延伸到了法官任命、学校教育、干细胞研究，甚至那些模糊不清的法律诉讼之中。由于佛罗里达和路易斯安那允许销售"选择生命"（choose life）而禁止销售"支持堕胎权"（pro-choice）的牌照，生殖法和政策中心（Center for reproductive law and policy）对这两个州提起了诉讼。

　　为什么美国的堕胎问题比其他已经使之合法化的国家引发更多的争议？毕竟，大多数美国人在堕胎问题上与多数加拿大或英国人的观点大致相似。虽然他们不喜欢这种做法，并且在成形胎儿流产问题上退缩不前，但是他们不希望人们被迫偷偷摸摸地做这种事情。比尔·克林顿说他要使堕胎保持"安全、合法、少见"，这番话完美地表达了人们的态度。[37] 事实上，正是部分地出于这一原因，包括小布什在内的共和党总统在过于强硬地推动这一议题时才显得惴惴不安。

　　然而，相似性也仅仅到此为止。在美国要求禁止堕胎的人虽是少数，但是也比其他国家的人更多，组织得也更好。堕胎也包括了自由派美国与保守派美国之间的战争、个人权利与美国传统价值观之间的战争、美国的法院与福音派基督教教会之间的战争。比尔·克里斯托尔以一种典型辩论的语言说道："今天，堕胎问题是美国政治血腥的十字路口，是一个由司法解放（从宪法中）、性别解放（从传统道德观念中）和妇女解放（从自然差别中）汇聚在一起的十字路口，是一个自由主义同时攻击自主权、伦理道德和自然天性的聚焦点。"[38]

　　这或许是极端的无稽之谈。但是保守派把"罗伊诉韦德案"作为自由派必胜信念的例证，是有一定道理的。欧洲国家通过立法，偶尔也通过全民公决，来使堕胎自由化。这使得立法获得了多数人的支持，取得了合法性，并且使各国可以用各种条件来限制堕胎的实施。在美国，最高法院——或者如保守派所说，是5名没有经过选举的、具有自由主义思想的法官——裁决认为，生育权包含在隐私权这一根本权利之中，就像言论自由和宗教自由一样，是受到宪法保证的，他们允许最晚在怀孕至26周时进行堕胎。退一步说，由于堕胎权并不像言论自由一样，以一种明显的方式铭记于宪法之中，因此这样做是具有挑衅性的。而自那时以来，右派就一直在设法改变最高法院的法官构成。通过立法途径解决问题，欧洲人设法使堕胎问题的争论中立化；美国则依靠最高法院的小锤子，使堕胎问题的争论制度化了。

堕胎问题说明了美国的三个特点。第一个特点又是宗教狂热。在美国，95%的人信奉上帝，而英国、法国和瑞典的比例则分别为72%、62%和52%。超过75%的美国人属于某个教会，40%的美国人每周上一次教堂，10%的美国人每周上数次教堂，25%的美国人拥有5本或5本以上的《圣经》。[39] 皮尤研究中心全球观点项目（the Pew Global Attitudes Project）显示，60%的美国人认为宗教在他们的生活中起到"非常重要的"作用。这一比例大约是自称有宗教信仰的加拿大人的两倍，而与日本和欧洲人相比则更高。如果要找到可比较的数字，可能要到发展中国家才行。美国人所说的"非常重要的"，意思是说他们中39%的人把自己描述为再生的基督徒。[40] 没有哪个地方的福音派新教徒像在美国那样，占有如此大的比重：在美国，与1987年的不到1/4相比，他们现在占选民人数的1/3。欧洲的教会正试图紧紧抓住它们能够召集的几个郊区选民而已，而美国的教会却似乎处于一种几乎永远欣欣向荣的状态之中。表现最佳的教会是那些坚持热心献身于基督的教会，而非那些与之竞争的更温和的教会。

美国极端主义者的一个焦点是"被提"（the Rapture），人们相信那是真正的基督徒将被带到天堂的一刻。这是基于《新约》中的一个段落："那在基督里死了的人必先复活，以后我们这活着还存留的人必和他们一同被提到云里，在空中与主相遇。"[41] 极端主义者不认为这是一个象征，而是视之为即刻发生的事实。在佛罗里达州，你可以看到汽车保险杠上的招贴广告写道："被提"来临的时刻，汽车会自动驾驶。在南得克萨斯州的有些地方似乎只有两种电台：西班牙语电台和播放福音派基督徒关于被提的电台。《末世迷踪》这一研究被提之后的世界的丛书，从1995年首度出版以来，已经卖出了5 500万册。

欧洲人把美国人描述为《圣经》狂热者，他们对这些事实加以斥责。欧洲人喜欢把自己看作是启蒙运动的理性继承人：对于一个相信童女生子的人数是相信进化论者的3倍的国家，他们怎能应对呢？[42] 同样，分歧也解释了为什么许多美国人会轻蔑地将其看作是欧洲邪恶的世俗主义。以下是一位美国保守派对欧洲的描述：

> 欧洲人是唯物主义的。由于欧盟是由被贸易和金钱所迷恋住的官僚来设计的，因此它在战略议题上姿态很低。欧洲人比我们更在意肉欲，他们以欢愉做交易［由夜间付费电视或《凯瑟琳·M的性生活》（*The Sexual Life of Catherine M*）这样的畅销书，即可做出此种判断］。在许多美国人看来，在一个如此多的人不喜欢要孩子（欧盟的生育率为每个妇女平均1.47个孩子）的地方，是很难有家庭传统的。当只有不到20%的人上教堂的时候，那个地方是很难有宗教价值观的。[43]

美国的第二个特点是非常喜欢争论原则问题，尤以对堕胎问题的辩论为典型。欧洲人按部就班地将道德问题转变成技术问题，然后交给技术官僚精英去处理。由于立宪传统、法律文化或许还有它的清教遗产，美国拥有各种各样极端主义者，既有世俗的，也有宗教的。在欧洲，堕胎是按照医疗而非道德方式来进行的。与此很相似的是干细胞问题。对于美国人来说，堕胎似乎绝不可能仅仅是个健康问题，它是一个两种绝对的对立物之间的冲突——选择权与生命权之间的对立。

美国的第三个特点是右派本身的特殊作用。民主党人在利用"罗伊诉韦德案"来动员其支持大军的时候并未懈怠过。但是由于价值观在美国政治中胜过阶级问题，保守派首先在南方将堕胎问题变成一个重大问题。堕胎并不是第一个重新界定现代政治文化的问题——那一荣誉要归于民权运动。但是它肯定是最有影响力的问题之一。1972年，共和党给乔治·麦戈文起了个"三A"［特赦、迷幻药和堕胎（amnesty, acid and abortion)］候选人的绰号。自那时以来，他们就一直利用这个问题汇聚南方的福音派基督徒和北方的天主教徒。共和党里依然有赞成选择权的人，如科林·鲍威尔和阿诺德·施瓦辛格，但他们都是逆潮流而动的人。大约88%的州一级共和党政纲反对堕胎，没有一个州的共和党政纲支持堕胎。2000年的大选中，认为堕胎为非法的人当中，74%投票支持小布什；而认为堕胎可以随时进行的人当中，则有70%投票支持戈尔。在堕胎问题上，美国总是比其他国家显得紧张不安，但是右派肯定要卖力使这一问题升温。在对待堕胎问题的态度上，美国没有机会变成"欧洲式"。

价值观和右派

堕胎问题是美国例外论症结的范例，因为它显示了两个主要元素之间的相互补充：一套与众不同的价值和一场不同寻常的保守主义强大运动，这一运动滋养、增强并利用了这些价值。对这些价值观和这场运动都要稍微再做进一步的解释。

考察美国的价值观时，马上就会碰到一个明显的矛盾现象。美国人既比欧洲大陆的人更加个人主义，又比他们更加传统。美国的个人主义远比仅仅是蔑视社会安全网要深厚得多。美国人也更愿意相信自己的能力。在皮尤研究中心的调查中，有65%的美国人不赞成"人生的成功很大一部分取决于人们自身不能控制的外力"的看法。在欧洲，除英国、捷克和斯洛伐克以外的所有国家，多数人接受了这一令人沮丧的观点，而即使在上述三国中，也有一半的人持这种观点。今天，相信成功取决于人们自身不能控制的外力的人数百分比，从1988年的41%下降到了32%；相反，德国持此种看法的人数却从1991年的59%上升到了今天的61%。

然而，如果说美国人是自利的个人主义者，那么他们同样也是上教堂的爱国者。密歇根大学一项覆盖78个国家的定期调查最好地表明了这一点。这项调查由两场广泛的计划组成。一场测试中所问的问题与优先考虑的事情有关。人们被问及，食品和安全之类的基本东西比起自我表现和宽容之类更缥缈的东西，哪个更重要。就像大多数富裕国家的居民一样，美国人趋向于自我表现的一端。另一场测试试图衡量传统主义（对国家、上帝和家庭的奉献）与"世俗-理性价值观"（如支持安乐死、离婚和堕胎）之间的关系。在此，美国与世界其他富裕地区分道扬镳了。结果是，美国比除爱尔兰以外的所有欧洲国家都远为传统。调查还发现，美国人最爱国——72%的美国人说他们对自己的国家非常自豪（虽然这一调查是在2001年9月之前进行的），80%的美国人认为他们对婚姻和家庭持"老式的"观点。就宗教狂热而言，美国人更接近于尼日利亚和土耳其人，而不是德国或瑞典人。有趣的是，自从1981年首度进行这项调查以来，美国人在这些方面变得更加传统了。

美国是怎样变得如此例外的呢？当然，原因之一是美国极端的保守主义运动。但是，美国为什么有这样肥沃的保守主义土壤呢？我们需要回溯一下美国经常具有的保守特点，这些特点既先于现代美国的保守主义而存在，又很可能比它存在得更久远。本书一开始的时候，我们在科罗拉多斯普林斯市遇见的青年活动分子达斯廷，把他的朋友描述为"不自知的保守主义者"。作为一个整体，美国也可以作如是观。

注释

[1] Daniel Yergin and Joseph Stanislaw, *The Commanding Heights: The Battle Between Government and the Marketplace That Is Remaking the Moden World* (New York: Simon & Schuster, 1998), p.300.

[2] 捷克电视台的采访，采访记录于2002年11月19日发表，参见www.whitehouse.gov。

[3] "Views of a Changing World 2003: War with Iraq Further Divides Global Publics," *The Pew Research Center for the People and the Press*, June 3, 2003.

[4] Ibid., p.29.

[5] *Transatlantic Trends 2003: A Project of the German Marshall Fund of the United States and the Compagnia di San Paulo*, pp.4–5.

[6] Andrew Gimson, "A Sad Case of Schadenfreude," *The Spectator*, September 13, 2003.

[7] 采访泰德·克普尔（Ted Koppel），美国广播公司新闻夜线节目，1998年2月18日。

[8] Clyde Prestowitz, *Rogue Nation* (New York: Basic Books, 2003), p.212.

[9] 小布什2002年4月18日的演讲。

[10] Philip Gordon, "Bridging the Atlantic Divide," *Foreign Affairs*, January/February 2003, p.77.

[11] 巴黎国际研究中心（the Center for International Studies and Research）的皮埃尔·哈斯纳尔（Pierre Hassner），引自J. F. O. McAllister, "Made at America," *Time*, January 20, 2003, p.23。

[12] Dean Rally in Falls Church, Virginia, August 23, 2003.

[13] "Will a Quartet of Euro-Enthusiasts Undermine NATO？" *Economist*, May 3, 2003.

[14] Robert Kagan, "Power and Weakness," *Policy Review*, June/July 2002.

[15] Transatlantic Trends 2003, p.14.

[16] "A Tale of Two Bellies," *Economist*, August 24, 2002.

[17] Allensbach Opinion Research Institute, 2002, 引自John Parker, "Survey of America," *Economist*, November 8, 2003。

[18] "Views of a Changing World 2003."

[19] Bernard-Henri Lévy, "A Passage to Europe," *Time*, August 10, 2003.

[20] 参见http://www.ojp.usdoj.gov/bjs/abstract/piuspol.htm。

[21] James A. Morone, *Hellfire Nation: The Politics of Sin in American History* (New Haven: Yale University Press, 2003), p.460.

[22] Ibid., p.461.

[23] "A Stigma that Never Fades," *Economist*, August 10, 2002.

[24] "Jesse Jackson's Wrong Target," *Economist*, November 25, 1999.

[25] "The Military Balance 2003—2004," *International Institute for Strategic Studies*, 2003.

[26] 两个数字都是引自 "Tale of Two Legacies," *Economist*, Christmas Special, December 21, 2002。

[27] David Frum, *The Right Man: The Surprise Presidency of George W. Bush* (New York: Random House, 2003), p.33.

[28] Milton Friedman, "Tax Cuts = Smaller Government," *Wall Street Journal Europe*, January 20, 2003, p.A12.

[29] "Views of a Changing World 2003."

[30] Jason De Parle, "As Rules on Welfare Tighten, Its Recipients Gain in Stature," *New York Times*, September 11, 1999.

[31] 这位有争议的艺人是（黑人说唱歌手）"50美分"（50 Cent）。

[32] Paul Krugman, "For Richer," *New York Times*, October 20, 2002.

[33] "Do You Like Your Class War Shaken or Stirred, Sir？" *Economist*, September 4, 2003.

[34] Ibid.

[35] Ibid.

[36] Hendrik Hertzberg, "Dividends," Talk of the Town, *New Yorker*, January 20, 2003, pp. 29–30.

[37] Cynthia Tucker, "Making Abortion Safe, Legal and Rare," *San Francisco Chronicle*, January 22, 1993.

[38] Bill Kristol, "On the Future of Conservatism," *Commentary*, February 1997.

[39] Morone, *Hellfire Nation*, pp.22–23.

[40] John Parker, "Survey of America," *Economist*, November 8, 2003, p.11.

[41] I Thessalonians 4: 16–17.

[42] Parker, "Survey of America," p.11.

[43] Christopher Caldwell, "No, Europe Needs to Get Real," *Time*, January 20, 2003.

第十三章
建国伊始：美国例外论的根源

美国保守主义运动的时间相对较短，而美国例外的保守主义则要回溯到美国诞生之初。一直以来，美国就具有保守主义的天性——对国家权力的怀疑、对商业的热情以及笃信宗教。美国在历史的大部分时间里，都对自己那种与生俱来的保守主义感觉良好，以至于不需要发起一场保守主义运动来表明它的原则或使敌人烦躁不安。

美国的血液中浸透着保守主义思想，这或许会使某些人产生一种奇怪的感觉。美国难道不是由启蒙运动催生的国家吗？它难道不是世界上第一个"新的国家"吗？它不正好是一个年轻国家的样板吗？难道它不是"激进派的乌托邦和保守派的巴别塔"吗？[1] 美国深思熟虑地扫除了旧世界的君主政治、贵族统治和国家教会，并保障人民的生命权、自由权和追求幸福的权利。这个新共和国在诞生之初的几十年里站在革命的法国一边，反抗旧世界那些沆瀣一气的大国。事实上，当法国的革命者猛攻象征古代专制主义和压迫的巴士底狱的时候，法国将军拉法耶特侯爵（Marquis de Lafayette）将巴士底狱的钥匙送给了乔治·华盛顿。

毫无疑问，美国的保守主义是一种例外的保守主义——一种具有前瞻性的商业共和国保守主义，而非老欧洲反动的托利主义。即便如此，它还是属于保守主义。美国是个年轻的国家，但它也是一个正在走下坡路的年轻国家；美国是革命的产物，而这场革命也不同于法国的革命。建国伊始，美国社会中就存在一些因素——包括宗教狂热和资本主义因素，甚至还包括地理因素——能阻止任何滑向左倾的可能性。美国是世界上唯一从未有过左派政府的发达国家。

岁月虽经年，心依旧年轻

我们先从美国不再被认为是一个真正"年轻"的国家这一看法开始讨论。当然，在美国特别缺乏古城堡（châteaux）和古宫殿（schlossen）[尽管它并不缺乏更近代的类似的城堡和宫殿（McChâteaux and McSchlossen）]，但是，这几乎不能成为其年轻的实质性证明。最早的定居者来到这片土地的时候，詹姆斯一世还在王位上，而英格兰也还未变成不列颠。在查理一世被处死之前，创立于1636年的哈佛大学向伽利略提供了一个教席。在德国和意大利（被认为是老欧洲的一部分）统一前100年，《独立宣言》就已经签署了。波士顿和华盛顿的历史中心给人感觉同许多欧洲的都城一样悠久（在某种程度上说，甚至还要更悠久，因为它们在第二次世界大战中并未遭受轰炸）。在满怀羡慕的美国人心目中，许多把不列颠界定为一个古老国家的传统——如帝国的盛况和命运、查尔斯·狄更斯（Charles Dickens）的圣诞礼仪、夏洛克·福尔摩斯（Sherlock Holmes）的猎鹿帽——都是在美国的宪法成文一个世纪之后出现的。奥斯卡·王尔德（Osacr Wilde）一个世纪之前就曾一语双关地说道："美国的青春是其最古老的传统，它到今天已经历时300年了。"

美国拥有最古老的宪政制度，就这一点而言，美国有足够的理由说自己是世界上最古老的国家之一。[2] 美国是世界上最古老的共和国，拥有最古老的民主和联邦制。美国拥有世界上最古老的成文宪法（1787年），民主党有足够的理由说自己是世界上最古老的政党。1789年以来，法国历经了5个共和国，更不用说其间还有君主制、帝国、五人执政团、执政官和通敌卖国的法西斯独裁统治。英国新工党彻底修改了英国立宪政体中最古老的组成部分之一的上议院。但是美国只对它的宪政安排稍稍做了一点修补，如让选民而不再是州立法机构来选举联邦参议员。即便是废除奴隶制的宪法《第十三条修正案》，目的也是迫使美国实践其宪法中最初的理想，而不是要背离那些理想。

在今天的生活中，人们永远可以感觉到过去的存在。美国人总是根据那一群身穿及膝短裤、头戴扑粉假发的绅士的设计来做重大决定，如妇女能否堕胎或孩子是否要在学校祈祷。政治家很乐意把自己说成是杰斐逊派和汉密尔顿派，即便是网络自由意志论者——很难说他们是最关心历史的人——也把自己描述为"带笔记本电脑的杰斐逊派"。除内战后为解决所有美国人平等问题的修正案外，美国宪法与当时开国者的想法非常一致——建立一种复杂的制衡制度，以防止未来出现一个乔治三世。美国历史学家丹尼尔·J.布尔斯廷（Daniel J.Boorstin）在1953年回望历史时评述道："即便违背我们的意志，历史也使我们适合去理解保守主义的含义，我们已经成为历史连续性的榜样，成为使成就与过去连接在一起的榜样，这些成就源于使制度能够适合某一特定的时代和某个特定的地方。"[3]

确实，美国过去的历史曾被19世纪最血腥的冲突内战中断。但美国内战在许多方面却非常保守。双方都大声宣称自己是在保卫宪法。北方捍卫的是联邦制，后来捍卫作为宪法灵魂的个人平等的观点；南方捍卫的则是同一部宪法所保证的州权。美国异乎寻常地避免了欧洲常见的那一类扫除旧制度建立新制度的革命战争。

美国人紧紧抓住历史和传统不放的一个原因是他们不像德国人或日本人，不必埋葬自己的过去。他们精力充沛地庆祝阵亡将士纪念日和美国独立日，定期使有关建国之父的书籍攀上畅销书榜的榜首，建立历史协会来重现美国内战，成群结队忠贞不渝地来到那些伟大的纪念碑前。国会山上总是有很多学童，到这里来接受对美国宪法表示敬意的教育。（要是一位意大利教师如此崇敬地说到意大利的宪法，那是无法想象的。）美国最受欢迎的一档儿童电视节目是《自由之子》（Liberty's Kids），它反复向孩子们亲切讲述美国革命的英雄事迹。

但是由于美国把自己看作是一个新的国家，因此认为根本没有必要像英国和法国那样狂热地推陈出新。他们没有用气势逼人的新建筑来损毁华盛顿的旧貌，就像现代主义者感觉需要使伦敦翻新一样。欧洲的许多地方给人的印象分成两派："旧派"怀疑一切新的东西，目前在英国正快速上升的"新派"则痛恨旧世界，并且认为新奇事物本身就是优点。具有讽刺意味的是，老欧洲现正投身于创造一个新欧洲的激进实验中。《马斯特里赫特条约》（Maastricht Treaty）尚未长大成为少年，共同货币才刚走出襁褓，一部新宪法正处于辩论之中，2004年有10个新成员入盟，人们的话题是创建共同外交政策。在美国，除了一部分激进的边缘人群以外，所有人都对美国的宪政安排感到满意。

一场保守主义革命

美国这场革命有多保守？一开始，我们必须承认，那显然是一场革命。就像戈登·伍德（Gordon Wood）在他1993年的《美国革命的激进主义》（The Radicalism of *the American Revolution*）一书中表明的那样，反叛者不仅赶走了英国人，也根除了那些封建社会秩序的法律标志——长子继承权、限定继承权、贵族称号、国教，等等。他们把自己的共和国建立在两个原则基础之上：第一，人人生来平等；第二，权力最终来自"人民"的意志。

然而，革命者所做的一切都含有保守主义的潜台词。革命首先是作为殖民地的反叛开始的，而不是像他们的法国同侪那样，企图改造出一个全新的世界。[4] 革命工作是由拥有土地的乡绅而非由离群索居的知识分子或怒火中烧的农民来进行的。这些人机智稳重、事业成功，他们起初认为自己是在为英国宪法的原则而战，而不是在反对这些原则。他们沿用历史上英国政党的名字，自称为"辉格党人"，而将对手称为"托利党人"，并宣称自己是在保护旧有的英国的权利（例如陪审审理、法律上的正当程序、自由集会以及没有提议不得征税），而非为确立新的权利而战。

革命的结果是相当克制的。美国托利党人最糟糕的结局只是遭流放和被驱逐而已。在费城，并没有发生像巴黎那样的公审和死刑判决。相反，革命引发的是一股制宪的高潮。紧随1776年的《独立宣言》，每个州都草拟了自己的宪法，而且1783年的《邦联条款》将各州有限地结合到了一起。各州随后于1787年齐聚费城，起草一部在一定程度上协调中央控制与各州旧有权利之间关系的全国性宪法。美国的开国元勋在平静的旧时代里开始凝思自己要做的事情。

毫无疑问，美国革命捍卫的不仅仅是古代英国的自由。开国元勋们逐渐认识到，他们需要更具创造性，而不仅仅是捍卫现状。就像约翰·杰伊（John Jay）宣称的那样，他们是"第一批受到上天恩宠的人，有机会审议并选择自己在其中生活的政府形式"。[5] 而且，相对于捍卫古代英国宪法中的权利，他们对保证普遍的自由更感兴趣。他们不仅阅读洛克和孟德斯鸠的著作，也阅读威廉·布莱克斯通（William Blackstone）的作品。不过他们追求的是一种相当温和的自由，即个人尽可能地不受政府的干预而追求自己的目标。正是由于这种对公民自由压倒一切的承诺，才使得美国革命具有保守主义的优势。它限制了政府的野心，政府的好坏不是根据其提高道德或促进繁荣的能力来判断，而是由其让人民自由自在地追求个人目标的能力来决定的。美国的开国之父与正直的贵族精英思想没有瓜葛，但是他们对大众先天的善良也不抱幻想。[6] 詹姆斯·麦迪逊（James Madison）在《联邦党人文集》（*Federalist*）第51篇中写道："政府不是必要的……如果是由天使统治人间，那么对政府的内外约束就没有必要。"

本着这种精神，美国的开国之父把民主看作是达到更高目标的手段，而不是把民主本身当作目的，而更高的目标是自由。他们小心翼翼地设计了一种制度，以防止民主陷于"混乱和荒唐"之中。他们使用分权来防止民主最常见的危险——多数人压迫少数人、少数人绑架政府、民选代表把自己的利益凌驾于人民之上。他们建立了参议院，议员起初是由各州任命而非直接选举产生，以便"为大众的情绪波动提供一个稳定器"。他们利用联邦主义原则，以确保决策尽可能在最低层级进行。当然，他们关于"人民"由哪些人组成的思想有点局限。例如，妇女、无土地者和奴隶无权投票。开国者们错综复杂的设计令人注目。参议员任期6年，从而具有更长远的眼光；众议员任期2年，从而与人民的意志更接近；总统由选举人团而不是由原始的多数来选举，从而确保了总统关心小州的利益。

英国保守主义的守护神埃德蒙·伯克对美国革命的崇敬之情同他对法国革命的仇恨程度一样深，这不足为奇。他认为，法国革命的结局是个灾难，因为他们是为抽象的自由而战（如伯克所指出的那样，是为"自由的喷发"而战），也因为他们要利用政府来改造人性。美国革命是成功的，因为他们是在为人们的真正自由而战，为美国固有的生活方式而战，以反对不断加剧的权力专断野心。他们调和政府以适应人性，政府的职责是要保护个人追求自己的幸福，他们从未对此视而不见。

右派的蓝图

伯克是正确的，在他关于美国革命的言辞背后是保守主义的本质。出于偶然或有意为之，美国宪法通过两种方式将美国推向保守主义（并且最终使之远离社会主义）：限制中央集权的国家，赋予各乡村州比例不均的权力。

对政府的不信任始自第一艘来到美洲的英国轮船。定居在新英格兰地区的清教徒是从英国国教的绝对垄断权中走出来的逃亡者，紧随其后的是其他宗教异见人士，其中包括天主教徒。殖民者习惯于忽视伦敦制定的规则。英国首位首相罗伯特·沃波尔（Robert Walpole）把英国对那13个殖民地的统治描绘成"有益的忽视"（salutary neglect）*制度，而正是由于企图将这种制度转变成真正的帝国统治制度，才加速了革

---

* 有益的忽视，指的是英国对殖民地管制的宽松政策，以换取殖民地经济上的持续忠诚。——译者注

命的到来。即使在革命期间，大陆会议（the Continental Congress）也并不情愿向乔治·华盛顿提供抗击英国人所需的人力和物力。[7]

美国人一再坚持他们对"有益的忽视"的偏爱。在共和国的早期岁月里，主张小政府的共和党人与联邦党人之间的战斗最终以共和党喜欢的方式得以解决。在1801年的第一次就职演说中，杰斐逊重申他对"一个贤明、节俭政府"的承诺，"这个政府将使人们相互免受伤害，让人们在其他方面自由地控制自己对事业和进步的追求，并不会从人们口中夺走他们通过辛勤劳动得到的果实"。民主党1840年的政治纲领是该党历史上的第一份政治纲领，其开篇即写道："那是断然的，联邦政府是一个权力受到限制的政府……"而在20年后，共和党的第一份政治纲领听起来也有一种类似的无政府主义调门儿，"那是断然的……人民惊恐地目睹不计后果的铺张在联邦政府的每个部门蔓延……"[8]

美国政治制度强化保守主义的第二种方式是给美国最保守的因素赋予了巨大的权力。美国南方——一个最初受种植园贵族控制并扎根于奴隶制的地区——在美国革命和内战期间是国内一股决定性的政治力量。杰斐逊、麦迪逊和华盛顿三人都是奴隶主。在1789年至1861年的72年间，担任总统的南方人占了16位中的10位，36位众议院议长中有24位是南方人，35位最高法院大法官中有20位来自南方。[9]

美国内战和重建以暴力的方式结束了南方的权力。但是南方人的政治才干在20世纪的前半个世纪再次得到了证明。南方成为民主党的坚实基地，这意味着这一地区的参议员能够进入"这个带着南方口音的人类公共机构"，反复当选并被任命担任所有最重要委员会的主席——这得归功于参议院刚性的资历制。[10] 1949年林登·约翰逊进入参议院的时候，参议院只有一个委员会的主席不是由南方人或与南方紧密结盟的人来担任。保守的南方民主党人同北方共和党人一道形成了一个势力强大的投票集团，以保护南方怪异的种族主义做法，挫败雄心勃勃的自由派改革。

无论人口多少，每个州都拥有两个参议员席位，这一做法也加强了美国的保守主义倾向。像怀俄明和蒙大拿这样人烟稀少的州，参议员的席位却和加利福尼亚州与纽约州一样多，这不可避免地增加了西部和中西部乡村选民的影响力，限制了沿海和工业地带城市选民的影响力。在整个美国历史中，来自小州的参议员一直在动手挫败受到众议院青睐的联邦计划。而选举人团制也由于同样的原因使总统竞选带有保守的倾向。阿尔·戈尔2000年以不错的优势赢得了选民的支持，却仍然失去了问鼎白宫的机会。

社会主义没有在美国发生

宪法强化了美国保守的力量，同样也弱化了美国激进的力量。在19世纪后半叶，社会主义政党在所有重要的欧洲国家都发展兴旺，它们动员群众支持扩大国家的权力，同时提供养老金等福利服务并限制市场的权力。但是在美国，社会主义者播下的种子遇到的却是一片贫瘠的土地。

失败的原因部分是机械性的。先到终点为获胜方的制度、对总统职位的集中关注以及分权，使得第三党不可能挑战两党的垄断地位。美国的一些州早在19世纪20年代就采用了白人男性的普选权制度，从而防止了社会主义者将经济变化的要求与普选权的要求结合到一起，而这正是他们在欧洲做过的事情。

然而，社会主义者的失败也是意识形态上的失败。在美国，他们碰到的是对社会主义思想远远缺少激情的工人阶级。1890年，弗里德里希·恩格斯（Friedrich Engles）就曾为之气愤不已："美国是纯粹的资产阶级国家，甚至没有封建主义的过去，并且以自己纯粹的资产阶级制度而自豪。"有趣的是，不像他们在欧洲的同侪，美国费尽周折终于产生的左派坚持的却是个人主义。在大萧条之前，从主流的美国劳工联合会（the American Federation of Labor）到世界产业工人组织（Industrial Workers of the World），整个美国劳工领域都反对扩大国家角色的计划。美国劳工联合会反对国家为老年人提供养老金、义务医疗保险、最低工资立法和失业补偿；1914年以来，它甚至一直反对立法规定男性的最高工时。[11] 大多数美国左派更感兴趣的是公平分享美国梦，而不是建立社会主义社会。

到了1929年，约瑟夫·斯大林对社会主义在美国的进展感到非常不耐烦，因此把美国共产党的党首杰伊·洛夫斯通（Jay Lovestone）召到莫斯科，要求他解释不成功的原因。洛夫斯通及时地提出了与恩格斯同样的理由，埋怨在美国缺乏像欧洲那样的阶级制度、贵族等。[12] 事实上，大萧条最终使美国的政治有一点点"欧洲化"了。新政导致了国家权力在税收、开销和经济调节领域的大大扩张，其中包括建立帮助老年人的社会保障体系和设立监控商业事务的政府机构。工会人数从1927年的300万（占非农业劳动力的11.3%）暴增到1939年的800多万（占非农业劳动力的28.6%），[13]工会也深化了与民主党的关系。

虽然如此，考虑到美国正面临的灾难程度，新政最突出的表现在于它的适度性。在华盛顿，集聚到罗斯福周围的美国费边社成员梦想着建立中央计划经济，但他们彻底失望了。罗斯福更喜欢调节，而不是完全由国家控制，他拒绝了对支离破碎的金融系统进行国有化的呼吁。国会议员为保留地方政府的权力而战，每个人都对安全网的过于舒适而迟疑不决。1935年的《社会保障法》（*Social Security Act*）特地将农业工人和家务工排除在外，从而没有照顾到许多贫穷的黑人。1935年9月，新创立的盖洛普民意测验组织问美国人，政府应该花多少钱在救济和恢复上。回答政府在此项上花钱太多的人是回答花钱适度人数的两倍，而回答花钱太少的人几乎不到1/10。罗斯福重新当选以后，50%的民主党人说，他们希望他的第二任期比第一任期更保守一些；而只有19%的人说，他们希望他的第二任期更自由一点。[14]

由于缺乏社会主义政党，美国走上了一条与其欧洲竞争者非常不同的道路。在第二次世界大战之前，美国的社会开支并不比欧洲少。1938年，罗斯福政府在失业保险和公职之类的社会项目上所花开支占国内生产总值的6.3%，比例高于瑞典（3.2%）、法国（3.4%）、英国（5.5%）和德国（5.6%）。[15]但是，事情在战后发生了巨大的变化。在欧洲，积聚力量多年的社会党抓住战后重建的机会，强行对社会项目施加深远的影响。在美国，政府对采取免费儿童医疗保健计划踌躇不前，更不用说建立成熟的全国性公共医疗服务了。美国提供医疗保险的两个主要尝试项目——医疗保险计划和医疗补贴计划——要到25年后才会出现。当罗纳德·里根在1980年的选举中踏着保守主义仇视"大政府"的浪潮进入白宫的时候，与其他任何工业化国家相比，美国的税率更低、赤字占国内生产总值的比例更小、福利更不发达、政府拥有的产业更少。

把这些情况考虑进去，似乎美国就不会有真正意义上的社会主义运动了。不过其他三股力量远在美国发起保守主义运动之前，就已经总是使美国靠右站了。这三股力量是宗教、资本主义以及最为根本的地理因素。

以上帝的名义

美国人为什么如此具有宗教性？最明显不过的原因乃是宗教在美国的建立和形成过程中都扮演过非常突出的角色。清教徒最早在美洲殖民地定居，他们将这片土地看作是自己逃避宗教迫害、尽力实践自己宗教信仰的机会。美国宪法《第一条修正案》特别保证了对宗教的"自由表达"。这个国家大体上实践了这一诺言，而那些依然感到受歧视的人——尤其是摩门教徒——则在19世纪充当了西进的先锋。

美国笃信宗教的第二个原因可能更加令人吃惊。事实上，美国是作为一个世俗国家而被建立起来的。宪法《第一条修正案》保证了宗教自由信仰的实践，但它禁止国会制定任何"尊重宗教机构"的法律。政教分离使美国不同于欧洲"忏悔式的国家"。许多宗教保守派抱怨，政教分离不合法地排除了宗教集会。许多倾力支持政教分离的人却是自由派。但事实上，政教分离对于保持宗教作为美国生活中一股充满活力的（常常是保守的）力量起到了最大的作用。

政教分离将市场的力量注入美国的宗教生活之中，宗教组织不能够像英国国教那样依赖国家的补助，它们必须通过竞争求生存。这种情况恰恰是政教分离最倾力的支持者杰斐逊所预测到的。他在1776年一则向国会发表演说的笔记中认为，宗教自由将加强宗教，因为那将"迫使其牧师变得勤勉并成为表率"[16]。美国宗教总是能够产生新的教派，这些教派是比竞争更好推销的字眼。例如，在19世纪40年代的"大觉醒"（the Great Awakening）时期，教会复兴派实行拉丁文的布道［一切都是他她它（hic haec hoc）*，里面并没有上帝这个词]，并且创造了鼓舞人心的福音歌曲。[17]政教分离也使得宗教卸去了巨大的负担，还有什么比使信念依赖于政治人物一时的兴致更能够歪曲一种信念呢？又有什么比将信念与闲差肥缺挂钩更能够使一种信念变得软弱呢？美国很幸运，没有本土的特罗洛普式的整天想得到官方肥差的教区牧师。它也避免了使天主教变得软弱的那种权力斗争。可曾记得英国著名政治理论家阿克顿勋爵（Lord Acton）的劝谕？权力导致腐败，绝对的权力导致绝对的腐败。这一劝谕出自他对中世纪教皇的描述。美国的教派生存，除了自身的精神力量外，别无其他可恃的东西。

在美国竞争性的环境中生存得最好的宗教团体是那些最富"激情"的团体，那些最严肃对待自己的信念和最倾力传道的宗教团体。即使在今天，美国人也在快速地改换宗教。大约16%的人改变了教派，而信念越是根本性的，这一比例就越高。一项研究显示，大教派的一半牧师都是从其他教派过来的。[18]有人认为，美国现正处于第四次"大觉醒"时期。[19]但实际情况是，这些大觉醒发生得如此频繁悠长，以至

---

* 拉丁语。——译者注

于不存在从中觉醒的睡眠期。教会复兴主义不需要使自己复兴，相反，复兴是美国生活一个连续不断的事实。

美国人钟爱宗教，这并不只对保守派有利。美国最具宗教性群体之一的非洲裔美国人，也是最具民主党色彩的一个群体。美国最杰出的两位左派政治家杰西·杰克逊和阿尔·夏普顿（Al Sharpton）都是牧师，夏普顿在10岁时就担任圣职。在整个美国历史中，抗议运动中都含有宗教的成分。帮助奴隶逃到北方得到自由的地下铁路却是由圣洁的罪犯来经营管理的。民粹主义神父威廉斯·詹宁斯·布赖恩（Williams Jennings Bryan）是一个凡俗的讲道人。宗教人士站在了争取黑人和妇女民权斗争的前列。2000年的总统竞选中，阿尔·戈尔谈到用"以信仰为基础的组织"来解决美国的社会问题时，热情不亚于小布什。

但是在整个美国的历史中，宗教狂热不仅一直鼓励人们以个人的善与恶来看待问题，也鼓励美国人试图通过自愿行动而非国家行动来解决社会的弊病。英国人卡尔文·科尔顿（Calvin Colton）在19世纪30年代访问了美国，他注意到，政教分离已经催生了"一种历史上前所未有的新社会组织"。[20] 在美国，志愿性组织起到了在欧洲由国家或国家出资的教会所起的作用。宗教团体建立了精心计划的福利制度。例如，天主教会建立了一个单独的福利国家，这是一个有着自己学校、医院并为穷人及不幸者提供食品的平行领域。许多这样的志愿性团体对政府的介入怀疑重重。1931年，红十字会中央委员会主席到国会去讨论一笔拟议的2 500万美元的联邦拨款，以救济遭受旱灾的受害者，他对国会说："我们唯一恳请的，就是你们别管我们，让我们来做这项工作。"[21]

宗教也加强了美国的爱国主义。从一开始，逃到美国的宗教团体就有一种强烈的感觉，认为他们是按上帝的计划，在一个特殊的地方——山巅之城，一座照耀世界其他地方的灯塔——定居下来担当特殊的角色。长期以来，美国一直认为自己是个救世主的国家。19世纪有位名叫莱曼·比彻（Lyman Beecher）的牧师说过："受到我们这个榜样的激励，一个接着一个的国家将会追寻我们的足迹，直到全世界都获得自由。"爱国主义与宗教起到相互强化的作用。这就是为什么在艾森豪威尔担任总统的时候，宗教团体将"上帝的国度"（来自林肯的"葛底斯堡演讲"）一词添加到"美国公民宣誓词"中。而保守派注意到"上帝的国度"一词的原版，则是出自社会主义教育家弗朗西斯·贝拉米（Francis Bellamy）之手。[22]

强势的美元

上帝使美国倾向于保守主义，财神也是如此。如果西进就可以解决问题，为什么要把自己的命运交给激进分子呢？如果在已确立的制度之外能够做得很好，为什么要鼓动革命呢？正如沃纳·松巴特（Werner Sombart）的名言所说，美国社会主义这艘轮船在"烤牛肉和苹果派"上搁浅了。

美国一直是一个盛宴常在的地方。从16世纪以来，来访者就对美国一切的丰饶进行抒情诗般的描述：美国广袤的土地使得人们可以拥有自己的家园，维持家庭的生计；美国丰富的食物使得他们成为世界上吃得最好的民族；美国大量的机会使得人们可以向上流动。在欧洲，总是有太多的人在追逐太有限的机会；而在美国，却总是有太少的人在利用这个国家提供的各种东西。18世纪80年代，一位来自法国的访客J.埃克托·圣约翰·德克雷弗尔（J. Hector St. John de Crèvecoeur）写道："在美国人人都有空间……我不是说每个人刚来一会儿就会发财致富。不是这样的，但是通过辛勤工作，他就能轻松获得体面的生活。"1871年，英国当局的批评家威廉·科贝特（William Cobbett）对美国的饮食无度有这样的评论："你并没有许多吃喝的压力，但是有如此充足的食物呈现在你面前……以至于你会立即失去所有的克制。"1831年，第一个对美国例外论进行思考的人亚历克西·德·托克维尔评论道，财富给予了"美国人巨大的利益"[23]。

这些差别由于大规模生产而越显突出，美国人就是比其他人拥有更多的东西：更多的小汽车、更多的电话、更多的收音机、更多的吸尘器、更多的电灯、更多的浴缸、更多的超市、更多的影剧院以及更多的使生活更舒适的发明或创新。H.G.韦尔斯在1906年的《美国的未来》（*The Future in America*）一书中提到，即使是在纽约"东面肮脏的后街"，那里的人也比他们伦敦的同侪富裕得多。[24] 在1917年停留美国期间，利昂·托洛茨基（Leon Trotsky）对他在纽约东布隆克斯区（East Bronx）廉价公寓中的设施感到诧异不已："电灯、煤气炉、浴室、电话、自动电梯，甚至还有一个垃圾斜槽。"所有这一切把他的孩子们吸引到了纽约。[25] 富兰克林·D.罗斯福说，如果他能够在每个俄国人手里放上一本美国人的书的话，那么他会选择西尔斯·罗巴克（Sears Roebuck）百货公司的商品目录。[26]

和物质商品的丰饶一样，美国的机会也是无穷无尽。在美国历史的大部分时间里，大多数居民都能够期望在有生之年变得更加富有，并且期望他们的孩子会比他们还要富有。1909年至1929年期间，人均消费支出实际增长了近45%；而在1929年至1960年期间，这一数字又增长了52%。[27] 经济扩张的两个引擎——地理上向西部新的土地挺进，技术上向新的生产领域进发——使得新机会层出不穷。与此同时，不屈不挠的新移民则随时等着填补空出来的最低级的职位。在美国，无论是新居民还是老居民，无论是移民还是定居者，无论是中产阶级还是无业的无产阶级，无论是意大利教父还是白人盎格鲁-撒克逊新教显贵，所有人似乎都为同一动机所驱使：渴望获利，渴望增加美元，渴望在世上出人头地，渴望炫耀财富以示自己已经出人头地了。

一个物产丰饶的民族将信任给了丰饶物产的提供者——商人，而不是国家，这再合适不过了。资本主义随着第一批定居者来到了美国。美国是由迷恋利润的公司建立起来的，这些公司有弗吉尼亚公司、马萨诸塞港湾公司以及对这个国家的未来而言更黑暗的奴隶贸易公司——皇家非洲公司。[纽约是根据皇家非洲公司总裁约克公爵詹姆斯（James, Duke of York）的名字命名的。][28] 为了宗教原因而非商业原因而来的清教徒，同样具有一种明显的资本主义心理状态。这种对资本主义的热情总是存在一些例外，例如南方的农民、民粹主义者和迈克尔·穆尔。但总体上说，美国不怎么需要欧洲那种对商业的蔑视做法。美国人对具有创造性才能的商人的赞美不亚于法国人对具有创造性才能的艺术家和知识分子的赞美。20世纪50年代，作为通用电气公司的广告业务员的罗纳德·里根完全抓住了这一观点，他常说，公司最主要的产品是进步。[29] 美国学校的教科书详细讲述具有实际才能的人的故事，如亨利·福特、托马斯·爱迪生，毫无疑问，有一天人们也将赞美具有实际才能的比尔·盖茨。政策制定者的第一本能是支持商人，并为他们提供实践创造性才能所需的空间。

美国比欧洲更倾向于让私人慈善事业来负责公共工程。美国的山山水水到处立着商业慈善事业的纪念碑：有像斯坦福大学和芝加哥大学那样的知名大学，有像盖提艺术中心和弗里克收藏博物馆和艺术藏书馆那样的美术陈列室，有像洛克菲勒大学那样的大型医疗研究中心。每一座这样的纪念碑都是大笔私人财富转化为大型公益事业的结果。而且，对于每一座这样的大型纪念碑，都有上千个小规模的慈善团体在专心于修补社会的裂痕。安德鲁·卡内基（Andrew Carnegie）、约翰·D.洛克菲勒（John D. Rockefeller）以及其他的强盗式资本家，他们既是毁灭竞争者、压垮工会的冷酷无情者，又是伟大的慈善家。卡内基论及过宗教慈善事业，他的"死的时候有钱是不光彩的"格言形成了一种风尚，引得同侪也把许许多多的钱投入大学、艺术画廊和医疗学校中，这种风尚在今天的科技亿万富翁中依然存在。

财富必须承担责任的思想不只在亿万富翁心中扎根，各种财富阶层的美国人通常都对他们的金钱慷慨大方，甚至当洛克菲勒还是克利夫兰一个穷困的职员时，他也固定捐出收入的一部分。更为重要的是，美国人还对自己的时间慷慨不已。筹划解决社会问题的志愿组织在美国可能比在其他任何国家都更加蓬勃兴旺。今天，美国的慈善捐赠占到国民收入的大约1%，而在欧洲，这一数字介于0.2% ~ 0.8%之间。[30] 至关重要的是，美国人非常喜欢亲自捐出金钱，而不是让政府来做，外援只是政府开支可怜的一小部分。

这种慈善事业的传统，使得美国有勇气不需要建立欧洲式的福利国家去应对社会问题，并且鼓励它在拥抱现代性的同时，不放弃自愿捐助、权力下放和实验的传统。美国在1913年采取联邦收入税之前，已经出色地建立起了全国性的基础设施。并且即使是在因战争、萧条和理想主义而使联邦政府扩大的20世纪30年代和40年代，美国采取的依然是保守主义态度，即不应将自愿捐助逐出公共部门。

西部的诱惑

美国的保守主义和其他国家一样，扎根于最根本的事物之中——地理。美国是世界国土面积第四大的国家，而且这一片广袤土地的不同寻常之处是它2/3的土地都适合人居住。这是一片有着完全开放空间的土地。在这里，粗犷的个人主义成了一种哲学，而不仅仅是充满希望的陈词滥调；在这里，总是可能出现彻底的改造；在这里，保守主义是一种比在其他地方都乐观得多的信条，有时候甚至是乌托邦式的信条。

移民通常是人口较拥挤地方的不满的根源，但地理因素解释了为什么移民在美国往往影响相反。美国每座大城市的历史都充满了已定居下来的居民与新来者之间的战斗。但是移民不断地为美国资本主义梦补给新的皈依者。纽约埃利斯岛（Ellis Island）有一句古老的箴言："懦弱者止步不来，虚弱者毙命于途。"同过去的家园相比，大多数移民过去——至今依然——把美国看作是一片富饶的乐土。大多数人会以一种皈依者的热情来拥抱这个新的国家，并且循着路径向上爬升：刚一开始是在少数民族的孤立据点开始自己的生涯——这也对淡化工人阶级的团结产生了影响，然后最终进入市郊和美国庞大的中产阶级队伍。美国黑人是唯一非自愿来到这个国家的人群，因此，美国最坚持不懈的左派群体总是黑人，这一现象并非偶然。

而一旦人们来到了美国，就不停地搬迁。美国经济成功的秘诀之一就是它的内部移民。玛格丽特·撒切尔的一位内阁阁员曾对英国的失业者发出过一通著名的劝诫——"骑上自行车"去找工作。在美国用不着这样的忠告，那里总有更好的地方可以去。左派正确地指出，有些经济移民曾经非常绝望。我们可以想想《愤怒的葡萄》（*The Grapes of Wrath*）*中的汤姆·乔德（Tom Joad）和那些不幸的俄克拉何马州农夫移民（Okies）。但随着时间的流逝，大多数移民都变得更富足了。美国史学家弗雷德里克·杰克逊·特纳（Frederick Jackson Turner）在1893年的论文《美国历史中的边疆及其意义》（*The Significance of the Frontier in American History*）中写道："从阿勒格尼山脉到太平洋沿岸，西部的旷野成了呈现于文明人眼前从未有过的最富裕的自由赠礼。人类不可能再得到这样的天赐良机。"有位资深的加利福尼亚州共和党人审视该党加州代表大会上一张张成功而饱经风霜的白人面孔时说，他想到了一个词：俄克拉何马州农夫移民。（尽管他把这个词当作是一种侮辱，但那也显示，汤姆·乔德的后代子孙做得还不赖。）

移民把自己的过去连同旧世界所累积起来的一切传统，一股脑儿地甩在了身后。辨别许多移民的身份不是根据他们的姓氏，而是根据他们的教名和人们更喜欢的昵称——给人昵称的传统在得克萨斯州至今方兴未艾（这从小布什给他所知道的每个人都起了昵称即可看出）[31]。丹尼尔·布尔斯廷引用了一位得克萨斯州先驱者的话："确实，这是一个不关心事物既定秩序的地方，他们把秩序丢得远远的。而且，瞧吧，暴富者拥有了土地和土地上的膏腴。"[32]

现代与此相类似的安家之处是市郊。如果现在问美国人想在哪里居住，只有13%的人说愿意在城市居住，回答在小镇居住的人最多，达37%，有25%的人回答是市郊。[33]大多数美国人在内心深处似乎期望最终生活在一个阳光福佑的住宅区里。[34]

---

* 《愤怒的葡萄》（1940）是美国著名作家、诺贝尔文学奖获得者约翰·斯坦贝克（John Steinbeck）的代表作。20世纪30年代，美国经济恐慌时期大批农民破产逃荒，作家曾跟随俄克拉何马州的农民流浪到加利福尼亚，他以深刻写实的笔触，在书中展现了当时美国农民在生死线上挣扎、反抗的情景。作品出版后引起各州政治阶层的恐慌，许多州禁止小说发行，甚至出版了一本名为《快乐的葡萄》的小说针锋相对。但一切都无法动摇《愤怒的葡萄》在美国现代文学史上的重要地位。——译者注

他们这样想是正确的。美国现在有超过一半的人口生活在郊区之类的地方，相反，欧洲2/3的人口则被归类为城市居民。而且，美国的郊区不同于欧洲的郊区，美国那些新的边缘城市与人们在欧洲所见到的那类城市周边的中产阶级标准郊区住宅"通勤区"（commuter belt）相比，事务所和办公场所更多，移民更多，空间更大，贫富差距也更大。

新世界彻底改造自己的能力——在辽阔的空间中鼓起勇气建立一个未曾有过的全新世界——也加强了美国保守主义核心中个人主义和传统主义的奇怪组合。在里根时代凸显重要性的阳光地带几乎也可以被看作是一个新的国家。阳光地带的城镇开始于没有任何宏伟建筑、大教堂、档案和纪念碑之类背负过去记忆的地方。这是一个城市星罗棋布、政策刀耕火种，并具有无穷改造能力的新国家，一个有着条条商业街、超级大教堂、西部乡村音乐和"纳斯卡"赛车的新国家。

然而，新边疆中许多没有根基的人却将这种彻底改造与对宗教安慰的强烈渴望结合到了一起。这种宗教要比活跃在东海岸的宗教严厉得多，更不用说活跃于欧洲的宗教了。这种宗教并不需要把金钱看作是一种罪过的东西，而是看作一个人因工作努力而得到上帝恩赐的标记——这种思想在切诺基吉普车取代马车队很长时间以后依然存在。1981年6月，罗纳德·里根的白宫法律顾问赫伯特·埃林伍德（Herbert Ellingwood）在加利福尼亚州阿纳海姆的一个"金融成功研讨会"上说："经济救助与精神救助是相得益彰的。"[35] 我们之中曾有一人愉快地对科罗拉多州的一个基督教保守团体建议说，耶稣基督实际上有点像个社会主义者——然后却不得不花上半小时紧急研读《圣经》。尤其是在南方，这种宗教可以是一种严厉的审判。《新约》中宽容人过失的神秘显圣，吸引力比不上《旧约》中的实用主义。人做了坏事，坏事就会降临到他身上。正如得克萨斯州杰出的现代编年史作家T.R.费伦巴赫（T. R. Fehrenbach）注意到的那样，《圣经》中对得克萨斯州有意义的部分，是"以色列的子民在荒凉之地看见了芳香果实，并堆积起敌人的阴茎包皮的那些部分"[36]。

与此同时，边疆地区也使得美国人习惯于使用暴力。枪支对于驯服蛮荒边疆的人来说至关重要。边疆社会很容易转向最终的惩罚办法——死刑——来保持一种不稳定的秩序，或者说，实际上首先是攫取土地。建设得克萨斯州的人们，如杰克·海斯（Jack Hays）和L.H.麦克内利（L. H. McNelly），把自己看作是勇士而不是凶手。按照西部精神，费伦巴赫写道："海斯在印第安妇女的圆形帐篷外一个又一个地射杀她们，不过是像第二次世界大战中将炸弹投向拥挤居民房屋区的投弹杀手一样。"[37] 即使夺得了土地，争议中的自卫负担也是由个人来承担。（如果他们太过于懦弱而承担不了，那是自己不走运，应该待在家里。）兴旺发达的前景和永无宁日的无政府状态威胁，还有什么比这些更有利于保守主义的思想呢？

因此，美国一直以来总是有着保守主义的因素。但是直到20世纪中期，才真正成了一个右派国家。自那时以来，保守主义的倾向和成见才确定变成了某种根本性的东西。由于从根本上说美国是一个保守的国家，因此在它的大部分历史中，并不需要一场保守主义运动。这场保守主义运动在20世纪50年代兴起，当时保守的美国人开始反对"大政府自由主义"在过去20年中取得的进展。这场运动到60年代开始虎虎有生气，当时约翰逊的民主党试图将美国大大地往左拉。时至今日，美国保守主义的一个强有力的组成部分都还是对自由主义的敌意。在这方面表现突出的是，南方经常去做礼拜的人抗议同性恋婚姻，比尔·奥赖利使欧洲轴心在福克斯电视台的告密者苦恼不已。但是，美国的保守主义已经变质为不仅仅是下意识的反应，而是更为可怕的东西。在国内外，它是一种同时以先发制人和防御性的反应为特点的意识形态。现在，我们把话题转到这种现代的保守主义及其自身的例外特性上。

注释

[1] Daniel Boorstin, *The Genius of American Politics* (Chicago: University of Chicago Press, 1953), p.6.

[2] Michael Lind, *The Next American Nation: The New Nationalism and the Furth American Revolution* (New York: Simon & Schuster, 1995), p.225.

[3] Boorstin, *The Genius of American Politics*, p.6.

[4] Ibid., p.70.

[5] Gordon Wood, *The American Revolution: A History* (New York: Modern Library Chronicles, 2002), p.65.

[6] Martin Diamond, "The American Idea of Equality: The View of the Founding," in *As Far As Republican Principles Will Admit: Essays by Martin Diamond*, William A. Schambra ed., (Washington, D. C.: AEI Press, 1992), pp.248–249.

[7] H. W. Brands, *The Strange Death of American Liberalism* (New Haven: Yale University Press, 2001), pp.1–2.

[8] Jacob Weisberg, *In Defense of Government: The Fall and Rise of Public Trust* (New York: Scribner, 1996), p.40.

[9] Lind, *The Next American Nation*, p.38.

[10] Robert A. Caro, *Master of the Senate: The Years of Lyndon Johnson* (New York: Knopf, 2002), p.90.

[11] Seymour Martin Lipset and Gary Marks, *It Didn't Happen Here: Why Socialism Failed in the United States* (New York: W. W. Norton, 2000), pp.98–99.

[12] John Parker, "Survey of America," *Economist*, November 8, 2003, p.5.

［13］ Lipset and Marks, *It Didn't Happen Here*, p.286.

［14］ Brands, *The Strange Death of American Liberalism*, pp.24–25.

［15］ Lipset and Marks, *It Didn't Happen Here*, p.286.

［16］ Garry Wills, *Under God: Religion and American Politics* (New York: Simon & Schuster, 1990), p.370.

［17］ James A. Morone, *Hellfire Nation: The Politics of Sin in American History* (New Haven: Yale University Press, 2003), p.127.

［18］ Parker, "Survey Of America," p.14.

［19］ 参见Robert Fogel, *The Fourth Great Awakening and the Future of Egalitarianism* (Chicago: University of Chicago Press, 1999) 。

［20］ 引自Seymour Martin Lipset, "American Exceptionalism Reaffirmed," in *Is America Different? A New Look at American Exceptionalism*, ed. Byron Shafer (Oxford: Clarendon Press, 1991), p.25。

［21］ Ibid., p.26.

［22］ Gene Healy, "What's Conservative About the Pledge of Allegiance ?" *Cato Institute*, November 4, 2003, http://www.cato. org/dailys/11–04–03. html.

［23］ David M. Potter, *People of Plenty: Economic Abundance and the American Character* (Chicago: University of Chicago Press, 1954), p.80.

［24］ H. G. Wells, *The Future in America* (New York: Harper And Brothers, 1906), pp.105–106.

25 Lipst and Marks, *It Didn't Happen Here*, p.325.

［26］ Potter, *People of Plenty*, p.80.

［27］ Seymour Martin Lipset, *The First New Nation: The United States in Historical and Comparative Perspective* (London: Heinemann, 1963), p.325.

［28］ John Micklethwait and Adrian Wooldridge, *The Company: A Short History of a Revolutionary Idea* (New York: Modern Library, 2003).

［29］ Brands, *The Strange Death of American Liberalism*, p.139.

［30］ "In Praise of the Unspeakable," *Economist*, July 20, 2002.

［31］ Daniel J. Boorstin, *The Americans: The National Experience* (New York: Vintage Books, 1965), p.91.

［32］ Ibid., p.113.

［33］ 盖洛普民意调查结果引自 "Live With Tae," *The American Enterprise*, October/November 2002, p.17。

［34］ Andres Duany, 引自 "Live With Tae," *The American Enterprise*, October/November 2002, p.18。

［35］ Kevin Phillips, *Post-Conservative America: People, Politics and Ideology in a Time of Crisis* (New York: Random House, 1982), p.141.

［36］ T. R. Fehrenbach, *Lone Star: A History of Texas and the Texans*, Updated Edition, (New York: Da Capo, 2000), p.716.

［37］ Ibid., p.711.

第十四章
异端与改革：例外的美国保守主义

如果有什么简单的办法，可以发现美国保守派甚至比与它关系最近的欧洲远亲都要右得多，那么就是对约翰·阿什克罗夫特（John Ashcroft）和奥利弗·赖特温（Oliver Letwin）进行一番比较。你可能会期待发现这二人有许多共性。阿什克罗夫特是小布什的司法部部长，而赖特温这颗英国保守党冉冉上升的新星，在小布什任期的大部分时间里则是英国影子内阁的内政大臣。赖特温内政大臣的职务与阿什克罗夫特司法部部长的职务相近，都负责犯罪、监狱、毒品、恐怖主义和司法工作。与其他人相比，美国保守派与英国保守党有着更加紧密的联系。他们的地位或许已经在历史上被撒切尔主义和里根主义取代，但是他们之间却存在着一种真正共有的认同感——他们一起改变了世界。更聪明的英国保守党人则把撒切尔主义追溯到1964年旧金山牛宫共和党全国代表大会，会上提名巴里·戈德华特为总统候选人。对于他们来说，就连年纪尚轻的共和党人都在谈论20世纪70年代基思·约瑟夫爵士（Sir Keith Joseph）、经济事务研究所（the Institute for Economic Affairs）以及自由市场的保守党知识分子的影响。科罗拉多州州长比尔·欧文斯认为，"他们是极其重要的"。

赖特温比大多数都更清楚这种共同基础。他的父亲是雪利·罗宾·赖特温（Shirley Robin Letwin）——一位与弗里德里克·哈耶克在芝加哥大学同窗学习，拜英国政治哲学家迈克尔·奥克肖特（Michael Oakeshott）为师，并成为经济事务研究所杰出人物的美国知识分子。奥利弗·赖特温自己也在普林斯顿大学教授过一段时间，并且至今依然会到美国寻求思想。事实上，就长期而言，他认为英国政治将会变得更像美国政治。国家在市场经济中扮演的角色将是个大问题，其中美国民主党和英国工党更喜欢一个积极主动的中央政府，而英国保守党和美国共和党（还有"半个托尼·布莱尔"）则试图将控制权转交给地方一级政府——让人们对自己的学校、医院和警察有更多的控制权。

然而就目前而言，赖特温与阿什克罗夫特二者之间有着鲜明的不同之处，从而掩盖了他们之间的相似。第一个不同之处是显而易见的——权力。阿什克罗夫特21世纪以来一直担任司法部部长的职务，由于充满活力的保守主义运动而高高在上；赖特温的政党则处在自我毁灭的危险之中。2002年11月5日，当小布什领导共和党赢得中期选举的时候，英国保守党暗淡无光的领袖伊恩·邓肯·史密斯（Iain DuncanSmith）却陷于警告他那争执不休的保守党"要么团结要么死亡"的境地。过了不到一年，保守党抛弃了他，选择了迈克尔·霍华德（Michael Howard），2003年12月霍华德提升赖特温担任影子大臣。

虽然政治命运跌宕起伏，但是赖特温与阿什克罗夫特二者之间的第二个差异更是根本性，即他们有关保守主义意味着什么的看法不同。虽然两者总的来说都赞成规模更小的政府，但赖特温所认为的更小的规模显然比阿什克罗夫特所认为的要大，例如前者心目中的小政府包括国营的公共医疗服务，并为所有学生提供慷慨的助学金。阿什克罗夫特一直赞成死刑和严厉的强制性判决，他总是反对堕胎、枪支法、毒品宽大政策、焚烧国旗和任何带有20世纪60年代风味的东西。赖特温则支持堕胎权、反对死刑并反复努力与各种各样反自由主义脱掉干系。在外交政策方面，犹太裔的赖特温对以色列的支持远远不及五旬节教徒（Pentecostalist）的阿什克罗夫特那样强硬坚定。赖特温对联合国的好感也远远多于阿什克罗夫特，后者在任参议员时曾试图让美国不再支持这个国际组织。

一个小小的事件集中体现了二者之间的意见分歧。2002年末，赖特温偶然在英国广播公司的早间节目《今日》（Today）中暗示，保守党可能会考虑支持同性恋婚姻："我们十分重视婚姻制度，同时也承认同性恋伴侣所遭受的特别严重的冤屈。"[1]阿什克罗夫特却是联邦婚姻修正案的有力支持者，不过分歧比这还要大。赖特温定期要上的《今日》节目是左派媒体的集中体现，而这正是阿什克罗夫特避之唯恐不及的。大多数早晨，阿什克罗夫特都避开媒体，并且要在完成《圣经》研读和祈祷后才会考虑去看看"自由派的新闻"。

人们或许以为，反恐战争会令保守派团结起来，但这似乎只是凸显了他们之间的分歧。对阿什克罗夫特来说，这已成了他个人的宗教战争。当听说"9·11"事件的时候，他立即对司法部的工作人员说："这将改变我们所知道的世界。"从此他将它描绘为一场反对"邪恶阴谋"的战斗。阿什克罗夫特和唐纳德·拉姆斯菲尔德是代表小布什政府惩罚恐怖嫌疑犯意愿的具体化身：设立秘密军事法庭、选派美国公民作为敌方战斗人员、窃听清真寺以及诸如此类的事情。据说，肯尼迪领导的司法部在打击有组织犯罪方面是如此坚定，以至于犯罪集团成员在人行道上吐口痰都会被逮捕，而阿什克罗夫特领导的司法部，甚至不让恐怖分子有吐痰的机会。赖特温的方法有更多细微的差别，作为影子内阁的内政大臣，他同样提倡更严厉的判决，但他也谈到民权，并且对恐怖主义背后的原因更为不安。阿什克罗夫特优先考虑的是保护美国人免受另一次灾难性的攻击。对于伊斯兰世界动荡不安局面的社会原因，他还不像奥利弗·克伦威尔（Oliver Cromwell）对爱尔兰天主教的社会原因那样感兴趣。对他而言，重要的是将敌人逼上绝路。

不同种类的保守主义

人们很容易误以为这些分歧是个性所致，阿什克罗夫特是小布什内阁中在社会问题上最保守的一员，赖特温与保守党以前的某些内政大臣（其中包括迈克尔·霍华德）相比更具亲和力。但是，大西洋两岸不同的保守主义之间的鸿沟虽没有几英里宽，但也有好几码深，这时，性格方面的差别是微不足道的。双方之间的鸿沟部分是由政治组织的差异所致，部分是由信仰上的差异造成。

在本书中，政治组织上的差异是一以贯之的主题，在此只须最简要地概括一下即可。把阿什克罗夫特拥上美国司法部部长位置的那一类群众运动（该运动的兴起我们已在本书中有记载），在其他地方都不存在，至少在右派是完全不存在的。在世界其他地方，保守主义是政党的创造物——或者是一个政党的小派别。在美国，保守主义是一场民粹主义运动，一场生气勃勃、信心十足的运动，只要共和党愿意服从保守主义的命令，它就是一场随时与共和党并肩作战的运动、一场共和党无论在野多久都愿意耐心等待的运动。[2]

例如，如果把卡尔·罗夫放在伦敦维多利亚街的保守党总部，叫他重现美国式的保守主义运动，他肯定不知道该从何下手。在河右岸方面，只有那么几个小小的保守主义智库。这些智库的预算远远低于200万美元，它们捉襟见肘，不到最后关头募不到款项，许多人在这里工作并非为了其他什么目标，而是为了爬上保守主升官发财的阶梯。[3] 他可能因看到以《每日邮报》（*Daily Mail*）和《每日电讯报》（*Daily Telegraph*）（默多克的这些报纸至少此刻已投向托尼·布莱尔了）的形式出现的保守派新闻而受到鼓舞，但是却不存在严格意义上的保守派脱口秀电台，并且也根本没有可与福克斯电视台比肩的机构。事实上，如果不打破各种各样的客观性报道规则，鲁珀特·默多克是不会将他的英国天空广播公司新闻台（British Sky News）福克斯化的。至于基层战士方面，尽管有一个为大企业游说的"英国工商业联合会"（Confederation of British Industry），却没有可与格罗弗·诺奎斯特的机构相媲美的反税运动；尽管有一个赞成狩猎的游说团体，却没有可与美国枪支协会相抗衡、赞成枪支拥有的游说团体；尽管有一场反欧运动，却从未弄清楚这场运动对保守派是好是坏。

罗夫可能会想象号召英国教会——"正在祷告的保守党"——去唤醒一些人，这种做法可能会更加令人沮丧。像天主教徒一样，英国国教徒这股力量倾向左派，它使政府苦恼不已，原因是政府没有在穷人身上花足够多的钱，却为了什么伦理美德进行竞选。在最近的英国公众生活中，只有一位杰出的政治家——已故的朗福德爵士（Lord Longford）——因为一直将基督教伦理置于政治的中心而著称于世，而他对基督教教义的解释却是，社会应该尝试让凶手获得自由，而不是加速判他们死刑。另外，在英国还有一场小小的反堕胎运动、一个非政治化的福音派基督教边缘团体以及那么几个抱怨英国广播公司裸体节目的反对者。

对于欧洲的经历来说，英国的世俗主义稀松平常。这个大陆与其说是基督教的，不如说是后基督教的。小布什政府内种类繁多的道德保守主义在法国的戴高乐主义者和德国的基督教民主联盟（Christian Democratic Union）那里，是找不到知音的。在大多数欧洲的基督教民主党派那里，基督教的部分通常表现得很低调，当然不存在与福音派基督教道德主义的联系，无疑也不会有内阁像小布什的团队在从圣萨尔瓦多回国的飞机上那样，在国外旅途中举行即席的宗教仪式。

我们得记住这种比较是从什么地方开始的，英国保守党是美国共和党在国外与其最接近的伙伴。在英美之外的大多数国家，赖特温将会因为缩减国家权力的热情而被归类为极右分子。大多数欧洲大陆的保守派更喜欢英国新闻记者佩里格林·沃索恩（Peregrine Worsthorne）这一类保守主义者。沃索恩认为，由于福利国家是社会稳定的保障，因此保守派应该"坚定地"捍卫福利国家，"只有多数人免除经济困难，少数人才可指望得到经济社会特权"[4]。赖特温对鲁迪·朱利亚尼的"零宽容执法"、重新制定社会政策以及发动伊拉克战争的态度热情有加，但大多数欧洲大陆的保守派则会对此皱眉不已。环顾更富裕的发达国家，人们会发现，激进保守主义要么濒临破产，要么一开始就从未成功进入政治圈子。在日、法、德诸国，几乎没有一个政治家——更不用说一个政党——的哲学，可以被描述为美国意义上的保守主义哲学。意大利的西尔维奥·贝卢斯科尼（Silvio Berlusconi）毫无疑问是亲美的，但他却大量地把他赞成资本主义的精力集中在废除那些讨厌的媒体所有权规则上。西班牙和葡萄牙最近也是由亲美派掌管政府，这些政府同以往相比似乎是保守的，但是它们的哲学却依然把它们向左推，成为美国民主党的同路人。

这就使争论回到了第二道鸿沟上，即与原则相关的争论。本书中描绘的右派美国所信奉的保守主义，根本不同于欧洲老式的保守党依然坚持的那种保守主义。

古老的宗教获得了重生

"美国式的保守主义"（American Conservatism）与其他保守主义有多大不同？许多人要么质疑"美国式的保守主义"中形容词"美国式"（American）的精确性，要么质疑名词"保守主义"（Conservatism）的精确性。就"美国性"（American-ness）而言，其信仰的大量灵感实际上来源于旧世界。第二次世界大战后，两位从奥地利来的学者弗里德里克·哈耶克和路德维希·冯·米塞斯，在重新激励美国本能地信仰自由市场方面所起的作用不亚于任何土生土长的美国人，他们的理论为许多美国商人的偏见进行了辩护。里根的预算局长戴维·斯托克曼（David Stockman）谈到要挥动"弗雷德里希·冯·哈耶克在其自由市场锻造炉中炼出的"利剑。许多在20世纪50年代彻底改造保守主义的人对欧洲敬仰有加。罗素·柯克崇拜埃德蒙·伯克，詹姆斯·伯纳姆则曾经与法国作家安德烈·马尔罗（André Malraux）合著一书。[5]威廉·F.巴克利的部分教育是在英国接受的，他频频到国外旅行，刻意强调《国民评论》的"欧洲性"，在该杂志上登载哈布斯堡皇室成员的文章。欧文·克里斯托尔回忆，当他1953年移居英国的时候，年轻的他才慢慢对保守派——与有着右派主张萌芽的前激进派不同——有所了解，"他们十分安逸自在，既不道歉认错，也不过分争吵"[6]。这使他着迷。

这种向海外寻求灵感的传统延续至今。正如我们所见，列奥·斯特劳斯在小布什领导的华盛顿是最受尊崇的人物之一。乔治·威尔是美国被阅读最广的保守派评论家之一，他宣称，"我所赞成的保守主义是一种'欧洲的'保守主义"[7]。当代美国保守主义有如此多富于辩才的外来移民支持者［其中就有我们的英国同胞约翰·奥沙利文（John O'Sulliven）和安德鲁·奥沙利文（Andrew O'Sulliven）以及加拿大出生的戴维·弗鲁姆］，以至于迈克尔·林德要为他们杜撰一个"移民保守派"（immicons）的称号。

这不仅仅是世系之争。对许多批评者来说，界定"美国保守主义"真正的问题是在名词上。在本书中所归类的各种团体信仰时有矛盾，人们长期争斗不断，它们真的可以一股脑儿地塞到一个特点鲜明的信仰之中吗？至少，美国保守主义可谓是店铺林立的集市。而自我标榜为"保守派"的美国人几乎在所有最根本的生活问题上都意见不一。旧保守派叹息传统的失去，自由意志论者颂扬资本主义的创造性活力，宗教保守派要将信仰置于政治的中心。经济制度——按照卡尔·马克思的话来说，在这种制度中，"一切神圣的东西都被亵渎了"——由商业保守派掌管。《旗帜周刊》的斯特劳斯派是哲学精英，他们相信，群众需要有教养的知识阶层来引导。站在格罗弗·诺奎斯特身后的反税改革派是民粹主义者，他们认为，真需要把那些脑壳尖尖的知识分子推到水里去，让他们好好清醒一下。民主党打趣道："保守派与食人怪兽之间的差别是什么？差别在于食人怪兽只会异类而食。"

同样明显的是，随着时间的推移，美国保守主义显示出特别的变异能力。纽特·金里奇把政府妖魔化，小布什则相信政府可以成为保守主义改革的工具。罗纳德·里根将"自由"置于政府的中心位置，小布什的许多支持者则对"美德"更感兴趣。美国保守主义一直也是一种反应式的信条——它既是由20世纪60年代的激进自由主义催生的，也是由哈耶克和米塞斯的作品催生的。甚至时至今日，美国保守派更多的是受其极度厌恶的本能上的敌人——从亚西尔·阿拉法特到保罗·克鲁格曼——所推动，而不是为坚持捍卫一套具体理智的信仰所推动。

美国保守主义是一种实用的、灵活的信仰，它通过翻新改造来应对大事件的冲击。乔治·纳什（George Nash）在他有关美国保守主义知识分子历史的名著中甚至认为，美国保守主义信仰如此易变，以至于对它进行定义的尝试变得毫无意义：美国保守主义就是美国保守派的言行。[8]

这样一来，谈论"美国保守主义"有任何意义吗？我们认为以下的两个原因使之具有意义。第一，尽管脉流杂乱，但是美国保守主义显然有其主流。罗纳德·里根和小布什毫不费力地接近了本书中科罗拉多州年轻的达斯廷和毛拉以及数百万基层战士的信仰，它并不纯粹是一种信仰（不仅指对美国自由主义做出反应），它还拥有天然的政治权力。正是这种信仰将主张减税者和宗教极端主义者组成的奇怪大军带到战场上，并且站到了同一立场上。正如我们此前所见，这支大军的成员或许因不同的原因披上了这身服装，并且对所有事情都存有分歧，他们有足够的共性来构成一场充满活力的政治运动。

第二，美国保守主义的主流明显与其他地方不同。没有哪个地方的保守主义运动能够将支持减税者和宗教保守派汇集到同一阵营之中，没有哪个地方的保守派能够产生出"关注家庭"、帕特里克·亨利大学、传统基金会这样的机构。就像许多值得分清丁和卯的问题一样，一切都取决于人们的视角。如果到"保守主义政治行动会议"上溜达一圈，在君主主义者、支持统一税者和宗教活动分子中间，你会马上注意到使美国保守派分裂的差异。如果站得更远一点，从伦敦或巴黎的角度来注视小布什的那支大军，你则会被那种使他们凝聚在一起的信仰的独特性所打动。

我们认为，通过一个宗教比喻——将其比作宗教改革——可以很好地理解美国保守主义的特殊本质。美国保守主义并不像500年前马丁·路德（Martin Luther）那样使宗教发生剧烈变化，而是将复兴同异端结合到一起。右派美国重新阐释的信仰是古典保守主义，而引入的异端则是古典自由主义（或至少是其中相当大的一块）。结果，美国保守主义虽然可能并不会明显与其他地方的保守主义分道扬镳（因为那些保守主义也有些许自己的改革或反改革做法），然而它却是一种非常奇特的信仰。

出发点是未曾改革的旧国教。按照伯克的定义，古典保守主义建立在六个支柱之上：对国家权力的深刻怀疑、爱自由甚于爱平等、爱国主义、对已有制度和等级制度的坚信不疑、对进步观念的怀疑主义态度以及精英主义。我们在本书的导论中介绍过，美国保守主义夸大了前三个特点，推翻了后三个特点，其结果就是超传统主义（über-traditionalism）与古典自由主义的奇特调和。

先来说说传统主义。传统主义在右派美国中起到了振奋人心的作用。无论从宗教信仰到爱国仪式，还是从志愿组织到家庭场合，保守主义基层战士们——更不用说像阿什克罗夫特和小布什这样的将军了——喜欢各种传统的表现形式。你可以在支持共和党的州里看看家庭进餐，聆听感恩祈祷，还可以观察一下家家户户盛装上教堂。2003年在小布什宣布中东民主化计划的美国企业研究所餐宴上，晚宴要求以司法部部长唱国歌开始。阿什克罗夫特以中气十足的男中音进行了表演，在小布什揭开战略的面纱之前，人们为阿什克罗夫特的表演摇旗呐喊。

令伯克高兴的原因很多。他相信，个人只有被编织到一张传统和制度之网中才会兴旺发达。他认为，如果削弱社会结构，就会把人变成微不足道的利己主义者，并很可能使他回到原始状态。辛克莱·刘易斯（Sinclair Lewis）的小说《大街》（*Main Street*）背景是美国中西部的格弗草原（Gopher Prairie）小镇，小说中的人物之一维达·舍温（Vida Sherwin）对美国传统主义是什么做了一番很好的判断：

> 恐怕您会把我看作是个保守派。我就是一个保守派！有这么多的东西需要保守。这些美国式的财富，顽强、民主和机会。可能不是在棕榈滩县，但是，感谢上天，在格弗草原，我们没有那些社会等级。我只有一个优良品性——那就是全身心地对我们的国家、我们的州、我们的城市坚信不疑……

现代美国从来没有国教，也不存在有爵位的贵族。罗素·柯克那一类渴求封建主义束缚的美国保守派是在对牛弹琴（无论是多么振振有词）。真正的美国人异常重视源于美国革命的那些平等主义国家的象征物：国旗、美国公民宣誓词和军队仪式。美国保守派对自己的国家有一种几近神圣的看法，把它看作是"希望之国""个人在世间的避难所""人类在地球上最后最好的希望"，当然还有"山巅之城"。对于美国保守派来说，美国不仅仅是一个地理的存在，还是精神理想的物质体现。罗纳德·里根对这种保守主义基本信仰也许是表达得最清晰的人物。他相信，上帝已选定美国作为他在世间特别目的代理人。由于美国具体表达了民主理想并想把这种理想带到全世界，因此不会招致罗马帝国和大英帝国那样的衰败命运。[9]

这种高度民族主义的保守主义可能与其欧洲的祖先不一样，但是在英国和欧洲大陆的古典保守主义那里，显然还是依稀可辨的。法国人和英国人不是也曾认为，他们的国家是上帝意志在尘世的体现，并且藐视所有以前的政治定律吗？从欧洲人的角度来看，美国的传统主义有点过于信奉民主的千禧年之说，但缺乏君子之德风（noblesse oblige）。但是，从这样一种古老宗教的年轻版本中，人们能够期待什么呢？

我们现在都是自由派？

当这种年轻教会的信仰从对古老传统进行新颖的解释转向接纳异端的时候，传统主义者的困难出现了。美国保守主义无论从哪个方面看，人们都会发现它采纳了古典自由主义的一大块内容。事实上，它采纳的古典自由主义的内容之多，以至于许多观察家认为美国保守主义是一个矛盾，它基本上是包装过的古典自由主义。

传统上，古典自由主义完全是保守主义的敌人，因为它将个人无拘无束的自由置于其政治哲学的核心。古典自由主义把自由看作是最高的善，而古典保守主义则对美德更感兴趣；自由主义坚决赞成选择权，而保守主义则对人们做出的各种选择忧心忡忡，除非他们受到传统的影响和智慧的指导；自由主义根植于启蒙运动，而保守主义则根植于对启蒙运动的批评。埃德蒙·伯克叹道："骑士时代已逝，经济学家、诡辩家、精于算计者的时代已然来临。"

在此，我们要谨防将欧洲保守主义定性为一种死水般的哲学。洛德·休·塞西尔（Lord Hugh Cecil）将自己版本的保守主义哲学比作是一条大河，从众多汇聚的溪流中吸取水分。在19世纪，英国保守主义这条大河至少从自由主义那里吸取了一些水分。保守派放弃了贵族的观点，这种观点认为大地产主是自由的保障，转而支持一种更为民主的观点，即财产所有权的民主是自由的最好保障。像迪斯雷利这样的保守派，不屈不挠地以自由主义的手段来为保守主义的目的服务——重新使财产与责任、特权与义务联系起来。20世纪英国保守党的选举天才承认有必要向中产阶级让步，同时又确保土地精英继续发挥远远超乎其力量的影响力，从而把自己等同于那类"有点个人主义的"（individualism lite）资产阶级。大多数欧洲大陆的基督教民主党派结果也大同小异。

美国保守主义在带着一个年轻恋人的强烈欲望拥抱个人主义的时候，并没有做出那么多的重大让步。哈耶克这位美国保守主义改革中的约翰·加尔文（John Calvin），曾写过一篇题为《我为什么不是保守派》（*Why I am not a Conservative*）的文章，诅咒崇拜国家而限制个人的信仰。如果说古典保守主义的英雄通常是由其与传统和社会之间的关系来定义，那么现代美国保守主义的英雄则常常是粗犷朴实的个人主义者。（古典保守主义认为，绅士之所以是绅士，是因为他的出身和他的意愿一道，促使他作为雇主、治安法官和慈善事业的赞助者为当地社区服务。）粗犷朴实的个人主义者则是把梦想变成公司的商人、把文明带到荒野的农场主以及再次提及的牛仔。已故的保守主义学者马克斯·贝洛夫（Max Beloff）与欧文·克里斯托尔之间，曾经就区分英国托利主义与美国保守主义分歧的名称，有过一场争论。克里斯托尔认为，英国"因为一套浅薄而固执的贵族虚荣而显得酸溜溜的"，这种虚荣"阻碍了机会、压制了平等精神，使之至今不能完全发挥"。结果是英国的生活既"索然无味"，又"充满恨意"。贝洛夫则强烈地以自己的终身贵族身份而自豪，他驳斥道，威胁英国保守主义的，"不是保留下来的与贵族传统的联系，而是所谓的对资本主义的某些弊端无动于衷；使我们失去选票的不是公爵，而是金玉满堂的罪犯"。他奇怪为什么克里斯托尔会自认为是个"保守派"，因为他"像大多数美国人一样，怎么也不能算作保守派"。贝洛夫归纳道，保守主义里必须有托利主义的因素，否则除了成为"（古典自由主义）的曼彻斯特学派"外，一点也算不上是保守主义。[10]

美国的保守主义运动中明显缺乏托利主义的因素。环顾右派美国就会发现，大量的保守主义基层战士有着消除政府对个人限制的情结。热衷枪支持有者不喜欢枪支法；反税活动家要求政府别碰人民的口袋；宗教保守派要帮助人们逃脱世俗国家的侵扰，尤其是牵涉到孩子的教育问题时。"蒙哥马里和金特里"乡村音乐二人组合广受右派美国的欢迎，他们低声吟唱道："我真正需要的是道路开阔、速度迅疾。"

罗纳德·里根和小布什最能引起局外者注意的事情莫过于他们的意志和自信。这种意志和自信源于这样一种信心，即未来是在他们一边。古典保守主义的当务之急是应付衰落并筹备体面的撤退。20世纪英国最伟大的保守党小说家伊夫林·沃（Evelyn Waugh）度蜜月的时候，手提箱里放着奥斯瓦尔德·斯宾格勒（Oswald Spengler）的《西方的没落》（*The Decline of the West*）。他的首部小说名为《衰亡》（*Decline and Fall*），随着年岁的增长，他变得更悲观了。保守主义政治家伊诺克·鲍威尔（Enoch Powell）坦率地说道："所有的政治生命都以失败告终，因为那是政治和人类事务的本质。"[11] 在过去的25年里，只有一位欧洲的保守派能够说"没有别的选择"，并且真的是言为心声。而玛格丽特·撒切尔越来越像是个异类——一个碰巧出生在英国格兰瑟姆（Grantham），而非美国休斯敦的美国保守派。

许多欧洲保守派坚决反对"创新精神"，无论这种"精神创新"在微小意义上是因自身原因而改变信仰，还是在更具深远意义上在于使世界重生的信念。迪斯雷利说道："计划多多，方案多多，但是，也有如此多的理由解释了为什么既不应该有计划，又不应该有方案。"[12] 牛津大学的守旧派教师R.A.塞斯（R. A. Sayce）认为，"所有的变化都使情况变得更糟了，哪怕目的是变得更好"[13]。20世纪30年代的教育大臣纽卡斯尔勋爵珀西（Lord Percy of Newcastle）曾解释过他为什么反对新的提高教育质量的思想："胡说八道，胡说八道，把孩子抚养成人的目的竟然是期待不幸。"[14] 近代的迈克尔·奥克肖特是典型的保守党哲学家，他嘲笑创新"总是个模棱两可的企业，收益同损失如此紧密相连，以至于极难预测它的最终结果。没有什么是绝对得到改善的"[15]。

欧洲保守主义弥漫着伊夫林·沃的小说《故园风雨后》（*Brideshead Revisited*）式的怀旧情绪。保守主义的圣哲埃德蒙·伯克和路易斯·德·博纳尔德（Louis de Bonald）所看到的好社会不是存在于某种乌托邦的未来中，而是存在于过去的中世纪——那里有骑士的封建准则、绅士的礼仪以及普遍深入的笃信宗教。当然，今天的实用政治家不会惋惜封建主义的一去不复返，但他们仍然是趋于怀旧的。约翰·梅杰（John Major）是马戏团杂技演员的儿子，通过奋斗登上了保守党的顶峰位置，他最有名的口号是"返璞归真"（Back to Basics）。当人们要求他谈论英国的时候，梅杰满心欢喜地说起了乡村板球比赛以及"未婚女子在晨雾中骑车去领圣餐"[16]。

美国保守主义当然并不鄙视历史。里根最好的传记作者卢·坎农（Lou Cannon）指出，第40任总统有吸引力的秘密之一是他那种以过去的口吻谈论未来的能力。小布什每年夏天回到得克萨斯州的克劳福德农场，以提醒美国人他同美国的永恒价值保持着联系。但是美国保守主义依然充满着乐观主义。罗纳德·里根在生活中几乎从未显得闷闷不乐，他引用汤姆·潘恩（Tom Paine）的名言说："我们有能力使世界彻底从头开始。"纽特·金里奇相信，使共和党人立于不败之地的，乃是他们愿意拥抱未来（让民主党人紧紧抓住旧经济吧）。保守主义最为蓬勃发展的不是美国的历史中心，而是那些新兴的地方，那些在城市周围兴起的城市郊区和城市远郊地区，在阳光地带情形尤其是这样。保罗·韦里奇在一块市内空地上看到一块标牌上写着"传统小城房舍即将拔地而起"（Come Soon: Heritage Town Houses）的字样，他于是想出了传统基金会这个名字，真是再贴切不过了。[17]

在沃的世界里，技术就是敌人。唯一让他产生过兴趣的似乎是助听器——只因为助听器让他在感到厌倦的时候可以引人注目地摘掉它。相反，金里奇则谴责左派拒绝"任何通过技术创新而得到救助的希望"。当涉及外太空的时候，这种对技术的着迷则变得过度了。美国保守派愿意在那些远离地表的项目上花钱，却似乎不愿意在公共项目上花钱。在同一星期，一位"中用不中看"（eat-your-spinach）*的民主党人沃尔特·蒙代尔，对在外太空项目上花钱提出了质疑，里根则要求继续这一项目："美国人民更愿意伸手摘星，而不是伸手找我们不这样做的借口。"[18] 小布什不允许小小的预算问题阻止美国把人送上火星的计划。

美国保守主义有一种彻底反叛的优势。英国保守党人奥克肖特认为："做个保守派……是喜欢熟悉的东西甚于陌生的东西，喜欢尝试过的东西甚于未曾尝试过的东西，喜欢事实甚于神秘，喜欢实际的甚于可能的，喜欢限制甚于无拘无束，喜欢近的甚于远的……喜欢便利的甚于完美的，喜欢现在的欢笑甚于乌托邦的天堂。"[19] 美国保守主义几乎与奥克肖特的信仰背道而驰，它是一种微微带着乌托邦主义的行动主义哲学。别再说要学会忍受现在的不完美，美国保守派不可能眼睁睁看着不完美而无动于衷。金里奇曾经提醒人们，"追求幸福"这个短语包含一个主动动词，这个动词"不是幸福的标记，不是幸福的部分，也不是幸福疗法，而是'追求'"[20]。

美国保守派坚信人类把世界改造得更好的能力，他们不赞同旧保守主义优先关注限制和稀缺的做法。在1984年俄亥俄州的竞选中，里根谴责蒙代尔为人们提供的是"一个悲观主义的未来、恐惧和限制的未来"[21]（在美国，几乎所有有关如何应对有限资源的聪明观点都存在于左派阵营）。美国一些最具共和党色彩的地区也最缺乏热忱——那些地区是纯粹靠人类的意志力从严苛而缺乏宽容的自然那里拯救出来的。如果奥克肖特不是生活在伦敦，而是生活在得克萨斯州的韦科市，那么他可能会重新思考一下喜欢现在的欢笑甚于乌托邦的天堂的想法。欧文·克里斯托尔指出，当他出版奥克肖特美国版的《政治中的理性主义》（*Rationalism in Politics*）一书时，该书只卖出了600本。[22]

如果说美国保守主义是旧世界信仰或其他信仰的一个子项，那是不得要领的，它们已经糅合成某种新的、美国的东西。我们认为，美国保守主义的主要成分——超

---

*　eat-your-spinach指对人有益，却不太好看、好吃、好听、好玩的事物。——译者注

传统主义和个人主义——是相当特殊的。但是，真正使美国保守主义明显不同于其他信仰的，是这两种元素糅合在一起的方式。

强硬右派的缺席

我们有必要补充说一下美国保守主义例外论的最后一个方面，即极右派的边缘化，连美国自由派都应对此感激不尽。主流的美国保守主义在许多方面都要比欧洲保守主义更加极端，它更加严厉、更加民粹主义、更加愿意同热情赞成持枪权的人和反制政府的活动分子打情骂俏。然而，在控制激进右派方面，美国比欧洲——尤其是欧洲大陆——做得更加成功。

20世纪50年代，理查德·霍夫施塔特（Richard Hofsadter）对"美国政治中类似妄想狂的作风"忧心不已。然而，这种"类似妄想狂的作风"却从未在美国导致欧洲式的法西斯主义运动。欧洲人习惯性地指责小布什是右派极端主义者，然而小布什从未与持标准激进右派意识形态的人打过交道。他赞成移民，（按照欧洲温和保守派的标准）甚至可以说是疯狂地赞成移民。在小布什首次重要的外交政策演讲中，他警告说，屈服于"建立傲慢的保护主义和孤立主义城堡"诱惑，将是通往混乱和停滞的捷径。[23] 他的政党远远没有反犹主义的色彩，倒是因为极端地亲以色列而受到批评。

毫无疑问，美国确实产生了一场有力的民兵运动，它既使这个国家对政府充满敌意，又使这个国家对枪支的痴迷达到了极端疯狂的地步。类似妄想狂的东西确实周期性地支配了共和党中的某些元素，这一点只要想想麦卡锡主义和对克林顿的疯狂仇视即可发现。然而，总的来说，美国的两党制既成功地使极右派被边缘化了，又使极左派失去了威力。

美国严厉的右派中最具暴力的成分——民兵运动——正急剧衰落。按照追踪民兵组织活动的美国南方贫困法律中心（Southern Poverty Law Center）的数字，民兵组织的数量从1996年的858个减少到2003年的143个，并且这些剩下的团体也只是它们以前的影子而已，方向不明，缺乏组织。例如，曾吸引蒂莫西·麦克维（Timothy McVeigh）和特里·尼古拉斯（Terry Nichols）参加其会议的北密歇根州地区民兵组织（the Northern Michigan Regional Militia），由于没有一个成员有足够的军事经验来领导林中的训练演习，因此在2001年解体了。周围都是自动武器、罐头食品和瓶装水，许多民兵组织成员厌倦了那场从未发生的革命。"千禧危机"（Y2K）*未能导致西方文明的崩溃，这对民兵组织是个沉重打击。

民兵组织的急剧衰落似乎与新纳粹活动的微幅上升相一致。美国南方贫困法律中心承认，现在美国有700个仇恨组织、10万成员，数量居20年来之首。[24] 然而，美国的新纳粹运动却不像听起来那么恐怖，它的领导人老迈虚弱，并且已遭到了一连串的法律打击。大多数估计显示，新纳粹运动的支持者在德国、匈牙利、波兰、捷克共和国和瑞典等国的比例高于美国。据报道，1/10的瑞典年轻人听极端种族主义"白人力量"（white power）的音乐。在几乎每个欧洲国家，都有类似这样的运动——平头党、本土主义党、反犹党。

借用最近一本书名而来的极右派组织"仇恨传教士"（Preachers of Hate）已在欧洲的选举中取得了比在美国更大的成功。[25] 2003 年，瑞士人民党赢得了26.6%的选民票，使之在国会下议院中拥有的席位比其他三个主流政党中的任何一个都多。该党的一幅竞选海报上展示的是一副黑人面孔，标题为"瑞士正变成黑奴的天下"。在法国政治中，让-马里·勒庞（Jean-Marie Le Pen）的国民阵线依然是一股相当可观的势力。该党在2002年的第一轮总统选举中赢得了18%的选票，从而使勒庞得以与雅克·希拉克进行最后的决选——后者轻而易举地赢得了胜利。乔戈·海德（Jorg Haider）的自由党在奥地利大选中名列第二，赢得了27%的选票，并成为奥地利执政联盟的成员。在荷兰，右派无党派政治家皮姆·弗泰因（Pim Fortuyn）担心，穆斯林正在破坏这个国家宽容的传统，他也在民意调查中名列第二——尽管是在死后。在意大利，西尔维奥·贝卢斯科尼让前法西斯主义党的领导人吉恩佛朗哥·菲尼（Gianfranco Fini）在他的政府中占有一席之地。相反，近些年来美国最右派的总统候选人帕特·布坎南（他当然要比勒庞和海德都温和）在2000年的总统选举中只赢得了0.5%的选票。

那是一个他们自己的乌托邦

英国历史学家刘易斯·内米尔（Lewis Namier）曾写道："政治思想最重要的是潜

---

* Y2K，即 Year 2000 Problem，计算机识别危机。——译者注

在的情感，而思想之于音乐只是歌词而已，经常还是劣质的。"人们能找出无数的意识形态原因来说明，为什么美国保守主义不同于世界其他地方的保守主义。但是，在许多方面，保守主义关乎本能而非理性。现代美国保守主义的特点之一是，那些具保守主义思想的美国人有种倾向，即他们偶尔会发现一些集中体现其信仰的结构。在这种发现中，他们甚至没有认识到自己行为的激进主义色彩。没有什么地方比在快速增加的计划性社区里，能够更好地听到美国保守主义的音乐。

离开亚利桑那州的菲尼克斯市，朝北驶上I-17号州际高速公路。沿途会经过写着"幸福谷路"（Happy Valley Road）和"轻松高速公路"（Carefree Highway）字样的路标，但是有块路标却让人觉得有些不祥，上面建议人们不要随便让人搭车——因为旁边是一座联邦监狱。最后来到了一块写有"德尔韦伯公司修建的安泰姆镇"（Anthem by Del Webb）字样的标牌处。安泰姆镇感觉更像是豪华的度假胜地，而不是一个镇。镇里有一个带迪士尼式水滑道的水上公园、一条儿童铁路、闲步的小道、网球场、一堵攀岩墙、两个高尔夫球场、几个洁净的公园、一个超级购物市场、两个教堂、一所学校以及为那些寻求更多安全感的人准备的安泰姆乡村俱乐部（the Anthem Country Club）——一个封闭式（且有人看守的）社区。

安泰姆镇计划有1.25万个住家，于1999年投入使用。镇上的房舍道路看起来非常干净。之所以如此，原因之一就是每个在安泰姆镇买房的人都必须遵守一些契约、条件和限制（convenents，conditions and restrictions，CC&Rs）——从房子的颜色到可否在屋外的街区上停车（不可以），CC&Rs对一切都可以进行约束。安泰姆镇上似乎都是白人，建筑工人明显例外，但是，安泰姆镇当然也不是一片排外的富人飞地。情况远非如此。这里房子的起价明显很适中，为15.5万美元，连安泰姆乡村俱乐部的居民也很难称得上豪华。他们总是因这些规则而感到好笑，并把这些规则看作是房价的一部分，就像每天往返菲尼克斯市上班一样。为什么年轻母亲会来到这里呢？"因为这里安全，因为这里有活动，啊，因为这里像我们。"

事实上，安泰姆镇并非反潮流而动，而是顺应潮流。在美国许多迅速发展的地方，尤其是在南方和西部，这样那样"总体规划的社区"正推动着它们的发展。在大城市里，半数的新屋销售是在协会管理的社区中。总共有4 700万人——1/6的美国人——居住在23万个社区中的1 800万所房屋中，他们每年所支付的费用达350亿美元。现在，这一行业正在为7 000万即将退休的婴儿潮一代准备住所。

不能说这些协会都是保守的。事实证明封闭式社区对黑人说唱歌手［在路易斯安那州的巴吞鲁日市（Baton Rouge）］和同性恋者［在佛罗里达州的曼尼托巴斯普林斯市（Manitoba Springs）］都具有吸引力。即便是退休者居住的社区，也比起初看起来更加生气勃勃。2000年，在与亚利桑那州安泰姆镇相邻的太阳城西镇（Sun City West），有好些人抱怨在户外做爱的男女，而那些冒犯者的平均年龄是73岁。[26] 狗和栅栏虽然很普遍，但只有大约800万人生活在有大门的社区里。不过基调是保守的。计划性社区日益成为共和党的堡垒（安泰姆镇投票支持共和党的人数差不多是民主党支持者的两倍），还体现了对政府的敌意。有时候，这种敌意是明白无误的。在内华达州，有个55英亩大名为前准星镇（Front Sight）的地方，正被建成热烈支持持枪权者的城市，其街道即以"第二修正案路""责任感路"这样的名字命名。［这些人在那里买上1英亩的土地就可以终生使用规划好的12个靶场、1挺乌兹冲锋枪和1次非洲狩猎旅行。］更为普遍的动机则是分离，即渴望建立社会中的社会。许多生活在计划性社区里的人非常不信任政府。最常见的担忧是安全，因此就有了那些社区大门——尽管并无很多证据表明，封闭性社区比非封闭性社区更加安全。也有对教育、医疗保健、交通等问题的担心——担心所有由公共部门提供的东西。社区居民经常自己征税来提供一般由国家提供的服务，有些居民不情愿地出钱出力来维护道路、人行道和街灯，照料公园，提供安全保障。

20世纪70年代，社区协会在加利福尼亚州的快速增加并非偶然，因为同时期通过的《13号提案》削减了地方政府的税收。协会的增加也与私立学校和私人保镖数量的增加同步发生。现在，南加利福尼亚州私人保镖的数量是"公共"警察的4倍。美国中产阶级中放弃国家的人日益增多，他们把家安在私人道路旁，送孩子上私立学校，在私人俱乐部里打高尔夫球。当一切都由私人提供的时候，为什么还要麻烦自己去支持公共服务呢？有些较老的封闭式社区投票禁止公立学校进入。CC&Rs代表的是一种私人化的法制形式。许多社区只对房屋如何出售进行约束，但是，约束的条条框框正变得越来越多。对狗的最大重量——通常是30磅——的规定日益普遍。CC&Rs胜过大量的地方性法律（例如按照财产出售的合同法律）。更具强大影响力的是，社区能够规定什么人才可以进来居住。许多退休者居住的城镇要求每所房屋中至少有一人年逾55岁，并且不允许儿童入住。

这种安泰姆镇式的分离主义乌托邦的扩散，可能会给美国带来各种各样的社会问题。穷人被迫继续住公共房屋、上公立学校、乘公共交通，他们该怎么办？但他们同样是保守主义基层战士的繁殖力所在。这不仅是一个关乎私利（既然自己的孩子上私立学校，为什么要为公立学校埋单？）的问题，还是一个关乎意识形态的问题。虽然美国自由主义与政府纠缠在一起，但是，住房市场增长最快的部分是基于与政府分离的思想，那才是该让希拉里真正绝望的阴谋——使美国保持保守的阴谋。

一种完全美国式的信仰

美国保守主义不仅是保守主义，而且是美国式的，这一事实很重要。就像移民一样，保守主义在美国已经被彻底同化了，以至于它的欧洲亲戚已经再也认不出它来了。美国保守主义特别吸收了该国最为普遍深入的三个特点：乐观主义、个人主义和对资本主义的简单信仰。在吸收这三种思想的同时，它却丢弃了——或者说忘记了——欧洲保守主义一些最根本的信仰：怀疑主义、悲观主义和对社会等级的信仰。

1890年，弗里德里希·恩格斯认为，美国保守主义的成功是因为它免受封建主义的束缚。他认为，"美国是纯粹的资产阶级国家，甚至没有封建主义的过去，并且以自己纯粹的资产阶级制度而自豪"[27]。今天欧洲的保守主义政党，更可能把自己打扮成社会民主党而非封建主义政党。但是今天的美国保守派依然是"纯粹的资产阶级"，并且正像19世纪90年代那样，对资产阶级的社会组织感到自豪。这解释了他们与欧洲保守派之间存在的差别并持续获得成功的原因。

此时的美国尤其处于一种党派纷争的情绪之中，畅销书榜上都是党派性的长篇大论，政治领袖则几乎都把对手称作叛徒。但重要的是要记住，这些怒火中烧的派性分子之间的共性却比他们自己意识到的要多。我们目睹了保守主义被可称为美国主义的东西所改造，现在，我们要来看看这股力量如何改造自由主义。

注释

[1] Paul Waugh, "New Rights for Gay Couples Divide Conservative Party," *The Independent*, December 7, 2002.

[2] 欧文·克里斯托尔是首先指出这一点的人之一，参见 Irving Kristol, *Neo-Conservatism: The Autobiography of an Idea* (New York: Free Press, 1995), pp.377–378.

[3] 约翰·米克尔思维特是中间偏右的智库"政策交换"(Policy Exchange)的一位主任，可惜没有报酬。

［ 4 ］ E. J. Dionne, *Why Americans Hate Politics: The Death of the Democratic Process* (New York: Simon & Schuster, 1992), p.173.

［ 5 ］ George H. Nash, *The Conservative Intellectual Movement in America Since 1945* (Wilmington Del. : Intercollegiate Studies Institute, 1998), pp.181–182.

［ 6 ］ Kristol, *Neo-Conservatism*, p.25.

［ 7 ］ 引自 J. Davis Hoeveler, *Watch on the Right: Conservative Intellectuals in the Reagan Era* (Madison: University of Wisconsin Press, 1991), pp.54–55。

［ 8 ］ Nash, *The Conservative Intellectual Movement in America* , pp.xiv–xv.

［ 9 ］ Lou Cannon, *Governor Reagan: His Rise to Power* (New York: Public Affairs, 2003), p.120.

［10］ Max Beloff, "Of Lords, Senators, and Plain Misters," *Encounter 68* (April 1987), pp.69–71; "An Exchange Between Max Beloff and Irving Kristol," *Encounter*69 (June 1987), pp.69 –71.

［11］ 引自 Simon Heffer, *Like the Roman: The Life of Enoch Powell* (London: Weidenfeld and Nicholson, 1998, p.961.) 。

［12］ 引自 Roger Scruton, *The Meaning of Conservatism* (London: 1998), p.xiii。

［13］ 引自 Michael Bentley, *Lord Salisbury's World* (Cambridge: Cambridge University Press, 2001), p.253。

［14］ Eustace Percy, *Some Memories* (London: Eyre & Spottiswoode, 1958), p.105.

［15］ Michael Oakeshott, *Rationalism in Politics and Other Essays* (Indianapolis: Liberty Press, 1991), p.411.

［16］ "What a Lot of Old Tosh-Lyrical Certainties from John Major ?" *Independent on Sunday*, April 25, 1993. 这一短语碰巧是摘自乔治·奥威尔的作品。

［17］ Lee Edwards, *The Power of Ideas: The Heritage Foundation at 25 Years* (Ottawa, Ill. : Jameson Books, 1997), p.10.

［18］ Cannon, *Governor Reagan: His Rise to Power*, p.120.

［19］ Oakeshott, *Rationalism in Politics*, p.409.

［20］ 引自 E. J. Dionne, *They Only Look Dead: Why Progressives Will Dominate the Next Political Era* (New York: Simon & Schuster, 1996), p.271。

［21］ George Will, *The New Season: A Spectator's Guide to the 1988 Election* (New York: Simon & Schuster, 1988), p.61.

［22］ Kristol, *Neo-Conservatism*, p.377.

［23］ 乔治·W. 布什,《特点鲜明的美国国际主义》(*A Distinctly American Internationalism*),1999 年 11 月 19 日在加利福尼亚州西米谷(Simi Valley)罗纳德·里根图书馆的讲话。

［24］ "The Perils of Recycling," *Economist*, August 30, 2003.

［25］ From Angus Roxburgh, *Preachers of Hate: The Rise of the Far Right* (London: Gibson square Books, 2002).

［26］ "Retirement Center Having Sexual Issues," *Dayton Daily News*, June 3, 2003.

［27］ Engels to Sorge, February 8, 1890, in *Selected Correspondence*, p.467. 引自 Seymour Martin Lipset and Gary Marks, eds., *It Didn't Happen Here: Why Socialism Failed in the United States* (New York: W. W. Norton, 2000), p.21。

第十五章
自由主义退潮时忧伤而经久不息的轰鸣

　　马修·阿诺德（Mathew Arnold）在他那首伟大的诗歌《多佛海滩》（*Dover Beach*）中感叹，尽管维多利亚时代的英国到处是对基督教信仰信誓旦旦的人，宗教本身却在退潮：

> 信仰之海啊，
>
> 曾几何时，大潮涨满，
>
> 遍布整个世界，
>
> 飞舞彩带，闪耀光环。
>
> 可是现在，还能听到什么？
>
> 只剩下悲伤悠长的呼喊，
>
> 潮声退落成晚风的呜咽。

　　过去30年，美国政治生活背景的曲调就是自由主义退潮时忧伤而经久不息的轰鸣。为了避免混淆，我们所指的自由主义并非本书中所谈论的古典自由主义，而是在美国支持大政府的各类观点。毫无疑问，这样左倾的自由派虽然存在于现代美国，却在全国迷失了方向。事实上，正是因为缺乏强有力的左派运动，才使得美国成为如此例外的一个地方。一旦关注一下在左派身上发生的事情，就会发现右派的胜利是多么明显、多么彻底。

　　美国的左倾派还足够多。1984年，就连虚弱不堪的沃尔特·蒙代尔都赢得了41%的选票。此外，美国许多最重要的领域还是受到自由派的控制，其中包括大学、媒体以及吸引大多数外国参观者的沿海城市。甚至许多保守派都承认，从西洛杉矶布伦特伍德（Brentwood）到纽约曼哈顿布利克街（Bleecker Street），这些城市中的较好地段，以及从旧金山金门桥北面的索萨利托市（Sausalito）到美国东海岸的科德角（Cape Cod），大量令人神往的度假胜地，以及身材火辣之人的聚集地，都由自由派掌控（尽管右派反对许多东西，但从身材上看，他们显然无法拒绝"再来一份"的诱惑）。自由派力挺迈克尔·穆尔冲上畅销排行榜的榜首，并在2004年的总统竞选中把霍华德·迪安推到了民主党候选人的前排位置。

在一个重要的政治领域中，民主党变得更自由了。就像20世纪70年代以来国会共和党人变得更保守了一样，国会民主党人向另外一个方向倾斜了。1972年，美国保守派联盟给国会众议院民主党人打的平均分是32分，到2002年则只有13分（见附录）。1972年，佐治亚州、弗吉尼亚州和密西西比州的迪克西民主党人的平均得分分别是83分、84分和90分，比大部分东北部共和党人的得分都高。现在，只有肯塔基一州的民主党人平均得分高过41分，而那还是因为该州唯一的国会众议院民主党人肯·卢卡斯（Ken Lucas），除了头衔是民主党人外，其他一切都是共和党人——他赞成持有枪支，反对堕胎，赞成烟草使用——因而得了84分。（他豁达地匆匆离开了2000年的洛杉矶民主党全国大会，因为不希望成为破坏"党的团结"的人。）[1]

迟至20世纪80年代，南方保守派依凭借资历占据着民主党统治集团中许多最有权势的位置。如今，他们已被美国大陆东西两岸典型的自由派所取代，如众议院少数党领袖南希·佩洛西（Nancy Pelosi）——我们将在本书的结束语部分关注她所在的旧金山选区。在参议院，自由主义的雄狮泰德·肯尼迪可能是最有权势的民主党参议员。他于1962年首度当选为参议员，如今，他在参议院的资历仅次于另一位老资格的民主党人罗伯特·伯德（Robert Byrd）。加州大学圣迭戈分校的加里·雅各布森（Gary Jacobson）分析2002年结束的美国第106届国会的投票行为，认为那是第一次世界大战之前以来在意识形态上最为分裂的一次选举。[2]

国会中不断加剧的党派色彩充分反映了美国不断加剧的分裂状况。右派有自己所仇视的希拉里·克林顿之类的人物，左派也同样有自己所仇视的人物。许多现代民主党人不仅仅与小布什道不同，他们还厌恶与小布什有关的一切——从他那尼安德特人式的观点，到他那自鸣得意的傻笑。根据截至2003年9月的111次民意调查，小布什在民主党人中得到的平均赞成率是51.7%，共和党人对他的平均支持率是94%，但这种数据是受"9·11"事件的影响而产生的结果。2001年9月11日之前，他在民主党人中的平均得分只有微不足道的30%，而共和党人对他的平均支持率也只有89%。[3]"9·11"事件的光环一消失，鸿沟又回来了，并且急剧加深。2003年夏，小布什一如既往地得到90%的共和党人的支持，可民主党人对他的支持却跌落到16%，这两个数字间的党派鸿沟比克林顿当年的差距还大。[4]

因此，毫无疑问，美国存在大量的自由派；同样毫无疑问的是，自由派竭尽全力要使共和党下台。但是，自由主义作为一种占支配地位的哲学已经死亡，美国自由主义成功的基础是有能力解决问题。"新政"不仅解决了大萧条问题，而且为行动主义的政府建立了自己的选民基础。到1952年，注册登记民主党的人数是共和党的2倍。按照富兰克林·D.罗斯福最亲密的顾问之一哈里·霍普金斯的说法，他所在的政党已经发现了永久掌握权力的完美公式：征税复征税，花钱复花钱，选举复选举。但是过去的30年里，这个公式正在失效。美国人既不再像20世纪60年代那样，也不像依然故我的欧洲人那样，围绕在行动主义政府的旗帜之下。我们目睹了那些认为可以依赖政府做正确事情的美国人，人数不断下降。（1994年，马里兰州蒙哥马利县的一位民主党官员甚至宣布一项计划，要从官方的用语中去掉"政府"这个词，因为这个词既"令人不快"，又"傲慢无理"。[5]）我们也目睹了比尔·克林顿是如何摧毁政府项目的。[6]

美国自由派突破瓶颈的任何希望都受到了可被称为"2/3规则"的限制：如今只有1/3的美国人贴着民主党的标签，而在这1/3的民主党人中，又只有1/3把自己描述为自由派。[7]（相反，2/3的共和党人说自己是保守派。）虽然新民主党人已经在新墨西哥、亚利桑那和堪萨斯等保守州取得了州长席位，但是取胜之道是牺牲祖传的自由主义——他们的话听起来像巴顿将军一样粗暴，像沃尔玛一样主流。亚利桑那州州长珍妮·那波里塔诺（Janet Napolitano）和堪萨斯州州长凯瑟琳·西贝利厄斯（kathleen sebelius）对教育和财政问题提出了切合实际的解决办法；在新墨西哥州，比尔·理查森（Bill Richardson）削减了该州的收入税和资本增值税；而在密歇根州，州长珍妮弗·格兰霍姆（Jennifer Granholm）坚持了自己"不增加新税"的誓言，并在遭遇内乱时以坚定的姿态进行打击；田纳西州新任州长菲尔·布里德森（Phil Bredesen）对该州2003年预算赤字的处理方法很典型，他把各部门负责人召集起来，叫他们减少9%的开支，并且让他们在一个公共论坛上解释自己的政策。

为什么克里和迪安站在我们一边

左派对自由主义已死的悲观主义观点通常有这样的辩驳：如果民主党赢得了2004年的总统选举会怎么样呢？由于美国军队每天在伊拉克遭杀害，人们对经济安全普遍担忧，民主党当然是有可能获胜的。但是，我们的观点是保守主义是美国例外论的核心部分，难道民主党的胜利会将这个观点全部推翻吗？相反，我们认为，民主党的胜利只会立即加强我们的观点。即使一位民主党人入主白宫，美国仍将比其西方同侪更保守。

2004年民主党的提名战本身就有点像"潮声退落成晚风的呜咽"。让我们从2003年8月一个炎热的星期六下午的弗吉尼亚州福尔斯教堂（Falls Church）开始这一话题。这个郊区周围到处都是小汽车，没有谁比乔·特里皮（Joe Trippi）更开心的了。7个月前，这位资深顾问只凭7位志愿者和银行账户上的15万美元运作了一场总统竞选。为了省下机票钱，特里皮不得不让他的总统候选人独自应约去做报告。现在，在这个弗吉尼亚州的郊区忽然间有4 500人出现了，并且一上午在互联网上就有35万美元进账。

前佛蒙特州州长霍华德·迪安的迅速崛起是数年来美国政治中最激动人心的事情之一。标新立异者在初选中给一路领先的候选人带来困扰，并不罕见。约翰·麦凯恩2004年在新罕布什尔州的表现就激动人心。这一次迪安使自己变成了一路领先的候选人，到8月的时候，他在新罕布什尔州领先主要的当权派候选人约翰·克里21个百分点，募集到的款项比任何候选人都要多。到12月的时候，他募得了4 000万美元的款项，更不用说还得到了阿尔·戈尔和数个美国最大工会的支持。

迪安的反叛是两股力量强有力的证明。第一股是互联网的力量，他以此来聚集志愿者和钱款；第二股是民主党内自由派活动分子的力量。迪安盗用了已故参议员保罗·韦尔斯顿（Paul Wellstone）的口号，宣称自己代表"民主党中的民主一翼"，这一翼对于克里一类的民主党领导人愤怒不已，因为他同意小布什所做的一切。迪安的这种做法为民主党的中间分子所接受，简言之，他们是极度愤怒的，对"被盗的"选举感到愤怒，对减税感到愤怒，对《美国爱国法》（USA Patriot Act）感到愤怒，尤其对伊拉克战争感到愤怒。迪安一吹响反对那种矛盾做法的号角，就有一支大军在身后支持他。

霍华德·布拉什·迪安事实上是一个非常奇怪的美国自由主义的拥护者。他的身世背景与小布什相似（小布什的祖母是迪安祖母出嫁时的伴娘），父亲是华尔街的银行家和忠实的共和党员（年轻的迪安首次全国性的政治经历，就是在1964年参观提名了巴里·戈德华特的共和党全国大会），他是在日落大道和长岛长大成人的，在普雷斯科特·布什上过的圣乔治寄宿学校和耶鲁大学接受教育。

迪安曾在美国最自由主义的佛蒙特州担任了11年州长，按照欧洲人的标准，这位学医出身的政治家很难说得上是左派人士。作为一位实用主义的新民主党人，他不断地支持工商界的利益，反对不负责任地增加开支，谴责福利领取者缺乏自尊，并且花大量精力钳制当地的极左派。[佛蒙特是少数几个极左派州中有真正政治势力的州之一，伯尼·桑德斯（Bernie Sanders）是该州唯一一位社会主义国会议员。] 在文化问题上，迪安同样保守。他因为支持佛蒙特州允许非公开携带枪支而赢得了美国步枪协会的高支持率，还在连共和党州长都表示疑虑时，转而拥护死刑。

即使是在那反叛性的总统竞选期间，他也依然忠于他的一些保守主义原则。他把自己兜售为"赤字鹰派"和"平衡预算的死敌"。他自豪地声称，要做一个"把邦联旗帜插在小货车上"的候选人——尽管后来由于受到对手猛烈的批评而撤回了这些话。与希拉里1994年的计划相比，他的医疗保健计划更多地由市场来决定，并且比迪克·格普哈特（Dick Gephardt）2004年的计划低廉得多（他的计划是880亿美元，格普哈特的计划是2 140亿美元）。在外交政策方面，他提醒支持者，是的，他反对伊拉克战争，但他立即补充说，他既支持第一次海湾战争，也支持在阿富汗进行的战斗。在福尔斯教堂，他许诺说，将美国军队派往"世界任何一个地方以捍卫美国的利益"时，他将"不会有任何犹豫"。迪安说，美国有权利对拥有大规模杀伤性武器的"流氓政权"所制造的威胁进行先发制人的攻击，只是他认为伊拉克没有这样的武器。

这个推动左派美国前进的人对所有问题所持的观点在欧洲政治中连中间偏左派也够不上边。按照欧洲的标准，他是以色列的坚定支持者。[8] 他反对《京都议定书》，支持对利比里亚的干涉，嘲讽小布什对沙特阿拉伯不够强硬。实际上，迪安认为自己在30年前会是一个艾森豪威尔式的共和党人，他对《纽约时报》说："说我是竞选中最进步的候选人，大老远到这里谈论平衡预算和私人部门管理的医疗保健体系，这真是一种悲哀。我在克林顿支持三方分担医疗保健费用之前，就已是如此了。灵魂深处，我是一个温和派。"[9] 一位在艾奥瓦州为迪安效力的年轻瑞典裔支持者说，在他瑞典的家乡，他支持的候选人将被看作是一个"中庸的保守派"。

迪安使自己变成了民主党左派的斗士，他靠的不是全面放弃自己的中庸观点，而是靠在两个两极化的问题上对小布什政府的有效抵制，即反对伊拉克战争并下决心抵制小布什的减税。迪安的戈德华特式的决心——提供选择，而不是随声附和——把大多数当权派民主党候选人有力地拉向了左边。克里恰恰是当权派的具体体现，他说美国最不需要的就是出现一个"第二共和党"。来自北卡罗来纳州的参议员约翰·爱德华兹（John Edwards）通过增加保护主义而振兴了阿尔·戈尔的迪克西化的民粹主义。好老头儿鲍勃·格雷厄姆（Bob Graham）平常是参议院文明礼仪的模范，却在因缺少资金而出局之前突然谈起了对小布什的弹劾。韦斯利·克拉克将军（Wesley Clark）加入了伊拉克战争问题上的喧嚷之中，只有乔·利伯曼（Joe Lieberman）坚决反对这股左派风潮。

迪安被提名一度显得轻而易举。数以千计的年轻志愿者步行在艾奥瓦州和新罕布什尔州的高速公路和羊肠小道上，集聚迪安的支持者并传播自由主义复兴的消息。《国民评论》在封面上呼吁"请提名他吧"。但是，当选民把注意力从发泄怒火转向选择一位能够击败小布什的候选人时，他们大规模地撤回了自己对迪安式愤怒的自由主义的支持。1月中旬，盖洛普民意调查发现，只有1/4的民主党人希望政党提名一位"自由派"。[10] 随着艾奥瓦州干部会议的临近，迪安对小布什外交政策的坚决反对开始于其不利。由于他拒绝承认抓获萨达姆·侯赛因对美国安全有任何改善，加上他坚持认为只有在审判（可能是国际审判）之后，奥萨马·本·拉登才可被宣布有罪，从而使人们更加相信，民主党又在重犯1972年的老错误，选择了一个麦戈文。

艾奥瓦州的干部会议使"民主党中的民主一翼"蒙羞。迪安排名第三，不仅落后于克里，也落后于像克里那样投票支持伊拉克战争以及拒绝取消大部分小布什减税内容的约翰·爱德华兹。大吵大闹之后，4/5参加艾奥瓦州干部会议的人都支持那些至少投票授权美国向伊拉克开战的候选人。当晚的第二名受害者要是一位著名的自由派——尽管这次他代表的是蓝领工人而非校园左派。迪克·格普哈特曾坚持建立保护主义壁垒的民粹主义信念、提高医疗保健的公共开支、引入更高的最低工资，但排名第四令其蒙羞，这位国会议员从政治中退下来了。

与迪安在艾奥瓦州所遭受挫折相伴的是他在失败后发表的一通莫名其妙的演说。演说结束时，他发出了预言自己失败似的轻蔑尖叫，这让人更加相信，他对泄愤比当政更感兴趣。突然间，竞选由"可当选性"的问题所支配——美国自由派在想，哪位候选人最不会触怒通常比较保守的美国人呢？克里在新罕布什尔州再次获胜，从那些希望挑选一位最可能击败小布什的人那里赢得了半数选票。迪安落后这位众所周知的呆板参议员12个百分点，而在数周前自己还曾领先他20个百分点。迪安立即解雇了自己的竞选主管特里皮。

韦斯利·克拉克令人沮丧地排名第三，这对民主党的自由派一翼也是一个打击。作为一名政治新手，这位前共和党将军曾试图使自己表现得像一位能够当选的迪安式的人物，一方面炫耀自己的军旅身份（"我赢得了一场战争"），另一方面又不断取悦民主党的自由派基础。他得到了泰德·丹森（Ted Danson）和迈克尔·穆尔这样的活动分子的支持，而且尖锐地指出小布什是美国军队的逃兵，但这种指责却没有获得成功。克拉克认同的原则是，哪怕"头快从子宫中出来了"，妇女也有权选择。但是，这没能转化为选票。尽管民主党对小布什愤怒不已，但民主党的选民还是要选择一位能够当选的温和派，而不是一个意识形态的煽动者——或者说意识形态煽动者的复制品，而那位能够当选的温和派显然是约翰·克里。

自然而然地，政治迷，尤其是小布什-切尼阵营的保守派政治迷，纷纷指出这位来自马萨诸塞州资历尚浅的参议员实际上拥有比迪安更加"自由主义"的政治记录（至少在那位佛蒙特州州长竞选总统之前）。克里在20世纪70年代初以反战运动的领导人身份登上政治舞台，那时候理查德·尼克松收集了"反对"他的材料。克里曾是迈克尔·杜卡基斯手下马萨诸塞州的副州长。作为参议员，他在所有问题上都支持自由派的观点——从禁止晚期堕胎到死刑。他甚至违反美国人天赐的廉价煤气权利，倡议增收50美分的煤气税，他还表现得"不爱国"，要求削减美国联邦调查局的资金，限制美国中央情报局。著名的自由派评估组织"美国民主行动"（Americans for Democratic Action）对克里的支持率（93%）比泰德·肯尼迪（88%）还要高。共和党全国委员会主席埃德·吉莱斯皮哭笑不得地说："谁会想到，泰德·肯尼迪是来自马萨诸塞州的保守派参议员！"其他共和党人强调，克里是民主党内欧洲一翼的另一位代表，他们甚至觉得他的长相令人生疑——"有点像法国人"。2003年8月，众议院多数党领袖汤姆·迪莱对一群欣喜的"大学共和党人"的成员说："早上好（Good morning），或者按约翰·克里的说法，'早上好'（Bonjour）。"

在2004年的整个竞选中，罗夫的随从对克里进行了此类指责——要比这还多得多——企图把他描绘成杜卡基斯第二。就某种程度而言，他们显然是成功了。但是，给克里贴上自由派标签需要从两个方面来入手：第一，他通过把自己表现为替代迪安的中间派来赢得民主党提名。他投票支持伊拉克战争，并认为至少要部分保留小布什减税的内容。当迪安这位佛蒙特人说美国不会永远拥有世界上最强大的军队时，克里猛烈地攻击他，质疑他是否适合担任美国军队的总司令。他说自己的政治更多地归功于泰迪·罗斯福的"让我们使市场公平"的传统，而不是左派民粹主义。[11] 如果迪安这位曾经的中间派在政治舞台上通过把民主党拉向左边而引人注目的话，那么克里这位马萨诸塞州的副州长则因把该党拉回到中间而赢得了提名。

第二，克里"中尉"通过强调他的军人履历来与小布什竞争，而根本不提自己过去是反战者。他不断地提醒人民，自己是一名出色的越战老兵，曾在湄公河三角洲冒着生命危险营救战友，他的同志们甚至在波士顿民主党大会上介绍这一事迹。他认为，现任政府之所以如此热衷于战争，其中一个理由就是该政府到处都是"纸老虎"(chicken hawk)，他们是越南战场的逃兵。当他吹嘘说自己"的确了解航空母舰"时，他得到了在各地竞选演讲时最响亮的掌声。但总统竞选不仅仅是打击小布什那么简单，克里需要显示他能足够严厉地应对一个有着恐怖主义和"流氓国家"的困难重重的世界。他不会像小布什政府那样轻率地派人上战场，但是只要他认为是为了美国的安全，就会毫不犹豫地这样做。

克里在竞选过程中有消防队员和退伍老兵环绕在身边，而消防队员和退伍老兵恰恰是完全美国式阳刚气的具体体现。克里强调他热衷冰球、冲浪和打猎等男性运动，这种嗜好甚至连英国保守党影子内阁成员尼古拉斯·索姆斯（Nicholas Soames）那一派看来，都会觉得有点冒险。[12] 他热情地向《华盛顿邮报》说："我喜欢鸽子，你把鸽子洗干净，风干，一顿饭要吃三四只鸽子。你可以在野餐时吃凉的烤鸽子。"[13] 然后他开始详细描述如何准备鹿肉（先把鹿的心脏和内脏取出，然后把鹿肉割下来）。

事实上，就像迪莱所暗示的那样，很难想象欧洲人会错误地把克里看成是左派（或者错误地把他看成是一个法国人），因为他们根本不会把克里看作是志趣相投的人。克里一刻不停地告诉人们，他会毫不犹豫地处死恐怖分子，并且还有一个名单，上面列着一串小布什威胁得不够的国家。自从越南战争以来，克里曾支持大部分美国的军事行动——波斯尼亚、科索沃、巴拿马、索马里、海地，当然还有伊拉克战争。

克里还有一件事情让欧洲人印象深刻——非常多的个人财富。美国参议院里有钱人比比皆是，而克里则名列前茅。他是新英格兰地区的贵胄子弟［他的中间名字是福布斯（Forbes）］，妻子特丽莎·海茵茨·克里（Teresa Heinz Kerry）从她第一位丈夫约翰·海茵茨三世（John Heinz Ⅲ）那里继承的财产超过5亿美元。海茵茨三世是位共和党参议员并且是番茄酱财富的继承人*。克里在一所瑞士寄宿制学校念书，之后上了圣保罗寄宿学校，后来去了耶鲁大学（克里在那里加入了"骷髅会"，和布什家族一家三代一样）。在总统选举最艰难的日子里，他将波士顿的房子抵押了600多万美元，以使竞选顺利进行。欧洲社会党完全由辛勤劳作、满手起茧的人的子孙组成，建立至今已经有了很大的改观。但是，这些政党没有哪个是由坐拥5亿美元的学院派亿万富翁来领导的。

这种身世背景可以解释为什么克里实际上属于一种奇怪的自由派。更进一步考察他的投票记录就会发现，他对事业的激情似乎与老布什对保守主义的激情相似——那只是达到目的的手段。他在和左右两派联系不多的情况下选择了右派，或者更确切地说是选择了左派。他既不像候选人克林顿在20世纪90年代那样，试图重新思考自由主义，也没有充满热情地认同自由派的任何事业。相反，他与主要左派利益集团之间的关系与老布什非常相似——不动声色地保持忠诚，虽然偶被反对声中断，但随后立即会让自己的忠诚回归。例如，克里曾在20世纪90年代批评教师工会阻止改革，要求结束"我们所知的"教师职位保有权；克里还一度对少数族裔说：平权法案不再是一个伟大进步的改革运动了。这位雄心勃勃的参议员在这两件事情上都灰溜溜地向后退缩了。

的确，越是从国际角度关注2004年寻求总统职位的民主党人，就越会发现他们似乎不像是左派。任何一个领先的候选人都可能会像迪安一样，说自己更像艾森豪威尔式的共和党人，而不是充满活力的自由派。他们中没有一个人提议大规模地扩大政府，大多数人兜售的肯定比迈克尔·杜卡基斯更右，更不用与麦戈文相比较了。另一位千万富翁爱德华兹从他的律师同行那里得到了大部分的财政支持，并且强调自己对南方白人的吸引力。利伯曼更右，他是一个宗教道德论者，谴责克林顿通奸，支持伊拉克战争，甚至还一度为学券制摇旗呐喊。克拉克在新罕布什尔州的严酷环境中变成

---

* 海茵茨三世的先辈创建了著名的亨氏食品集团，旗下主要产品是以番茄酱为代表的调味品。所以作者在此将他称为"番茄酱财富的继承人"。——译者注

了左派民主党，而此前他曾是个共和党人。他夸耀说投了里根的票，并且直到2002年，他还发表演讲称赞小布什，鼓励人们支持老大党。（很难想象欧洲任何中间偏左的政党会因为其领导人而求助于军队。）

就连美国自由主义2008年最后的希望——希拉里·克林顿——似乎也开始回归中间路线，她可能依然是左派的"热情之花"（La Pasionaria）*，但是，自从凭自身能力进入政坛以来，她已经悄悄地改变了自己的调子，放弃了亲巴勒斯坦人的立场，大声赞成严厉的福利政策，并且把自己打扮成鹰派的样子。在参议院里，她没有继续在她的老地盘卫生福利委员会任职，而是聪明地加入了美国参议院军事委员会（Senate Armed Services Committee）。她利用这一地位来支持反恐战争，而非削弱之。在伊拉克战争最困难的时刻，唐纳德·拉姆斯菲尔德来到该委员会召开闭门听证会，这位前第一夫人给了他最强有力的支持。她还高调地去看望驻阿富汗和伊拉克的美国军队，就连她那自作多情的传记也可被解释成是为了竞选的需要。这个先前嘲笑烤甜饼太太的人现在不厌其烦地要人们相信，克林顿的婚姻是一宗传统婚姻，而不仅仅是某种政治利益的结合，她还谈到她的卫理公会宗教信仰以及对巴里·戈德华特的感情。希拉里像克里和其他人一样，都知道可选性（electability）很重要。

一旦掌权会怎么样呢

从竞选上看，约翰·克里很难说是一位形成中的"欧洲式"总统。但我们还是再细想一下，假如他赢了，他定会尝试向左偏转。一个真正的自由派克里总统会有什么作为呢？肯定微乎其微。

对老式自由派总统最明显的限制来自国会——可以预言它仍将在共和党的控制之下。2004年，共和党在参议院中的有效多数从51∶49增加到55∶45，共和党也为自己在众议院中轻松取得的多数优势增加了少量席位。你可能会推测，如果克里当选，共和党就不会表现得那么出色了，但是，没有人真的期望国会会在2004年易手。即使是在势均力敌的参议院，民主党在2004年也有19个席位需要捍卫，比共和党多了4席。民主党有10个席位是在小布什2000年获胜的州里面，包括5个在位民主党人

---

* "热情之花"是西班牙共产党主席多洛雷斯·伊巴露丽（Dolores Ibarruri, 1895—1989）的笔名。——译者注

即将退休的南方席位，他们是佐治亚州的泽尔·米勒（Zell Miller）、北卡罗来纳州的约翰·爱德华兹、南卡罗来纳州的弗里茨·霍林斯（Fritz Hollings）、佛罗里达州的鲍勃·格雷厄姆和路易斯安那州的约翰·布鲁（John Breaux）。

试图左转的民主党总统遇到的第二个限制是金钱。2000年的选举中，用于总统和国会选举的资金估计为30亿美元，州选举则花了10亿美元，其他国家不能望其项背。在参议院赢得一席平均花费770万美元，是2001年英国工党再次当选的全部花费的一半。[14] 比起那些领导共和党的K街保守派，民主党不太迷恋向公司慷慨解囊，但区别只在五十步与百步之间而已。有时政治家能够从小额捐助者那里获得大笔金钱，迪安的反叛就是一例。但是，反叛本质上只有在打破政治常规的时候才会发生。民主党这架机器依靠的是更大额的捐助。工会当然会向民主党捐助，但是工会只在民主党的捐助者名单上排名第五，排在它之前的商业利益集团有电影名流、辩护律师、房地产商和投资银行家。除了迪安以外，民主党的发展趋势是更深地钻进公司的钱袋里。克林顿对他的党做出的一大贡献就是证明了人民的党也像共和党一样，可以有效地搜刮工商界。例如，在过去那场保险公司与辩护律师（Insurers v.Trial Lawyers）的战斗中，克林顿压榨辩护律师就像共和党压榨保险公司一样有效。

这些政治资金不可避免地要将民主党拖向右派。在大多数国家，政治通常至少会向典型的劳资双方的斗争低头；而在美国，政治在很大程度上是一部分的资本反对另一部分资本的斗争。无可否认，政治家偶尔会投票反对那些对自己更好的财务权益——就像2003年7月那样，尽管制药业砸了大把大把的钱，但国会还是投票允许重新从国外进口廉价药品——但是，公司捐助者最终是要得到回报的。1996年，克林顿政府以价值700亿美元的免费广播频谱来回报它的最大捐助者电信产业，约翰·麦凯恩把这份厚礼描绘为"茶壶山丑闻（Teapot Dome Scandal）*以来最巨额的窃取案之一"[15]。民主党人似乎只有当富裕程度达到可以用自己的钱竞选的时候，才能挣脱公司资金的束缚。因此，高盛集团的前总裁乔恩·科尔津（Jon Corzine）自掏腰包花了大约6 000万美元，在新泽西州的参议员竞选中获胜。而托尼·斯科特（Tony Scott）花的钱几乎一样多——他的钱主要来自能源业和银行业——却没能在得克萨

---

* 茶壶山丑闻发生在哈定总统执政期间（1920—1924）。内政部部长福尔于1922年把怀俄明州茶壶山和加利福尼亚州埃尔克山的海军石油保留地秘密出租给石油大亨，两笔交易都没有竞争性投标。经调查，福尔共收取了40多万美元作为促成两笔交易的"劳务费"。——译者注

斯州的州长竞选中取胜。赚这种钱的人很少会愿意对资本主义进行重新设计。

挫败自由派总统的第三股力量可被称为永久的华盛顿权势集团。无论是谁占据白宫，他们都生活在波托马克河畔。多年来，对自由派圈内权势集团的抱怨一直是右派生命的养料。但是，保守派不再是一卸任就离开首都回到企业或牧场去了。华盛顿现在是永久的保守派权势集团的家园，他们用金钱做动力，用意识形态坚定自己的意志。智库一有机会就对各种政策进行聪明的批评，博学之士在《华盛顿时报》和福克斯电视台上怒吼着说自由派过于张扬。这个保守派权势集团无情地迫害比尔·克林顿这位中间派民主党人，想象一下他们会对真正的自由派做些什么吧!

徒有虚名的自由派政党

在过去 10 年左右的时间里，多数中间偏左的政党都朝右移动了——我们目睹了托尼·布莱尔领导的英国工党的变化。然而，民主党相对于它在美国之外的同侪，议程却仍然完全是保守的。在国外，美国的这个左派政党依然对多边协议采取漫不经心的态度；而在国内，它则显然更少地卷入政府、福利和税收中，而明显更多地潜心于宗教、惩罚和枪支。如今，美国政治是一场中间右派反对右派的赛事。从国际的角度来看，现在的民主党是 LINOs——徒有虚名的自由派（Liberals in Name Only）。

美国民主党例外论最为生动的例子莫过于它在死刑问题上的立场。在文明世界，支持死刑是极端分子的特权（尤其是极端右派的特权）。欧盟拒绝接纳不放弃死刑的国家入盟。（除非是叛国罪这样的极端例子）110 个国家禁止死刑。在处刑的规模上，唯有伊朗、沙特阿拉伯和刚果与美国处于同一水平；除美国外，唯一一个支持死刑的先进国家是日本。年轻的民主国家通常会禁止死刑，以证明自己适合加入值得尊敬的国家共同体行列。纳尔逊·曼德拉（Nelson Mandela）一当上南非总统，就着手废除死刑。美国热衷死刑的做法，长期以来一直是它与其他先进国家之间发生摩擦的根源——尤其是因为它给许多被指控的人提供差劲的辩护。有份瑞士的著名报纸找到了小布什担任得克萨斯州州长时被处死的 152 名囚犯的照片，并把这些照片同小布什的就职典礼新闻放在一起；法国最著名的政治家之一雅克·朗（Jack Lang）甚至把小布什称作"杀人犯"。

为什么民主党的美国无此同感呢? 毕竟，反对死刑可以看作是美国伟大传统的一部分。1846年，当死刑在欧洲国家还很普遍的时候，密歇根州就已宣布这种做法为非法。20世纪60年代，把死刑这一野蛮的南方做法废除曾是自由派权势集团的一大目标。此外，按照许多客观标准，美国的死亡机器漏洞百出。这一制度的反复无常令人绝望，让人们对这个拥有如此多律师的政党产生反感。得克萨斯州的罪犯比加利福尼亚州的罪犯更可能被判死刑。自从1976年重新采纳死刑以来，有100多个被处以死刑的人后来被发现是无辜的。这种制度对穷人和少数族裔也存有偏见，而这些人恰恰是民主党宣称在政治上对自己有帮助的人。贫穷的被告很可能请到无能的律师。在得克萨斯州一个臭名昭著的案子中，辩护律师竟然在辩护中睡着了。另一个案子里，辩护律师被证明是兼职的，他还经营一家名为"非凡者酒店"的酒吧。

然而，几乎没有迹象表明民主党准备改变想法。按理说，自由派的约翰·克里最不含糊地反对的，除了恐怖分子应该就是死刑了。但是，作为总统候选人，他的例外作为大大多于对原则的遵守。更为典型的例子是2003年成为伊利诺伊州州长的罗德·巴戈捷维奇（Rod Blagojevich）。有独立见解的前任共和党州长乔治·瑞安（George Ryan）因为担心审判制度有缺陷，所以为167名被判无期徒刑的人减刑，而巴戈捷维奇立即谴责了这种做法。小布什总是同死刑连在一起，但比尔·克林顿任期内死刑数量的增长，是所有总统中最急剧的。20世纪90年代，美国的死刑数量攀升了近5倍，而采用死刑的州也翻了一番多——由13个州上升到32个州。1996年俄克拉何马城爆炸发生后，克林顿签署了一项名为《反恐怖主义和有效执行死亡法》（*Antiterrorism and Effective Death Penalty Act*）的法案。在1998年加利福尼亚州的州长选举中，格雷·戴维斯斥责共和党对手丹·伦格伦对死刑案件没有足够的热情，他说："如果你们共和党人表现得更好，我们就不会拖延15年来进行死刑上诉了。"他以支持死刑作为任命法官的先决条件。其他的民主党州长，如亚拉巴马州州长唐·西格尔曼（Don Siegelman）最近也已试图加快死刑。除了2003年的24位民主党州长之外，我们很难找出还有谁会反对死刑。

在大多数情况下，反对死刑更多出于选举的谋算而非原则。民主党依然在为其最坦率直言的反对死刑者的失败而担惊受怕，特别是迈克尔·杜卡基斯和马里奥·科莫（Mario Cuomo）的失败。后者在1994年纽约州的州长选举中败给了乔治·帕塔基（George Pataki），部分因为他12次否决了死刑法案。按照盖洛普的数据，70%的美国人支持死刑，而在1966年只有42%。即使是自命为温和派的人也以52%对46%的比例支持死刑。大多数美国人认为，执行死刑的频率不高。（2002年被判死刑的3 700人中，有71人被执行死刑。）认为执行死刑频率不高的民主党人为40%，高于持此观点的民主党人（36%）。

死刑这个议题是如此容易获取选票，以至于在州长选举年里，各州执行死刑的可能性要比非选举年高出25%；死刑是如此地与"封闭性"联系在一起，以至于现在又逐渐变得半公开了。2001年蒂莫西·麦克维被处以死刑的时候，差不多有300人——大部分是俄克拉何马城爆炸中受害者的亲属——选择"现场"观看死刑的执行，大约有30人透过监狱中的玻璃墙观看死刑的执行，其他人则是通过闭路电视看到的。这是自从1936年在肯塔基州的欧文斯伯勒（Owensboro）公开绞死雷尼·贝西娅（Rainey Bethea）（当时有2万人乐滋滋地观看死刑的执行）以来，美国最大的一批观看行刑的人。

乔治·瑞安大规模减刑的反响，显示民主党对这一问题的警惕有多么正确。瑞安的做法没有如他希望的那样推动取消死刑的运动，相反却唤醒了受害者权利这一沉睡的巨人。瑞安这一大动作的批评者马上指出，取消所有的死刑——即使是对那些明显有罪的人——同样是"武断和反复无常的"。费德尔·卡菲（Fedell Caffey）和杰奎琳·威廉斯（Jacquelline Williams）是瑞安这种令人绝望的做法的两个受益者。1995年，他们决定再要一个孩子（杰奎琳已经有3个孩子了），他们将一位孕妇刺死，并从她的身体中摘出了几乎足月的胎儿；他们还谋杀了这位孕妇10岁大的女儿和8岁大的儿子。

接受死刑只是民主党向右移动的一部分行动。自由派准确地指出，他们已经在党内赢得了堕胎和平权法案问题的争论。但是民主党却避开了大量的自由派事业——同性恋婚姻是一种难以启齿的爱。尽管毒品战存在着种种不公，但谈论毒品合法化的往往不是民主党，而是卡托研究所。民主党在福利问题上大大地退步了，而对小布什的巨额减税却反应软弱。

至于宗教方面，民主党当然是两党中更为世俗的。2001年，阿尔·戈尔得到了61%不上教堂的美国选民的支持。[16] 然而，戈尔自己显然是一个宗教性很浓的人。他在范德比尔特大学（Vanderbilt University）学习神学，并在20世纪70年代同妻子蒂珀（Tipper Gore）一道获得了重生，他总是把宗教当作生活的基石。[17] 1994年他在哈佛大学的毕业典礼日对学生们说："我坚信侍奉上帝，努力理解并遵守上帝赋予我们生命的意志。"在《心连心》（Joined at the Heart）中，戈尔和蒂帕写道："我们深深坚守的信仰形成了我们共同拥有的价值观的核心，而我们信仰传统的宗教仪式则总是为我们的家庭生活提供可靠稳定的节奏。"这对夫妇认为，饭前的祈祷就像饭食一样是必需的，睡觉前的祈祷也必不可少，星期日上午去教堂是"每个星期最重要的家庭活动"[18]。戈尔几像小布什一样热衷于通过宗教组织解决社会问题。许多其他民主党人也笃信宗教。克林顿夫妇俩都是热心做礼拜的人。希拉里和小布什一样，是一个卫理公会信徒。克林顿夫妇的精神顾问杰西·杰克逊，从不羞于将上帝带到公共生活中来。美国公众对乔·利伯曼的最初了解，或许就是他是一个观察力特别敏锐的犹太教徒。迪克·格普哈特、约翰·爱德华兹和约翰·克里都经常提到上帝，连自迈克尔·杜卡基斯以来最世俗的民主党候选人霍华德·迪安，在初选升温的时候也热衷于上教堂。

好莱坞和哈佛大学

那么，究竟在哪里能够找到旧式的自由派呢？保守派会告诉你，两大旧式自由派的抵抗基地正是一对腐蚀年轻人的双胞胎：学术界和好莱坞。事实上，两者都没你想的那么欧化。

大学城常常是自由派行动主义的中心。有的大学，如加州大学伯克利分校、哈佛大学或哥伦比亚大学，与本地的左派文化相得益彰。而多数大学，如得克萨斯大学奥斯汀分校、俄亥俄州阿森斯（Athens）的俄亥俄大学、科罗拉多州博尔德的科罗拉多大学，像是一个个小小的、愤怒的孤岛，岛上是留着长须、扎着马尾辫的反叛者，周围则是得克萨斯、佐治亚和科罗拉多的共和主义海洋。但那并没有减少自由派学术界的美国味而使之显得更自由，至少对任何在欧洲有过学术生涯的人来说是如此。

在欧洲，大学不仅是由国家出资的，往往还是国家开办的。在法国，大学用不着费心去竞争教员，因为学术等级是由传统和国家法令确定的。在德国，国家不仅决定大学招收哪些学生（所有通过国家考试的学生可以在本地大学就读），还确定教授的薪水。相反，美国的4 100所大学，无论名义上是公立还是私立，都是市场动物。它们无情地竞争一切——从明星教员到有前途的学生。许多大学也是无情的赚钱机器，永远在寻找增加收入和扩大捐助的办法。学费上涨比通货膨胀快得多，2002年，公立大学的费用增加了近10%。哈佛大学是躺在钱堆上的，但这并没有阻止它向校友求取更多的捐助，并且为了鼓励他们慷慨解囊而对其子女的入学申请给予一点照顾。

在大学竞争环境中撑不住的学生只能被淹没。只有一半的美国大学生在5年内毕业。关注一下最低收入家庭的大学学生，就会发现他们中只有1/4的人上大学；转向大学教授的职业生活，就会发现他们是不平等经济的无情的行家里手。大学想通过雇用明星教授来提高自己的学术等级，而明星教授则通过与其他竞争机构半真半假地拉关系以提高自己的薪水和津贴。学术明星的竞标战上演得如此疯狂，以至于大学不得不付出远比慷慨解囊高得多的薪水来网罗这些掠食者，给他们提供超级公休假、研究资助，甚至还有配偶的工作。哥伦比亚大学甚至给专攻贫穷问题的发展经济学家杰弗里·萨克斯（Jeffery Sachs）置了一幢价值800万美元的乡村联排别墅。[19]

　　浮华镇（Tinseltown）*自认为是自由主义的神坛。卢·沃瑟曼（Lew Wasserman）给民主党做了半个世纪的权力掮客；博吉（Bogie）和巴考尔（Lauren Bacall）为阿德莱·史蒂文森效力；玛丽莲·梦露和"鼠帮"乐队（Rat Pack）为肯尼迪而出动；沃伦·比蒂1968年为罗伯特·肯尼迪（Robert Kennedy）做宣传，1972年为乔治·麦戈文做战略策划，1988年充当加里·哈特（Gary Hart）的主要顾问；克林顿自全国性政治生涯开始，就有一群好莱坞的支持者，为首的是三星电影公司（Tri-Star）总裁迈克·梅达沃（Mike Medavoy）；罗布·赖纳（Rob Reiner）使霍华德·迪安的竞选势头保持强劲。[20]斯坦利·欣鲍姆（Stanley Sheinbaum）和诺曼·利尔（Norman Lear）这样的慈善家，对于任何有抱负的民主党候选人来说都是关键的支持者。右派嘲笑这些演员浅薄，实际上好莱坞的舆论在不同层面都有说服力，顶层是一个靠近左派的沙龙。比蒂对美国政治知识的掌握令人吃惊，他甚至一度想过竞选总统。劳伦·巴考尔对小布什的抨击方法使人想起安·理查兹（Ann Richards）对其父亲的猛烈攻击。然而这些技巧似乎没有为年轻一代的演员所继承。20世纪80年代，有位民主党总统候选人碰巧管理过一个规模不大的州，他曾向我们中的一人抱怨自己不得不从乌比·戈德堡（Whoopi Goldberg）那里接受有关财政政策的指教。亚历克·鲍德温（Alec Baldwin）曾威胁说，如果小布什当选，他就离开美国，但他并没有兑现诺言，只是继续把2000年的选举对美国民主的影响比作"9·11"恐怖袭击。[21]

　　但是如果关注一下好莱坞的实际组织方式，你就会发现情况非常不同。欧洲的娱乐业被政府补贴和保护网束缚着，一切都因保护文化和教育大众而显得正当。相反，好莱坞是由移民建立起来的，他们只梦想占个位置。制片厂坐落在一个权力高度下放的产业

---

* 　浮华镇，好莱坞的别称。——译者注

中心，而这一产业是建立在速度、灵活性和一心赚取最大利润的基础之上的。好莱坞电影几乎控制了全世界的市场。成功的好莱坞明星拍一部电影可以捞到2 000万美元，不成功者则以薪酬低廉的工作竭力苦撑。整个好莱坞的鲜明特点就是它完全不受政府干预。

　　大多数欧洲自由派根本不把好莱坞看作是文明化的窗口，而是把它看作恐怖和恶心的混合物。无论浮华镇能够为美国左派募集到多少款项，也无论它怎样不停地给小布什泼脏水，世界其他地方的大部分人都认为，它准确地代表了它自身制造的文化——一头贪婪、暴力的巨鳄，对世界事务支配得太多。好莱坞与美国民主党十分相像，骨子里要比口头上保守得多。

注释

[1] Michael Barone and Richard Cohen, eds., *Almanac of American Politics, 2002* (Washington, D. C. : National Journal Group, 2001), p.652.

[2] Gary Jacobson, "Partisan Polarization in Presidential Support: The Presidential Connection," paper prepared for delivery at December 2002 Political Science Association meeting.

[3] 这一数字是根据我们对2001年1月至2003年9月间111次民意调查的分析得出的。

[4] 以2003年8月和9月的4次民意调查为基础。

[5] Jacob Weisberg, *In Defense of Government: The Fall and Rise of Public Trust* (New York: Scribner, 1996), p.32.

[6] H. W. Brands, *The Strange Death of American Liberalism* (New Haven: Yale University Press 2001), p.ix.

[7] "National Election Studies Guide to Public Opinion and Electoral Behavior," University of Michigan, 2002.

[8] Michelle Goldberg, "Howard Dean's Israel Problem," *Salon. com*, September 23, 2003.

[9] Matt Bai, "Dr. No and the Yes Men," *New York Times*, June 1, 2003.

[10] *CNN/USA Today/*Gallup poll, January 9–11, 2004.

[11] Harold Meyerson, "An Unexpected Powerhouse," *Washington Post*, January 29, 2004. 12.

[12] 对于不知情的人来说, 尼古拉斯·索姆斯是一位显贵的托利党议员。

[13] Laura Blumenfeld, "Hunter, Dreamer, Realist: Complexity Infuses Senator's Ambition," *Washington Post*, June 1, 2003.

[14] Julian Glover, "Tories Win Election Spending Battle," *The Guardian*, December 17, 2001.

[15] Kevin Phillips, "How Wealth Defines Power: The Politics of the New Gilded Age," *American Prospect*, May 1, 2003.

[16] John Harwood and Sheilagh Murray, "The Constant Dividers in American Politics: Race and Abortion," *Wall Street Journal Europe*, December 19, 2002.

[17] Bill Turque, *Inventing Al Gore* (New York: Houghton Mifflin, 2000), p.94.

[18] Al Gore and Tipper Gore, *Joined at the Heart* (New York: Henry Holt, 2002), p.40.

[19] Karen Arenson, "For Professor, a Town House Fit for a King," *New York Times*, November 20, 2002.

[20] Ronald Brownstein, *The Power and the Glitter: The Hollywood-Washington Connection* (New York: Pantheon, 1990), 这本书是对好莱坞政治能做得最好的研究。

[21] Bill Cottrell, "Actor Compares 2000 Election to September 11," *Tallabassee Democrat*, March 8, 2003.

结论
与右派美国相处

对任何国家的未来进行展望，都是一件危险的事情。而对美国这样一个如此矛盾重重的大国进行臆测，则更是一种傲慢无礼的举动。尽管美国现在是右派掌权，但未来却有无数种可能性。探寻此问题有两个不错的切入点：一是政府一翼的众议院，这也是开国者设计的与民意最贴近的机构；一是在其他国家将成为总理和反对党领袖的两个人，即众议院议长丹尼斯·哈斯泰特和众议院少数党领袖南希·佩洛西。[1]

这两个人典型地体现了我们在本书中一直追踪的政治冲突。哈斯泰特，一位笨拙的前摔跤教练，是个非常直率的保守派。他反对堕胎、同性恋婚姻和《京都议定书》，赞成入侵伊拉克和死刑。佩洛西则是一个身手敏捷的小妇人，完全居于政治光谱的另一端。在哈斯泰特定期投票期间，美国保守派联盟打给他的支持分是满分100分。[美国众议院议长处于一个奇怪的位置上。一方面，他（她）是本党在众议院的领袖；另一方面，他（她）又是众议院的两党领袖。] 1999年和2000年美国保守派联盟打给佩洛西的支持分则分别是0分和8分。在国会山，两个人都得到了同事由衷的爱戴，但两人却形同陌路，这并不令人吃惊。

二人各自代表的选区更能够显示这个国家的政治分歧。佩洛西代表的选区（加利福尼亚州第8选区）或多或少地与美国"最蓝"、最自由的城市旧金山连在一起。20世纪60年代前，共和主义尚未被这种思想状态预先排除，事实上，从1912年到20世纪60年代中期，旧金山所有市长都是老大党成员。可如今，该市注册登记的选民只有13%是共和党人，旧金山也没有共和党的民选官员。旧金山市议长是一位绿党成员，该党在7人组成的市教育委员会中拥有3席。2003年，旧金山市差点把马特·冈萨雷斯（Matt Gonzalez）——一位阅读智利诗人帕布罗·聂鲁达（Pablo Neruda）作品的绿党成员，既无汽车，也无手表——选为市长。但是他以相当小的差距输给了加文·纽瑟姆（Gavin Newsome），这位据称保守的民主党人上任后立即着手给同性恋者颁发结婚证书。[2]

与美国其他的"红色"选区相比，哈斯泰特代表的伊利诺伊州第14选区可谓是红得发紫了。该选区始于芝加哥圈（Chicago Loop）以西30英里的郊区，穿越数英里的玉米地，与不足40英里远的艾奥瓦州某处边界相连，驾车穿越这一选区需要足足3小时。哈斯泰特代表的选区，可谓是美国最具共和党色彩的地区了，至少在忠于共和党的时间上是如此。与得克萨斯州这样的新右岸（nouveaux droites）不同的是，伊利诺伊州自从1854年共和党成立以来就到处是共和党人。从高高耸立的内战联邦战士纪念碑到罗纳德·里根的出生地，这个选区里有着许多共和党最伟大的划时代的人与事。

这两个地方的差异是如此之大，以至于不知道该从哪儿开始比较。旧金山代表的是纵向的美国，那里有高耸的摩天大楼和密集的人口，哈斯泰特代表的选区则是横向美国的一部分；人们的喜好也在两地表现各异，在伊利诺伊州，身宽体胖是健康的标志，而在旧金山，就连厨师也是身材瘦削的；旧金山就像美国一样情绪急躁，它是一个贵族、同性恋、网络百万富翁和嬉皮士混在一起的奇怪地方，哈斯泰特代表的选区则是一个绝对"正常的"地方，当地人认为自己是典型的美国人，地理观经常局限于环绕他们的大平原（the Great Plains）。

两地最重要的差别在于对待发展的态度。旧金山是地球上最漂亮的地方之一，在白雾迷漫中远眺金门桥，人们会以为来到了天堂。从精致的餐馆到优美的博物馆，文明舒适的生活在这里应有尽有。不过旧金山照旧停滞不前，这座城市占旧金山湾区的人口份额，从1950年的30%下降到今天的13%。旧金山一露出发展的苗头，如在20世纪70年代和90年代，反对发展的活动分子就会举行公民投票加以阻止。他们说，城市的发展不可能不牺牲那神奇的美丽，并且对于一个只有47平方英里、三面环水的多山地带来说，77.7万人口已经够了。但你即便不是地产开发商，也会发现这都是胡扯。回溯到1950年，当时市民正谈论着100万人口的话题。至于美丽，旧金山的有些部分依然美得令人咋舌，但许多城市居所的房舍状况却再糟糕不过，还有些地区[尤其是市场街（Market Street）南面一带]则俗丽不堪。大量反对发展的游说对工商界嗤之以鼻。"自然资源保护论者"因最近成功阻止开发商对该市一家旧军械厂进行改造而欢欣鼓舞，而那家旧军械厂正日益破旧不堪。

哈斯泰特所在的这片贫瘠、乏味的地区却恋上了发展。从芝加哥赛车场到约克维尔（Yorkville，哈斯特尔特曾在这里任教）和狄克逊（Dixon，里根在这里度过了他的大部分童年时光）一类的乡村小镇，新的房舍就像一支大军，笔直往西穿过大平原。这些房舍的后面坐落着各种郊区繁荣发展的配套设施，尤其是大型学校和"巨型"购物中心。自从哈斯泰特1980年进入政界以来，他曾任教过的学校规模已经扩大了一倍。主干道路两边是一排排的购物中心，里面到处是大超市，似乎是专门要来检测一下经济规模原理的极限。

两个地区的第二个重大区别是家庭生活的相对重要性。蜂拥而去哈斯泰特所在地区的人们大多数只为了一个理由：抚养孩子。他们需要空间来建造自己的大房子——许多房子占地超过370平方米，并且免受城市负面生活（尤其是犯罪）的影响。在适合高收入者生活的圣查尔斯市（St.Charles），85%的居民拥有自己的房子，即使是在普普通通的埃尔金市（Elgin），也有70%～75%的居民拥有自己的家园。

旧金山的关注点与此大为不同。在20世纪的前半叶，由于拥有漂亮宏伟的公园、学校，并大量向家庭供应住房，旧金山曾是美国最适于家庭生活的城市之一。20世纪中叶广受欢迎的广播肥皂剧《一个人的家庭》（One Man's Family）是对在金门桥下安家的一曲欢乐颂歌。但现在，旧金山有孩子家庭的比例在美国是最低的（当地人开玩笑说，旧金山的狗比孩子还多）。几乎70%的旧金山人是单身。不仅因为这里是美国的同性恋之都，还因为这里的单身年轻人和独居老人特别多。旧金山的房地产市场和学校制度让家庭失去信心，只有35%的旧金山人拥有自己的家。与此同时，租金管制既冻结了地税部门的发展，又使反对发展的心态机制化。大量的移民——有一半的学龄儿童在家中讲的不是英语——以及差劲的管理，使得公立学校体制扭曲变形。中产阶级的父母要么把孩子送到私立学校，要么从旧金山往外移居。

在这两个地区也存在着令人有些吃惊的阶级差别。哈斯泰特所在的地区绝对是一个充满欢乐的中产阶级的美国，只有少数高级主管住在几百万美元的房子里，把孩子送往私立学校，而大部分人属于广大的中产阶级。他们在同样的巨型购物中心购物，在同样的连锁餐厅（如Chili's和IHOP）就餐，把孩子送往同样的大型公立学校念书。圣查尔斯市长休·克林克哈默（Sue Klinkhamer）指出，本地的学区是如此之大，即便是普通人也可以像百万富翁一样，把孩子送到同样的学校念书。

相反，旧金山看起来更像是一个贵族社会。它是美国一些最富有家族的居住地，许多家族是巨额财富的继承者而非创造者，如盖提家族（the Gettys）。旧金山也有大量的单身专业人员，他们有足够的可支配收入，过着像《欲望都市》（*Sex in the City*）中的人一样的生活。然而，旧金山也是美国最大的无家可归者聚集中心，聚集了8 000～16 000人，其中许多人吸毒、患有精神病、露宿街头。加利福尼亚州图书馆馆长凯文·斯塔尔（Kevin Starr）对他成长的这个城市做出了一个辛辣的结论："这是一座海滨小城卡梅尔（Carmel）和印度城市加尔各答（Calcutta）的混合体。"

中产阶级的伊利诺伊州同贵族的旧金山之间的反差，延伸到了其众议院代表的身上。哈斯泰特在约克维尔高级中学教授历史、政治学并担任摔跤教练达16年之久［他的妻子琼·哈斯泰特（Jean Hastert）同在该校教授了36年的体育］，他钟爱旧车、运动、务农。相反，佩洛西显得更贵族化，她的父兄都曾担任自己家乡巴尔的摩市的市长，她受旧金山另一个政治王朝伯顿（the Burtons）家族庇护。她的丈夫是旧金山一位著名的商人，佩洛西夫妇是旧金山社交文化场合的常客。

这两个国会选区的政治文化就像水与火一样互不相容，这并不怎么令人吃惊。在哈斯泰特的选区里，就连民主党人也声称自己支持小布什，而在佩洛西的选区里，代表旧金山东半部的州议员马克·兰诺（Mark Leno）虽然是个赞成"跨性别者权利"和医用大麻合法化的同性恋者，却自我标榜为"保守派"。这两个选区之间在政治上的分歧还不仅仅是意识形态方面的。旧金山是一个政治活动家会聚的城市。塞西尔·威廉姆斯（Cecil Williams）自称"解放牧师"，他在旧金山高犯罪率的贫民窟管理格莱德教堂（Glide Memorial Church）。他夸口道："我们不是单搞一种示威，伙计。我们搞各种示威。"美国反伊拉克战争规模最大的示威就发生在旧金山。活动家总是把这一特点归因于该市的高教育水平——旧金山超过一半的人口拥有本科或研究生学位。政府是旧金山最大的雇主，这也是一个非营利基金会趋之若鹜的地方。

唉，热衷政治并不一定会造就管理良好的城邦，旧金山的政治格局是有缺陷的。权力由市长和经常争吵不休的市议会分享，而11位市议员并不是全市统一选举的，而是由各区分别选举，这种格局使得狭隘的地方主义得以制度化。加上旧金山的人们热衷于投票，因此还真的需要有对付城市僵局的窍门。

伊利诺伊州的情形完全与此相反。哈斯泰特选区的选民偶然会出来集会，例如为了纪念"9·11"事件。而他们中的许多人也对高额财产税感到气愤，但是他们并不热衷于政治。哈斯泰特离家时帮他照料200英亩农场的那些人，迄今一直回绝他邀请他们第一次到首都华盛顿看看。然而，地方政治却似乎运转得很好，街道干干净净，学校办得成功。奥罗拉市（Aurora）和埃尔金市两个蓝领工人式的市长，做了大量的工作来使城市获得新的生机。

另外两点价值观上的差异尤其引人注目。第一点差异是对宗教的态度。尽管哈斯泰特所属的右派美国，并不像得克萨斯州（他的伙伴汤姆·迪莱在那里称雄）的舒格兰那样有着下地狱受火热酷刑的看法，但是宗教依然重要。人们兴建新教堂，扩建旧教堂。在芝加哥郊区，有些教堂的教众有数千人之多；而在偏远地区的一些小镇，酒吧只有1家，教堂却有7座。相反，旧金山多年来都在关闭教堂。天主教的大主教一度是旧金山最有权势的政治人物，而如今在这个几乎世俗的城市里，他只不过是一个边缘人物，他发出的声音只是从佛教徒到撒旦教的众多声音中的一种。

第二点差异是对社会混乱的态度。哈斯泰特所在的选区得到精心维护，并且相对来说没有流浪汉等城市病症。圣查尔斯市长克林克哈默说，她最近接到一个电话，抱怨当地一座桥上有蜘蛛网，当天她就叫人清除掉了。而在佩洛西的选区，街上到处是乞丐。市政厅的联合国喷泉最近不得不用墙隔开来，因为流浪汉把那里当作公共盥洗室。然而，这座左倾的城市却挑衅性地反对效仿纽约市长鲁迪·朱利亚尼冷酷的保守主义策略。旧金山的做法离纽约的零容忍做法相去甚远，无家可归者在这里每月可从政府得到生活津贴，并从宗教组织得到免费食品。最近，一项建议给予流浪汉关心而非现金的公民投票，因法律上的细节问题而被取消了。

保守主义获胜了吗

关注一下"佩洛西地带"和"哈斯泰特地带"，人们不难明白为什么美国政治已经朝右转了。如果说美国政治是一场拉锯战，那么它也是一场不平衡的拉锯战。想象一下丹尼斯·哈斯泰特和南希·佩洛西分别处于拉锯战的两端，你就会明白是哪一方的双脚悬在空中了。在两个美国的战争中，哈斯泰特地带正在赢得胜利。

我们得承认，美国保守主义还远未赢得彻底的"胜利"。[3] 尽管有一位共和党总统、一个由共和党控制的国会以及在世人的记忆中从未有过比这更多的共和党州议员，但是，正如约翰·麦凯恩所说，美国政府正"像醉汉一样"在花钱。至于文化战争方面，离婚率现在是开放的20世纪60年代初的两倍多，而单亲家庭则是那时的三倍。即使是那些健康的连锁宾馆，如假日酒店，一经要求也会提供露骨的色情节目。而且，美国依然是一个两极化的国家，下一次选举很有可能会抛弃一位保守派总统。

然而，即使将这些要注意的事情和局限包括在内，美国政治中也已经发生了一些相当值得注意的事情。谁能想到2004年的总统选举在某种意义上是民主党的最后一次机会？保守主义在过去半个世纪里有所斩获，登记注册的民主党人数稳步下降。然而保守主义的进展比这些都深远得多。右派一方的意识形态势头与20世纪60年代左派非常相像。回到普雷斯科特·布什的年代，J.K.加尔布雷斯断定所有重要人物都是自由派，那时人们认为保守主义只是一种"妄想狂时尚""政治病理学"或"焦虑状态"，对其不予理睬。20世纪60年代，伟大的理查德·霍夫施塔特（Richard Hofstadter）遭遇了巴里·戈德华特，于是陷入气急败坏的华丽辞藻之中："在我们的整个历史中，有哪个人的想法会如此奇怪、如此过时、如此自我混淆、如此与美国的基本共识相距遥远、如此过头呢？"然而，戈德华特这一形成于南方的怨恨和阳光地带乐观主义的奇特运动，却在不断扩大和深化。如今，如果你听到有人气急败坏地说候选人与美国基本共识相距遥远，那多半是拥有哈佛大学工商管理硕士学位的人在谈论约翰·克里总统的竞选。2004年1月，《纽约时报》宣布任命一位记者来报道"保守派"并"调查保守派在宗教、政治、法律、商业和媒体中的力量"，你可以认为这份全国性的报纸是在心照不宣地承认，它漏掉了过去半个世纪里美国政治中最重大的事件。[4]

美国政治中心向右偏移的程度，可以用现任总统及其前任来加以说明。首先要说到的是第二次世界大战结束以来首位担任过两届总统的民主党总统，他像一位艾森豪威尔式的共和党人进行统治，才取得了那样的成就。现在，普雷斯科特·布什的孙子减了税、取悦宗教右派，总的来说统治得像一位阳光地带的商业大亨。这当然不仅惹恼了美国1/4的自由派，小布什可能像1945年以来的任何一位总统一样，激起了许多的敌意。但引人注目的是，小布什使民主党陷于一个仅仅是反布什政党的境地，民主党成了月亮而不是太阳。既然小布什赢得了连任，他定会继续推进保守主义议程，包括重新规划社会保障，坚定地减税，将更多的钱投入美国的军力之中。即便是约翰·克里当选总统，他能做的也只是重建原状、减少对超级富豪的减税和（部分地）修复与外国人的关系之中，但总的来说还是在应对由右派规定的议程。

1955年，《国民评论》敦促读者阻断历史并制止当时的两大运动——集体主义和世俗化，当时那只是一种有点堂吉诃德式的做法。然而时至今日，这两种阴险的欧洲舶来品都正受到巨大的抗击。在富裕世界中，美国是最具宗教性的国家，教堂里教众满满，福音派基督徒阔步向前，万能的上帝在所有公共政策中显现。至于集体主义则已几近崩溃。在美国政治中，这不仅仅是每个人吟唱自由市场的赞美诗，哈斯泰特地带足以说明，私有财产已经变得更加普遍——拥有自己房屋的美国人数量前所未有地多，并且从20世纪50年代以来，房屋的规模由于郊区化而扩大了一倍。[5] 与其他国家的人相比，美国人对教育、医疗开支、退休计划和投资领域的控制权要大得多。虽然政府开支在增加，但美国保守派也同样有能力从国家抽身——越来越多的人在家教育孩子，分离主义计划社区也在增加。

20世纪五六十年代保守主义运动刚刚开始时，美国似乎注定会成为欧洲：更大的福利国家，更严格地限制枪械，终止死刑。而今天，美国例外论出乎意料地重新占了上风，这大部分归功于右派的力量。从人口统计学到军费开支，大趋势显示，欧美之间的鸿沟在未来几十年中肯定会加大。

那么，保守主义是如何取得如此大的进展的呢？保守主义回应道，答案很简单，就像所有成功的产品一样，保守主义满足了一种人们还没完全意识到的需求。回顾过去，历史和社会学都是站在保守主义的一边。美国一直是一个保守国家，沉浸于宗教之中，喜欢商业，对国家怀有敌意。20世纪50年代以来，人口增长多发生在美国的保守区域——南方和郊区，而不是在民主党的都市或自由派的东北部。民主党的突然左转使得那个沉睡的保守主义巨人苏醒过来。然而，保守主义的成功，显然不仅是满足了潜在的需求，这一运动还形成了自己的市场。

现代保守主义运动有点像黑格尔式的辩证哲学。先是思想家谈论市场或宗教重要性，然后出现一大批减税者和福音派基督徒，赋予那些思想以政治声音。回望弗雷德里希·冯·哈耶克和威廉·巴克利，或者更近期的保罗·韦里奇和埃德温·福伊尔纳，保守派的良好组织和对思想重要性的关注程度令人吃惊。保守派殚精竭虑地建立智库、压力集团和媒体明星的反权势集团，初衷是抗衡自由派的权势集团，而现在自己却也变成了权势集团，并且比对手要锋利得多。民主党现在才开始考虑要建立自己版本的传统基金会。保守主义的美国不能够陶冶人们的情操——这勾起了人们对比尔·克林顿所作所为的记忆。但是，就长期而言，这有利于政治的有效性，尤其保守主义运动已加紧了对共和党的控制。

从战略方面讲，变化是压倒性的。罗素·柯克指出，一度"失声"的哲学现在却发出了千种声音。确实，这种哲学有矛盾和古怪之处。但此刻，右派在市场高低两端的争论中双双赢得了胜利。过去20年的大部分时间里，是它在精英中营造了知识氛围。引人注目的是，最优秀的自由派思想家已陷于被动回应保守派观点的窘境。与此同时，美国右派也掌握了民粹主义的艺术，将一股过去常常受经济不满因素和威廉斯·詹宁斯·布赖恩这样的左派煽动家驱动的力量，重新定义为文化抗议的呼号力量——它表达了美国普通人对喋喋不休的自由派富豪精英的愤怒。

我们讲述的是保守派的成功故事，也是自由派失败的故事。美国自由主义作为思想主体，一直生活在自己往昔的阴影下。20世纪60年代，自由派表现得仿佛正在重新塑造这个国家一样。然而，虽然"伟大社会计划"毫无疑问有种种好处，但这个大实验却做得过头了，结果使得民粹主义高涨。如今，美国自由主义分裂成了两个部分：一是单一压力集团（教师工会、堕胎权利活动家等）的集合体；一是尚不成熟的左派抗议运动，它对右派取得的进步怒不可遏。美国自由主义不再是一种充满自信、有能力超越压力集团的自我利益或愤怒左派的自我放纵的统治哲学了。这就是为什么同代人中最有才华的民主党政治家克林顿，却以艾森豪威尔式的统治告终。这也是为什么他的妻子——如果她有机会的话——也将以这样的方式告终。

这种胜利在哈斯泰特地区和佩洛西地区得到了反映。伊利诺伊州无情的郊区化与共和党化之间的关系，并不像老大党宣称的那样是自动的。例如，随着哈斯泰特地区从芝加哥吸引了更多移民和年轻专业人士，这些地区的民主党人数也随之增加。里根孩童时代的故乡狄克逊拥有一位民主党市长，不过这位市长投票支持里根，并将小布什描述为一位"伟人"。然而，哈斯泰特地区同样反映了全国性的画面——民意调查显示，偏好共和党政策的郊区居民比民主党高出大约15个百分点。带着孩子参加体育运动的妈妈们可能不喜欢哈斯泰特有关堕胎问题的"南方人"观点，商人可能会强烈抱怨小布什的赤字，但是大多数选民都支持共和党低税收、严厉判处罪犯、稳固家庭和在国家安全方面的强硬措施。

我们再次强调，不要为政党的标签所迷惑。哈斯泰特地区将拥抱特立独行的民主党人——他们调整信念，以符合那些拥有自己的住所且每周日上教堂的人的首要需求。但是，这些地区很难被引回到旧金山民主党一翼支持的那种老式"欧洲自由主义"。拥有豪宅、商业街和超级大教堂的平原地带不会渴望大政府，不会同情法国领事馆，也不会容忍四肢健全的乞丐侵入，乞丐在旧金山能做的事情在这里都不被容忍。

虽然美国是否会变得更加共和党化还需拭目以待，但是美国明显已经更保守，欧洲特性更少了。无论我们喜欢与否，都必须与右派美国相处。问题是如何与之相处呢？

美国国内的答案

首先考虑一下美国国内的非保守派。对许多自由派来说，与右派美国相处似乎定难做到。直截了当地说吧，自由派痛恨小布什。他们认为这样一位凭偶然因素当选的总统，无权将势均力敌的选举当作推行激进保守主义政策的发射平台，无权向伊拉克开战，无权积累巨额的赤字，无权禁止晚期堕胎，无权以彻头彻尾的得克萨斯作风行事。2003年《新共和》（*New Republic*）的一期封面上，乔纳森·蔡特（Jonathan Chait）不仅仇视小布什的政策，而且从走路姿势（"弓着肩，胳膊肘从身体两边张开"）到谈话方式（"被伪民粹主义鼻音掩盖的闹哄哄的自信"），仇视有关他的一切。这一事实让他醉心，他写道："我甚至仇视他那些似乎人人都喜欢的东西。"[6]仇视布什成了美国增长最快的业务，其中迈克尔·穆尔、阿尔·弗兰肯和保罗·克鲁格曼是个中翘楚，该领域中的每位作家都急切地要打入这一市场。有位加拿大人甚至写了一本布什仇视者手册，他加入美国国籍只是为了投票反对这位总统。[7]

今天对小布什的仇视，与昨天对克林顿的仇视惊人地相似。可还记得对克林顿经营毒品和进行谋杀的指控吗？名为"布什家的尸体计算"（Bushbodycount.com）的网站汇编了一串它所说的自约翰·肯尼迪以来被布什家族除掉的人。可还记得理查德·梅隆·斯凯夫向他那为了消除克林顿的"阿肯色州计划"投入大把现金？2004年，乔治·索罗斯（George Soros）投入了2 700万美元准备打发走小布什，他把这描述为"我生命中最关注"的事业。[8]名为"回击"（Counterpunch.com）的网站把小布什比作希特勒，只勉强承认"小布什不如希特勒那样雄辩"。

从选举上说，这种应对右派的战略几乎是自寻败局。大多数民意调查显示，美国人喜欢小布什其人甚于其政策。越是妖魔化小布什，就越是强化了他的基础并疏远了游离选民。自由派美国怒火的下面潜藏着恐惧——恐惧民主党正无情地变成少数党，恐惧小布什正在从根本上改变美国，恐惧本书的观点是正确的。20世纪30年代，富兰克林·D.罗斯福利用在国会的稳固多数（以及在最高法院的微弱多数），为福利国家打下了坚实的基础。30年之后，林登·B.约翰逊利用肯尼迪遇刺的震惊效应和自己对戈德华特的压倒性胜利，建立了"伟大社会计划"。20世纪80年代，罗纳德·里根抓住"卡特萎靡期"的记忆，将公共开支的平衡从提供福利转向了加强美国的力量。在许多自由派的眼里，小布什利用了"9·11"事件，把美国推向了更保守的方向。这就是为什么对小布什的仇视看上去似乎比对克林顿的仇视更加激烈，甚至更加绝望。

美国自由派将注定在愤怒或绝望的震撼中度过余生吗？他们能够找到一种与右派美国相处的办法吗？荒谬的是，过去曾大大有利于保守主义的两样东西——美国宪法和美国的巨大规模——今天却给了自由派希望。自由主义的美国受到分权的保护。例如，最高法院可以把小布什送进白宫，但自那以后，从允许平权法案，到取消禁止同性恋性交，甚至到同意对关塔纳摩一个囚犯的案件进行听证，它已经做出了大量著名的自由主义判决。

更具普遍意义的是，联邦制使得自由主义能够在地区层面繁荣发展。自由派市长依然可以统治自由派城市，如旧金山；自由派州长依然可以统治自由派州，如佛蒙特州。联邦制也为温和派共和党人提供了一个避难所。如果乔治·帕塔基和阿诺德·施瓦辛格崛起于目前走强硬路线的国会共和党，那么他们的日子就不好过了。但是作为纽约州和加利福尼亚州的州长，他们却发挥了相当的政治影响力。在其他大多数国家里，只有一把政治梯子值得向上爬——如威斯敏斯特的英国议会——因此政党大佬是非常重要的。在美国，意识形态的反叛可以在州一级为自己建立成功的履历。

地理因素有力地加强了这种灵活性。在一个如此辽阔的国家里，任何集团都很难专横地对待他人的希望——即便是现代保守主义运动这种具有协调性的集团也是如此。这是关乎实力政策的问题。尽管党派偏见在增加，但美国依然存在温和的中间派，这是任何共和党总统都不能忽视的。小布什可以签署法案视晚期堕胎为非法，但即便这样做，他也要咕哝一下，这个国家并不想禁止所有类型的堕胎。

回顾美国的历史，历史学家罗伯特·维贝（Robert Wiebe）注意到，"使美国人聚合到一起的是人们分开生活的能力，社会的基础是分割"。如果不喜欢邻居，只要搬到自己喜欢的地方即可。贵格派离开了清教徒的波士顿来到费城生活，摩门教徒艰苦跋涉穿越美国来到犹他州生活，最近同性恋者迁到旧金山这样的城市，甚至迁到了同性恋者把门的社区。技术加强了人们对这个世界的选择能力。不太久以前，美国人只有3家电视台可供选择——社会保守派因完全受控于自由派而愤怒不已。如今，有线频道的扩散和互联网的爆炸式发展意味着没人有理由感到自己被剥夺了公民权。自由派和保守派有很好的机会分而共处。

　　长期以来，美国一直珍爱一种道德上的联邦主义传统，它使得这样的"共处"相对容易些。美国的先贤们竭力使联邦政府超脱于公民道德事务。詹姆斯·麦迪逊在《联邦党人文集》（第56篇）中指出，不同的团体以不同的速度前进。亚历山大·汉密尔顿（Alexander Hamilton）则在《联邦党人文集》（第17篇）中认为，任何将某种集中道德强加于人的企图，将"既麻烦，也无效"。这种道德上的联邦主义从来就不合适。我们在本书中对约翰·阿什克罗夫特如此苛刻的原因之一，就是因为他专横地对待美国天性中对多样性的承诺——而这有损于他珍爱的事业。联邦政府有的时候应该介入对个人和宪法权利的保护。现在很少有人会质疑联邦政府使用自己的力量来使南方的种族隔离制度解体的正确性。但总的来说，联邦政府应该对包括同性恋婚姻在内的一些问题态度谨慎，而有理性的人们可以在这些问题上存有分歧。必须承认，不同群体有不同的政治观和道德观。注意一下大城市是如何以71%对26%的差额投票支持戈尔，而小城市和乡村却以59%对38%的差额投票支持小布什的。[9] 只要可能，就应该试着允许那些群体自己做决定，而不是迫使他们向华盛顿卑躬屈膝。分歧意见的存在为这个国家提供了一个避免无休止文化战的最佳机会，以免一方利用联邦政府的力量来强迫另一方接受自己的观点。

国外的观点

　　在国内与右派美国相处的问题已经够具挑战性的了，但是与在其他国家所引发的问题相比，则显得微不足道。一则是因为国外几乎没有任何人对右派掌控美国有嘉许之词。如果说小布什在国内导致了舆论的分裂，那么他在国外则使舆论团结——团结一致地反对他。在法国和德国，分别只有10%和15%的人赞成美国的外交政策。[10]伊拉克战争期间，托尼·布莱尔不顾国内的激烈反对支持小布什。2003年11月，千百万英国人游行抗议小布什访问他们的国家。当问及他们会把他们的客人和盟友与什么样的特点联系在一起的时候，有60%的英国人说他是"世界和平的威胁"，有

37%的人说他"愚蠢",还有33%的人说他"语无伦次"。只有10%的人发现他"聪明",另有7%的人说他是一位世界好领袖——而这些数据来自一个被小布什称赞为美国"在世界上最亲密的朋友"的国家。[11]

再则是因为美国之外几乎没有谁理解保守主义能够形成气候。国外对小布什第一任期的普遍看法与此完全相左:当美国恢复理智并摒弃小布什的时候,右派国家就会消失。2004年11月3日,大多数外国人的心态正如保利娜·凯尔(Pauline Kael)1972年的心态,这位《纽约客》(New Yorker)杂志的影评人说:"我不知道为什么理查德·尼克松获胜了,我不明白为什么有人投票支持他。"[12]在美国,大多数自由派意识到,在哈德逊河和帕萨迪纳未开化的荒野之间,潜藏着一个巨大的保守主义美国。相反,大多数外国人只知道凯尔和佩洛西的美国,他们从电影甚至个人经历中(20世纪60年代初以来,旅游业一直是旧金山最大的产业)熟悉了旧金山。对欧洲人来说,旧金山紧凑的结构、左派的政治和自由的氛围,使他们有宾至如归的感觉。哈斯泰特所属的美国是他们未曾涉足的地方。因此,在4年中他们一直认定小布什只是一个异常现象,就像是一个理智的朋友找了一个完全不适合的情妇。2000年至2004年间,法德两国外交政策的副标题可以说是"等待噩梦结束"。

随着世界其他地区日益理解美国保守主义的核心内容,紧张情绪必然增加。先进的技术正使得自由主义的美国与保守主义的美国能够分开相处,也使得美国在世界各地成了一股无所不在的力量。无论走到哪儿,华盛顿哥伦比亚特区都是当地的头条新闻。世界其他地方前所未有地与红、白、蓝纠缠在一起,而如果从民意调查、游行示威和使馆区*的情况来看,世界其他地方并不很喜欢美国。正如《纽约时报》的外交事务专栏作家汤姆·弗里德曼(Tom Friedman)所说,美国越是卷入世界,它就越是变得具有"放射性"(radioactive)。

事情真的那么糟糕吗?有一种信以为真的危险,我们的一位同事将其称为"人类堕落之前天真无邪的幻觉"[13]。布什之前并没有一个黄金时代,而世界上的问题由人类议会**以有限的智慧来处理。20世纪90年代,充斥着西方应该干预却未能干预的例子(例如,阻止卢旺达的种族灭绝),充斥着西方干预失败的例子(例如,斯雷布

* 美国驻外使领馆常会遭受攻击,作者认为这反映出世界其他地方并不喜欢美国。——译者注

** 指联合国。——译者注

雷尼察大屠杀和索马里维和失败），充斥着只有回到联合国安理会的护佑才能够成功的例子（科索沃）。西方就连萨达姆·侯赛因、朝鲜和中东诸问题都应付不了。

过去的日子并非天真无邪，然而在小布什出现之前，西方盟友的确比今天更团结。美欧双方在大量事情上依然可以愉快地携手，看看那些情报小组委员会和知识财产工作小组吧。在大量的议题上，美欧双方之间依然存有共同利益。但是，一个国际联盟不能仅仅是盟友们在一起各做各的事。小布什是否有权期待法德两国像布莱尔那样与他一道去攻打伊拉克，对此人们可以争论。但是，这位美国总统至少有权期待他的盟友，在如此关乎美国利益的一个问题上——无论对与错——不通过游说去反对他。就像布莱尔对下议院所说的那样："伙伴不是奴仆，但也不是敌手。"[14] 这可以说是整出戏里最精彩的演说。同样地，从欧洲人的观点来看，布什政府可能不喜欢欧洲人如此珍视的国际刑事法院，但在自己确定退出以后，四处威胁别的国家不要加入国际刑事法院，也很难说是盟友的行为，而美国正是这样做的。有位欧洲外交官指出："我们只要求美国善意地忽略，这种要求过分吗？"[15]

那应该怎么办呢？首先应该是双方的行为更成熟，尤其是在言辞方面。很难想象唐纳德·拉姆斯菲尔德在2003年1月22日贬损盟友为"老欧洲"有什么好处，更不用说他数日后将德国比作利比亚和古巴的做法了。得克萨斯州的国会议员奋力羞辱法国人倒没什么不好，但是在黎巴嫩这样的地方，法国人作为维和者，证明了自己的专业能力和勇敢精神。在大西洋的另一边，《卫报》和《世界报》这样的欧洲报纸如今经常刊出漫画，就像将黑人描画成用骨头在鼻子上穿孔的人那样，将美国人描画得总是那么肥胖臃肿，那么粗野无礼，那么嗜血成性。还有另一种人类堕落前的无知，这种无知是如此刻意而为，以至于它近乎恶意。在欧洲，人们经常因小布什没有签署《京都议定书》和拒绝国际刑事法院而攻击他，却对比尔·克林顿的冷漠避而不提。欧洲人几乎没有认识到，是小布什使美国的援助预算增加了50%，小布什是第一位赞同巴勒斯坦国的美国总统。在保守主义的美国，反对美国的政策被反复归罪于雅克·希拉克，人们却没有注意到绝大多数的美国盟友都不赞成伊拉克战争。即便在拉姆斯菲尔德眼中忠诚的"新欧洲"，也有70%～80%的匈牙利人、捷克人和波兰人反对美国的伊拉克战争。[16]

如果把目光放得比诽谤和中伤更远一些，那么西方同盟的状况既比第一眼看上去要好得多，同时又要糟糕得多。之所以说要好得多，是因为伊拉克的悲剧给了右派美国一个严厉的教训，让它明白了软实力的重要性。"让他们又怕又恨"（*oderint dum metuant*）的哲学，对于一个试图发动全球反恐战的国家来说，是没有什么意义的。打击恐怖主义需要赢得"民心"。美国的实力再强大，它的民心也只占世界的5%，让其他大多数人带着疑虑来看你是没有什么好处的。美国的杀伤力是伊拉克难以平和的一个原因，美国的杀伤力使其得到国际支持变得更为艰难。小布什政府由于受到指责（尽管它不愿意承认），自那时以来已经开始追求以多边的方式来管理和平，它也再次强调以多边主义来处理伊朗和朝鲜问题。

然而，就短期而言，如果说实用主义可能将西方伙伴聚到一起的话，那么，就长期而言，其他两件事情则会使它们分道扬镳。第一件事是美国与其盟友之间的硬实力差距，这种差距在下一次危机出现时有可能会变得更大。右派美国正在国内积蓄力量，美国也正在世界上充分地积蓄力量。我们提到过世界上国家之间国防开支的巨大差距，但这种差距是由经济力量和人口统计学做支撑的。美国的国内生产总值和研发开支已经分别占世界的30%和40%，它似乎也是唯一一经济能够快速增长且人口年轻化的先进大国。[17] 到2050年，美国人口的中位数依然为36岁左右，而欧洲则会上升到38～56岁之间。任何全球性的问题将依然是美国的问题。

对于西方联盟状况持悲观主义的第二个原因，执拗一点说，乃是反恐战。尽管言辞上都说反恐战是一场西方的共同斗争，其实是根本不对称的。冷战期间，大西洋联盟因面临一同毁灭的共同威胁而团结在一起，这种情形已经不复存在。温斯顿·丘吉尔把绥靖者定义为希望大鳄会先吃掉别人的人。但是，在基地组织看来，欧洲人所感受的程度不及美国人，而且许多欧洲人认为，如果领导人不去像美国那样与激进的伊斯兰组织对抗，他们就会更加安全。2004年3月基地组织在马德里发起的攻击改变了选举的结果，部分原因是西班牙选民认定，他们的政府因支持小布什入侵伊拉克而使国家变得更加脆弱。许多欧洲人不明白有什么理由要在一场新的战争中跟在美国身后唯命是从，他们认为这场战争是美国自找的。

当欧洲人解释自己为什么不愿意追随美国领导的全球反恐战时，大西洋联盟中两处最大的伤口为他们提供了畏缩不前的便利"原则"。第一个伤口是伊拉克战争。华盛顿所犯的错误——对大规模杀伤性武器夸大其词、重建规划失败等——为欧洲人提供了又一个退缩的借口。第二个远为有力的借口是巴勒斯坦人的困境。许多欧洲人认为，只要美国对这一阿拉伯人所遭受的最大不公持如此片面的观点，就很难在这一地区有所成就。毕竟，右派所敬畏的同样勇气十足的以色列，在世界的大部分地方都被看作是贪婪攫取土地的怪兽，它在别人的土地上建立定居点，向人口密集的城市发射火箭弹，并且否认基本的人权。2003年欧洲的一项民意调查中，以色列被视为世界和平的最大威胁，而且中东是许多西方联盟私下里言辞恶毒的诱因。一方抱怨说美国的外交政策为一个犹太人阴谋小集团所操纵，而另一方则还之以指控欧洲人的反犹主义。无怪乎托尼·布莱尔这位费最大气力使西方联盟黏合在一起的政治家，要花如此多的时间和资本来推动小布什在巴以争端上的进展。他激情洋溢地对下议院做有关伙伴和敌手的演讲："我相信没有任何问题比巴以问题上的进展，更能够有力地使世界社会重新团结起来。"[18]

欧洲的挑战

　　为了同右派美国更容易相处，欧洲人能够怎样做呢？有四件优先要做的事情——三件是正面的，一件是负面的。第一件优先要做的事是缩小硬实力的差距。只有当欧洲人为自己的防务承担更多的责任时，欧美之间才能够建立起一种成熟的关系。冷战期间，西欧的军事开支大约相当于美国60%的水平，如今则接近40%了。[19]此刻，欧洲在捡美国军力的便宜，这种情况引起了美国的怨恨和欧洲的不负责任。

　　力量不应仅限于坦克和战舰。在1945年至1990年间，欧洲的经济基本赶上了美国。西欧的平均收入由1950年相当于美国50%的水平，上升到超过80%（较富裕的西欧国家已基本上与美国持平）。[20]但欧洲大陆结构改革的失败使之付出了昂贵的代价。自1995年以来，世界经济增长大约60%来自美国。美国工人的产出比欧洲工人更高——而且他们要比欧洲工人每年平均多工作300小时。德国工人每工作5小时，美国工人就要工作6个多小时。

　　第二件优先要做的事情与雄心壮志有关。欧洲缺乏硬实力，从而在外交政策中滋生了更深的不快。在某种意义上，伙伴角色已经混乱不清了。25年前，理想主义的欧洲左派提出改变世界的空幻计划，并且对基辛格的实力政治感到气愤，现在则是美国右派有一个使中东民主化的空幻计划，而欧洲左派则在谈论不干涉主权国家事务的必要性。[21] 这种"明枪易躲"（devil-you-know）的偏好，在2003年3月10日雅克·希拉克的承诺中得到了体现，他承诺"无论在什么情况下"，都要在联合国安理会否决伊拉克战争的决议。[22]

第三件优先要做的事情是重新设计联合国。如果欧洲人坚持美国应恪守多边体系，那么他们就必须重新设计这些多边机构，以应对全球恐怖主义的威胁。尤其重要的是，他们必须帮助建立一种使用先发制人武力的可信的多边机制。科菲·安南（Kofi Annan）2003年10月警告说："如果各国对联合国的合法性打折扣，并且感觉它们能够而且必须单方面先发制人地使用武力，那么这个世界将变得更加危险。"[23] 他的警告并没错，但是，有两件事不能忽略：第一，在应对像基地组织这样没有国家的恐怖主义者和所谓的"流氓国家"时，传统的遏制和威慑政策并不管用；第二，在联合国的制度内是很难先发制人的。目前只有在两种情况下允许使用武力，《联合国宪章》中第51条规定的自卫，以及联合国安理会实施的制裁。联合国需要对一些新的指导方针（或许就包含在第51条内）达成一致意见。欧洲人也要直面对第二次世界大战留下的联合国安理会进行重新设计的要求。例如，如果不给日本、德国、印度和巴西这样的国家否决权的话，也可以给予它们常任理事国的席位。

第四件优先要做的事情适用于美欧双方，即防止西方联盟内部的政治分歧蔓延到经济之中。当政治争论的是战争和核武器时，对钢铁、木材和乳罩征收进口税似乎有点流于世俗了。但是，美国与世界其他地方的差距不断加大，有可能威胁全球自由贸易秩序的基础。这种风险是，关于政治的分歧会形成贸易集团。欧洲堡垒会反对美国堡垒，这不仅是两个城堡之内的人们的悲剧，而且也可能是被拒于这两个城堡之外的发展中世界的悲剧。

正义的国家

右派美国本身怎么样呢？它能使自己更容易相处吗？存在妥协的空间，但或许比世界其他地方所要求的更小。

布什政府在一长串事件上引起了不必要的摩擦，错误早就开始了。无论《京都议定书》废弃与否，真的有必要表示自己毫无遗憾吗？将之归咎于在参议院不可能取得一致不是更好吗？但真正的伤害发生在"9·11"事件两年后。无论怎样衡量，布什政府都在一段相当短的时间里耗掉了——许多人说是挥霍了——国际上巨大的善意。西方联盟的不和并非不可避免，无论老欧洲有什么缺点。"9·11"事件发生后，欧洲本能地与美国站在了一起。《世界报》宣称："我们现在都是美国人。"北约启动了第五条款，首次宣称整个组织受到了攻击，结果只使得自己在阿富汗提供的帮助被漠视了。

甚至在对付萨达姆的问题上，盟国也相当一致地同意需要做些事情。2002年11月，联合国安理会全体支持美国的第一份决议。在接下来的几个月里面，事情变糟的原因多种多样，但是，我们已经说过，许多原因同欧洲国家有关，因为它们用不着意气用事。但美国的杀伤力则对此不利。2003年2月和3月，美国开始兜售第二份伊拉克决议案，这时人们认为美国粗暴专横，美国甚至无法说服墨西哥和智利这样的盟友来支持它除掉萨达姆。在联合国安理会的15个成员中，美国只设法将英国、西班牙和保加利亚吸引到了自己一边。

布什政府在求助于联合国之前，就要求在伊拉克进行"政权更迭"，这样做明智吗？调查还没开展，切尼和拉姆斯菲尔德就将其当作骗局而嗤之以鼻，这样做聪明吗？让联合国调查组再进行30天的调查，就能在安理会赢得多数支持吗？在温斯顿-塞勒姆（Winston-Salem）进行的第二场总统辩论中，候选人小布什曾发出一通著名的警告："如果我们是一个傲慢无理的国家，他们就将憎恨我们。"然而，就像法里德·扎卡里亚（Fareed Zakaria）指出的那样，"期待"很快成了布什总统最喜欢的动词——他期待巴勒斯坦人打倒阿拉法特，期待土耳其同意美国立场。[24] 这种方法不仅明显说服不了被期待者，并且尤其得不到那些通常对美国有好感的人的赞同。直到2003年还担任墨西哥外长的乔戈·卡斯塔涅达（Jorge Castañeda）说："拉丁美洲的大多数官员都不是反美的人，我们曾在美国学习或工作过，我们喜欢并了解美国。但由于受到严重的蔑视，我们感到极端气愤。"[25]

具有重要意义的是，即使右派美国抛开它吹嘘的美国基本准则，它依然在国外激起了致命的敌意。例如，很难想到还有什么比美国对关塔那摩湾"敌方战斗人员"的待遇更能伤害美国的形象。嫌疑犯——甚至是在阿富汗被抓获的嫌疑犯——可能被拒绝见律师，并被迫进入一个最高上诉人为小布什（而他宣布关塔那摩湾的所有在押犯都是"坏极了的人"）的审判体系，这种做法甚至激怒了保守主义的英国——尤其是因为加利福尼亚州白人、"美国的塔利班分子"约翰·沃克·林德（John Walker Lindh）得到了合适的民事审判。虽然唐纳德·拉姆斯菲尔德可以说他设计了一个成就独特的司法体系，但是这一司法体系是如此缺乏公正性，致使英国的右派报纸《每日邮报》（*Daily Mail*）大声嚷嚷，说要代表英国的两名黑人穆斯林寻求公正，而在其他情况下，《每日邮报》可能会对这两个穆斯林不闻不问。

然而，右派安抚其批评者的意愿明显有限。就像我们在本书关于新保守派那一章中所见，保守主义的美国本能上倾向于单边主义。它总是对华盛顿掌管外交政策机构的那些娘娘腔的老油条疑虑重重，也不信任国际外交机构——尤其是联合国。一位国务院的内幕人士这样描述拉姆斯菲尔德：他所追求的政策不仅蓄意对抗美国的盟友，而且也蓄意对抗他自己所在政府中的有分量的人物。

这不仅仅是顽固不化的问题，拒绝妥协还被谴责为华而不实。小亚瑟·施莱辛格（Arthur Schlesinger Jr.）曾评论道："外交政策是一个国家展现给世界的面孔。"[26]他指出，美国人总是有两副面孔。一方面，他们是一个实用的民族，喜欢事实甚于理论，喜欢尝试和过失甚于逻辑推论；另一方面，他们总是具有强烈的理想主义血缘。从这个国家清教徒的开端，到约翰·福斯特·杜勒斯祈求一场反对共产主义的圣战，这种理想主义的血缘都在起作用。布什政府的外交政策道德优势——把世界分成"支持我们或反对我们"的两派，接受犯罪者的挑战，企图把民主带到中东地区等——也与这一悠久的谱系相一致。

进一步说，虽然美国给世界其他地方带来种种问题，但美国例外论却是这个国家成功的主要原因。我们来关注一下世界其他地方所鄙视的这些价值观，它们解释了为什么美国能够出类拔萃。例如，美国对资本主义的强烈兴致解释了为什么美国的生产率走在欧洲的前面。20年前，强调社会稳定和高水平公立教育的欧洲模式似乎有不少优点，而现在，美国模式能够更好地应对后工业经济中变幻无常的市场。美国宗教狂热的例外论又怎么样呢？一个世纪之前，马克斯·韦伯主张将新教伦理与资本主义精神联系在一起。今天，欧洲世俗化的胜利似乎与其工作伦理的沉沦紧密相连，就像宗教在美国的幸免于难与其工作伦理的继续存在紧密相连一样。[27] 1979年至1999年间，美国的年平均工作时间延长了50小时，即3%，而同期德国的年平均工作时间却缩减了12%。而且欧洲人退休更早，失业救济期更长，罢工更频繁。在哈佛大学任教的勤勉的苏格兰人尼尔·弗格森（Niall Ferguson）指出，北欧工作时间的减少与宗教仪式的陡然减少几乎完全一致。[28]

在右派美国待得越久，就越会为它那种坚定的自信所打动。曾将年轻的小布什从放荡生活中挽救出来的比利·格雷厄姆，曾言简意赅地说道："我知道自己来自何方，现正在何方，以及去向何方。"同样自信的声音，在我们遇见的本书中的那些人（从科罗拉多斯普林斯市的达斯廷和毛拉到哈斯泰特地区的居民）中间经久回荡。这种自信扎根于右派美国心灵的深处——保守主义的美国是"右派"的，这不仅是从它是保守的这层意义上而言，而且也是从它肯定自己是正确的这层意义上来说的。*正义性有助于解释我们在本书导论中曾提到的美国的矛盾性：它既是最常受景仰的国家，又是最常受诟病的国家；它既被称赞为成功、机会和进步的象征，又被认为是不宽容、不正义和不平等的象征。这一矛盾将像右派美国本身一样经久不衰地存在下去。

注释

[1] 我们承认把众议长称为首相有点过分，因为众议长是部分地中立的。然而他仍然是本党在国会的领袖。

[2] "Almost Green," *Economist*, December 13, 2003.

[3] 参见James Pinkerton, "Is America Conservative？" *Tech Central Station*, December 2, 2003. http://remotefarm.techcentralstation.com/120203A.htm。

[4] Sridar Pappu, "Off the Record," *New York Observer*, February 2, 2004.

[5] David Brooks, "Americans Have Reasons to Be Grateful," *International Herald Tribune*, November 26, 2003.

[6] Jonathan Chait, "Mad About You," *New Republic*, September 29, 2003.

[7] Jack Huberman, *The Bush-Hater's Handbook: A Guide to the Most Appalling Presidency of the Past 100 Years* (New York: Nation Books, 2004).

[8] Laura Blumenfeld, "Soros's Deep Pockets v. Bush," *Washington Post*, November 11, 2003.

[9] 2000年11月，美国有线新闻网进行的2000年总统选举选后民意调查。

[10] "America's Image Further Erodes, Europeans Want Weaker Ties," The Pew Research Center for the People and the Press, March 18, 2003.

[11] 2003年11月13—14日，由英国《星期日泰晤士报》和"民治"调查机构(Sunday Times/ Yougov poll)进行的民意调查。

[12] Terry Teachout, "Republican Nation, Democratic Nation？" *Commentary*, January 2001.

[13] Peter David, 参见 "Over Here," *Economist*, November 22, 2003.

[14] 2003年3月18日，布莱尔向下议院发表的讲话。

[15] "For Us or Against Us？" *Economist*, November 22, 2003.

[16] Fareed Zakaria, "The Arrogant Empire," *Newsweek*, March 24, 2003.

[17] Bill Emmott, "A Survey of America's Role in the World," *Economist*, June 29, 2002.

[18] 2003年3月18日，布莱尔向下议院发表的讲话。

---

* 此句的英文原文为conservative America is "Right" not just in the sense of being conservative，but also in the sense that it is sure that it is right. 其中的 "Right" 一词在此是个双关词，既有"右派"的含义，又有"正确的"含义，故将此句拆开翻译成两句。——译者注

[19] Charles Grant, *Transatlantic Rift: How to Bring the Two Sides Together* (London: Centre for European Reform, 2003), p.28.

[20] John Parker, "Survey of America," *Economist*, November 8, 2003.

[21] Ian Buruma, "Wielding the Moral Club," *Financial Times*, September 13, 2003.

[22] 全文为："我的立场是，无论在什么情况下，法国都将投否决票，因为它认为今晚不存在开战的理由。"

[23] 科菲·安南2003年10月7日向美国黑人政治家发表的讲话。

[24] Zakaria, "The Arrogant Empire."

[25] 转引自Zakaria, "The Arrogant Empire"。

[26] Arthur M. Schlesinger Jr., "Foreign Policy and the American Character," *Foreign Affairs*, Fall 1983.

[27] Niall Ferguson, "Why America Outpaces Europe (Clue: The God Factor)," *New York Times*, June 8, 2003.

[28] Ibid.

后记
保守派是如何获胜的

那是俄亥俄州立大学校园里一个田园式的春日傍晚，彼时离2004年11月的大选还有186天。大约50名学生和一条狗围绕在真人尺寸大小的小布什纸板画像周围。几件黑色运动T恤衫上写着"忠告自由派：保守主义的要旨"。他们中多数人的纽扣上都别着各种代表胜利的共和党的大象徽章。一只塞得鼓鼓囊囊、外表凄惨的代表民主党的驴，用一根绳子悬空吊在树枝上。

大约晚8点半，学生们聚集在一部电话机旁，倾听与迪克·切尼进行的热线电话，这是一个被宣传为"支持总统集会"的全国性活动的组成部分。当副总统庆祝萨达姆·侯赛因被关进监狱的时候，学生们鼓掌了；而当副总统称赞福克斯电视台的报道"如此准确"时，学生们则开心地叫喊起来。在副总统接到一个为向他致敬而取名切尼的六年级学生的电话，说要保持"牛仔传统"的时候，就连这些保守派斗士也显得有些尴尬。但当那条狗自发地跳起来猛咬那只鼓鼓囊囊的驴时，他们的情绪又恢复了过来。

热线电话是俄亥俄州立大学校园"保守派周"的高潮，这个"保守派周"的内容包括为军人的孩子举办义卖、集会支持对美国的效忠誓言，以及一个枪支趣味日。校园里的共和党成员有300名，并且已经签约雇用600名学生为小布什的竞选做志愿者工作。一位名叫希思的年轻民主党人——他是窥探共和党行动的三名学生中的一人——承认，共和党人在该校园里比他们一方组织得更好。

那一年的年末，小布什赢得了俄亥俄州的支持并获得第二个任期，希思最大的恐惧变成现实了。小布什在俄亥俄州的胜利相对来说并不是很大——他只赢得了118 569张选票——但若没有七叶树之州（Buckeye State）*的支持，他就赢不了选举

---

* 即俄亥俄州。——译者注

人团票。但是在全国范围，他成功地击败了约翰·克里，他所赢得的选民票比美国历史上的任何一位总统都要多。他多半是在"红色"的共和党州扩大了自己的优势，同时又在"蓝色"州里蚕食了民主党的优势。布什胜利的同时共和党在参众两院也大获全胜，并且布什的胜利肯定也对这一结果有所助益。共和党在参议院的席位增加到55席，逐渐接近打破阻碍投票的冗长辩论所需的60席。参议院少数党领袖汤姆·达施勒（Tom Daschle）也是共和党的战利品，他失去了自己代表南达科他州的参议员席位。与此同时，共和党增加了自己在众议院的多数席位，尽管是受惠于有些不光彩的选区改划。事实上，共和党在华盛顿正享有1928年赫伯特·胡佛当选总统以来最持久的权力期。[1]

这一结果是对自由主义美国的沉重打击，而国外对这一打击也有同样强烈的感觉。《卫报》的反应是："哦，天哪!"《每日镜报》（*Daily Mirror*）则问道："那59 054 087个人怎么会这样愚蠢?"而这些报纸都是以英国这个美国最亲密的盟友为基地的。《法兰克福汇报》（*Frankfurter Allgemeine*）承认，"德国人和法国人感到震惊"。雅克·希拉克和格哈特·施罗德（Gerhard Schröder）几乎掩饰不住自己的失望之情。而在这方面，他们至少反映了这两个国家的人民意志。如果说大选前的民意调查显示约翰·克里在美国有进行一搏的机会，那么他在欧洲那些假想的选民中则将赢得压倒性的胜利。2004年夏，在35个国家中对3.4万人进行的调查显示，小布什只在波兰、菲律宾和尼日利亚3个国家中领先。[2] 在许多美国最重要的盟友中，这位"有毒的得克萨斯人"的支持率少得可怜，简直是种侮辱——法国5%、荷兰6%、西班牙7%、德国10%、英国16%。

小布什的胜利加深了国外对美国的疑虑。欧洲那些专家过去4年中一直将小布什描绘为窃取2000年选举的入侵者，几乎是在一夜之间，他们面临一个令人忧心得多的可能性，即小布什实际上代表了美国人民。

对驴子的凶狠进攻

对于那些宣称他们的论文是经过民意确认的作者来说，没有比这更烦心的事情了。然而2004年的选举再清楚不过地证明了本书的两个核心观点，即保守主义是美国政治的主导力量，以及保守主义解释了为什么美国与众不同。

我们补充了最新的资料，以反映2004年的结果及其直接的后续效应。但我们仍然觉得，值得用2004年的选举情况来衡量一下本书的正题。有些保守派可能会觉得奇怪，为什么一次胜利需要进一步的解释呢？但政治中没有什么事情是轮廓鲜明的。右派美国的胜利可能是2004年的主要事实，但如果透过表面往下看，就会看到一幅具有细微差别的画面。小布什的胜利真的确定了美国政治的重组吗？真的代表了美国保守主义的胜利吗？我们还是从主要问题入手吧——小布什的胜利有多完全？

从右派手中赢得胜利

对2004年选举的任何分析最好都从谦卑的调子开始。如果从有争议的那一天中途开始，多数政治评论家（包括本书的两位作者）都不会认同。最初的选后测验显示，约翰·克里在俄亥俄州和佛罗里达州都有可观的领先。从得克萨斯州飞回华盛顿的总统座机上，小布什的助手们被告知情况不妙，保守派的网站开始推卸责任（普遍的共识是，推动伊拉克战争的新保守派应该遭殃）。到下午茶的时候，莫林·多德和悉尼·布卢门撒尔（Sidney Blumenthal）等自由派评论家已经在英国广播公司预报选举结果了（他们在那里比在美国的电视网络上受到的限制更少）。而在波士顿，一个由好莱坞分遣队带领的狂欢集会已经开始了。可靠的证据表明，结果正朝向创纪录的高度发展，民主党的组织人员在全国各地都达到了目的。当克里出面发表一系列卫星广播，以聚起忠实的支持者时，他的主要竞选顾问鲍勃·施勒姆（Bob Shrum）硬把他留下来说，他要做第一个称呼克里为总统先生的人。

当然，那并没有发生。结果共和党的人数比民主党人还多，民主党在一代人最痛苦的失败中崩溃了。那一天折磨人的瞬间胜利解释了为什么倾向民主党的评论家立即开始贬低小布什的胜利。他们认为他的获胜优势并不是压倒性的，根本不能够证明这个国家的政治方向，这种胜利更多是由于细节东西的作用，如个性和策略，而不是基本政治潮流的作用。

从妄想症（共和党在俄亥俄州安装了投票机）到种种怪异情况的出现（有位社会学家在评论我们这本书的时候，甚至认为许多人投票给小布什是因为不知道他是个保守派），左派为小布什的胜利拟了一长串的借口，[3] 同样也找出了众多的替罪羊，包括霍华德·迪安在初选中把民主党向左的方向拉得太远，马萨诸塞州首席法官玛格丽特·马歇尔（Margaret Marshall）的中间投票使同性恋在该州变得合法。不过自由派修正主义者的主要观点有三个：战场氛围有利于小布什（在任总统和战时总统通常能够再次当选），约翰·克里不适合担任总统，共和党的表现并不是真的那么好。《即将出现的民主党优势》的两位作者约翰·朱迪斯和瑞·泰克希拉认为，"小布什再次当选的优势不如比尔·克林顿、罗纳德·里根或理查德·尼克松，并且面对的是一个有缺陷的民主党对手"[4]。

这些观点有一定的真实性——当然比保守派必胜主义者承认的要多，因此才有本书中一以贯之的主题——右派过度扩张的危险。小布什是历史上再次当选的总统中认可率最低的，且多数美国人确信入侵伊拉克是个错误。在这样的情况下，小布什开始了他的2005年。但是自由派的辩护者依然不得要领。小布什虽然没有赢得压倒性的胜利，但他却无可非议地赢得了胜利——他赢得了51%的选民票，1964年以来还没有哪位民主党人有此佳绩，而且他是在一种充满敌意的政治气候中取胜的。至于民主党呢，他们的问题远比马萨诸塞州那位资历尚浅的参议员来得严重。

小布什尽管是在任总统，但2004年的战场很难说是于他有利。在任总统有时可以在差劲的战争和糟糕的经济中幸免于难，而小布什却要从这双重的困境中求生存。2004年的大部分时间里，多数选民认为国家正朝错误的方向发展。民主党人反复指出，小布什是赫伯特·胡佛以来，第一位寻求连任时容忍自己地盘中的工作岗位净流失的总统，而由此引发的经济阵痛，传到了许多在选举上至关重要的中西部。2004年，在俄亥俄州用不着走很远就能够发现倒闭的工厂、破损的房屋和因工作岗位出口到国外而对政府愤怒不已的人们。在小布什总统任期的前3年，该州失去了1/6的制造业工作岗位。"布什经济"中表现较差的20个地方就有3个是在俄亥俄州：一是莱马（Lima），它失去了22.9%的工作岗位；一是汉密尔顿-米德尔顿（Hamilton-Middletown），它失去了18.7%的工作岗位；还有一个是托莱多（Toledo），它失去了15.6%的工作岗位。在整个美国，多数选民不赞成小布什对经济的处理方式，而说起总统更喜欢的解决手法——减税，超过2/3的选民认为减税要么对经济不利（17%），要么对经济没有什么作用（51%）。[5]

俄亥俄州也说明了伊拉克对小布什提出的巨大挑战。巴格达的陷落虽然一时提高了小布什民意调查的数字，但随后反复出现的坏消息侵蚀了这一增长。俄亥俄州像其他内陆核心地区一样，"9·11"事件后爱国主义情绪高涨，以至于人们用美国国旗来装点高速公路上的桥梁。但是该州也遭受到打击。戴顿（Dayton）是美国最大空军基地之一的所在地，而俄亥俄州则是在国外部署后备军人人数最多的州之一。到11月的时候，伊拉克战争已经连续几个月都进展糟糕，选举时的背景是绑架、斩首和军队伤亡。与其将小布什与里根相比，还不如将他与林登·约翰逊相比来得更有意义。约翰逊也是一位深陷外国冒险的来得克萨斯州的总统，他退出了1968年的初选。

那么，为什么民主党没能把小布什打发回得克萨斯州呢？让我们想一想民主党为失去选举而找的种种传统借口。民主党因内部竞争而分裂，选民关注细节琐事，经济表现反常地好，而或许最重要的是，选民投票率难以置信地低——所有这些借口都与2004年的情况不符。民主党很早就满怀激情地团结在约翰·克里的身后。选举是冲着那些大问题而来的：恐怖主义、伊拉克和减税问题。从这个角度来看，选举是等着约翰·克里去取胜的。但为什么他没能够做到呢？

民主党的辩护者在此集中关注约翰·克里战术和个性的种种不足，而没有关注与民主党基本信念相关的问题。没有人会说克里是一个完美无缺的候选人。这个冷淡的新英格兰人，在竞选演讲台上的表现不如小布什，而且从未赢过一次喝咖啡的测试（你愿意同谁共度时光？）。在俄亥俄州这样的地方，小布什比克里——有个外国妻子，有着东北部的根基，全国各地都有自己的公寓，喜欢冲浪这样的外来运动——更能给人一种"正常"人的感觉。（之前三次在俄亥俄州获胜的民主党人都是南方人。）从战术上说，克里也经常被对方打败。一个以越战记录为自己整个过去的基础的快艇老兵，在证词中却回应不了一群持异见的"快艇老兵"对那一记录的指控。当小布什教条式地坚守自己的信念时，这位"观点突变"的参议员却前后反复，使许多人弄不清他支持什么。令人感到同情的是，共和党最具威胁的广告只是引用了克里自己的话说："在我投票反对870亿美元（用于伊拉克的资金）之前，我确确实实是投票支持这笔钱的。"

然而，克里不是克林顿，小布什也不是里根。像克林顿和里根这样"肯定会赢的人"，一代人中只会出现一次。从许多方面来衡量，克里是一个好的候选人。他至少赢得了三场辩论中的两场——观看辩论的观众创下了历史纪录。辩论中，克里与他那个头儿更小、说话更缺乏雄辩术的对手相比，显得更像一位总统。他在军中的履历和在参议院中的外交事务经验，意味着他通过了"9·11"事件后任何民主党人都必须通过的最重要测试——对总司令的测试。至少有40份在2000年支持小布什的报纸在

2004年转而支持克里。

至于组织方面，民主党显然行动迟缓。当切尼进行俄亥俄州的热线电话活动时，小布什在哥伦布市拥有一个13名全职人员的竞选办公室，在俄亥俄州有3 500名选区负责人以及24 000名签约志愿者。他的选举与当地的各种利益集团结成联盟，其中引人注目的是农场主和福音派基督徒。在他弗吉尼亚州阿灵顿的竞选总部，还有一小队俄亥俄州观察员。而克里甚至没有在俄亥俄州设立一个竞选办公室。

然而，时至11月2日，很难说民主党人没有尽最大的努力。克里不仅求助于工会和人权团体这样的老牌民主党组织，也向美国政治中的新派力量"527团体"求助，因而能够很快地在俄亥俄州建立起自己的力量。这些拥护组织取名于免税代码中的一项条款，它们基本上是在规避竞选资金法：只要不要求选民投票支持谁，就可以对选民进行登记和动员。仇视小布什的左派先是集合在霍华德·迪安的周围，然后把精力转向克里，他们聪明地利用了这一漏洞。（虽然保守派也有自己的"527团体"，包括那些对克里予以打击的快艇老兵，但是其数量与自由派的"527团体"相比是1∶3。）像乔治·索罗斯和斯蒂夫·宾（Steve Bing）这样财力雄厚的捐赠人，把数百万美元投入"527团体"组织中，从而为民主党的草根阶层竞选充电加力。例如，尽管春季时克里在俄亥俄州没有竞选办公室，但"美国在一起"（America Coming Together）组织在该州各地却有450名工作人员，其志愿者在民主党的选区进行拉网式的活动，将潜在支持者的详情输到掌上电脑和黑莓手机上。另外两个"527团体"——MoveOn.org和"媒体基金"（Media Fund）——也用广告对该州进行地毯式的打击。整个夏秋两季，纽约州和加利福尼亚州等深蓝州的志愿者，纷纷涌入俄亥俄州（以及其他胜负难分的中间州）。

到选举日，各种"527团体"已在俄亥俄州登记到3万新选民。"美国在一起"宣称自己在该州敲过370万扇门，进行的门口谈话超过110万次，结果使得克里–爱德华兹的竞选范围扩大了大约6成。[6] 在选举日，"527团体"帮助民主党消除了小布什在资金募集上的正式优势。总统比克里先生多募得了4 000万美元，但倾向于民主党的"527团体"比共和党同侪在全国的花销多了1.8亿美元，工会的花销也比工商团体多出1.7亿美元。无论怎样衡量，民主党都已向小布什发起了他们能够发起的一切进攻。

在某种程度上，民主党集中火力的猛攻发挥作用了。约翰·克里的选民支持率高出阿尔·戈尔12个百分点。问题是共和党做得更好——小布什的选民支持率跃升了

1/5。霍华德·迪安承认："我们进行了我一生中见过的最棒的草根阶层选举，但是共和党做得比我们更棒。"

小布什主要是通过动员右派美国而获胜的，即俄亥俄州那一类等着听热线电话的人们。小布什的竞选与民主党的方法完全相反。民主党将草根阶层竞选"外包"给付酬的拉票员（仅工会就为克里的竞选雇用了5 000人），而共和党的竞选机器完全依靠当地的志愿者——那些信任小布什这个人及其信念并在当地社区有自己根基的人。例如，到11月的时候，小布什只向俄亥俄州的200名工作人员支付报酬，而他宣称在该州有8万名志愿者。在全国范围内，志愿者大军的人数超过了140万——而这被证明具有决定性的意义。邻居是比外乡人好得多的宣传员。克里在中西部引进马特·狄龙（Matt Dillon）和肖恩·佩恩（Sean Penn）这些演员，更让人们感觉民主党是来自另一个世界。共和党也有其他的优势，这些保守派志愿者基本上是在民主党觉察不到的情况下开展活动的，支持克里的人不知道究竟有多少共和党的志愿者。共和党的志愿者大军完全扩展到了乡村——尤其是"远郊地带"，即郊区的郊区，而这通常是党的机器控制之外的地方。俄亥俄州投票率最高的10个县全都支持小布什——而它们中没有一个县的投票率低于75%。[7]

小布什的信念也以一种异乎寻常的程度集中在右派美国身上。大多数总统候选人先是稳固自己的基础，然后往中间靠拢。小布什的首席战略家卡尔·罗夫信奉的是完全相反的原则——对保守派基础加大竞选的压力比笼络游离选民更重要。由于总统具有杀伤力的个性，这种战略或许是不可避免的，2004年竞选真正开始的时候，小布什得到91%的共和党人的支持，而只有17%的民主党人支持他。这是盖洛普民意调查历史上最大的一次差距。但是小布什似乎更喜欢说，2004年的选举是一代人中最明显地由意识形态选择来决定的一次选举。

它既避开了里根使事情模糊的战略（他的"早安美国"），又避开了克林顿将政策拆解为非意识形态的做法（如他对学校制服和会筛选节目装置的热情支持）。有人建议给政策裹以糖衣从而吸引温和派，小布什无视这一建议，相反，在所有引起强烈情感的问题上——从宪法禁止同性恋婚姻到禁止攻击性武器，从长期投身伊拉克问题到限制联邦政府资助干细胞研究——他都支持那些多数选民明显拒绝的政策。如果把小布什假定为中庸的共和党人或秘密的自由派而投票支持他，那一定是愚蠢透顶了。罗夫的战略则集中关注两件事情：一是动员保守派大军的各种分支——枪支爱好者、财产权活动分子、福音派基督徒；二是打赌，赌的是那些使保守派感到兴奋的问题同样足以诱使游离选民投票使小布什获胜。由于保守主义的美国远比自由主义的美国要大得多，因此这一战略奏效了。美国有线新闻网的选后民意调查显示，84%的保守派投票选择小布什，只比投票选择克里的自由派少1个百分点。但保守派占选民的人数是34%，而自认为是自由派的人只有21%。这就意味着，在余下54%的"温和派"选民中，即使小布什以45%比54%输给对手，也将赢得选举的胜利。

恐怖、价值观和乐观主义

这种激励自己的基本支持者同时吸引足够游离选民的战略，在小布什竞选的三大主题中得到了反映：反恐战、价值观和乐观主义。其中最重要的是反恐战。国家安全问题分裂了民主党，却使得共和党团结一致。考虑到克里率领的政党是由反战活动分子和好斗的蓝领工人组成，他对伊拉克问题的曲解就更容易理解了。在"9·11"事件发生约3年后于纽约举行的共和党全国代表大会上，各种共和党派别的代表，包括阿诺德·施瓦辛格和乔治·帕塔基这样的自由派共和党州长，纷纷提及美国在小布什的领导下更加安全了。

反恐战也吸引了部分民主党人。具有重要意义的是，在民主党大会上对克里发起最严厉攻击的是一个南方的民主党人：泽尔·米勒。评估了克里反对军费开支的投票惯例后，他拖长腔调说："这就是要做我们美国武装力量总司令的那个人。可美国的武装力量靠什么武装起来呢？靠唾沫球吗？""安全妈妈"（Security Moms）*取代带着孩子参加体育运动的妈妈，成为2004年选举中典型的游离选民，这也同样具有重要意义。1970年以来，民主党在政治上的成功主要归功于妇女。但是，2004年共和党利用安全问题减少了民主党在女性选民中的优势。共和党在女性选民中与民主党的差距从1996年落后16个百分点缩小到了2004年的3个百分点。

价值观方面的情况与此基本相同。在大选后那个上午的民意调查中，选后民意调查中认为"道德价值"为最重要问题的选民人数最多，达22%。没有什么比这一数

---

* "安全妈妈"是2004年美国总统选举中的特殊选民群体，她们都是已经结婚的白人母亲。自从"9·11"恐怖袭击之后，就格外关注恐怖威胁和安全问题。——译者注

字更富戏剧性了，社会保守派几乎掩饰不住自己的快乐。鲍勃·琼斯大学的校长、鲍勃·琼斯三世牧师（Bob Jones Ⅲ），在写给小布什的一封辞藻华丽的信中这样解释他取胜的原因："上帝已经保证美国——虽然她并不值得这种褒奖——从异教信仰的日程上暂缓执行。您已经得到指令……把您的议程放在最优先的位置上并使之沸腾吧。您什么也不欠自由派的，他们蔑视您是因为他们蔑视您的上帝。"

这是过分夸张的做法。2004年的选举中，如果将因伊拉克安全问题（15%）和反恐战问题（19%）而支持小布什的人数加在一起，"卫道士"的人数要少于国家安全问题上的民众。但是具有重要意义的是，"卫道士"中的绝大多数（4/5）都投票支持小布什。这些"卫道士"中包括大量的福音派基督徒，他们被试图进行禁止同性恋婚姻的全民公决引诱到投票站投票，但福音派白人基督徒只占选民的23%。更多的人是在懵懂不清的情况下投票给小布什的，因为他们认为他代表了全美国的价值观——对家庭和国家的忠诚。他最受欢迎的方针之一是讥讽克里，因为克里说好莱坞代表了美国的心灵和灵魂。

价值观是小布什的又一个既激励自己的基本支持者，又吸引游离选民的议题。罗夫说2000年的选举之所以如此接近，是因为有400万福音派基督徒待在家里没去投票。但是无论这种说法的真实性如何，2004年小布什显然已经使社会保守派信服，自己是他们中的一员。2004年，俄亥俄州和宾夕法尼亚州的阿米什人（Amish）*一改其传统中立的立场，投票支持小布什。此外，同性恋婚姻和堕胎这样的问题，也在整个民主党人中间产生了吸引力。例如，与其他地方的11%相比，小布什在俄亥俄州赢得了16%的黑人选票。这一结果的原因之一是，共和党奋力"教育"黑人牧师说民主党支持同性恋婚姻。而许多有宗教信仰的黑人对此持强硬的观点——就在选举之后，小马丁·路德·金的女儿领导了一次集会谴责同性恋婚姻。类似的，堕胎问题有助于小布什赢得天主教选民的支持。各种各样的主教谴责克里，说他一方面宣称自己是个虔诚的教徒，另一方面却支持堕胎权，甚至有人说要将他从圣公会中开除出去。小布什之所以在天主教徒的选票上领先5个百分点，是因为在那些每周都上教堂的选民中，他领先对手17个百分点。

因此，价值观问题的辩论并不像琼斯牧师之类的人想让我们相信的那样简单。大

---

* 阿米什人是基督新教再洗礼派门诺会中的一个信徒分支，以拒绝汽车及电力等现代设施，过简朴的生活而闻名。——译者注

多数美国人仍然支持合法堕胎权,并反对以联邦宪法修正案来禁止同性恋婚姻。而小布什本人也小心翼翼地宣扬在这两个问题上要宽容。然而,小布什代表的是阻挡肆无忌惮的潮流的堤坝,对他的这种看法无疑将摇摆不定的选民带到了共和党的事业一边。

第三股力量是乐观主义。大选之后,民主党的辩护士们企图向人们宣扬,小布什是通过恐吓这个国家来使人们投票支持他的。共和党当然利用了人们的恐惧心理,尤其是在安全问题上。迪克·切尼差点说投票支持克里将使恐怖攻击更可能发生,共和党还做了一个散布谣言式的广告,画面上一群狼在窥伺着,并伴以这样的广告词:"约翰·克里及其自由派投票削减美国的情报活动经费……美国的软弱吸引那些伺机伤害美国的人。"但是这一点却要从两件事情上平衡地来看待。其一,民主党所要的恐惧把戏并不比共和党逊色,选民被警告说,投票支持小布什将使受到孤立的美国被掌握在一个疯子的手中。其二,小布什反复扮演一个乐观主义者的角色,一个代表未来而不是过去的候选人。

对伊拉克问题和经济问题的乐观主义是不可或缺的修辞手法,其实他没有什么其他的东西可以拿出来。但是就像他心目中的偶像罗纳德·里根一样,他将这种对世界的乐观看法与真正的激进主义结合到了一起。在国内,他集中关注"所有权社会"的思想,共和党大会上,他在这个问题上所花的时间几乎同国家安全问题一样多。他要同时对社会保障和税收制度进行改革,使工商业从讨厌的条条框框中获得自由,并通过改革教育来挽回美国向上流动的传统承诺。在国外,他甚至试图对恐怖主义问题发出乐观的声音,承诺要把民主带到中东地区从而对恐怖主义釜底抽薪。相反,克里看上去似乎是一个害怕未来的人。他毫不留情地集中关注所有美国有问题的事情——从收入缩减到保健费用猛增——却提不出清楚的解决办法。至于改革方面,他乐于扮演现状捍卫者的角色——甚至是捍卫存在了70年之久的社会保障制度。

这种激进主义有利于小布什既激励自己的基本支持者,又拉住游离选民。许多有自由意志论想法的共和党人完全有理由怀疑小布什的大政府保守主义。然而与克里相比,小布什显然是一个要对大额救济金项目更有作为的人。与此同时,他那乐观的语调似乎同美国新近发展的那些部分更协调。总统那"该死的鱼雷,全速前进"(damn the torpedoes)的方法可能会使"外交关系委员会"以及被阿诺德·施瓦辛格(又一位长期乐观主义的人)蔑称为"娘娘腔"的经济学家大皱其眉,却打动了远郊地区和街边小店的人们,那里是右派美国生活和购物的地方。小布什在美国增长最快的100个县里面赢得了97个县的胜利，且往往优势巨大。小布什在大菲尼克斯地区、大休斯敦地区和大亚特兰大地区的胜利是意料之中的事情，而他在蓝色州增长最快的地区也赢得了胜利，如加利福尼亚州的大内陆地区——它是目前该州增长的大块头地区。

他的乐观信念再次有利于他拉住民主党的另一股选民：移民。小布什赢得了40%拉丁裔选民的支持，并在新墨西哥州获胜，从而在西部内陆地区大获全胜。一位恼怒不已的当地民主党州长注意到，"我们竭尽全力在促使大部分拉丁裔出去投票的时候，却没有意识到由我们吸引到投票站的这些人中间，有如此多的人会投票支持那个不该支持的人"。

重组？

小布什的再次当选，在多大程度上意味着美国政治的重组呢？我们在本书中冒险地认为，类似于1895年由罗夫心目中的英雄马克·汉纳（Mark Hanna）发起的重大变化可能正在进行之中。举个例子来说，阿利斯泰尔·库克（Alistair Cooke）就曾警告我们，在总统选举6个月前就预测结果是危险的。2004年的选举结果加强了重组的情况，虽然如本书第十章所说，共和党可能做得过头了。

民主党的辩护士指出了一个事实，即2004年小布什并没能发起里根在1980年那样的大型政治重组（当时的男性白人工人阶级——"喝一箱六瓶装啤酒的乔"——抛弃了民主党）。他们还将2004年共和党在众议院的小幅斩获——而这还主要得益于得克萨斯州的选区改划——与1994年的纽特·金里奇革命进行了对比。然而，小布什和罗夫用不着重复这样结构性的变化来实现共和党的多数。他们只须巩固现有的成果，并进一步侵蚀民主党的选民即可。例如，"喝一箱六瓶装啤酒的乔安娜"（Joanna Sixpack）* 就像20年前的乔那样抛弃了民主党。克里在未受过大学教育的女性白人中落后小布什23个百分点。共和党在国会中的领先虽部分归因于选区改划，但是考虑到在任的价值和共和党拥有多数席位（30席）的规模，民主党可能要花多年时间才能够重新夺得国会的多数地位。至于参议院方面，民主党在2006年的选举中需要保住更多的脆弱议席。

---

* 即女性白人工人阶级。——译者注

共和党迅速成为美国的优势政党，该党涵盖的地理范围比民主党更大。人们发现在2004年的选举中，共和党既加深了对保守主义南方的控制，又拿下了美国一些最具自由主义色彩的州的州长席位，如纽约州和加利福尼亚州。共和党更善于使自己成为庇护所。一项在两党全国代表大会上的调查发现，民主党有14%的代表是从共和党转换立场而来，这一比例在共和党的代表中是28%。共和党还将自己的大营安扎在了更肥沃的土壤上。小布什获胜州的生育率比克里的获胜州高12%。在生育率最高的26个州中，小布什赢得了25个，克里则在生育率最低的16个州中获胜。

共和党多数的形成一般是一个过程，既非爆炸式，也非冗长不绝。2000年和2004年的选举结果显示，共和党建起了一架能够在郊区选民中赢取果实的政治机器。（保守派评论家迈克尔·巴龙将它比作郊区的另一股革命性力量——沃尔玛。）现在共和党掌握了美国的政治机器，他们有机会对民主党进行系统的伤害了，一切都将以改革的名义来进行。侵权行为改革会削弱私人执业律师——他们是民主党的一大现金来源；教育改革会削弱教师工会；社会保障改革会扩大社会的所有权，并切断自"新政"以来将美国穷人与国家绑在一起的联系。

这并不是说共和党的霸主地位会自动地出现。本书写作时，我们已经可以清楚地看到，共和党的基础并不像小布什的第一任期那样有利。乔纳森·劳赫（Jonathan Rauch）将共和党指向了类似玛格丽特·撒切尔的保守党的发展道路。20世纪80年代，托利党看起来似乎摆出了姿态要成为永久执政党，那时候人们普遍认为，有生之年可能再也看不到一个工党政府出现了。但是，今天的保守党却生活在自己过去的阴影之中，而工党看起来却像是一个永久的执政党。

然而，把共和党与撒切尔夫人相比，实际上正强调了共和党的巨大力量。作为首相（1979—1990），撒切尔掌握了一半的保守党党员，而小布什则使他的政党获得新生。撒切尔从来也不能够指望依靠一场保守主义运动来支持她（除非你把几个智库当作是一场运动），而美国的保守主义在这数十年间力量则在不断地壮大。

保守主义的凯旋？

本书一个反复不断的主题是，选举结果的重要性比不上思想的情调音乐。把话题从共和党2004年的胜利转向美国保守主义，就会发现更多的怀疑派——而这一次这些怀疑派大多数是右派的。选举结束两周后，我们两人中有一人参加了"美国未来基金会"（America's Future Foundation）有关"布什使命"（Bush's Mandate）的一场辩论，人们可能预期其基调会是乐观的。"美国未来基金会"是为华盛顿不断壮大的年轻保守派和自由意志论者大军而设计的一个论坛。（有些自由意志论者最近在小布什的竞选中被雇用。）小布什先生为其第二个任期提出了一项绝对积极进取的议程，其中包括改革社会保障和简化税收代码。

但是小组成员和发问者毫无疑问都是闷闷不乐的。有个头发灰白的老兵大声抱怨小布什领导的政府开支毫无节制地往上增加，而几乎所有发言者都异口同声地回应了这一话题。一位更年轻的记者强调了自由主义制度的反弹，他注意到保守派最出色的杂志之一《人类事务》（Human Affairs），就在"田纳西流域管理局"的楼上，而在他看来，这是一个几十年前就该消失的"新政"组织。大多数人认为，保守派正在输掉文化战。

在这里，起作用的不仅仅是健康的保守派悲观主义。在老大党的胜利与保守主义的进展之间，并不存在自动的联系。政党常常赢得了世界，却失去了灵魂。正如在本书中概述的那样，小布什政府第一任期的规模并没有缩小，反而扩大了。而2004年最成功的战斗口号——从宪法上禁止同性恋婚姻——只不过是一种防护行动而已，目的是捍卫社会最古老的制度，使之不被明目张胆的企图彻底颠覆。

不过悲观主义者把情况说得夸张了。美国已经比其盟国保守得多了，它政府规模更小，宗教生活更富活力，而且很多长远的趋势也表明，美国将朝更保守的方向发展。小布什的大政府保守主义可能有些鲁莽，但是，正如本书第十章所述，美国依然希望使政府转向保守主义的一端。按其他先进国家的标准来衡量，美国的福利依然明显少得可怜。的确，好莱坞还是像以往那样充满自由主义［选举后被谈论最多的电视节目是《绝望主妇》（Desparate Housewives）］。但从最敏感文化议题之一的堕胎权问题看，公众舆论正朝右移动。但是，美国人使一个明显赞成保守主义文化的人再次当选，肯定是具有重要意义的。小布什的一天从祈祷开始，在自己得克萨斯州那并不很愉人的克劳福德农场度假［那里远离玛莎葡萄园（Martha's Vineyard）*中克林顿式的煮肉锅］，而且用鹰状饰物而非和平鸽来装点白宫的圣诞树。

---

* 马萨诸塞州的一个岛屿。如果说克劳福德农场代表的是南方，那么玛莎葡萄园则代表东北部。它们分别象征保守主义和自由派。——译者注

比较小布什和克里的竞选，保守主义取得的可观成就再次显现。毕竟，小布什是在以他的本来面目进行竞选。作为总统候选人，他坚决拥护美国在国外的力量，蔑视欧洲的"鼬鼠轴心"，拥护美国好的老式价值观以对抗好莱坞精英，等等。相反，约翰·克里则几乎以完全相反的方式进行竞选。他掩饰自己根子上是一个马萨诸塞州的自由派，他花上几个月来向参议员约翰·麦凯恩献殷勤，要麦凯恩做他的副总统候选人搭档，失败之后他又试探着要这位亚利桑那州的保守派做他的国防部长。他穿着比恩牌（L.L.Bean）服装去打大雁。他宣称自己是保守主义价值的狂热支持者，说自己尽管支持作为公共政策的堕胎，而个人却反对堕胎。只要想象一下小布什会宣称自己是个"自由主义价值"迷，并且向泰德·肯尼迪献殷勤说要他做自己的竞选搭档，就可以明白美国政治中心的重心现在在哪里——并且它与其他地方的政治相比是多么失衡。虽说小布什将民主党对手涂抹成"美国政治中极左的人"（far left bank of American politics），但是在其他任何发达国家，克里都将是一个极右的人：他是一个手持枪械的百万富翁、上教堂做礼拜的越战老兵，他对平衡预算问题小题大做，他不签署《京都议定书》，并且支持阿里尔·沙龙。

在小布什的第二任期，共和党也会利用其权力来加强这一保守主义趋势。白宫不仅保证这一次一开始就要加紧对公共开支的控制，并且企图通过社会保障私有化来削弱"伟大社会计划"的一大支柱。另外，白宫将能够任命许多保守派法官——其中包括最高法院的大法官——人们可以明白，为什么民主党在2004年要竭力把小布什先生赶出白宫。

而且，2004年选举的主导思想几乎全都来自右派，这或许是最为重要的。2004年左派当然有爆炸性的活动："迪安的狂热追随者"（Deaniacs）、"527团体"、大把大把投入自由主义事业的金钱。或许在20年的时间里，历史学家将把2004年定位为左派的1964年（那一年巴里·戈德华特虽然遭到压倒性的失败，却诞生了现代保守主义运动）。但是，约翰·克里却是巴里·戈德华特蹩脚的再生版本。戈德华特代表的是一套新的思想，克里则是在由右派决定的地区战斗；戈德华特植根于一套激进主义的制度之中，而新近的民主党智库和基金会则无疑是一串思想贫瘠的机构。

最终是独一无二的

本书并不认为所有的美国人都是保守派。显然，美国是一个分裂的国家，对本书的反应也说明了这一点。在过去一年中的各种论坛上，有人谴责我们是世俗的自由意志论者、欧洲社会主义者（这要感谢拉什）、新保守派天主教徒、小布什的顶礼膜拜者、克里的代理人、布莱尔的同情者、老派的托利党人、美国的贵宾犬和忘恩负义的英国佬。

对这个故事有过一次有趣的歪曲。在美国，我们发现我们既被归为保守派，又被归为自由派，程度大致相同。在美国之外，只要我们准备严肃地对待美国保守主义，这就意味着我们是保守派（或"新保守派"）的同路人。对大多数欧洲人来说，美国保守主义不仅是个异类，而且背离了真正的美国。欧洲人蜂拥购买迈克尔·穆尔著作的原因之一，就是穆尔的著作就小布什的总统职务给他们提供了一个让人放心的版本——美国本质上是一个自由主义的地方，这一点与令人愉快的自由主义欧洲十分相像，而白宫只是暂时被一个得克萨斯州的傻瓜给偷走了。这一论题使迈克尔·穆尔在欧洲成为一位伟大作家，他的作品在一个又一个国家的畅销书排行榜上高居榜首，并且因执导影片《华氏9·11》而在戛纳摘得金棕榈奖。欧洲人拥抱这一观点，还是因为他们参访的城市、沿海地区，确实代表了具有自由主义特点的美国。外国参观者50人中只有1人会去俄亥俄州，2/3的欧洲访客从没去过加利福尼亚、纽约、新英格兰、佛罗里达（奥兰多和迈阿密）以外的地方，[8] 更少有人涉足过小布什赢得选举胜利的近郊地带。红色州里几乎没有欧洲的领馆，而来访的政治家的足迹几乎不会越过城市环形公路和曼哈顿的范围。一位最具世界主义眼光的法国政治家现在承认："我们没有注意到已经发生了一场革命，你们的右派国家对我们来说是一个陌生的国家。"

小布什在11月的彻底胜利，证明了目光狭窄的穆尔式解读的荒诞。事实上，欧洲人纷纷把美国描述为一个福音派基督徒的国家，实际情况也在某种程度上与穆尔的解读正相反。还有哪个发达国家会把这样一个人——他认为"如果没有同上帝建立起一种关系"就不能当总统——再次选为总统？还有哪个国家会担心约翰·克里这样一个人的左派倾向？还有哪个中间偏右的国家，能够催生俄亥俄州的那类组织和"美国未来基金会"？小布什的重新当选再次强有力地证明，右派是美国政治中一股越来越强大的力量，它明白无误地证明，美国在国际舞台上肯定是一个右派国家。

美国保守派联盟每年都在美国保守派联盟评分网站（http://acuratings.com）上给每位国会议员打分，看看他们对保守派议题的支持程度。分数从0分（意味着非常自由的立场）到100分（非常保守的立场），打分的标准是根据每位众议员的一组

10 ～ 20次的投票来决定。美国保守派联盟寻找的是那些具有典型意识形态"裂痕"的议题：导弹条约，1972年的《简·方达（Jane Fonda）法案》（该法案试图禁止美国人访问那些与美国有军事冲突的国家），反对制裁南非，在1986年支持尼加拉瓜桑地诺政府的反对派，禁止晚期堕胎，支持减税，以及在2002年反对国际刑事法院。我们分析了那3年的打分情况，将每位众议员的得分都录入数据库，并算出了党和州的平均得分，也给出了整个国会的平均得分和中位数得分，请参见附录。

注释

[1] Gary Jacobson, University of California, San Diego, 引自 Adam Nagourney and Richard Stevenson, "Some See Risks for the GOP in New Strength," *New York Times*, January 24, 2005。

[2] Poll by GlobeScan and the Program on International Policy Attitudes (PIPA) of the University of Maryland, May ～ August 2004.

[3] Alan Wolfe, "What Gave Us the Right," *New York Times Book Review*, November 28, 2004.

[4] John Judis and Ruy Teixeira, "Movement Interruptus," *The American Prospect*, January, 2005.

[5] New York Times/CBS Poll October 28–30, 2004.

[6] Matt Bai, "Who Lost Ohio," *New York Times Magazine*, November 21, 2004.

[7] Ibid.

[8] James Harding, "Into the Heart of Suburbia," *Financial Times*, January 15, 2005.

附录
众议员的保守主义得分情况

州　　名	1972年	1986年	2002年	民主党 1972年	民主党 1986年	民主党 2002年	共和党 1972年	共和党 1986年	共和党 2002年
亚拉巴马	70	62	80	64	51	37	80	90	98
阿拉斯加	11	65	86	11	无	无	无	65	86
亚利桑那	66	69	79	11	5	0	93	85	95
阿肯色	52	51	43	53	41	25	67	82	96
加利福尼亚	38	39	38	12	6	6	66	88	90
科罗拉多	54	62	67	32	12	2	77	88	100
康涅狄格	29	19	37	35	0	7	16	40	67
特拉华	70	27	76	无	27	无	70	无	76
佛罗里达	66	56	66	52	39	13	82	85	94
佐治亚	83	68	76	83	63	16	86	86	99
夏威夷	0	5	11	0	5	11	无	无	无
爱达荷	58	59	94	无	32	无	58	86	94
伊利诺伊	43	34	53	12	10	14	74	69	92
印第安纳	49	48	63	16	10	18	76	86	93
艾奥瓦	42	34	71	0	7	32	59	48	81
堪萨斯	65	57	78	40	30	20	71	76	97
肯塔基	45	53	91	33	31	84	75	82	93
路易斯安那	70	56	79	70	46	33	无	85	98
缅因	0	45	0	0	无	0	无	45	无
马里兰	38	37	37	33	24	3	48	76	71
马萨诸塞	6	5	4	3	4	4	17	14	无
密歇根	38	30	46	9	6	12	56	68	90
明尼苏达	28	31	46	3	6	15	53	72	97
密西西比	90	60	65	90	45	41	无	83	100
密苏里	41	40	60	36	19	11	90	81	98
蒙大拿	46	48	100	17	10	无	75	86	100

（续表）

州　名	1972年	1986年	2002年	民主党1972年	民主党1986年	民主党2002年	共和党1972年	共和党1986年	共和党2002年
内布拉斯加	75	72	80	无	无	无	75	72	80
内华达	50	59	54	50	32	16	无	86	91
新罕布什尔	78	86	86	无	无	无	78	86	86
新泽西	21	28	42	6	8	7	44	55	82
新墨西哥	64	56	56	60	18	0	67	75	84
纽约	25	29	35	8	6	7	48	58	78
北卡罗来纳	71	59	62	68	35	15	77	87	95
北达科他	34	27	32	0	27	32	67	无	无
俄亥俄	49	42	55	14	10	7	63	78	90
俄克拉何马	50	45	86	35	36	40	80	85	95
俄勒冈	41	41	28	37	10	11	45	89	96
宾夕法尼亚	35	38	55	21	17	14	49	64	92
罗得岛	0	5	8	0	5	8	无	5	无
南卡罗来纳	77	60	65	78	39	8	70	82	93
南达科他	21	18	88	21	18	无	无	无	88
田纳西	62	41	71	47	24	37	82	74	98
得克萨斯	61	57	53	58	35	22	88	93	95
犹他	50	94	78	33	无	40	67	94	98
佛蒙特	60	14	0	无	无	0	60	14	无
弗吉尼亚	81	62	74	84	39	15	80	78	97
华盛顿	22	33	39	9	12	13	100	66	92
西弗吉尼亚	31	14	41	31	14	24	无	无	76
威斯康星	41	36	42	10	10	5	74	69	87
怀俄明	0	100	100	0	无	无	无	100	100
平均得分*	45	43	53	32	20	13	63	75	91
中位数得分*	47.5	43.5	58	31	17.5	13	70	81	93

*平均得分和中位数得分是全体435位国会成员的得分

　　我们认为，分数提供了一个很好的意识形态总参考指标，但并非完美无缺。一位共和党国会议员上午可能会高兴地呼吁政府少一些干预，下午却会企图增加有利于其选区的拨款法修正案。同样，小州的得分情况也是不可靠的。例如，怀俄明州在1972年的得分是0分，而1986和2002年的得分则都是100分，这是因为该州只有一个国会议席。1972年，该州的议席由肯尼迪式的民主党人特诺·龙卡利奥（Teno Roncalio）占据，他投票支持限制战略武器会谈条约和法院下令的取消种族歧视，但反对《简·方达法案》。1986年，毫不退缩地追求保守主义路线的迪克·切尼占有该议席，现占有该议席的芭芭拉·卡宾（Barbaba Cubin）也是这样一个人，她投票支持从《反弹道导弹条约》中撤出，以及扩大福利改革法的范围。利用意识形态得分进行的精确分析，可参见基斯·普尔（Keith Poole）和霍华德·罗森塔尔（Howard Rosenthal）合著的《国会：唱名表决的政治经济学历史》（*Congress: A Political-Economic History of Roll Call Voting*, Oxford: Oxford University Press, 1977）一书的第165–183页，更直接的解释可看看琳达·福勒（Linda Fowler）在《立法研究季刊》（*Legislation Studies Quarterly*）1982年第401–413页上的文章《利益集团如何为国会议员的投票记录得分选择议题》（*How interest groups select issues for rating voting records of members of the U. S. Congress*）。

致　谢

　　如果没有创作题材方面的合作，本书是不可能完成的。想象一下吧，如果两位美国保守派嚷嚷着说要写一本有关美国新闻业状况的著作，情况会是如何。在我们对右派美国的心胸进行听诊的过程中，它很少对我们表示厌烦。不幸的事件有过几次，其中一次是南方人把我们为之效力的雇主的名字（《经济学人》杂志，英文名为 *Economist*）误听成《共产主义者》（*Communist*）。不过大多数人对我们这两个好刨根问底的英国人充满耐心和善意，他们欢迎我们进入他们的教堂和大学，向我们透露智库和压力集团的内部工作程序，让我们知道他们动员亚拉巴马州选民或建立反克林顿图书馆的计划。感谢上帝我俩不是法国人。

　　为了避免被指责说带有偏见，需要补充一下，我们从许多自由派那儿也得到了殷勤款待，他们试图说服我们，认为我们的观点完全错误。在本书导论中，我们说自己有不偏不倚的优势。当然，与我们交谈的绝大多数美国人，恭维地将我们看作是立场客观的证人，而不是党派私利者或者邪恶的外国间谍。

　　许多人读过本书的手稿。约翰·迪克森（John Dickerson）、吉利恩·皮尔（Gillian Peele）和西蒙·格林（Simon Green）都曾指出本书的大小错误。我们尤其要感谢我们的同事安·罗（Ann Wroe）和我们的英国编辑斯图尔特·普罗菲特（Stuart Proffitt），他们在本书还远未定型的时候读了手稿，并提出了很好的改进意见。如果没有马克·多伊尔（Mark Doyle）为我们查证事实，并拟定不同届国会的保守性等级，本书也不可能完成。我们也要感谢索菲娅·布拉德福德（Sophia Bradford）为我们提供的图片和彼得·温菲尔德（Peter Winfield）为我们提供的地图。我们还要感谢马里奥·普拉特罗（Mario Platero）、阿里亚德妮·普拉特罗（Ariadne Platero）、赞尼·马拉比（Zanny Mallaby）、塞巴斯蒂安·马拉比（Sebastian Mallaby）、夏洛特·达西

（Charlotte Duthie）和约翰·达西（John Duthie），尤其是理查德·米克尔思韦特（Richard Micklethwait）和简·米克尔思韦特（Jane Micklethwait），感谢他们奉献时间，为我们提供膳宿。

有斯科特·莫耶斯（Scott Moyers）做编辑，对我们来说是莫大的幸运。他一直是建议和热情之源，唯有在确信我们是正确的时候才会缓和下来。我们也要感谢索菲娅·费尔斯（Sophia Fels）和安·戈多夫（Ann Godoff）给我们提供的帮助，还要第四次感谢出类拔萃的代理商安德鲁·怀利（Andrew Wylie）。

我们也要感谢那些以最大耐心容忍我们的人。比尔·埃莫特（Bill Emmott）是一位慷慨的编辑，我们要感谢他允许我们再次使用我们在《经济学人》杂志上写的文章。我们还要感激露西·塔隆（Lucy Tallon）、雷切尔·霍伍德（Rachel Horwood）、维尼夏·隆然（Venetia Longin）、约翰·帕克（John Parker）、赞尼·明顿·贝多斯（Zanny Minton Beddoes）、多米尼克·齐格勒（Dominic Ziegler）、布赖恩·比达姆（Brian Beedham），感谢他们宽容这两位办公室里的近邻。卡罗尔·霍华德（Carol Howard）、约翰·皮特（John Peet）、克莱夫·克鲁克（Clive Crook）、约翰尼·格里蒙德（Johnny Grimond）、约翰·斯马尼亚克（John Smutniak）、芭芭拉·贝克（Barbara Beck）在具体问题上为我们提供过帮助。感谢吉迪恩·拉赫曼（Gideon Rachman）再次从他在布鲁塞尔那偏居一隅的居所为我们提供了源源不断的灵感。

我们最应该感谢的是我们的家庭。我们的妻子并不是《右派国家》的铁杆支持者。当戈尔一家庆祝乔治·W.布什的就职典礼时，我们各自的妻子费弗和阿梅莉亚以同样的热情庆祝我们做出撰写另一本书的决定。我们各自的孩子——汤姆和盖伊、埃拉和多拉——适时地联合起来，半带忠诚地反对我们，我们只得贿赂他们支持我们的工作。这本书既已完成，我们就可以坦率地承认，他们抱怨我们把时间浪费在"爸爸的书"上，是有道理的。不过我们再次许诺，以后要更好地对他们。

我们把本书献给阿德里安·伍尔德里奇（Adrian Wooldridge）的女儿多拉·伍尔德里奇（Dora Wooldridge），及约翰·米克尔思韦特（John Micklethwait）的侄女特莎·米克尔思韦特（Tessa Micklethwait）和侄子乔舒亚·米克尔思韦特（Joshua Micklethwait），他们全都不满4岁。当他们长到阅读本书的年龄的时候，我们有关右派美国及其反对者的思考也许会显得非常怪异。但我们希望至少有一件事情可以留存：我们对各种形式的——蓝色的、红色的和彩虹的——美国的热情。我们在这里度过了漫长的时光，以各种笔名描述这个国家。我们有4个孩子，他们都是在这个国家出生的。这本书是由两个英国人写的，在这里，他们永远是外国人，但是我们也要对给予我们如此之多的国家说一声迟到的感谢。